Jahrbuch Film 83/84

Jahrbuch Film 83/84

Herausgegeben von Hans Günther Pflaum
Berichte / Kritiken / Daten

Carl Hanser Verlag

ISBN 3-446-13858-7
Alle Rechte vorbehalten
© 1983 Carl Hanser Verlag München Wien
Umschlag: Klaus Detjen
Gesamtherstellung: Passavia Passau
Printed in Germany

Inhalt

Peter Buchka: Schwanengesang 7
Abschied vom neuen deutschen Film

Helmut Schödel: Das Ende des Volksstücks.
Beginn des Präsidententheaters 15
Anmerkungen zu Achternbusch, seiner Arbeit und zu Annamirl

Hans Günther Pflaum: Konzertierte Aktionen 21
Materialien zu einem Fall

Anke Martiny: Die bundesdeutsche Filmförderung 30
Aus politischer Sicht

Hans Günther Pflaum: Geschäftsschädigungen 35
Anmerkungen zur inländischen Produktion

Gertrud Koch: Rangieren auf Nebengleisen 45
Aspekte des internationalen Films

Christa Maerker: Die wunderbaren Wandlungen des
Emile de Antonio 55
Von »Point of Order« zu »In the King of Prussia«

Peter B. Schumann: Kino in Lateinamerika 67
Ein aktueller Überblick

Gerhard Schoenberner: Falk Harnack zu Ehren 79
Zum siebzigsten Geburtstag des Regisseurs

Thomas Honickel: Vom Warten auf den Jüngsten Tag 85
Eine Bresche in die Vergangenheit des deutschen Films

Kraft Wetzel: Der geile Blick 98
Versuche über Sex und Porno im Kino

Maria Ratschewa: Die Geheimnisse eines Uhrwerks 119
Über den Filmemacher Bertrand Tavernier

Gottfried Junker: Bilder der Stille 127
Notizen zu einem kontemplativen Kino

Eva M. J. Schmid: Nostalghia / Melancholia   *142*
  Ein interpretatorischer Versuch zum Verständnis
  von Andrej Tarkowskijs sechstem Film

Henri Alekan: Technik und Ästhetik im Film   *160*
  Eine kleine Chronologie aus der Sicht des Kameramannes

Herbert Lechner: Filmplakate   *169*
  Sieben Exkurse zu einem übersehenen Thema

Eberhard Hauff: Filmfest München   *178*
  Werbung für das Kino

Wolfgang Würker: Es lebe der Film, das Kino ist tot   *187*
  Von pompösen Aufführungen zum »Vierten« Programm

Hans Günther Pflaum: Tod in Hollywood   *200*
  Filmchronik 1982/83

Festivals: Termine und Anschriften   *214*

Frank Arnold: Übersicht: Bundesdeutsche Filme 82/83   *216*

Die Autoren   *276*

Bildnachweis und Anmerkungen   *278*

Peter Buchka
Schwanengesang

Abschied vom neuen deutschen Film

Für Manfred Hohnstock

Die beiden wichtigsten Filme in den deutschen Kinos von 1982 sprachen von der fast unüberwindlichen Schwierigkeit, heutzutage noch engagiertes, ästhetisch bedingungsloses Kino machen zu können. Schon dies allein machte sie zu radikalen Filmen. Ihre offenkundige Leidenschaft für eine Kunstform, der eine innere Dynamik immer weniger gestattet wird und die deshalb an den äußeren Bedingungen des Marktes bald endgültig zuschanden zu gehen droht, mündet in ein eindeutiges Scheitern. Im einen Falle gibt ein polnischer Regisseur die Regie ab, um in sein von politischen Krisen gebeuteltes Land zurückzugehen; »sein« Film soll in Hollywood neu begonnen werden, und so wird es, das ist absehbar, ein ganz anderer Film werden, als er ihn beabsichtigt hatte. Im andern Falle werden der Produzent und der Regisseur auf offener Straße erschossen; sie hatten gegen die Gesetze des Geldes verstoßen und einen Film machen wollen, der Kunst werden statt Kasse machen sollte. Dergleichen ist heute tödlich.

Zwar nur im übertragenen Sinn – aber das genügt ja wohl. Die beiden Filme, von denen hier die Rede ist, beschreiben die zwei Seiten derselben Medaille: die Hoffnungslosigkeit von Kinopassion beim heutigen Stand der Dinge. Und es ist sicher kein Zufall, daß derartige Bestandsaufnahmen der gegenwärtigen Kinosituation von zwei Heimatlosen erstellt wurden: von Jean-Luc Godard und von Wim Wenders, zwei großen exilés maudits des europäischen Kinos. Ihre Unabhängigkeit haben sie sich durch Bindungslosigkeit erkauft. Wahrscheinlich ist es heute nur noch im Niemandsland der absoluten Desillusion möglich, weiter an der Utopie dieser Passion festzuhalten und gleichzeitig der deprimierenden Realität des Filmgeschäfts zu widerstehen.

*

Die beiden wichtigsten Ereignisse der deutschen Filmbranche von 1983 haben nur noch mittelbar mit Film selber zu tun. Das eine Ereignis ist die selbstbewußte, aber auch selbstkritische Reflexion von 21 Jahren neuem deutschem Film seit dem Oberhausener Manifest von 1962: »Bestandsaufnahme – Utopie Film«, herausgegeben von dem

Mann, ohne den es den deutschen Film in der Weise, in der er zum internationalen Phänomen wurde, wahrscheinlich nie gegeben hätte – Alexander Kluge. Daß dieser Initiator einer fortschrittlichen Filmpolitik, dessen strategisches Geschick das eigentliche Fundament des deutschen Filmwunders war, nun ein Resümee dieser filmgeschichtlichen Entwicklung vorlegt, deutet – wenngleich ungewollt – auch auf deren Ende. Der junge, dann der neue deutsche Film, so Kluges Behauptung, ist erwachsen geworden mit seinen 21 Jahren; nun muß er hinaus ins feindliche Leben und sich ohne Subventionen auf dem freien Markt behaupten. Das ist die positive Deutung einer Altersgrenze, die unter filmgeschichtlichen Aspekten geradezu ehrwürdig zu nennen wäre. Die negative: der deutsche Film hat sich selbst überlebt; er hat seine Unbekümmertheit, seine Frische, vor allem aber seine Erfahrungsneugier eingebüßt durch seine mit zunehmendem Alter steigende Sucht nach Reputation, Erfolg und Internationalität.

Die fast naturgeschichtliche Dialektik wird freilich zum Unheil potenziert durch die politische Wende in den zweiten CDU-Staat. Das ist das zweite Ereignis. Rigoros betreibt Bundesinnenminister Friedrich Zimmermann die filmpolitische Zerstörung des von den Unionsparteien seit je ungeliebten Autorenfilms. Den Vorwurf der Verletzung religiösen Empfindens, der gegen Herbert Achternbuschs DAS GESPENST erhoben wurde, nimmt er zum Vorwand, um die gesamte Förderung des Innenministeriums zu ändern und die erklärtermaßen als Kulturförderung praktizierte Unterstützung von sogenannten Spitzenleistungen in die altbackene Wirtschaftsautomatik der fünfziger Jahre zurückzuverwandeln. Die Anklage des »offenen Rechtsbruchs« schert Zimmermann dabei wenig. Ihm ist zuzutrauen, alles das abzuwürgen, was seinem politischen Verständnis zuwiderläuft. Bei der fast totalen Abhängigkeit des deutschen Films von staatlichen Förderungsmitteln genügen schon einige scheinbar geringfügige, im Grunde aber wesentliche Änderungen der Förderungsrichtlinien, um dem Autorenfilm fast vollständig den Garaus zu machen. Was Wenders im STAND DER DINGE spielerisch im Mafia-Milieu Hollywoods angesiedelt hatte, kann Zimmermann bürokratisch per Verwaltungsakt exekutieren: den künstlerischen Tod des freien, unabhängigen Filmautors. Kluges Vision vom erwachsenen, subventionsunabhängigen deutschen Film wird unter ganzen anderen, brutaleren Bedingungen Wirklichkeit werden.

*

Jahrelang hat der deutsche Film, nachdem ihm Ende der siebziger Jahre der Durchbruch gelungen war, von der künstlerischen Verarmung der internationalen Industrie profitiert. Die weltweite Anerkennung des deutschen Films in seiner Gesamtheit (also nicht nur die einzelner Autoren) war dadurch gerechtfertigt und künstlich zugleich. Die unabhängige Autorenschaft hat unzweifelhaft Impulse hervorgebracht, zu der die Industrie mit ihrer Konzentration auf wenige Großprojekte längst nicht mehr fähig ist, weil deren Kreativität sich praktisch nur noch – das allerdings sehr erfolgreich – in den Bereichen »Verpakkung« und »Vermarktung« austoben kann. Aber die Autoren haben sich auch von den Erfolgen anderer blenden lassen, ohne deren Ursachen zu begreifen. Ohne Not haben sie sich damit Strategien unterworfen, denen höchstens ein Fassbinder gewachsen war. Die Ergebnisse sahen entsprechend aus: Zwitter, die einerseits noch zu sperrig blieben, um wirklich erfolgreich sein zu können, und die andererseits doch schon zu angepaßt waren, um noch irgendwelche ästhetischen Innovationen transportieren zu können. Der deutsche Film war längst schon an dem Widerspruch von Qualität und Wirtschaftlichkeit erkrankt – eine Krankheit, die ein halbherzig praktiziertes Förderungssystem zudem zunehmend verstärkte –, bevor Zimmermann darin das Gift für seine Roßkur entdeckte.

*

In Gefahr und größter Not bringt der Mittelweg den Tod. Diese Lehre von Kluges Filmtitel haben die wenigsten beherzigt. Statt Entweder-Oder gab es immer mehr nur noch ein halbherziges Schielen nach ein bißchen Selbstverwirklichung als Autorenfilmer und ein bißchen Erfolg als Kleinproduzent. Diese Haltung hat sich in mehrfacher Weise überlebt. Aber die Mentalität ist geblieben.

Sie ist abzulesen an den Filmen. Bei vielen hat sich der Impuls der Autorenschaft, der einst den Beruf des Drehbuchautors überflüssig machen sollte, schnell verloren, und der einstige Hochmut allein war kaum in der Lage, die Lücke zu füllen. Sagen wir's deutlich: Die wenigsten der deutschen Filmemacher hatten genügend Persönlichkeit, um das Wunschbild vom Filmautoren aufrechterhalten zu können. Sie sind wirklich nur »Macher« geblieben und haben allmählich die Bescheidenheit, die einst in diesem Wort lag, ins Gegenteil verkehrt. Auch dies hat Fassbinder als erster registriert mit seiner provokativen, zu Unrecht belächelten Selbstbezeichnung »Spielleiter«.

In die Lücke der unerfüllten Autorenschaft stieß immer mehr die verabsolutierte Idee der Geschichte (story), der die Geschichte (history) schnell ausgetrieben ward. Die Literaturverfilmungswelle war dafür nur ein frühes, unmißverständliches Vorzeichen. Auf die Klassiker lassen sich heute die Gewitzten ja schon gar nicht mehr ein, weil dabei ihre Fähigkeiten doch zu schnell überprüft werden können. Aber daß sie sich nun ihre Geschichten selber erfinden oder zumindest von nicht so bekannten Autoren klauen, macht die Sache im Prinzip nicht anders. Den meisten Filmen sieht man an, daß sie nur noch Illustrierung einer in Drehbuchform erzählten Geschichte sind. Auch dafür hatte man lange Zeit ein Schimpfwort: Fernsehästhetik. Ihr Kennzeichen ist die Abwesenheit von Stil. Das ist alles. Das ist das Schlimmste. Das Allerschlimmste aber ist, daß bei solcher Einstellung auch noch ein paar aufgesetzte Effekte als Alibi fürs »große Kino« herhalten müssen. In Wahrheit sind die Macher sprachlos geworden. Weil sie nicht mehr wissen, was Filmsprache sein kann, haben sie auch keine Idee mehr davon, was Film sein könnte. Wie sollte da noch von Passion die Rede sein. Die Leidenschaft fürs Werk ist längst ans Renommee für einen modischen Beruf abgewandert. Nicht einmal aus Zynismus, Eitelkeit oder Dummheit; nein, einfach nur aus Mangel an Kenntnis und an kritischer Selbsteinschätzung.

*

Ich habe bisher bewußt kaum Namen genannt, weil es mir hier um den deutschen Film in seiner Gesamtheit geht. Natürlich birgt solche Verallgemeinerung die offenkundige Gefahr der Ungerechtigkeit. Aber weniger als den Vorwurf der Pauschalisierung oder der Feigheit fürchte ich die Zustimmung von Regisseuren, die selber gemeint sind.
Dennoch – ohne Namen kommt man nicht aus. Und wenn man sie nennt, stellt sich die erste Ernüchterung fast automatisch ein. Wer heute die großen Namen des neuen deutschen Films aufsagt, landet noch immer bei den gleichen Regisseuren wie vor zehn Jahren: Kluge, Fassbinder, Wenders, Herzog, Schlöndorff. Und bei der zweiten Garnitur ist es dasselbe. Da ist kaum etwas hinzugekommen, obwohl in den Jahresproduktionen der letzten Zeit der Anteil von Erstlingsfilmen enorm gewachsen ist, die vielen neuen Namen kaum noch den Insidern geläufig sind. Wie viele sind denn nach 1975 aufgetaucht, die eine eigenständige ästhetische Kraft verraten? Achternbusch, Josef Rödl; vielleicht (aber auch da steht der endgültige Beweis noch aus) Vadim Glowna. Und wie viele sind dagegen wieder in der Versenkung verschwunden, deren Name einmal ein Versprechen war!
Wo stehen wir heute? Schlöndorff hat sich zum internationalen Auftragsregisseur verwandelt. Wenders vagabundiert in der Welt herum und muß sich nach dem Desaster von H<small>AMMETT</small> das Geld für seine

Road-Movies aus allen möglichen Ecken häppchenweise zusammenkratzen. Herzog jagt seinen Visionen in den entferntesten Erdteilen nach und verliert dabei Deutschland immer mehr aus den Augen. Nur Kluge, der edle Korsar, macht still und hartnäckig seine kleinen Freibeuterfilme, die so notwendig sind, aber von einer neuen Kinogeneration gar nicht mehr verstanden werden, ja nicht einmal mehr von angeblich fachkundigen Auswahlgremien. Die Straubs sind schon lange gegangen. Fassbinder ist tot, hat sich an seiner eigenen Produktivität aufgezehrt.

Dieselben Namen wie vor zehn Jahren. Aber nicht einmal sie bilden mehr eine Einheit. Die Zeit hat sie auseinandergesprengt.

*

Die Einheit des deutschen Films ist seine Vielfalt. Dieser Spruch war schon immer etwas verlogen – und doch war etwas daran. Eine verschworene Gemeinschaft waren die deutschen Regisseure nie – ästhetisch schon gar nicht. Aber ob sie wollten oder nicht, der Geist des Oberhausener Manifests hat sie doch auf unterschwellige Weise alle geeint. Nicht der Kampf gegen Papas Kino – das war nur eine werbeträchtige Floskel. Aber die Idee von einem anderen Kino, die dahinterstand: die Vorstellung, daß Film etwas mit der Wirklichkeit, mit Leben zu tun haben müsse. Das stärkste Band freilich war die gemeinsame Herkunft: das historische Erbe der »vaterlosen« Nachkriegsgeneration und die enttäuschte Hoffnung von 68. Diese Wurzeln müssen hier nicht weiter verfolgt werden, denn die kollektive Suche nach einer neuen politischen wie ästhetischen Tradition ist offenkundig gewesen. Durch diese Suche, die ja auch einen gemeinsamen Mangel verriet, hingen die unterschiedlichsten Filme zusammen. Weit über den kommerziellen Bereich hinaus waren die Filme aufeinander angewiesen. Sie ergänzten sich gegenseitig, waren wie jene unterschiedlichen Materialien, die erst zusammen ein Haus ergeben. Keines, das von Anfang an einem bestimmten Plan unterworfen war; eher eines, dem über die Jahre hinweg immer neue Räume, Giebel und Erker angefügt wurden.

Auf diese Weise hängen sie alle zusammen; diese Suche nach der existentiellen Identität hat sie verbunden: Syberberg mit Helma Sanders-Brahms, Hauff mit Schroeter, Reitz mit Schilling, Lilienthal mit Rischert, Ula Stöckl mit van Ackeren, und und und. Im Haus des neuen deutschen Films gab es viele Wohnungen, aber aus den vielen Räumen bildete sich doch ein Gebäude – trutzig und windschief, verschnörkelt und glatt, manchmal knallig bunt und oft ein bißchen trostlos, je nachdem, von welcher Seite man es zuerst betrachtete. Aber um seine Ausmaße erkennen zu können, seine disparate Einheit, die eben doch unendlich mehr ist als die Summe der einzelnen Teile, mußte man alles sehen. Sicher waren da einzelne Flügel besser und prächtiger gelungen als andere – auch diese Unterschiede gehören zu einem Gemeinschaftswerk –, aber selbst den Höhepunkten würde doch etwas Entscheidendes fehlen ohne die dienende Stützfunktion der weniger kostbaren Teile.

*

Das war einmal. Das ist vorbei. Zwar wird die Vielfalt noch immer beschworen, aber sie weicht immer offensichtlicher einer Einfalt, von der sich der Geist der Oberhausener absetzen wollte. Der deutsche Film sucht nicht mehr in der Geschichte, er erzählt wieder Geschichtchen. Das neuerwachte Interesse für Genres, für fix und fertige Strukturen also, auf die man nur noch ein paar angeblich interessante Details pappt, ist das deprimierende Indiz. Kein Wunder, daß Schauwerte so eine vorgebliche Wichtigkeit erlangen. Die Ausstattung wird bedeutender als die Idee und das Interesse an den Personen. Die Folge sind dürftige Handlungsfäden, deren Einfalt mühelos mit amerikanischen Fernsehserien und ihren Strickmustern konkurrieren kann. Gleichzeitig aber fehlt diesen tüftelnden Heimwerkern alle Potenz der professionellen Industrie. Daß Günter Rohrbach von der Bavaria und Bernd Eichinger von der Neuen Constantin das Gegenteil beweisen wollen, macht die Sache nur noch schlimmer – und riskanter. Für ein oder zwei Prestigeprojekte im Jahr wird den andern endgültig die Luft herausgelassen.

Doch der Nachwuchs fährt eben darauf ab, als würden die vielen Millionen für jeden einzelnen bereitgestellt, als könnte jeder ein Spielberg oder Lucas werden. Daß – Kehrseite der Medaille – in Hollywood heute selbst renommierte Regisseure arbeitslos sind, wollen sie gar nicht sehen. Wieviel Kreativität geht da zum Teufel. Wie jeder Musikhochschüler davon träumt, ein Rubinstein oder ein Heifetz zu werden, und dann nicht einmal Orchestermusiker werden kann, weil er dafür nicht ausgebildet wurde, so träumen unsere Filmhochschüler von einem Anruf Coppolas. Wenn man sie fragt, was sie für Filme machen wollen, kommt eine prompte Antwort: »Großes Kino«. Wie die Filme ausschauen sollen, was sie überhaupt erzählen wollen, das wissen sie nicht zu sagen. Aber großes Kino muß es sein. Scheißkino.

*

Sie wissen es nur selber noch nicht, aber das ist die Kinogeneration, die sich Zimmermann wünscht. Sie wollen nichts mehr, und machen alles, wenn sie nur das Geld zusammenkriegen. Jede Menge Kohle. Unten, in den leergeräumten Schächten der Wirklichkeit und der Geschichte, ist nur noch mühevoll und unter höchster Gefahr (siehe Achternbusch) etwas zu holen; darum schwingen sie lieber oben die Motorsäge. Und die Kamera folgt deren Spur.

*

Auf der Berlinale 1983 bekam Wolfram Schütte, ein begnadeter Polemiker und Statthalter Fassbinders hinieden (dem in dieser Eigenschaft allerdings von Hans-Christoph Blumenberg der Rang streitig gemacht wird), einen Wutanfall: Der deutsche Film nach Fassbinder ist am Ende. Weil das Herz des deutschen Films zu schlagen aufgehört hat, ist nun der ganze Körper tot. Der Befund ist nicht ganz unberechtigt; die Begründung aber ist falsch. Leute wie Fassbinder haben das lange Siechtum doch nur durch ihre blühende Kreativität überschminkt, so wie fünf, sechs wichtige Filme bei Festivals einen Standard vortäuschen, der im normalen Kinoleben sich schnell als brüchig erweist. Filme von Bresson, Antonioni, Godard, Tarkowski oder Wenders sind doch bloß noch die Feigenblätter einer Branche, die sich bei den Festivals mit Namen schmückt, ohne sie auch kommerziell ernst zu nehmen. Immerhin muß man froh sein, daß überhaupt noch solche Alibi-Filme entstehen. Der Tag wird kommen, wo auch sie überflüssig werden.

Nein, Fassbinders Tod hat das Loch nicht aufgerissen, aber er hat es vertieft und damit für manche erst sichtbar gemacht. In Wahrheit hat der deutsche Film seinen inneren Zusammenhang verloren, jenen Zusammenhang, den ausgerechnet Fassbinder mit seiner BRD-Trilogie ein letztes Mal beschworen hat. Die Nachkriegsgeneration hat ihren historischen Auftrag erfüllt, ihrem Bedürfnis nach einer eigenen Identität Ausdruck gegeben und sich dadurch diese Identität erst erschaffen. Damit ist ihre historische Dimension und Potenz erschöpft und der Kitt, der sie alle zusammenhielt, brüchig geworden. Nun müssen sie, ob sie wollen oder nicht, als Einzelgänger weitermachen, ohne Rückhalt, ohne Rückbezug auf andere. Die verschiedenen Filme stützen sich nicht mehr gegenseitig. Das macht sie ärmer und einseitiger. Die Offenheit ist weg. Auch dies ein Grund, daß sie sich immer mehr einkapseln, sich nur noch auf die Geschichte verlassen können, die sie erzählen, aber nicht mehr auf die, aus der sie kommen.

Das macht, wie im Kapitalismus, die Großen größer und die Kleinen kleiner. Das, was einst der neue deutsche Film in seiner Gesamtheit war, wird nun durch kleinere Einheiten ersetzt: die einzelnen Gesamtwerke der einzelnen Regisseure. So holt sie die Vergangenheit als eigene Lebensleistung wieder ein. Die anderen, die Anfänger – vorausgesetzt, daß sie bei ihrer Einstellung zur Autorenschaft und damit zu einem künftigen Gesamtwerk überhaupt fähig sind – müssen diese Identität erst finden: formal und thematisch. Genau dies aber ist, wenn der historische Zusammenhang erst einmal zerbrochen ist, kaum möglich. Denn Identität bestimmt sich nicht allein durch die Persönlichkeit eines einzelnen, sondern durch dessen Beziehung zur Allgemeinheit und zur Zeit, in der er lebt. Darin liegt der gesellschaftliche Kern jeder Ästhetik.

An vielen deutschen Filmen der letzten Jahre ist im nachhinein jetzt schon abzulesen, was nach der Wende in den zweiten CDU-Staat Wirklichkeit zu werden droht. Auf den zerbrochenen Zusammenhalt einer ganzen Generation, wo sich der einzelne bei allem Widerstand in einer Allgemeinheit aufgehoben fühlen durfte, reagierten die Filmemacher mit verschiedenen Gruppenästhetiken: Frauenfilme, Schwulenfilme, Aussteigerfilme, Popfilme und wie sie alle heißen. Indirekt und unbewußt – quasi als Identifikation mit dem Angreifer vor dem Angriff – haben sie damit schon vorweggenommen, was Zimmermann nun auf seine Weise politisch festschreiben möchte: Zielgruppenfilme. Solche Gruppenidentität aber grenzt sich selber aus, will gar keine Allgemeinheit mehr sein, sondern nur noch etwas Besonderes – dies aber, um Gottes willen, nicht allein. So führt sich die Besonderheit selber ad absurdum. Noch im Widerstand wird der Konsens gesucht – und zwar nicht aus politischer Strategie, sondern aus mentaler Feigheit.

Bei solcher Haltung kann nichts Großes entstehen, schon gar nichts, was über sich selber hinauswiese. Gewiß, das Kino hat mehr Talent als die Cinéasten. Doch nicht zuletzt deswegen flüchten ja viele ins Genrekino, das längst schon vor ihnen bestanden hat und das sie alle überleben wird. So mag es weiterhin deutsche Filme geben – teure, große, vielleicht sogar erfolgreiche. Sie werden nicht darüber hinwegtäuschen, daß sie sich in Wahrheit einer Auszehrung verdanken.

*

Der neue deutsche Film ist tot. Die ihn im Kollektiv der Einzelgänger erschaffen haben, müssen nun als Vereinzelte weiterarbeiten. Sie werden es schwer genug haben, dafür wird Zimmermann sorgen. Aber man soll ihm nicht die Schuld am Tod dieser filmischen Bewegung zuschieben, denn sie hat sich – wie einst die *nouvelle vague* oder das *cinema nôvo* – selber überlebt. Der neue deutsche Film hat seine Zeit gehabt. Man muß sich trennen können. Trotzdem: Er ruhe in Unfrieden. Damit die Urenkel von Papas Kino der fünfziger Jahre in ihm noch einen Ansatzpunkt für ihre neuen Traditionen finden können. Dann immerhin wäre er wirklich gewesen, was Kluges Lieblingsvokabel meint: robust.

Helmut Schödel
Das Ende des Volksstücks.
Der Beginn des Präsidententheaters

Anmerkungen zu Achternbusch, seiner Arbeit und zu Annamirl

Oft ist das bayerische Volkstheater, auch wenn es bloß vom *Verkauften Großvater* erzählt, so gemütlich wie subversiv. Davon wollen die meisten nur nichts wissen: Der Vertreter der Staatsmacht, zum Beispiel der Dorfpolizist, der nachts wie ein Sisyphos auf den Landstraßen den Bierdunst jagt, erscheint im Komödienstadl (oft nur deshalb) wie ein Trottel. Die Bäuerin ist in diesen Stücken nicht selten ein Drachen, und fast jeder Sepp ist also auch ein Siegfried, den seine Mägde Siggi nennen dürfen. Natürlich ist der Bauer auch im Volkstheater kein Mondäner: Neben dem Bauern spielt Bayern die Hauptrolle. Und die Kirche, sonst Glaubenssache und ein Gespenst am Rande, ist im Volkstheater noch immer eine Staatsaktion. Für Bayern ist das eine Wahrheit, also eine Frechheit, also eine Subversion, wenn man es bedenkt.

Von der Welt dieser Bauern und Priester, Mägde und Dorfpolizisten sieht man im Volkstheater immer die gleichen Ausschnitte: die gute Stube, die Wohnküche des Bauernhofs, die Bank davor; oder den Wirtsraum im Dorfgasthaus, wo man seine Maß trinkt: das Bier, die Totalmetapher für das (bäuerlich-bayerische) Leben – den Bierkampf.

Aber ein Dorf ist mehr als ein Wirtshaus und eine Wohnstube. Dieses ganze Dorf, das authentische, interessiert das Volkstheater nicht.

Josef Rödl, im Genre des Heimatfilms Achternbuschs Antipode, zeigt am Ende von GRENZENLOS ein Dorf in der Oberpfalz: die Straßen, die

Häuser, die Nacht. Menschenleer, wie er ist, wird dieser Ort zu einem Gespensterdorf. Während die Geschichte des Films mit der gescheiterten Flucht und der Integration zweier Bauernkinder endet, sieht man, daß die Gegenden des Horrors nicht an den Karpaten enden. Wie horribel so ein Dorf sein kann, zeigt diese Horrorfilmeinstellung. Gleichzeitig erlebt das oberpfälzische Dorf in dieser Szene seine Apotheose zur Cinecittà.

In Achternbuschs Filmen kommt so ein Dorf als Hauptsache nie vor. Achternbuschs Kino: die Apotheose des Volkstheaters zum Autorenfilm. Theatralisch Szene für Szene, Akt für Akt, wiederholen Achternbuschs Filme das Motivrepertoire des Volkstheaters von der bösen Ehefrau und der schönen Fremden, dem depperten Polizisten und der Schönheit Bayerns bis zu den Wirts- und den Wohnstuben, bis zu den Maßkrügen. Auch der Autorenfilm ist bei Achternbusch ein einziger Bierkampf.

Seinen ersten Heimatfilm ALBERT, WARUM? hat Josef Rödl nur mit Laien gedreht, mit Leuten aus seinem Dorf. Sein Standpunkt damals: »Wir erzählen unsere eigenen Geschichten.« Und: »Wir sind unsere eigenen Künstler.« Fritz Binner, Rödls Albert, war auch in Wirklichkeit kränklich und sprachgestört, später arbeitslos und oft betrunken – wie im Film. Immer wieder muß Rödl seinen Erzählstil wechseln (in der Art eines Stummfilms oder eines Road-Movie erzählen), um der Dokumentation zu entkommen.

Auch Achternbuschs Schauspieler sind meistens Laien (wie er selbst). Heinz Braun hat als Landbriefträger gearbeitet, Karoline Herbig war Bedienung in einem bayerischen Wirtshaus, Gabi Geist tippt im Büro einer Brauerei, und Annamirl Bierbichler, die Hauptdarstellerin der letzten Filme, ist die Tocher eines Bauern, der das alte Dorfgasthaus von Ambach am Ostufer des Starnberger Sees besitzt. Sämtlich gehören diese sozialen Rollen zum Besetzungszettel des Volkstheaters. Dort ist die Attraktion eines Schauspielers nicht seine Flexibilität, sondern seine Beschränkung. Man könnte auch sagen: seine Person, der Typ, die soziale Auffälligkeit. In Heinz Braun wie in Franz Baumgartner steckt nicht nur ein Rest von Beppo Brem und Michl Lang. Trotzdem muß das Achternbusch-Ensemble immer am Abgrund zur Folklore arbeiten.

Nach seiner diesjährigen Cannes-Reise hat Josef Rödl zu mir gesagt: »Das ist mein Stolz, es geschafft zu haben, daß sich diese Glitzerwelt auch solche Bauerngesichter anschauen muß.« Zur Staffage dieses Triumphs gehört noch immer der alte Klassenkampf. Für Rödl, den

Herbert Achternbusch in: DAS LETZTE LOCH

Realisten, ist die Aufklärung noch lange nicht gescheitert. Von dieser Zuversicht hat er sein Engagement.

Achternbusch aber schrieb in einem Nachwort zu seinem Drehbuch DAS LETZTE LOCH: »Alles ist atomisiert, in den Gesprächen kommt es heraus. Die Zeit der Dialektik ist vorbei. Aus viel wird nicht mehr Besseres, nur noch nichts.« Im Angesicht der Katastrophe ist Achternbusch ein Moralist geworden. In seinen Filmen ist Heimat so, wie das Volksstück es will, und das Volksstück ist: ein Stück von Herbert Achternbusch. Sein Ensemble hat sich seit Jahren verpflichtet, sein sich in modifizierten Wiederholungen vollziehendes Denkprogramm einer stets wachsenden Gemeinde zu verkünden: Evangelisten sind seine Schauspieler.

Achternbusch hat seine Leute. Das war schon immer so (fast wie bei Fassbinder). Früher hat er immer von seinem »Nest« gesprochen, das er sich gebaut habe, »um von dort aus mit faulen Eiern werfen zu können«. Immer hat er, der geniale Seher, unsere Katastrophe erkannt und uns von ihr mit dem Volksstück erlöst. Aber dann begann er (im DEPP und im GESPENST) seinen eigenen Exorzismus zu betreiben. Das Gespenst des (Künstler-)Gotts ist inzwischen vom Kreuz gestiegen und schleicht als mieser Ober durchs Land. Der Depp hat statt seiner früheren Filme, von deren Zitaten der neue Film lebt, nur noch einen Bierkrug im Kopf. Weil aber zur Zeit, da ich diesen Aufsatz niederschreibe, Friedrich Zimmermann und sein Innenministerium noch immer das Niveau der Debatte um Achternbusch bestimmen, blieb das Literarische der letzten Filme im allgemeinen Häresiegeschrei der CSU-Scharfmacher fast unbeachtet. Dabei kann man den DEPP und das GESPENST auch als Exorzismen im oben beschriebenen Sinn verstehen.

Das Leben soll ein Volksstück sein, lehrt Achternbusch, kein Präsidentenstück. Und auch das: Segeln und Hoffen gehören zusammen. Wie Lohengrin mit dem Schwan, reist die Hoffnung (nach Achternbuschs Metaphorik) auf einem Segelboot. Das war schon im KOMANTSCHEN so, als sie davonfuhr (und Annamirl, Heinz und Franz ihr vom Ufer des Starnberger Sees aus nachwinkten). Aber als am Ende des LETZTEN LOCH Herbert in der Rolle des Fliegenfängers Nil sich ungesehen in den Stromboli stürzte und Annamirl am Strand ihren düsteren Schlußmonolog hielt, sah man auf dem Meer, ganz hinten am Horizont, lange schon ein Segelboot. Ich habe das erst bei der dritten Besichtigung des Films entdeckt. Hoffentlich entdecken viele das Boot. Vor allem der Präsident.

»Mäzenatentum ist ein Unsinn/ eine Dummheit/ einen Künstler zu unterstützen/ Die Künstler gehören mit Füßen getreten/ sagt der Kaplan/ Mit Füßen getreten/ die Künstler die Künste/ mit Füßen getreten Frau Frölich«: Worte der Präsidentin aus Thomas Bernhards Theaterstück »Der Präsident«, in dem ein gemeines, regierungsunfähiges Diktatorenehepaar einem Anschlag von Anarchisten ausgesetzt ist. Das Stück wurde Mitte der siebziger Jahre geschrieben, zur Zeit des Terrorismus in Deutschland. Die letzte Szene zeigt den Präsidenten: aufgebahrt.

Auch am Ende von Achternbuschs DEPP starb im Hofbräuhaus ein Mann, der einem Präsidenten sehr ähnlich sah. Ein Gang entlang der Wirtshaustische wie im BIERKAMPF: Die Gäste schlagen sich gegenseitig Maßkrüge auf den Kopf. Die Trachtenkapelle spielt »Stille Nacht«. Nur am Tisch von Franz Josef Strauß ist noch Platz. Der Depp schüttet sich ein Fläschchen Zyankali ins Bier. FJS: »Du kannst dir doch nicht einfach meine Maß nehmen.« Strauß trinkt. Danach der Epilog: »Geht nun heim: Ohne Tränen/ Ohne Kummer/ Ohne Traurigkeit.« DER DEPP: Das war die Illusion, das Volksstück könnte stärker sein als der Präsident.

Natürlich hat dem Präsidenten das Zyankali nicht geschadet. In Ach-

ternbuschs neuestem Drehbuch DER WANDERKREBS spielt er schon wieder die Hauptrolle. Die andere Hauptfigur läßt er verhaften: den »Waldler«, den Achternbusch spielen wird, und den man später in einer Holzhütte an einen Balken bindet und, offenbar als Strafe für DAS GESPENST, wie einen Ketzer verbrennt. Kommentar des Ministerpräsidenten: »Sparen wir uns das Wasser! Man muß auch etwas abbrennen lassen können.« Den Waldler kann keiner mehr aufbahren: Asche. Mit ihm wird im WANDERKREBS auch das Volksstück verbrannt. Das Präsidentenstück beginnt.
Bisher aber ist dieser Untergang immer noch ein Volksstück. DER WANDERKREBS gehört zu Achternbuschs schönsten Drehbüchern, ein Kunststück fast im Bernhardschen Sinn einer ewig variierten, komisch arrangierten, sehr monomanen Gedankenpartitur. Zwei Beispiele. Im KOMANTSCHEN klagte die Krankenschwester: »Nie wieder werde ich einen Patienten finden, der sein Herz in Indien sucht.« Im WANDERKREBS empfiehlt eine Frau dem Waldler: »Geh nach Japan! Hol dein Herz!« Wenn sich im LETZTEN LOCH Herbert als Nil in den Stromboli stürzt, ruft Annamirl: »Ich geh dir nach.« Im WANDERKREBS klagt der Waldler: »Mir gehn die Berge nach.«
Auf dem »Heiligen Berg« von Andechs, zwischen Starnberger See und Ammersee, erzählte mir Achternbusch in der Klosterwirtschaft unterhalb der Wallfahrtskirche vor zwei, drei Jahren von einer fremden, fernen Welt: von Niederbayern, vom Wald und vom alten Bauern Gust, der auf einem siebenhundert Jahre alten Gehöft lebt. »Ich bin ein Waldler«, sagte er und trank eine helle Maß.
Sein neues Drehbuch erzählt vom Waldsterben. Der Wirt vom Gasthaus »Zum Wanderkrebs« erklärt dem Waldler, warum einer seiner Gäste so weint: »Die weint, weil der Wald gestorben ist. Und über uns weint sie selbstverständlich auch, denn wo der Wald stirbt, stirbt das Volk.« Wo der Wald stirbt, stirbt auch der Waldler, der ein Gegner des Präsidenten ist. Mit dem Wald stirbt also die Opposition.
Da kann auch kein Volkstheater mehr helfen. Selbst die schöne Fremde, an die Herbert diesmal sein Herz verliert, ist erstmals nicht mehr zu erreichen. Sie ist eine Japanerin. Am Ende des Drehbuchs heißt es: »Japan ist ein fernes Land.« Und eine Insel! Aber weit und breit kein Segelboot.
Dafür aber Annamirl! In Wirklichkeit hat Herbert sein Herz an sie verloren. Die beiden haben mich von Anfang an immer an John und Yoko erinnert (die auch eine Japanerin ist). Auf dem Cover von John Lennons LP »Mind Games« sieht man auf einer Wiese ganz klein

Annamirl Bierbichler und Herbert Achternbusch in: DAS GESPENST

einen Mann (John) und am Horizont, so groß wie die Alpen, Yokos Profil. So ähnlich sehen alle Umschlagbilder der letzten Achternbusch-Bücher aus: ganz klein ein Mann (Herbert), und vor ihm das Monument Annamirl, überlebensgroß. Dem Waldler kann auch sie nicht mehr helfen. Vielleicht aber ihrem Herbert? Unsere letzte Hoffnung ist Annamirl. Schließlich ist auch der Traum von John und Yoko zu Ende: davongesegelt.

Hans Günther Pflaum
Konzertierte Aktionen

Materialien zu einem Fall

Im *Lessing Yearbook* 1982 der Wayne State University Press dokumentiert Martin Loipertinger die Vorgänge um den Film NATHAN DER WEISE (Regie: Manfred Noa, in der Titelrolle Werner Krauss). Im Verfahren der Filmprüfstelle München gutachtete am 21. 9. 1922 Pfarrer Dr. Schiele dem Protokoll zufolge:
Die überwiegende Herausarbeitung des Juden als weitaus besten Menschen, hinter dem die anderen weit zurückstehen müssen, muß unbedingt, besonders zur Jetztzeit, wo die Meinungen darüber besonders in der breiten Masse ganz entgegengesetzter Art sind, sowohl den katholischen als auch den protestantischen Volksteil in seinem religiösen Gefühl verletzen ...
Trotz dieses und des ebenfalls negativen Gutachtens des Referenten für öffentliche Ordnung und Sicherheit am Polizeipräsidium München gab die Prüfstelle den Film frei. Als aber am 9. 2. 1923 in den Regina-Lichtspielen die Münchner Erstaufführung stattfinden sollte, setzten Anhänger der NSDAP den Kinobesitzer so massiv unter Druck, daß er den Film absetzen mußte.

*

Nach einer Meldung im *Bonner Generalanzeiger* vom 13. Juli 1983 hat der Bundesminister des Innern, Friedrich Zimmermann, der Schauspielerin Ilse Werner das Bundesverdienstkreuz verliehen. In einer Bildlegende zitiert der Generalanzeiger Zimmermanns Würdigung in indirekter Rede; darin findet sich der Hinweis:
... zur Blütezeit des deutschen Films ab 1938 spielte sie zahlreiche Filmrollen ...

*

»Sumpfblüten im BMI« ist ein Kommentar überschrieben, den *Christ und Welt – Rheinischer Merkur* unter der Rubrik »Kulturkulisse« am 2. Juli 1982 veröffentlicht hat. Er richtet sich gegen die Filmförderung des Bundesministeriums des Innern:
Wo alle Strömungen des bundesdeutschen Filmgeschehens vertreten sein sollten, dominiert eine meinungsführende Clique, die sich von handfesten Interessen und zur Not auch von Alexander Kluge fernlenken läßt ... Auch der Preis für Werner Schroeter (seit seiner Anti-Strauß-Äußerung von den Linken vereinnahmt) ist gar nicht etwa ein Signal für Liberalität. Bemerkenswert ist die Auszeichnung von Herbert Achternbusch (vor Jahren noch vom BMI mehr behindert als gefördert ...). Das Taktieren mit unverfänglichen Titeln und Namen kann nicht darüber hinwegtäuschen, daß da ein Sumpf trockenzulegen ist. RM

Wer versteckt sich hinter den Initialen des *Rheinischen Merkur*? Die Antwort wird mir genau ein Jahr später versehentlich bei einem Anruf in der Redaktion gegeben: Eckart Schmidt, Kommissions-Mitglied in der Bayerischen Filmförderung. Sein Ruf findet ein knappes Jahr später Gehör. Der aus Bayern gekommene Minister Zimmermann beginnt im Sommer '83 mit der Trockenlegung, daß es nur so staubt. Wüsten sind besonders trocken.

*

Früher hat man einen Bachlauf nicht verstanden, heute wird er begradigt, das versteht ein jeder. Ich kann mich eines schlängelnden Baches nicht bedienen zur Begradigung. Warum ertragen die Weltbayern meine Filme nicht? Weil sie sie angeblich nicht verstehen, weil meine schlängelnden Filme nicht in ihre begradigten, in ihre sanierten Gehirne passen... Das imperiale Gesetz dieser Welt ist Verständnis. Jeder Punkt dieser Welt muß von jedem anderen Punkt dieser Welt aus verstanden werden. Das hat zur Folge, daß jeder Punkt auf der Welt jedem anderen Punkt gleichen muß.

Dies schreibt Herbert Achternbusch. Und dies schreibt Friedrich Zimmermann:

Film ist nach seiner Idee ein Kulturinstrument für viele. Im Prinzip muß er daher darauf angelegt sein, große Zuschauerzahlen zu erreichen, breite Kreise der Bevölkerung teilnehmen zu lassen. Dies gilt auch für den kulturell relevanten Film.

Der Minister und Trockenleger und Oberbegradiger.

*

Der bayerische Ministerpräsident Franz Josef Strauß auf dem Parteitag der CSU am 15. 7. 1983:

... wir sind immer an der Spitze des Fortschritts, gleichgültig wohin es geht.

*

Betr.: Film »Das Gespenst«
Prüf-Nr. 53 791

Sehr geehrter Herr Fiedel,
der von Ihnen eingereichte oben genannte Film ist heute geprüft worden. Der Film wird nicht freigegeben zur öffentlichen Vorführung ab 18 (achtzehn) Jahren.
Die Freigabe des Films wird abgelehnt, weil er sowohl das religiöse Empfinden wie auch die Würde des Menschen grob verletzt und damit gegen die Grundsätze der FSK verstößt. Diese Verstöße treten so häufig und massiert auf, daß er auch mit Schnitten für die öffentliche Vorführung nicht freigegeben werden kann.
Die optische Art der Darstellung steht in keinem Verhältnis zu der Grundaussage, die der Film offenbar vermitteln möchte: Die Suche nach einer neuen, sinnvolleren moralischen Basis, die Achternbusch von einer elitä-

ren Kritik gern zugeschrieben wird. Seine Attacken auf die Gegenwart der Kirche erzeugen ein nur noch pessimistisches und nihilistisches Grundmuster der Welt, das keine rationale Verarbeitungsmöglichkeit für den Besucher zuläßt. Das aber kann dem religiösen Empfinden eines nach Millionen zählenden Teils der Bevölkerung in öffentlicher Vorführung nicht zugemutet werden.

Dies teilt am 29. 3. 1983 die »Freiwillige Selbstkontrolle der Filmwirtschaft« der Filmwelt Verleih GmbH mit. Wieviel eigene Gedanken man sich bei der FSK über DAS GESPENST gemacht hat, das heißt wie wenige, indem man einfach eine positive Kritik ausschlachtet und umdreht, zeigt ein Zitat aus meiner Besprechung des Films, erschienen wenige Tage vor dem FSK-Urteil, in der *Süddeutschen Zeitung* am 26./27. 3. 1983:

Schon im JUNGEN MÖNCH sah man Achternbusch als religiösen Stellvertreter auf der Suche nach einer neuen, sinnvolleren moralischen Basis; jetzt hat er diesen Film weit radikaler fortgesetzt, und seine Attacken auf die Gegenwart der Kirche sind fast noch wütender...

*

BILD am Sonntag zog am 17. April 1983 nach, behauptete schon in der Überschrift, »Ex-Innenminister Baum ließ den Streifen mit 300 000 Mark fördern« und kommentierte:

In vier deutschen Großstädten läuft zur Zeit mit mäßigem Erfolg ein Film voller Geschmacklosigkeit und widerlicher Szenen, die gläubige Christen als ungeheuerliche Gotteslästerung empfinden... 300 000 Mark sind für einen Film verplempert worden, den schätzungsweise nicht mehr als 10 000 Deutsche sehen werden.

Nach der Juristenkommission der FSK gibt auch der Hauptausschuß den Film ab 18 Jahren frei. Die Jury der Evangelischen Filmarbeit zeichnet DAS GESPENST als »Film des Monats« aus; für den Leiter der Zentralstelle Medien der Deutschen Bischofskonferenz, Prälat Wilhelm Schätzler,

ergibt sich im Hinblick auf die bisherige gute oekumenische Kooperation der beiden Kirchen in der Filmarbeit eine ernste Belastung...

und es müsse die Frage gestellt werden,

ob es hingenommen werden kann, daß die Freiheit in unserem demokratischen Rechtsstaat unter Berufung auf die »Freiheit der Kunst« in dieser Weise mißbraucht wird.

In der Kritik des katholischen *film-dienst* werden die Relationen wieder etwas zurechtgerückt. Die »Stellungnahme der Kommission« verzichtet auf den Hinweis »Wir raten ab«, der sonst als Formel für Ablehnungen verwendet wird, und der Rezensent räumt ein:

Achternbuschs Film ist alles und nichts. Er entzieht sich einer eindeutigen Zuordnung.

Aber was hat schon der katholische *film-dienst* für ein Gewicht, oder was zählen namhafte evangelische Theologen, wie der Marburger Professor Marcel Martin, was bedeutet die Aufführung des Films beim Evangelischen Kirchentag in Hannover gegenüber dem Erkenntnisstand der Politiker von der CSU?
... ich will nicht, daß Steuergelder für einen Film verwendet werden, der säuisch, pervers, dekadent und dumm ist...
Dies sagte Thomas Goppel am 7. Juli im Bayerischen Landtag. Was ein blasphemischer Film ist, das bestimmen weder Theologen noch Filmkritiker, sondern Politiker, Staatsanwälte und Richter. Und der Bundesminister des Innern. Herbert Achternbusch hatte für DAS LETZTE LOCH einen Bundesfilmpreis erhalten; dieser Preis (300000 Mark) ist zweckgebunden an die Herstellung eines neuen Films. Achternbusch wollte diese Mittel für die Produktion von DAS GESPENST verwenden; nach Vorlage und Prüfung des Drehbuchs im Innenministerium wurde die erste Rate ausgezahlt, auch mit der zweiten gab es keine Probleme – die Auszahlung der dritten Rate (75000 Mark) hat Zimmermann unterbunden. Die Gründe deutete er in seiner Rede anläßlich der diesjährigen Verleihung der Bundesfilmpreise (24. 6. 1983) in Berlin an:
Trotz aller intellektualisierenden Spielereien, mit denen man auch der unmoralischsten und verwerflichsten Tat eine positive Wirkung bescheinigen kann, kann ich in dem Film DAS GESPENST keine Leistung erblicken, die so schwerwiegende Verletzungen des Empfindens größter Teile unserer Bevölkerung rechtfertigt... Es ist jedem Bürger unbenommen, DAS GESPENST selbst im Kino zu begutachten und durch den Kauf der Eintrittskarte mitzufinanzieren.

*

Während der Bundesfilmpreis-Verleihung verliest Wim Wenders eine Erklärung der Preisträger, in der es u. a. heißt:
Es beunruhigt uns allerdings, daß in jüngster Zeit Kollegen von uns ganz oder teilweise von der Förderung ausgeschlossen werden, obwohl sie nichts anderes tun, als das, was für uns alle verpflichtend ist. Vor einem Jahr stand Herbert Achternbusch an dieser Stelle und hat wie wir das Symbol seines Preises in Empfang genommen. Er wartet bis heute auf die vollständige Auszahlung der ihm zustehenden Prämie... Die politische Bewertung der Kunst ist ein dunkles Kapitel in der deutschen Geschichte...
Während des Münchner Filmfests hatten wenige Tage zuvor 50 deutsche Regisseure gegen den Zugriff Zimmermanns in einer gemeinsamen Erklärung protestiert:
1. Der gegen Herbert Achternbuschs DAS GESPENST gerichtete Bescheid des Innenministers stellt einen offenen Rechtsbruch dar. Es ist ausgeschlossen, daß die

zahlreichen rechtskundigen Juristen, die den Minister beraten haben, ihm das nicht mitgeteilt haben. Im übrigen ist er selber Jurist. Ein Innenminister (Verfassungsminister) darf keinen vorsätzlichen Rechtsbruch begehen, bloß in der Erwartung, daß das Ministerium Prozesse länger durchhält als ein einzelner Filmemacher.
2. Die getroffene Entscheidung ist von den drei logisch möglichen Entscheidungen die unsinnigste: Man kann nicht in seinem religiösen Empfinden für 75 000 Mark erschüttert sein, in Höhe von 225 000 Mark aber nicht. Jeder Filmpraktiker weiß, daß der Unterschied zwischen der Summe, die der Minister zurückverlangt und derjenigen, die er nicht zurückverlangt, der Unterschied zwischen bezahlten und nichtbezahlten Rechnungen ist. Ein Minister muß das nicht wissen, seine Berater müssen es wissen. Es ist aber auch nicht üblich, daß Minister selber solche Entscheidungen treffen. Weder die Minister Höcherl (CSU), Benda (CDU), Maihofer, Genscher und Baum (FDP) haben das auch je getan. Minister sind keine Buchhalter.
3. Die umstrittenen 75 000 Mark liegen bei der Wirtschaftsprüfungsgesellschaft Treuarbeit auf Sonderkonto. Die Unterzeichneten und ihre Verbände erklären: Wenn die Treuarbeit auch nur eine einzige Mark dieser Mittel an die Bundeshauptkasse zurücküberweist, werden unsere Verbände die Treuhandorganisation boykottieren. Es widerspricht dem Treuhandprinzip, Rechtsbruch zu decken.
4. »Wer sich darüber lustig macht, daß Zimmermann die Entscheidung über weitere staatliche Zuwendungen an den Regisseur Herbert Achternbusch für dessen Film DAS GESPENST an sich zog, der verkennt die Art dieses Konflikts.« (Klaus Dreher in: Süddeutsche Zeitung *vom 13.5.83).*
Dieser Minister hat eine völlig andere Vorstellung von Obrigkeit und Kunst, von der Verfassungswirklichkeit und von Freiheit als wir. Da die Lage ernst ist und noch ernster wird, haben wir uns entschlossen, jede uns bekanntwerdende Zensurmaßnahme präzise zu recherchieren und die Öffentlichkeit zu informieren.

*

Die Lage wurde sehr bald noch ernster. Nicht nur, daß in zahlreichen Kirchen und anderswo vorgedruckte Formblätter ausgelegt werden, die mit der *Welt am Sonntag*-Polemik gegen DAS GESPENST argumentieren, sie rufen auch zur Unterschrift für ein Verbot des Films auf, den die Unterzeichneten dann gar nicht gesehen haben, und zur Absendung des Vordrucks an den Staatsanwalt.
Betrifft: Der sog. Film »Das Gespenst«
Ich bitte den Staatsanwalt, den blasphemischen Film »Das Gespenst« unverzüglich zu beschlagnahmen. Ich kann nicht verstehen, daß dieser Film nicht schon längst verboten wurde ...
Es geht längst nicht mehr darum, ob sich einzelne (wie viele es auch sein mögen) in ihrem religiösen Empfinden verletzt sehen – es geht

darum, daß man diesen einzelnen das Recht nimmt, diese Frage für sich zu entscheiden. Irritierend oder auch entlarvend ist da, wie Menschen unter Berufung auf ihr religiöses Empfinden mit ihren Reaktionen nicht einmal den Hauch von Sensibilität offenbaren. Ein Beispiel: In Passau ist DAS GESPENST am 1. Juli angelaufen, wenige Tage später hat der Kinobesitzer den Film wieder aus dem Programm genommen. Grund: eine Bombendrohung. Zehn Tage vorher verschickte, mit dem Vermerk »Eilt!«, eine »Vereinigung europäischer Bürgerinitiativen zum Schutz der Menschenwürde« (Sitz: Bayer. Gmain) einen Rundbrief:

Liebe Mitarbeiter!
Es wird Ihnen allen sicher bekannt sein durch die vielen Proteste und nicht zuletzt auch durch die Sühne-Prozession am Himmelfahrtstag in München, daß die öffentliche Aufführung des Filmes von Herbert Achternbusch DAS GESPENST eine unerhörte Gotteslästerung ist. (...) Er zeigt den ganzen Haß satanischen Atheismuses, der sich in widerlicher und unflätiger Weise austobt. (...) Da aber im Zuge der Strafrechtsreform seinerzeit auch die Gotteslästerungen straffrei gestellt wurden, es sei denn, daß diese die öffentliche Ruhe und Ordnung gefährden könne, sind unsere Gerichte machtlos und können diesen Film nicht verbieten, so lange nicht der Beweis erbracht ist, daß die öffentliche Vorführung des Filmes geeignet ist, die Ruhe und Ordnung zu gefährden. Es muß dabei nicht erst zur Tat kommen, indem man Tumulte und Krawalle veranstaltet, wie dies die Linken zu tun pflegen, sondern es genügt schon die Ankündigung, daß man zur Selbsthilfe greifen muß, wenn kein Verbot ausgesprochen wird. (...) Leider schweigen die Kirchen, ja beim Evangelischen Kirchentag in Hannover wurde Anfang dieses Monats dieser Film sogar den Besuchern vorgeführt. Es bedarf wohl keines besseren Zeichens für die Einstellung der Veranstalter dieses Kirchentages. Schande über sie. Wir sind alle aufgefordert jetzt unbedingt ein Bekenntnis abzulegen!!
Grüß Gott!

Der Pächter eines Kinos in Bad Wörishofen, der DAS GESPENST am 15. Juli spielen wollte, wurde telefonisch bedroht, die Drohungen reichten bis zur Mordankündigung.

*

Die Staatsanwaltschaft verlegt das Schlachtfeld. Mitte Juli ermittelt sie gegen den Verleiher, Christian Friedel von der »Filmwelt«, wegen des Verdachts der Beschimpfung von Religionsbekenntnissen. Da die Staatsanwaltschaft den Verleiher auf die Strafbarkeit hingewiesen habe (es gibt kein Gerichtsurteil, das die Freigabe des Films durch die FSK widerlegt hätte), könne Friedel – anders als Achternbusch – nicht »Verbotsirrtum« geltend machen. Damit wird die juristische Entscheidung über den Film, trotz FSK, an den Verleiher abgeschoben, dessen Verurteilung dann automatisch die Einziehung des Films zur Folge

hätte. Schließlich war Friedel ja vom Staatsanwalt aufgefordert worden, den Film zurückzuziehen – so versuchen Staatsanwälte, Entscheidungen durchzusetzen. Hierzu der Anwalt der »Filmwelt«, Christian Kahlert, in einer Presseerklärung:
Über den juristischen Kunstgriff der Anklage des Verleihers soll dieser Autor (Achternbusch, Anm. d. Hrsg.) mundtot gemacht werden. Keinesfalls kann es einem Verleiher zugemutet werden, bei einem strittigen Kunstwerk eigenmächtig Zensor spielen zu müssen. Uns scheint, daß hier ein unbequemer und kritischer Filmemacher (…) wirtschaftlich ruiniert werden soll und daß der kulturpolitische Krieg gegen den Künstler Achternbusch, stellvertretend für viele unbequeme Künstler, nunmehr sozusagen auf einem Nebenkriegsschauplatz ausgetragen werden soll. Es ist bedauerlich, daß somit die eigentlich politischen Ziele auf dem Umweg über ein Ermittlungsverfahren gegen den Geschäftsführer einer Filmfirma durchgesetzt werden sollen …

*

Am 30./31. Mai 1983 hat die »Kommission Produktionsförderung A des Auswahlausschusses für Filmförderung« im Bundesministerium des Innern an Hand von eingereichten Drehbüchern die Förderung von fünf Projekten beschlossen; formal sind diese Beschlüsse nur Vorschläge, die dem Minister vorgelegt werden. Unter den fünf Projekten befand sich auch WANDERKREBS von Herbert Achternbusch. Am 27. Juni erhalten die Mitglieder der Kommission einen Brief des Innenministers, in dem ihnen mitgeteilt wird, was längst öffentlich bekannt geworden war:
Ich sehe mich hingegen nicht in der Lage, dem Vorschlag für eine Produktionsprämie für den Film »Wanderkrebs« von Herbert Achternbusch zu folgen. (…) Es muß vermieden werden, daß die Zuwendung von DM 250 000,– an einen als problematisch – nicht als problemorientiert – empfundenen Film in der Öffentlichkeit als eine unangemessene Verwendung von Steuermitteln bewertet wird. (…) Die Filmförderung, auch die kulturelle Filmförderung, muß im Prinzip Hilfe zur eigenständigen Gestaltung und Finanzierung guter deutscher Filme sein. Sie muß, insgesamt gesehen, darauf hinauslaufen, dem deutschen Film qualitativ und quantitativ wieder eine Position in den Kinos der Bundesrepublik Deutschland und auch im Ausland zu geben. Bei der Durchsicht des Drehbuchs kann man nicht zu der Überzeugung kommen, daß diese Zielsetzung mit der Förderung des Projekts »Wanderkrebs« in Einklang stünde. Es ist vielmehr zu erwarten, daß der Film als »quasi-politisch« und nur für einen relativ kleinen Kreis eine gewisse Rolle spielt …
In einem Antwortbrief an Minister Zimmermann nehmen zehn der zwölf Kommissionsmitglieder zu dem Fall Stellung, der in der Geschichte der Filmförderung des Innenministeriums bislang einmalig ist.

Sie hätten Ihr von unserem Vorschlag abweichendes Urteil begründen sollen, ohne dabei die bestehenden Richtlinien zu mißachten. Darüber hinaus haben Sie geringen Respekt vor unserem Mehrheitsvotum zum Ausdruck gebracht, wenn Sie uns schreiben, bei der Durchsicht des Drehbuchs könne man *nicht zu der Überzeugung kommen, daß das Projekt* WANDERKREBS *förderungswürdig sei. Sie indes teilen nicht einmal mit, weshalb Sie das Drehbuch von Achternbusch »durchgesehen« (warum nicht gelesen?) haben. Woher wollen Sie übrigens wissen, daß sich für* WANDERKREBS *weniger Zuschauer interessieren würden als für die Projekte, gegen deren Förderung Sie nichts einzuwenden hatten? Zudem widersprechen Sie sich selbst: Im Falle des Films* DAS GESPENST *sei das religiöse Empfinden* vieler *verletzt worden; im Falles des* WANDERKREBS *aber soll es sich um ein Projekt handeln, für das sich nur* wenige *interessieren würden. Auch Ihren Vorstellungen von Wirtschaftlichkeit beim Film ist Wesentliches entgegenzuhalten. Als Innenminister können Sie kein Dekret erlassen, nachdem »auch der kulturell relevante Film« verpflichtet sei, »große Zuschauerzahlen zu erreichen«. Mit dieser kulturpolitischen Maxime gäbe es den größten Teil unserer Kultur nicht. Ein entscheidender Grund für unsere Gegenposition kommt noch hinzu: Gegenwärtig gelten Richtlinien, in deren Grundsätzen von herausragender künstlerischer Qualität die Rede ist, aber nicht von einer vagen Definition der Wirtschaftlichkeit, nach der Sie nun vorgehen. Mit welchem Verständnis von Recht und Ordnung wenden Sie eventuelle künftige Richtlinien auf gegenwärtige Entscheidungen an?*
Diesen Versuch einer Diskussion führte Zimmermann wenige Tage später in einem *Spiegel*-Interview ad absurdum, als er kategorisch erklärte:
Ich betrachte das Drehbuch nicht als förderungwürdig. Das ist meine Entscheidung. Die Jury hat nur ein Vorschlagsrecht; ich treffe die Entscheidung, und ich brauche sie nicht zu begründen.

*

Daß es in diesem Konflikt längst nicht mehr allein um Achternbusch, um einen Film und um ein Projekt geht, ist erschreckend klar geworden. Warum dies viele Zeitgenossen nicht erschreckt, bleibt allerdings ein Rätsel.
So kann ich nicht anders als dem Innenminister zurufen: »Zimmermann, bleib hart. Es geht um mein *Geld.«*
Der Steuerzahler, der in einem Leserbrief an die *Süddeutsche Zeitung* (1. Juli 1983) keine andere Sorge hat als *sein Geld*, hätte es besser wissen können. Geschrieben hat den Brief Professor Dr. Nikolaus Lobkowicz, ehemaliger und langjähriger Rektor der Universität München.
Da haben sie doch jetzt im staats-eigenen Residenztheater, also dem, das den höheren Ministerialbeamten sozusagen direkt gehört, einen Mann für drei Jahre

zum Chef bestellt, von dem das Ensemble angetan und von dessen Unternehmungslust die Kenner verblüfft sind, weil da nach zehn hausbackenen Dornröschenjahren plötzlich so was wie ein Luftzug, fast ein frischer Wind zu erahnen war: große Regisseursnamen, spannende Stücke, einiges Neuland zum Dazulernen – dieser Frank Baumbauer (so sein Name) stand wie der Prinz an der Hecke, bereit, sein Dornröschen mit dem Musenkuß zu wecken – aber aus ihrem Schlaf fuhren die Minister und ihre Räte und schrien »Halt!« und hauten ihm das schöne Schwert entzwei, so daß die Trümmer dem Fachminister des Kultus nur so um die Ohren flogen: sein längst ergangener Vorschlag mit den drei Jahren, auf dem viele viele Unterverträge mit Technikern und Künstlern basierten, wurde einfach in den Papierkorb geschmissen: zwei Jahre tun's doch wohl auch, gell? Es war ja auch wirklich eine Frechheit von diesem Baumbauer, in seinen Spielplan ein Stück von besagtem Achternbusch aufzunehmen – und es ihn auch noch selbst inszenieren zu lassen (womit er bestimmt wieder so viel Geld verdient hätte, daß er gleich wieder einen neuen Film hätt machen können!). Und, man möchts ja nicht glauben, sogar den Werner Schroeter hat der Baumbauer mit einer Inszenierung betrauen wollen. Wo doch jeder weiß, daß unser Ministerpräsident den schon gleich überhaupt nicht ausstehen kann. Jetzt hat er den Dreck im Schachterl, der Resi-Chef. Wär er halt braver gewesen. Schließlich ist es den Ministerialmenschen nicht zuzumuten, daß sie mit ihren Gattinnen derartiges in ihrem eigenen Haus anschauen müssen, wenn sie schon Freikarten haben.

Diesen hier gekürzt wiedergegebenen Kommentar schrieb Michael Skasa für den *Bayerischen Rundfunk* (8. Juli 1983). Auch im Konflikt um den neuen Chef des Münchner Residenz-Theaters ging es um mehr.

*

Während der redaktionellen Arbeit an diesem Buch herrscht noch ein heißer Sommer; die Politiker reden aber bereits vom »heißen Herbst« und erinnern an die Notstandsgesetze und deren Möglichkeiten. Hier berührt sich einiges. Der Fall Achternbusch, der Fall Zimmermann, die Prognosen und die Drohungen. Während ich überlege, wie man dies klar auf den Punkt bringen könne, ohne der Scharfmacherei auf der Gegenseite zu verfallen, da nimmt mir der Bundesminister des Innern dieses Problem ab. Anläßlich des Kommandeur-Wechsels beim Grenzschutzkommando Mitte in Kassel, am 13. Juli 1983, erklärt Friedrich Zimmermann wörtlich:

Gewaltloser Widerstand ist Gewalt.

Denken, schreiben, Filme machen, überhaupt jede Kunst, oder kritisieren, oder wählen, oder tausend andere Tätigkeiten – alle können sie eine Form des gewaltlosen Widerstands sein.

Anke Martiny
Die bundesdeutsche Filmförderung

Aus politischer Sicht

Im Frühling dieses Jahres gab es in der DDR einen »berüchtigten« Film zu sehen: INSEL DER SCHWÄNE, etwa zwei Jahre zuvor gedreht und lange nicht freigegeben. Plötzlich kam er in die Kinos, und die Leute rannten hinein – vor allem vermutlich, weil das *Neue Deutschland* und die parteitreue Fachpresse den Film auf das übelste verrissen hatte. Ich sah diesen Film, er ist kein Kunstwerk. Die dort geschilderten Probleme – wie ein halbwüchsiger Junge den Umzug von der Dorfidylle in die Betonsilo-Eintönigkeit eines Neubaugebietes erleidet und sich den Zwängen modernen Erwachsenenlebens widersetzt – würden hierzulande niemanden vom Stuhl reißen, geschweige denn den Zensor auf den Plan rufen. Nicht so in der DDR: Grundwerte sozialistischen Lebens werden kritisiert, akzeptable menschliche Figuren, Stützen der Gesellschaft gewissermaßen, werden lächerlich gemacht, kurzum: Das Ding ist ein Ärgernis. Trotzdem, die Bevölkerung konnte es sehen.

Auch die Bundesrepublik hatte im Frühjahr ihren Filmskandal: Als GESPENST kam er daher, der jauchige Geruch von Blasphemie umgab ihn. Auch bei uns: Die »Angst des Tormanns beim Elfmeter«, die Angst der Politik vor der Kultur, insbesondere vor dem Massenmedium Film. Auch Achternbuschs Film lohnt vermutlich die Aufregung nicht, die um ihn gemacht wurde. Die meisten Zuschauer, die den Film sahen – und es waren wegen der öffentlichen Aufregung dann auch erstaunlich viele –, werden ihn enttäuscht verlassen haben: Voyeure kommen nicht auf ihre Kosten, und künstlerisch ist manches mißglückt. Aber – wenn ich zu werten hätte – ich würde die Zivilcourage der DDR-Verantwortlichen höher ansetzen als die des bundesdeutschen Innenministers. Die dortige Kunst entsteht voll vom Staat subventioniert, und INSEL DER SCHWÄNE stellt Werte, auf denen der Staat fußt, ernsthaft in Frage, während umgekehrt Achternbusch einerseits das Risiko seiner Filmemacherei doch zum großen Teil bisher selbst getragen hat; erstmals wurde ihm für DAS LETZTE LOCH ein Preis zuteil, den er in die Produktion vom GESPENST steckte. Tja, und was andererseits die Auseinandersetzung mit der christlichen Symbolik angeht, so sind Achternbusch auf diesem Wege schon viele vorangegangen, mit wechselndem Erfolg. Das hat in den letzten Jahren von Egks »Abraxas« bis zu Buñuel oder Schroeters LIEBESKONZIL immer überzeugte Christen auf den Plan gerufen. Aber sind deren Gefühle, die sicher Schutz verdienen, künstlerisch maßgebend?

Da es nun leider so schrecklich teuer ist, Filme zu drehen, und da praktisch auch nicht realisiert werden kann, eine bestimmte Stadt oder eine Region für die Filmkultur in Deutschland verantwortlich zu machen, haben wir uns seit Jahrzehnten mit einer Bundesfilmförderung herumzuschlagen, die über das Geld des Bundessteuerzahlers erfolgt. Zwei Aspekte dieser Bundeskompetenz sollte man dabei sorgfältig auseinanderhalten:

1. Der Film ist ein Teil der nationalen Kultur. Deshalb muß eine Spitzenförderung des Bundes sicherstellen, daß das nationale Kulturgut »deutscher Film« lebendig bleibt. Vielfältige Anstrengungen dafür sind erforderlich. In der Vergangenheit haben sie sich auch bewährt: Eine ganze Generation von Filmemachern hat Weltgeltung erreicht durch die Förderung des deutschen Spitzenfilms in den 70er Jahren. In diesen Zusammenhang gehört schließlich, daß diese Spitzenfilmkultur auch ihren Niederschlag finden muß in der auswärtigen Kulturpolitik, die über die Goethe-Institute, ausländische Filmwochen etc. dafür sorgen muß, daß der deutsche Film im Ausland lebendig ist.

2. Von dieser kulturellen Filmförderung ist deutlich zu unterscheiden die Bundeszuständigkeit für den Film als einem durch und durch mittelständischen Produkt: Von der Idee bis zum fertigen Film sind entweder einzelne Selbständige oder mittelständische Unternehmen an der Fertigung des Wirtschaftsproduktes Film beteiligt. Diese mittelständischen Unternehmen haben es häufig schwer, sich gegenüber ausländischer Marktmacht, insbesondere der amerikanischen, zu behaupten. Die Bundeszuständigkeit für die mittelständischen Filmproduzenten, Filmverleiher, Filmtheaterbesitzer und ihre ideellen Helfer beruht darauf, der deutschen Filmwirtschaft eine reale Chance gegenüber ausländischem Großkapital zu erhalten. Außerdem muß das Bestreben der im Wirtschaftsbereich Bundeszuständigen aber auch darauf gerichtet sein, daß Marktzutrittschancen für neue Ideenlieferanten, Produzenten und Filmemacher gegeben sind.

Die Situation heute

Zweifel sind berechtigt, ob so etwas wie eine Kinokultur in Deutschland heute noch existiert. Mächtig hat der Markt zugeschlagen in den letzten beiden Jahrzehnten: Der deutsche Anteil am Filmmarkt ist seit Jahren rückläufig, »Kassenschlager« deutscher Provenienz sind selten, Werbeanstrengungen, um Menschen ins Kino zu locken, werden bestenfalls von finanzkräftigen ausländischen Herstellern und Verleihern unternommen. Weite Regionen der Bundesrepublik sind hinsichtlich Kino verödet; lebendig allerdings, vielfach auch in der Provinz, sind Filmclubs und Programmkinos.

Die Filmwirtschaft steckt in der Krise: Videopiraterie bedroht sie neuerdings zusätzlich zu der starken Konkurrenz des Fernsehens. Die dem Kino besonders aufgeschlossen gegenüberstehenden Jahrgänge zwischen 14 und 25 Jahren werden aufgrund des Pillenknicks zahlenmäßig schwächer. Last not least die noch völlig unkalkulierbare Bedrohung durch das Kabelfernsehen: Zwar werden dort auch Filme gesendet werden, und irgend jemand wird diese herstellen, aber ob dies nicht völlig den Garaus des für das Kino gängigen Musters bedeutet, vermag niemand definitiv abzustreiten.

Die wirtschaftspolitischen Folgerungen

Da die Situation alles andere als hoffnungsweckend ist, müssen Ansatzpunkte für eine Überwindung der Misere rasch gefunden werden. Ich sehe sie vor allem im wirtschaftspolitischen Feld. Es muß uns darum zu tun sein, auch in Zukunft die Produktion deutscher Filme sicherzustellen. Das bedeutet: Es muß deutsche Produzenten geben, deutsche Regisseure, Drehbuchautoren, Kameraleute, Filmschauspieler, Filmtechniker und was dergleichen mehr ist. Niemand kann wollen, daß in den Kinos nur noch amerikanische Filme laufen, daß im Fernsehen fast ausschließlich amerikanische Serien angeboten werden und im dermaleinstigen Kabelprogramm dann auch noch amerikanische Serien zu sehen sind. Das bedeutet: Wir müssen die Marktzutrittschancen junger deutscher Filmemacher weiter verbessern, unsere Aufnahmestudios wirtschaftlich am Leben erhalten, in allen Filmbranchen Nachwuchs ausbilden und im größeren Stil für diese mittelständische Branche »Risikokapital« bereitstellen (aber natürlich nicht für Abschreibungsfilme, deren Witz das Verlustgeschäft ist).

Zum zweiten müssen wir uns überlegen, daß die Kooperation zwischen Fernsehen und Kino weiter verbessert wird. Was spricht eigentlich dagegen, im Fernsehen fürs Kino zu werben? Auch unser öffentlich-rechtliches Fernsehen gerät ja durch die Kabeltechnologie unter

Zugzwang; warum lassen sich nicht kreative Möglichkeiten dartun, diese technologische Herausforderung im Vorfeld gemeinsam mattzusetzen? Schon hört man, daß den Kabelprojekten das Geld fehlt. Die mittelständische Filmwirtschaft bedarf der Stärkung vor allem auch hinsichtlich ihrer »Vertriebsschienen«. Der deutsche Verleih ist nicht sehr finanzkräftig, europäische Verleih-Kooperationen stecken noch in den Kinderschuhen. Allgegenwärtig hingegen ist das amerikanische Kapital. Und dabei sollte doch jedem deutlich sein, daß man Flops auch dadurch machen kann, daß eine schwache Verleihfirma gute Filme, die durchaus auch eine Marktchance hätten, nicht im gewünschten Ausmaß werblich stützen und damit »in dem Markt drükken« kann!

Drittens müssen wir mehr tun, um das Kino zu fördern. Wie man hört, reichen die Mittel bei der Filmförderungsanstalt zur Kinomodernisierung meist gar nicht aus. Hier liegt also Kapitalbedarf vor, und die Chancen für attraktiv gemachtes Kino sind gar nicht so schlecht, wie man an vielen Programmkinos sehen kann!

Zum vierten wird man sich sicher Gedanken machen müssen, in welcher Weise Kooperationen unterschiedlichster Art neu begonnen oder weiter gefördert werden können. Zwar sorgt das Film-Fernsehabkommen dafür, daß Geld in neue Filmproduktionen fließt, aber diese Art von Zusammenarbeit reicht sicherlich nicht aus. Auch dürfte es nützlich sein, Kooperationsabkommen mit wichtigen anderen europäischen Filmländern zu schließen, um gemeinsam der amerikanischen Konkurrenz gegenüber besser dazustehen. Es bleibt die Frage: Was soll denn gesendet werden in den Kabelprogrammen? Wird deutsches Geld das einzige sein, was dabei dann noch deutsch ist und dort »arbeitet«? – In diesem Zusammenhang könnte man auch darüber nachdenken, in welcher Weise wirtschaftliche Anreize für die nationale deutsche Filmwirtschaft gegeben werden können. Auf der Ebene der Bundesländer geschieht dies bereits hinsichtlich der Ausnutzung der Filmstudios; es wäre zu überlegen, ob Ähnliches auf Bundesebene nicht auch möglich ist. Franzosen, Italiener, Engländer sind sehr findig im Aufspüren von Förderungsmöglichkeiten für ihre »Kulturarbeiter«.

Die kulturpolitischen Folgerungen

Im Wendezeichen der Union ist der deutsche Film gerade kulturpolitisch in die Schlagzeilen geraten. Es mag ja sein, daß man zur »geistigmoralischen Wende« auch Moral braucht (siehe Achternbusch); ganz sicher aber braucht man Geist dazu. Was wir kulturpolitisch bisher erlebten – Austausch von Verantwortlichen, Überlegungen zu Richtlinienänderungen, Verweigerung von Zuschüssen und Preisen –, dies alles war nicht sehr geistreich, sondern eher bürokratisch. Geradezu im Gegensatz zur Regierungserklärung von Bundeskanzler Kohl, der doch weniger Staat versprochen hatte! Gerade im Bereich der Kultur erleben wir zur Zeit, daß der Staat sich mehr Mitwirkung anmaßt als in früheren Jahren.

Die »Gremienwirtschaft« wird nicht nur von politischer Seite kritisiert, sondern vor allem aus der Perspektive der Geldempfänger. Aus deren Sicht bedarf es fast kriminologischen Scharfsinns, um herauszuspüren, wo sie mit welchem Projekt am günstigsten Zuschüsse zur Finanzierung erhalten. Vielleicht läßt sich an dieser »Gremienwirtschaft« etwas verbessern, mit Sicherheit sollte dies versucht werden hinsichtlich des Verfahrens, wie die Bundesfilmpreisträger ermittelt werden. An der Gremien*zusammensetzung* sollte aber nicht gerüttelt werden: Die Breite des Spektrums muß erhalten bleiben, und den Ausschlag für eine Beteiligung an diesen Gremien sollte geben, ob die Mitglieder den Film wirklich lieben. Wer Filme gemacht, sehen und anschauen möchte, sollte darüber befinden dürfen, und nicht die amtlichen »Verhinderer« und Bedenkenträger und Wirtschaftlichkeitsapostel.

Die kulturelle Spitzenförderung des deutschen Films muß möglichst ideologiefrei bleiben. Ganz wird sich dies nie realisieren lassen, weil natürlich alle, die mit dem Film zu tun haben, die ideologischen Zeitläufe in irgendeiner Weise mitmachen und nachvollziehen. Von allen konservativen Ideologien ist die Wirtschaftlichkeitsideologie, der es vor allem ums Geld geht, die bei weitem am wenigsten kreative. Wer also den deutschen Film am Leben erhalten möchte – wirtschaftlich *und* kulturell –, der muß mehr tun als am Geldhahn spielen. Die sozialliberale Förderungspraxis des letzten Jahrzehnts war sicher nicht perfekt, aber per saldo erfolgreich, denn sie hat den deutschen Spitzenfilm in die Weltelite gehoben. Dies kann durch leichtfertige Wendemanöver für die nachwachsende Generation der Filmemacher, Produzenten, Verleiher und Filmtheaterbesitzer sehr schnell und sehr viel schlechter werden. Eine bessere Filmförderungspolitik will erst einmal konzipiert sein!

Hans Günther Pflaum
Geschäftsschädigungen

Anmerkungen zur inländischen Produktion

Wenn es etwas gäbe wie einen jahreszeitlichen Rhythmus im deutschen Kino, dann hätten wir, nach den Zeiten des Säens, Blühens und Erntens, jetzt den Winter erreicht. Nichts geht mehr, sagen die Kinobesitzer und klammern dabei ein paar Eisblumen aus, unter denen Robert Van Ackerens DIE FLAMBIERTE FRAU die kälteste ist. Nichts geht mehr, scheinen manche Regisseure zu sagen; sie begeben sich zum Überwintern ins Ausland, Wenders nach Amerika, Schlöndorff nach Frankreich, Herzog nach Australien, während in der Bundesrepublik die Eisheiligen Zimmermann, Geißler und Co. das Klima regulieren und einen »heißen Herbst« anmelden. Und der Nachwuchs im Kino, den jede Produktions-Statistik als existent nachweist, der hat längst seinen harmlos verträumten Winterschlaf begonnen. Nichts geht mehr, sagen die Kritiker und sind es leid, immer wieder nur den guten Willen und die redlichen Absichten einzelner Regisseure und ihrer Arbeiten zu attestieren, um die handwerkliche (von Kunst redet ohnehin kaum einer mehr) Trostlosigkeit zu verschweigen und nicht den Beifall von der falschen Seite zu provozieren; vor wenigen Jahren wäre es noch undenkbar gewesen, daß ein großer Teil der Kritiken über einen kritisch gemeinten Atomkraft-Film (IM ZEICHEN DES KREUZES von Rüdiger Minow) oder über einen ebenfalls kritisch gemeinten Überwachungsfilm (ALLES UNTER KONTROLLE von Niels C. Bolbrinker, Barbara Etz und Klaus Dzuck) so rigoros ablehnend ausgefallen wären. Die Zeiten eines Gesinnungsbonus sind abgelaufen. Gehört auch dies zu den Zeichen der »Wende«?
Wenn es bei den Kritikern eine »Wende« gibt, dann geht sie in eine andere Richtung; pragmatisch betrachtet, ist der Zeitpunkt dafür falsch gewählt, wie man am Beispiel von IM ZEICHEN DES KREUZES erkennen kann. Wenn die Verhinderung seiner Ausstrahlung im Fernsehen von dessen Beherrschern mit im weitesten Sinn qualitativen Einwänden begründet wird, dann verdient diese Begründung schon deswegen keinen Glauben, weil sie tagtäglich vom Fernsehprogramm widerlegt wird; warum, so muß man sich fragen, entwickeln die Herrschaften gerade da auf einmal einen Sinn für Qualität, wo sie doch sonst weiß Gott nicht zimperlich verfahren und mit ihrem Ramsch die Kanäle nicht voll

genug kriegen können. Wenn aber nun ein Kritiker gegen diesen Film seine Einwände darlegt, dann scheint er ja für dieses eine Mal den TV-Bossen und ihren Funktionären rechtzugeben und deren Glaubwürdigkeit schon jetzt fürs nächste Mal zu erhöhen. So gesehen stimmt das, nur sollte man es nicht so sehen, weil man den Fall nicht isoliert von der Kontinuität der Kritik betrachten darf.

Diese freilich hat ihre eigenen Probleme. Da ist viel zu lange taktiert worden, und die davon profitierten, hielten dies für selbstverständlich. Schon wieder habe ich von der geschäftsschädigenden Wirkung der Filmkritik reden gehört, und davon, daß die Kritiker ja schreiben könnten, was immer sie wollten, wenn nur die Werbe-Etats für die Filme höher wären (so Christel Buschmann in einer öffentlichen Diskussion während des Münchner Filmfests). Solches Denken, zu dem sich gewöhnlich etwa die Produzenten der James-Bond-Filme bekennen, hat unweigerlich seine Folgen, auf die Arbeit der Regisseure und der Kritiker, und es schlägt zurück; nicht anders schlägt auch das Taktieren zurück. Das Wohlwollen, mit dem die ersten Arbeiten von Margarethe von Trotta aufgenommen wurden, führte zur allseitigen Überschätzung, deren Folgen dann an den ebenso unverdienten bösartigen Reaktionen auf HELLER WAHN abzulesen sind; nun machen sich die bis dahin zurückgehaltenen Einwände vehement Luft, zumal da der politische Gesinnungsbonus keinen Halt mehr findet. HELLER WAHN war nicht das große Ärgernis in unseren Kinos, sondern einfach ein etwas lahmer und larmoyanter Film, der mit keinem Bild über das zu durchsichtig konstruierte Drehbuch hinausging. Margarethe von Trotta hatte einfach beim Schreiben schon alles gesagt und beim Inszenieren nur noch illustriert.

Auch Reinhard Hauffs DER MANN AUF DER MAUER ist so ein Drehbuchfilm – nur hatte er mit Peter Schneiders Vorlage das ungleich bessere Drehbuch. Bezeichnend vielleicht an dieser Geschichte über die deutsch-deutsche Grenze in Berlin, daß es gar nicht anders ging, als die Mauer und den Übergang nachzubauen: nachgestellte Realität als Prinzip, ein anderes hat die Konstruktion der Story gar nicht zugelassen (die politische Wirklichkeit vielleicht auch nicht).

Nicht anders hatten Michael Verhoeven für DIE WEISSE ROSE und Percy Adlon für FÜNF LETZTE TAGE – beide über den Widerstand der Gruppe um die Geschwister Scholl – ihre eigentliche Leistung schon beim Schreiben erbracht. Beim Inszenieren fielen Verhoeven dann nur mehr genre-ähnliche Bilder ein, der vorgegebenen konventionellen Dramaturgie folgend, und Adlon ließ sich von der Redlichkeit des Ge-

schriebenen so überzeugen, daß sein Film betulich, fast unpolitisch wurde.
Illustrationen von Drehbüchern: da liegen die Grundprinzipien der meisten deutschen Filme der Saison – und das Grundproblem natürlich auch. Daß man vielleicht erst einige Kurzfilme oder wenigstens ganz kleine spontane Langfilme drehen könnte, bevor man sich mit einem aufwendigen Projekt übernimmt, das haben Fassbinder, Herzog oder Wenders in ihren Anfängen gewußt und berücksichtigt; der Nachwuchs von heute denkt nicht daran. Also werden »große« Drehbücher geschrieben, und bei der Realisierung geht es dann meistens nur noch darum, den Ansprüchen der Szenarien irgendwie hinterherzurennen und sich dabei nicht allzuweit abhängen zu lassen. Dies allein auf die Präferenzen von Gremien zurückzuführen wäre eine zu bequeme Antwort; mit der Filmförderung hat das dennoch viel zu tun. Zu auffallend ist die Tatsache, daß nahezu jeder Hochschulabsolvent schon seine eigene Produktionsfirma gründet: Da braucht man dann über ein Projekt nicht mehr diskutieren, keinen Reibungswiderstand fürchten, keinem Rede und Antwort stehen, aber man kann die eigenen Gagen bestimmen und vor allem am Produzieren selbst verdienen – diese Mentalität wird in allen Förderungsgremien beobachtet; oft geht die Motivation für einen Film aus der Kalkulation weit plausibler hervor als aus dem Drehbuch, und wenn die Drehbücher so fantasievoll wären wie die Kalkulationen, so hätten wir auch jetzt das herrlichste deutsche Kino, das sich ein Mensch nur wünschen kann.
Wieviele Filme gab es noch, die uns über das Drehbuch hinaus etwas zu sagen hatten? QUERELLE natürlich, dessen endgültige Form den Zuschauer nicht einmal ahnen ließ, daß das ursprünglich kein Projekt Fassbinders war, sondern von Werner Schroeter inszeniert werden sollte. So konnte Produzent Dieter Schidor, der den Regiewechsel vermutlich aus ökonomischen Gründen vorgenommen hat, in seinem verlogenen Drehbericht DER BAUER VON BABYLON auch vorgeben, er hätte Fassbinder damit die Realisierung eines ureigensten Projekts ermöglicht. Syberbergs PARSIFAL ist da zu nennen; was immer man davon halten mag – ein unverwechselbar persönlicher, riskanter Film, auf jeden Fall weit mehr inszeniert als geschrieben, monoman den eigenen Weg verfolgend, ist Syberberg damit gelungen. Niklaus Schillings DER WESTEN LEUCHTET gehört dazu, zumal Schilling schon seine Drehbücher so konzipiert, daß sie ohne die visuelle Vorstellung kaum funktionieren, weil die optischen Zustände der Bundesrepublik dabei untrennbar zum Gegenstand der Erzählung werden. HAMMETT und

Paul Getty III, Sam Fuller, Patrick Bauchau in: DER STAND DER DINGE
von Wim Wenders

DER STAND DER DINGE sind vielleicht die entscheidendsten Ausnahmen, weil Wenders in seinen Arbeiten stets auch das Kino selbst reflektiert; ob diese Filme freilich noch in irgendeiner Weise vom neuen deutschen Film für sich reklamiert werden dürfen, erscheint mir mehr als zweifelhaft.
Zwei Provinzgeschichten gehören zu den Ausnahmen: Tankred Dorsts EISENHANS, weil ein weniger behutsamer und nachdenklicher Regisseur daraus wahrscheinlich ein grauenvolles Inzest-Drama gemacht hätte. Und Josef Rödls GRENZENLOS, weil der wie kein anderer gegenwärtig im deutschen Kino die Zusammenhänge zwischen Menschen und Landschaften zu erkennen und zu zeigen vermag. Und selbstverständlich Achternbusch, der angefeindete Einzelgänger.
Robert Van Ackerens DIE FLAMBIERTE FRAU, kalt, sezierend, ebenso intellektuell wie spekulativ, verkörpert etwas, was dem deutschen Kino völlig fehlt: clever kalkulierte Unterhaltung, bis ins Detail präzis funktionierendes Handwerk. In einer funktionierenden Filmlandschaft sollten Filme wie dieser eher die Regel sein; auch er ist eine Ausnahme.

Vadim Glowna versteht es immerhin, beim Schreiben an Bilder zu denken, was nicht gleichbedeutend ist mit »in Bildern denken«. Aber DIES RIGOROSE LEBEN kann sich in seinem handwerklichen Standard sicher leicht messen mit dem, was inzwischen renommierte Regisseure in ihren Anfangsjahren gedreht haben. Und daß einer mit seinem zweiten Film nicht weit hinter den Versprechen seines Debüts zurückbleibt, ist gegenwärtig im deutschen Kino ohnehin eine Seltenheit.
Die Regel heißt Niedergang. Was treiben zum Beispiel die Filmemacher, die in der Zusammenarbeit mit Rainer Werner Fassbinder etwas gelernt haben könnten? Kurt Raab inszenierte und Peter Kern produzierte den schaurigen Politporno INSEL DER BLUTIGEN PLANTAGE, irgendwo in Indonesien. Was man von Uli Lommel oder Per Raaben an eigenen Filmen zu sehen bekam, vergißt man besser. Walter Bockmeyer und Rolf Bührmann, für deren frühe Arbeiten sich Fassbinder einst engagiert eingesetzt hatte, gaben mit LOOPING und noch mehr mit KIEZ nur Anlaß zur Befürchtung, sie seien unwiderruflich den Korruptionsfähigkeiten des großen Geldes erlegen. Auch dies gehört zu den Grundproblemen des deutschen Films, die mit dem Tod Fassbinders

Siegfried Zimmerschied in Josef Rödls GRENZENLOS

sichtbarer wurden: Vor lauter Möchtegern-Individualisten fehlen die Schüler, die bereit wären, für eine Zeit in die Fußstapfen eines anderen zu treten. Sieht man von den wenigen, meist marginalen Nachahmungen ab, die Alexander Kluge durch die Hochschule in Ulm und Wim Wenders an der Filmhochschule in München erfuhren, so bleibt die jüngere Generation deutscher Filmemacher so vaterlos wie es die vorausgegangene (diese nicht aus eigener Schuld) auch war. Wir haben eine Situation folgenloser Leistungen im deutschen Kino, das mehr von Debütanten als von kontinuierlichen Entwicklungen geprägt wird.

Auch aus dem vor wenigen Jahren proklamierten »schmutzigen kleinen Film« ist nichts geworden. Der Ausweg eines deutschen B-Pictures erwies sich als Sackgasse, weil gerade die Vorbilder, die amerikanischen B-Regisseure, über genug handwerkliche Erfahrung, Routine und Perfektion verfügten, um für eine persönliche Handschrift eine Voraussetzung zu haben. Das deutsche Kino verfügt über zu wenig Filmemacher, die ehrenwerten Durchschnitt liefern könnten, und was häufig als Mittelmaß bezeichnet wird, verdient diese Bezeichnung kaum, sondern liegt oft darunter. Beim Nachwuchs herrscht Anpassung vor, Anpassung an die gängigen Belanglosigkeiten der Unterhaltungsindustrie (wie sie sich vor allem im Schlager auslassen) und vor allem Anpassung an den handwerklichen Niedergang, an den Verzicht auf jede Reflexion ästhetischer Mittel, wie man ihn im Fernsehen täglich bis zum Exzeß beobachten kann.

Wolfgang Bülds Klamotte GIB GAS – ICH WILL SPASS stellt noch manchen Lümmelfilm von vorgestern in den Schatten. Manfred Stelzers SCHWARZFAHRER erweisen sich als Berliner Epigonen der Schwabinger Außenseiter von einst, und deren filmischer Wortführer, Klaus Lemke, tut mit DER KLEINE plötzlich so, als wäre er nochmal 20 und könnte den alten neuen deutschen Film plötzlich wieder jung erscheinen lassen. Da ist er freilich nicht der einzige. Eckart Schmidt, weiland Meister der JET GENERATION, inszenierte nach DER FAN nun DAS GOLD DER LIEBE, reiht unverdrossen die wüstesten Klischees über Drogen und Sexualität aneinander und hält dafür Erklärungen bereit, die das einzig Kühne an seinem ganzen Unterfangen sind. An Oberflächlichkeit, Klischees und Dilettantismus können freilich noch einige andere mithalten, Manfred Purzer mit RANDALE zum Beispiel.

Was in der Reihe »Neue Deutsche Filme« beim Münchner Filmfest zu sehen oder besser zu ertragen war, ist ebenfalls entmutigend, zumal auch die Arbeiten von Regisseuren, die über einige handwerkliche Er-

fahrung verfügen müßten, nicht weniger konfus, konzeptionslos und beliebig inszeniert wurden als die der Anfänger. Neben Lemke enttäuschte Rüdiger Nüchtern mit einer dünnen Beziehungs-Geschichte aus der Münchner Schickeria, zumal die Regie keinen erkennbaren Aufschluß darüber gibt, was ihn bei BOLERO überhaupt interessiert haben könnte. Gustav Ehmck ließ in seiner verquasten Außenseitergeschichte JOSEPHS TOCHTER, die wohl auch emanzipatorisch gemeint ist, Gerard Vandenberg (der es eigentlich besser wissen müßte) mit der Kamera so wild herumfuchteln, als wäre diese ein Trimmgerät. Überhaupt ist die Tendenz zu Leibesübungen mit der Kamera im deutschen Kino zur Zeit weit verbreitet. Werner Schäfer spürt mit JAIPUR JUNCTION europäischen Kapitalismus-Ganoven in Indien nach und motzt seine durchaus sinnvolle Geschichte mit überaus sinnlosen dramaturgischen Manövern auf. Kleine, belanglose Möchtegern-Krimis wie KASSENSTURZ von Rolf Silber oder SCHNELLES GELD von Raimund Koplin und Renate Stegmüller provozieren in mir unweigerlich die ratlose Frage, was denn die Herrschaften Nachwuchsfilmer überhaupt noch im Sinn und im Kopf haben. Von einigem kabarettistischen Reiz, gelegentlich sogar gesegnet vom Charme der totalen Unterfinanzierung, ist EINE FIRMA FÜR DIE EWIGKEIT von Rolf Gmöhling, den eine gewisse Redlichkeit zu einem wenigstens sympathischen Dilettanten macht. Eberhard Itzenplitz hingegen, der Fernsehprofi, inszeniert BARTOLOMÉ – DIE RÜCKKEHR DER WEISSEN GÖTTER so ungeschickt und hausbacken, als hätte er sich damit vor 25 Jahren bei einem Schulfunkredakteur bewerben wollen. Und bei den meisten der Münchner Filme schien es, als würden ihre Regisseure den vormals so gescholtenen, gediegen langweiligen Literaturverfilmungen einfach dadurch aus dem Weg gehen wollen, daß ihre Drehbücher alles andere eher sind als gediegen – nämlich miserabel.
Nicht einmal mit den Literaturverfilmungen geht noch was (Geissendörfers Highsmith-Adaption EDITHS TAGEBUCH wird erst nach Redaktionsschluß, beim Festival von Venedig, uraufgeführt werden). DOKTOR FAUSTUS, von Johannes Schaaf begonnen und von Franz Seitz fertiggestellt, ist in seiner oberflächlichen Theatralik, die der Vorlage nur Paraphrasen und Illustrationen abzugewinnen vermag, eher ein Doktor Frustus geworden. Hans Neuenfels geht in HEINRICH PENTHESILEA VON KLEIST immerhin einen neuen, gänzlich unkonventionellen Weg, um sich mit den Reflexionen über seine eigene Theater-Inszenierung selbst ein Denkmal zu setzen. Was Peter Stein mit seiner Theaterverfilmung von KLASSENFEIND (nach Nigel Williams) veranstaltet, hat mit

Kino wenig im Sinn, bedeutet nicht mehr und nicht weniger als eine aktualisierende Dokumentation eigener Bühnentätigkeit. Und der biedere Kunstgewerbler Peter Schamoni arbeitet zwar bei seiner bildungsbürgerlichen FRÜHLINGSSINFONIE über Robert Schumann nach einem Originaldrehbuch, aber das Ergebnis sieht dennoch aus wie eine Literaturverfilmung.

Immer wieder gab es Drehbuchhoffnungen: Dominik Grafs DAS ZWEITE GESICHT und Friedemann Schulz' DER TOD IN DER WASCHSTRASSE waren wirkliche Versprechungen neuer, durchsetzungsfähiger Filmemacher, die sich bei der Inszenierung aber dann offensichtlich übernommen haben; nicht anders, wenngleich mit weniger günstigen Ausgangspositionen, haben sich Henning Stegmüller mit MILO BARUS, DER STÄRKSTE MANN DER WELT und Martin Gies mit DANNI bei ihren Regie-Fähigkeiten der Selbstüberschätzung überführt. Bescheidenheit ist ein fatales Wort, aber ein bißchen weniger Überheblichkeit, ein wenig reduziertere Ambitionen, vielleicht auch weniger Flunkerei, dafür mehr Ansprüche gegenüber den eigenen handwerklichen Fähigkeiten und einfachere Geschichten (für die sich beispielsweise Fassbinder oder Wenders in ihren Anfängen auch nicht zu schade vorkamen) würden dem Nachwuchs zum Vorteil gereichen.

Bezeichnend ist, daß die lohnenderen deutschen Produktionen (von den eingangs erwähnten Ausnahmen abgesehen) dem Dokumentarischen nahestanden oder Dokumentarfilme waren. So natürlich KRIEG UND FRIEDEN von Kluge, Schlöndorff, Aust und Engstfeld, verglichen mit den Team-Arbeiten DEUTSCHLAND IM HERBST und DER KANDIDAT sicher die schwierigste, inhaltlich und in ihrer Entstehungsgeschichte – aber eben gerade dann spannend und lehrreich, wenn die Schwierigkeiten, die Probleme filmisch in den Griff zu kriegen, sichtbar werden. Wegen dieser ehrlichen, offenen Reflexion, in der es keinen noch so kleinen geflunkerten Moment gibt, ist auch Kluges neuer Film DIE MACHT DER GEFÜHLE (auch er wird seine offizielle Uraufführung in Venedig haben), auch wenn er aus vielen inhomogenen Einzelteilen zusammengefügt ist wie die zufällig sich anordnenden Splitter in einem Kaleidoskop, von der ersten Einstellung an zwar anstrengend, aber auch ein Vergnügen. Es geht da um die Möglichkeiten und Unmöglichkeiten der Liebe in einer von Machtsystemen und den Gesetzen des Kaufens und Verkaufens regulierten und destruierten Welt – freilich so komplex und kompliziert, daß das Schreiben darüber nach dem einmaligen Sehen zur Unmöglichkeit wird.

Vielleicht zum ersten Mal in der Geschichte des neuen deutschen

Volker Schlöndorff und Alexander Kluge bei den Dreharbeiten von
KRIEG UND FRIEDEN

Films waren die Dokumentarfilme und die ihnen nahestehenden Arbeiten, auch die Experimentalfilme, in dieser Saison eindrucksvoller und lebendiger, wiesen auch intensivere emotionale Qualitäten auf als die meisten Spielfilme. Belege dafür sind Andreas Guttners FAMILIE VILLANO KEHRT NICHT ZURÜCK, Peter Kriegs PACKEIS-SYNDROM, MIT STARREM BLICK AUFS GELD von Helga Reidemeister, DER LÄNGERE ATEM von Christoph Boekel und Beate Rose; und erst recht die Arbeiten von Werner Nekes ULIISSES und von Helmuth Costard ECHTZEIT – sie sind fast die einzigen, die noch radikal darüber nachdenken, was heute Sache des Kinos sein könnte.
Gerade die Unangepaßten, egal ob Kluge oder Krieg, Costard oder Nekes und noch einige andere, die nicht nach den verheerenden Erfolgsrezepten einer abgewirtschafteten Branche verfahren, werden die Opfer sein, wenn Minister Zimmermann und seine Freunde die endgültige Gleichschaltung aller Filmförderung unter dem Motto »Wirtschaftlichkeit« durchsetzen. Mit Achternbusch hat man den Anfang gemacht, einen Anfang, der zeigt, wes Geistes Kind diese »Wirtschaftlichkeit« zu sein hat. Schließlich dürften die Filme von

Achternbusch nicht weniger Zuschauer erreichen als manche aufwendigen Anstrengungen der rudimentären Altbranche, Kassenschlager zu produzieren; berücksichtigt man dann noch – was jeder wirtschaftlich denkende Mensch eigentlich tun müßte – die Herstellungskosten des Gesamtwerks von Achternbusch und vergleicht sie mit dem von Manfred Purzer (dem nie und nimmer einer mangelnde Wirtschaftlichkeit vorwerfen würde), dann könnten dabei einige höchst erstaunliche Ergebnisse im ökonomischen Bereich zutage treten. Wenn die künstlerischen Spitzenleistungen des deutschen Films – so zahlreich sind die ohnehin nicht – künftig nicht mehr ohne jede Rücksicht auf kurzfristiges Erfolgsdenken gefördert werden können, dann wird man damit auf keinen Fall den unerträglichen Durchschnitt in seinem Gebrauchswert (von »Qualität« sollte man hier nicht reden) auf ein erträgliches Mittelmaß anheben können. Wer's nicht glaubt, sollte im Anhang des Jahrbuchs den Produktionsspiegel der deutschen Filme prüfen: schon seit Jahren ist nicht mehr soviel produziert worden, Durchschnittliches mit großen Publikumsambitionen – und seit Jahren war der Anteil an künstlerischen wie an kommerziellen Mißerfolgen nicht so hoch. Das Prinzip des Lotterie-Kunden, der viele Lose erwirbt und mit mehr Nieten *und* mit mehr Gewinnen rechnet, ist filmwirtschaftlich ohnehin absurd. Blickt man nun zurück auf die Anfänge des neuen deutschen Films, dann wird auch die ökonomische Kurzsichtigkeit der politischen Forderungen nach Filmen für die »breite Masse« offenkundig. Fassbinder, Herzog oder Wenders, um nur einige Beispiele zu nennen, hätte es dann wohl gar nicht gegeben. Ich kann mir vorstellen, daß hierzulande nicht wenige Politiker da auch gar nichts dagegen hätten.

Gertrud Koch
Rangieren auf Nebengleisen
Aspekte des internationalen Films

Ein alter Traum der phänomenologischen Filmästhetik war die Vorstellung, daß mit Hilfe der Kamera Aspekte der Wirklichkeit herausgebrochen werden könnten, die dem bloßen Auge, der Trägheit der eingeschliffenen Wahrnehmung entgehen. Buñuel hat in seinem surrealistischen Film UN CHIEN ANDALOU (Ein andalusischer Hund) ganze Sequenzen so aufgebaut: auf einer weißen Fläche ein winziger Schmetterling, der schließlich in einer überdimensionierten Großaufnahme aus dem staubigen Gitter seiner Oberfläche das Bild eines Totenkopfes entläßt; ein Rätselbild, das den Schrecken aus dem Unsichtbaren als das Unheimliche hervorbringt.
Der vorgefundenen Wirklichkeit vermögen neuere Filme, die dem Primat des illusionistischen Realismus anhängen, kaum noch solche Dimensionen zu entbinden. Statt in die Bruchstellen der Dinge sich einzunisten, nehmen sie diese als integrierte Teile rundlaufender Einstellungen, die ablaufen wie unter Klarsichtfolie. Phänomenologischen Scharfsinn entfalten viele Filme erst sekundär durch das Einfüttern filmischen Materials, das nicht vom perfektionierten Aufnahmeapparat des großen Kinos produziert wurde: Super 8 und Video schmirgeln die Ränder der Routine rauh, schieben sich als Häppchen für Erfahrungshungrige auf die Leinwand. Die schummerigen Produkte der Kleinsttechnologien werden zu Zeichen von Subjektivität, von Primär-Erfahrung oder historischer Authentizität im Sinne von Zeugenschaft, von Präsenz und Anwesenheit.
Die Verwendung kontrastierenden Materials ist der Geschichte der Montage-Verfahren des Films von jeher eingeschrieben und außerhalb des klassisch-narrativen Kinos in den verschiedensten Zusammenhängen vollzogen worden. Auffälliger scheint mir aber mittlerweile die Anleihe an dergleichen montage-ästhetischen Effekten quer durch die Genres und nationalen Kinematographien.
Besonders auffallend in einer Art Reißverschluß-Montage wird die ästhetische Codifizierung des technisch Nicht-Perfekten in Alain Tanners Film DANS LA VILLE BLANCHE (In der weißen Stadt): Bruno Ganz als abgemusterter Schiffsingenieur beginnt seine Identitätssuche, indem er sich und die Stadt (Lissabon) mit einer Super 8-Kamera filmt;

als filmische Briefe schickt er die Aufnahmen vom Straßenbahn-Perron und sich selbst an seine Freundin in der Schweiz. In diesen filmischen Trouvaillen regiert der subjektive Blick, der der Geliebten in einem intimen Augenblick so nahe auf den Leib rückt, bis es schwarz wird vor dem Kamera-Auge. In Tanners Film gewinnt die Verwendung der Super 8-Aufnahme noch einmal die Aura des Authentischen zurück: gegen den perfekten Realitätseindruck des großen technologischen Kinoapparates und seinen Illusionismus. Wo das Alltagswissen um die Herstellbarkeit, um das Synthetische und Künstliche des Kinos bis in die vorab gezeigte Eiscreme-Reklame reicht, verspricht offenbar nur noch der fragmentarische, scheinbar zufällige, auf Einzelheiten gelenkte Blick den Eindruck des Überraschenden, Plötzlichen, des im wahrsten Sinn des Wortes Unvorhersehbaren. Die wackligen Aufnahmen vom Perron der Lissaboner Straßenbahn über das Kopfsteinpflaster, in die engen Straßen und ihre Kurven hinein, der ungelenke Gang des Sich-selbst-Filmenden, die Erkundung des nackten Körpers der

Alain Tanner: IN DER WEISSEN STADT (Dans la ville blanche)

Geliebten: in diesen neugierig streifenden Blicken deutet sich Aufregenderes an, als die Geschichte vom melancholisch-narzißtischen Abenteurer anzubieten hat. Solche Momente freilich werden gebrochen im akkuraten Reißverschlußverfahren, dem das Kalkül mit dem Kontrastmaterial zu stark eingeschrieben bleibt, zu schnell als stilistische Finesse durchschaubar wird, um ihre Aura wirklich entfalten zu können.

Den genauen Bauplan der VILLE BLANCHE hält Gabor Body in seinem neuen Film KUTYA EJI DALA (Nachtlied des Hundes) nicht mehr ein. Body gilt seit seinem spektakulären Erfolg mit dem mystisch qualmenden Vielfarb-Epos NARCISZ ES PSYCHE (Narziß und Psyche) als feuerwerkendes entfant terrible der jüngeren ungarischen Regisseur-Generation. Der wilde Eklektizismus, die Verliebtheit in technische Spielereien, die nicht immer auch ästhetisch einleuchteten, hat sich in KUTYA EJI DALA verschoben. Die harsche Perfektion löst Body nun auf ins perfekte Spiel mit den ästhetischen Reizen des Nicht-Perfekten: schummrige Video-Aufnahmen zweier ungarischer Punk-Musikgruppen und dunkel flimmernde Super 8-Teile kontrastieren mit streng farbig ausgeleuchteten Sequenzen, in denen ikonographische Stilisierung vorherrscht. Der falsche Priester (von Body selbst gespielt), um den der Film kreist, wird zur Projektionsfläche für unter- und verdrückte Heilserwartungen: ein alter Parteifunktionär im Rollstuhl erweist sich als heimlicher Anhänger einer Sekte, wenn er ein altes Stalin-Foto küßt usw. Den Innenraum der Kirche und die Interieurs leuchtet Body mit Vorliebe in rotem Licht aus. Damit biegt er die ikonographische Tradition von Film und Malerei, in der erleuchtende Illuminationen als Lichtschienen ins Bild fallen, in die Intimität um: intimes Geständnis statt ritueller Beichte. Die vielfältigen Handlungs- und Motivstränge des anarchischen Films paraphrasieren verschiedenste soziale Institutionen, mit deren Hilfe die Glücksansprüche der einzelnen nicht kompatibel sind: Militär, Partei, Kirche, Familie, Ehe, Arbeit und Liebe verhaken sich zu einem wilden Knäuel.

Darin verwendet Body Super 8 und Video als wildes Material: objets trouvés aus den verschiedensten Zonen der Gesellschaft. Auf dem Film der Super 8-Kamera, die ein kleiner Junge geschenkt bekommen hat, finden sich verschiedenste Materialien, bis hin zum Porno. Aber auch bei Body laufen die objets trouvés noch als eingebundenes Kontrastmaterial, als Graffitti-Ästhetik gegen die extrem stilisierten New-Wave-Einstellungen mit ihren knalligen, farbigen Ausleuchtungen und schrägen Bildanschnitten.

Die Suche nach einer Frischzellen-Therapie für die konventionell erstarrte Kino-Ästhetik durch die Einfütterung fremden Materials hat sich – wenn auch auf andere Weise – auch George A. Romero in seiner CREEPSHOW (Die unheimlich verrückte Geisterstunde) zu eigen gemacht. Creepshows sind Comic-Hefte mit Horrorgeschichten, und auf eben diese bezieht sich Romero als ästhetisches Ausgangsmaterial. Filmische Paraphrasen aus der Welt der Creepshow: trickfilmische Überleitungen und verfremdende Aufteilungen der Leinwand in die Bildfelder der Comics. Ein Creepshow-Heft wird aus einem Müllcontainer geweht und wandert durch die Straßen. Aus diesem Abfall-Produkt entnimmt Romero die einzelnen Episoden, die durch eingefrorene Zeichnungen voneinander getrennt werden. Übersetzungen der Bildgeschichten in surreale Environments (wie in der Geschichte vom tumben Farmer, der einen extraterrestrischen Fund macht und daraufhin mit Moosen und Flechten überzogen wird, oder in der Geschichte vom sadistischen Magnaten, der eine Insekten-Phobie hat und schließlich in seinem keimfreien Apartment von einem Heer überdimensionierter Küchenschaben vernichtet wird) gelingen ihm dabei nur ansatzweise. Was Romero im Auge gehabt haben mag, sind die grobpunktigen Rasterbilder Roy Lichtensteins, der freilich anders als Romero sich den Trivialmythen der Comics und ihrer Ikonographie nicht satirisch nähert, sondern in der surrealistischen Träne im Auge der Schönen die Totenstarre der ins Schema Gepreßten zum Gegenstand von Trauer gemacht hat. Ein solcher Überschlag von der bloßen stilistischen Reinzeichnung der schmuddeligen Vorlagen in eine neue Dimension des Surrealen und der ikonographischen Metapher erreicht Romero nur selten. In starrer Perfektion paßt er Gestik und Mimik der Schauspieler den groben Zügen der gezeichneten Gesichtsgraphiken an. So wird bei Romero die Suche nach neuem Material aus anderen Bereichen zur bloßen Verdoppelung statt surrealistischen Erweiterung der Welt.

Gegen die gespielte Authentizität als ästhetischer Chiffre, als stilistischem Kniff setzt Friederike Pezold in CANALE GRANDE die direkte Aktion. Überhaupt setzt sie nach dem hermetisch-vollkommenen und nur schwer einholbaren Film TOILETTE, der gerade die Video-Technik in einer Makellosigkeit hervorhob, die dem nun gängigen Gebrauch vom Video als standardisierter Duftmarke laienhafter Unbekümmertheit entgegenwirkte, in CANALE GRANDE ganz auf die offene Form der improvisierten Aktion auf der Straße. Die Beschwörung fehlender authentischer Erfahrung durch die chiffrenhaft verkürzte stilistische Zi-

tation »anderen« Materials, aber auch die Beschwörung authentischer Erfahrung durch die direkte Aktion bieten freilich keinen Ausweg aus der Sackgasse der ästhetischen Krise des Films.
Dieses Problem umgeht auf verblüffende, selbstreflexive Weise der italienische Film KARAGOEZ, eine kleine Außenseiter-Produktion von Yervant Giankian und Angela Ricci Lucchi.»Karagoez« bedeutet im türkischen: Schattenspiel. Der Film meint damit die stummen Schatten des Stummfilms. KARAGOEZ ist eine Kompilation aus verschiedensten filmischen, vorgefundenen, historischen Materialien vom Stummfilm-Melodram bis hin zum wissenschaftlichen Film über Quallen. Kurz: KARAGOEZ verhält sich zum vorgefundenen Material des Films wie zu einer neu zu entdeckenden Wirklichkeit und schließt so in einer verblüffenden Weise wieder an den alten Traum des phänomenologischen und surrealistischen Programms der Filmästhetik auf. Wo nämlich die steril gewordenen Erben des phänomenologischen Konzepts deren Formen nur noch zitieren statt füllen, setzt KARAGOEZ nicht ohne ironisch gebrochener Naivität das historische Material an die Stelle der Wirklichkeit. Sie behandeln ihr Material wie objets trouvés aus eben jener im Packeis eingefrorenen Kiste mit alten Filmen, von der Kino-Archäologen träumen. Dabei gelingen ihnen einige surrealistische Kabinett-Stückchen, die an die Tradition des surrealistischen Films seit dem frühen Buñuel anschließen, ohne eine eigene Erfindung zu machen. Nicht anders als Buñuel mit dem Schmetterling als Totenkopf-Träger verfahren die Autoren mit den Details, den versteckten Botschaften der alten Bilder. Originär ist an ihrer Leistung eben dieser Blick für das im Detail verborgene Neue im Alten: Wiederbelebung des phänomenologischen Blicks und seine Wendung nach Innen, in die Filmgeschichte. So treiben sie, wie die irrealisierende Tiefenschärfe aus den leeren Pariser Straßen in den Stummfilmen Feuillades, aus der physikalischen Wirklichkeit des fremdbelichteten Zelluloids surreale Blumen hervor.
Die Krise der Filmästhetik, die sich auf den Zuschauer als die Ermüdung im déjà vu niederläßt, das auch die in sich gelungenen Filme nicht verschont, kann durch die salvatorische Formel von der »Liebe zum Kino« nicht geschlossen werden. Die Laufmasche der Krise reicht vom simplen dramaturgischen Schema des narrativen Films bis weit in den Avantgarde-Film hinein. Polemisch ließe sie sich auf die Formel bringen: *objet trouvé, amour perdu: déjà vu!* Der Versuch, durch das Rangieren auf den Nebengleisen neuen Materials die Draisine des immanenten ästhetischen Fortschritts des Films wieder flott zu kriegen,

Robert Bresson: L'ARGENT

scheint nur halb gelungen und in Gefahr, sich als bloßes Stilprinzip totzulaufen. Wie aber steht es mit den immanenten Versuchen einzelner Autoren nach Weiterentwicklung?
Nach sechs Jahren Drehpause hat Robert Bresson einen neuen Film gedreht, L'ARGENT (Das Geld), der sich jenseits aller filmischen Moden und stilistischen Schnörkel mit äußerster Strenge an das eigene ästhetische Prinzip hält. Die Welt seiner Filmbilder ist karg und asketisch, ihren Reichtum beziehen sie aus der Strenge der Komposition, der ungeheuren Präzision, mit der Details zu Bedeutungsträgern werden. Es ist genau diese Strenge und Bestimmtheit der Bilder, die ihre philosophische Bedeutung unterfüttert. In der Enge einer Situation, aus der es keinen Ausweg gibt, werden Schuld, Zweifel, Skepsis, Verzweiflung und Hoffnung geboren; der Film zeigt, wie sich die Ereigniskette menschlichen Lebens zwischen diesen Polen wundläuft. Die Geschichte, die L'ARGENT erzählt, ist einfach: zwei Gymnasiasten setzen Falschgeld in Umlauf. Der Geldschein gerät über ein Fotogeschäft in die Hände eines nichtsahnenden Heizölfahrers. Der verliert seinen Job, beteiligt sich an einem Bankeinbruch, wandert in den Knast. Mit

der Exaktheit einer Billardkugel überrollt er die Grenzen seines bürgerlichen Lebens in die Kriminalität. Ist er im moralischen Sinn schuldig, ist er Täter geworden, weil er Opfer ist? Rechtfertigt die Schuld der anderen ihm gegenüber, daß er selbst schuldig wird? Bresson stellt diese Fragen nicht wörtlich, in langen Dialogen, sondern baut sie in die Bilder selbst ein: die Welt nämlich, die Bresson zeigt, ist eine geschlossene, in der alles seinen Platz zugewiesen bekommt, in der Türen nicht dazu da sind, hindurchzugehen, sondern geschlossen zu werden. Es ist eine Welt, in der der einzelne nur minimale Handlungsmöglichkeiten hat, und wenn einmal eine Richtung eingeschlagen ist, wird sie unerbittlich bis zum bitteren Ende verfolgt.

Im Gefängnis rollt die Kugel weiter: das Kind stirbt, die Frau verläßt ihn. Die Beruhigungspillen, die Yvon schlucken soll, sammelt er heimlich in der Matratze; er wird versuchen, sich damit umzubringen. Der Versuch mißlingt. Als sei eben alles vorherbestimmt, scheitert auch dieser letzte Akt des freien Handelns, der ihm geblieben ist, der Freitod. Yvon, der eine ganze Familie erschlagen wird, tut dies als Folge eines Streichs gelangweilter Gymnasiasten, die vom Verbrechen träumen. Kein Melodrama vom unschuldigen Opfer, kein Reißer vom pathologischen Killer: die Art, in der Bresson die Geschichte Yvons erzählt, macht sie zum philosophischen Diskurs. Denn Bresson erzählt nie direkt, er zeigt nicht, was passiert, kein sterbendes Kind, keine dramatische Selbstmordszene. Der Tod des Kindes wird in einem Brief mitgeteilt, den die Postzensurstelle im Gefängnis abstempelt; eine weitere blaue Tablette wird zu den anderen gelegt, in Zeitungspapier gewickelt, unter der Matratze versteckt; dann die Apparaturen des Krankenbetts selbst: alles wird in seinen Folgen gezeigt, das Tun ist nur scheinbares Handeln, bloßes Glied einer Kette. Noch die brutale Ermordung einer gütigen alten Frau mit einem Beil wird nur mit Details der Folgen erzählt: das Beil hebt sich, die Nachttischlampe fällt um, in ihrem Lichtkegel werden die Blutspritzer auf der Tapete sichtbar, bevor die Lampe umfällt und es dunkel wird.

Die formalisierte Erzählweise erzeugt das Klima der Unausweichlichkeit, von Konsequenz im wortwörtlichen Sinne des Auf- und Auseinanderfolgens. Manche Bilder wirken in ihrer exakten Ausschnitthaftigkeit wie mit dem Rasiermesser gezogen, in ihrer kühlen Strenge schneiden sie freilich weniger ins Herz als in den Kopf. L'ARGENT ist von einer unterkühlten Schönheit, die man bewundert, die aber auch kalt läßt.

Mit gleicher Strenge auf einem anderen Antipoden bewegt sich dagegen Andrej Tarkowskij mit seinem neuen Film NOSTALGHIA, den er mit Geldern des italienischen Fernsehens produziert hat. Wo sich Bresson mit Leidenschaft der Askese, der Reduktion, der Bestimmung widmet, verschlingt sich Tarkowskij in die Romantik, die Vieldeutigkeit, die Unbestimmtheit, der unerklärbaren Evozierung des Gefühls. Kaum ein Film der letzten Jahre hat sich so weit vorgewagt ins Schattenreich der Erinnerung, in die Höhlen der Innenwelt und ihrer frostigen Blumen. Kein Film hat das Zusammenschnurren des unsichtbaren Gummibandes, das Menschen jäh zurück an die Orte und Personen der Kindheit zippen läßt, so in Bilder fassen können. Ein Männerfilm: der Einsame, Eisige, der sperrige Grübler auf Reisen. Die Frau, die ihn begleitet, rührt ihn nicht an, er faßt sie nicht an, sie verläßt ihn. Der Einsame verliert sich nicht an die konkrete Frau, nicht in die Landschaft, die ihn umgibt.

In DANS LA VILLE BLANCHE ist Alain Tanner der einsame Held zum depressiv gebrochenen Melancholiker geraten, der wie Narziß nach Psyche, die er im Wasser zu sehen glaubt, in die Stadt und ihre Abenteuer taucht, um letzten Endes doch nur die eigene Stimmung wiederzufinden. Das Reißverschluß-Verfahren, mit dem Tanner die Super 8-Einschübe montiert, verstärkt den narzißtischen Spiegeleffekt noch. Wo sich Tanners Held im Unbestimmten immer wieder flaneurhaft sucht und verliert, baut Tarkowskij seinen »Helden« in die hermetische Welt der eigenen Erinnerung ein. Seine Welt umgibt ihn und diese Welt der Erinnerung, der mystischen Bilder, schiebt sich zwischen die andere Welt, die ihn umgibt. Bilder aus der Toscana, nebelschwer, klamm, schroff, werden legiert mit einem Bild russischer Landschaft. Nostalgie in der romantischen Vieldeutigkeit von Heimweh, Sehnsucht, Weltschmerz, Erinnerung. Die Fensterläden geben auch geöffnet keinen Blick frei, denn die wirklichen, die obsessionellen Bilder spielen sich im Innern ab. Tarkowskij entwickelt dabei einen furiosen Stil der Verschmelzung von Innen und Außen, bis schließlich alles Äußere ins Innere aufgesogen wird.

In der Schlußeinstellung füllt sich der riesige Innenraum einer Kirchenschiffruine mit dem Erinnerungsbild einer russischen Landschaft. Ganz zweifellos leben diese Bilder Tarkowskijs von den Bildaufbauten der italienischen Malerei, aber er verwendet sie nicht, um die italienische Reise eines russischen Intellektuellen zu bezeichnen, sondern nimmt sie als Ausgangspunkt für eine Reise in die Erinnerung. Fast alle ikonographischen und akustischen Zeichen der Tarkowskijschen Bilderwelt tauchen auch in NOSTALGHIA auf: das Wasser über bemoosten Steinen, zitterndes Glas, verlassene Ruinen, ein stummes Kind, das leise Klingeln von Glas und Glöckchen, aber auch parabelhafte Figuren und Konstellationen, mystisch-theologische Erbstücke geben diesem Film eine fast erdrückende Schwere.

Von klassischer Perfektion: die neuen Filme von Oshima, Imamura, Saura und Erice. Oshima greift in FURYO (Merry Christmas Mr. Lawrence) einen Stoff auf, der seinen klaustrophobischen Inszenierungen starrer Rituale früherer Filme entspricht, löst die zeichenhaften Verknappungen und Stilisierungen aber in einen konventionelleren Erzählstil auf. Die brisante Geschichte einer latenten Liebesbeziehung zwischen einem japanischen und einem englischen Militär in einem japanischen Kriegsgefangenenlager wird eingebettet in die riskanten Versuche, zwei gegensätzliche Kulturen in ihren inneren und in ihren äußeren Widersprüchen zueinander darzustellen.

Ein Bergdorf im alten Japan, eine Familie, die im Zyklus der Jahreszeiten Eheschließung und Tod nach den alten Riten des Dorfes und des Kultes zelebrieren. NARAYAMA-BUSHI-KO (Narayama-Ballade) erzählt die grausamen und komischen, die anrührenden und alltäglichen

Nagisa Oshima: FURYO

Dorfgeschichten in einem klassischen epischen Erzählduktus, der immer wieder unterbrochen wird von kleinen Schelmenstücken der unverheiratbaren Dorfnarren. Klassisch ausgewogene Einstellungen vom Familienleben in den engen Häusern und dem öffentlichen und heimlichen Geschehen auf den Feldern geben dem Film seinen Rhythmus. Imamura bleibt dem Balladenstil treu: es wird erzählt, nicht seziert, wie dies der frühe Oshima getan hätte.

Carlos Saura knüpft in seinem neuen Film an BODAS DE SANGRE (Bluthochzeit) an. Zusammen mit dem Tänzer Antonio Gades hat Saura eine filmische Fassung von CARMEN vorgelegt und dabei eine neue Konzeption entwickelt, wie sich Musik und Tanz in einen Spielfilm umsetzen lassen. Den Rahmen bildet ein Choreograph, der aus musikalischen Motiven der Bizetschen Oper und den Handlungsmotiven der Mériméeschen Novelle »Carmen« ein spanisches Ballett inszenieren will. Dabei wird die mythische Figur der Carmen identisch mit der Tänzerin, in die sich der Choreograph verliebt. Saura läßt die Tanzszenen auf der Probebühne inszenieren, verfolgt sie mit der Kamera so, daß er den Zuschauer in die heftigen Körperbewegungen mit hineinreißt und ihn die verschiedenen Dimensionen der Inszenierung immer wieder identifikatorisch durchlaufen läßt. Ein Film, der mit Präzision und Engagement konzipiert ist und bereits die Spannung auf die filmische Verarbeitung des Carmen-Stoffes durch Jean-Luc Godard und Francesco Rosi wachsen läßt.

Victor Erice, der mit EL ESPIRITU DE LA COLMENA (Der Geist des Bienenstocks) vor einigen Jahren ein eindringliches Werk über eine Kindheit im innerspanischen Exil vorstellte, hat sich in EL SUR (Der Süden) an einen identischen Stoff gehalten. Mit vielen Voice-Over-Erzählungen schildert die Tochter eines Republikaners aus Sevilla, der sich in den Norden hat zurückziehen müssen, die Erfahrungen von Entfremdung und die Ahnungen der komplexen Lebenszusammenhänge der Eltern. Die Bilder, die Erice konstruiert, sind auf elliptische Verkürzungen aus, die mit kühler Eleganz eingehalten werden. Freilich paßt die Verdoppelung durch die Voice-Over-Tonmontage nicht immer dazu, so daß bei aller Perfektion EL SUR doch weit akademischer und steriler wirkt als EL ESPIRITU DE LA COLMENA.

Die Filme der letzten ein, zwei Jahre lassen sich kaum auf einen Nenner, in eine Richtung bringen. Wo herausragende Filme entstanden sind, sind es einzelne Leistungen, Leistungen einzelner, die am eigenen ästhetischen Konzept, an ihrer eigenen Form gearbeitet haben.

Christa Maerker
Die wunderbaren Wandlungen des Emile de Antonio
Von »Point of Order« zu »In the King of Prussia«

President Ronald Reagan
The White House

Lieber Präsident Reagan,
die New York Times in ihrer Ausgabe vom 12. März enthielt auf Seite 8 folgendes:
Frage: Glauben Sie, die schleppende Aktivierung des Superfonds für etliche Projekte und die Tatsache, daß man Sie in der Vergangenheit mit Ihren Bemerkungen über ökologische Extremisten zitiert hat, haben zu dieser Auffassung beigetragen?
Antwort: Es gibt ökologische Extremisten. Ich glaube, sie sind erst glücklich, wenn das Weiße Haus einem idyllischen Vogelnest ähnelt.
Ich: Es ist ein Vogelnest. Ein Kuckuck lebt darin.

Hochachtungsvoll
Emile de Antonio

Er ist Marxist und liebt das Geld. Er bezeichnet sich selbst als Vampir in mittleren Jahren, als radikalen Straßenfeger oder halbgaren Radikalen; er ist – so scheint's – ein sanftmütiger Greis, der vergessen hat, daß er seine Brille auf die Nase geschoben hat, sich nun die zweite auf die Nase setzt und trotzdem längst nicht mehr klar sieht.
Der amerikanische Dokumentarist Emile de Antonio liebt den Bluff, mit dem er seine Gegner um den ersten Punkt bringt. Garderobenfragen löst er beispielsweise so, daß ihm alle etwas schenken möchten. Und dabei kann er spielend Millionen bewegen, mit ein paar Anrufen Produktionssummen in sechsstelliger Höhe zusammenbringen oder einem vielversprechenden Nachwuchs mit der linken Hand einen Weg in die Anfänge ebnen. Er liebt Widersprüche – nur in seinen Filmen bezieht er eine klare, unausgewogene Stellung, wird scharf und eindeutig. Oder – wie im Falle des Nixon-Porträts MILLHOUSE: A WHITE COMEDY – ironisch, bissig und witzig, daß ein Rezensent begeistert ausruft: »Seit Chaplins DER GROSSE DIKTATOR gab es kein vergleichbares Porträt eines Staatsmannes.«

Er liebt es, wenn man sich um ihn kümmert. Gerüchte über seinen Kompilationsfilm, in dem Nixons Sinuskurve in die Präsidentschaft pointiert beschrieben wird, gerieten auch ins Weiße Haus.
Jack Caulfield schreibt am 13. Oktober 1971 ein Memorandum an John Dean, III:
»Die Angelegenheit scheint sich zuzuspitzen. Sie werden hiermit daran erinnert, daß sich ein bestimmtes abwertendes Dossier über de Antonio im Besitz des Büros befindet.
Meiner Meinung nach sollten wir derartige Informationen zu geeigneter Zeit nutzen – ideal: wenn Interesse oder Unterstützung für den Film durch Larry O'Brian & Co. bemerkbar werden.«
Caulfield wird noch nervöser. Zwei Tage später schickt er wieder ein Memorandum an Dean, III, Gegenstand: Emile de Antonio, Produzent und Regisseur von MILLHOUSE; New Yorker Films, Inc.; Dan Talbot, Filmverleiher.
»Anbei die Kopie eines ›Variety‹-Artikels, in dem auf das zu erwartende Interesse des Democratic National Committee an MILLHOUSE hingewiesen wird. Es ist höchste Zeit, in bezug auf oben genannte Firma und Individuen wie folgt vorzugehen:
A) Veröffentlichung der de Antonio abwertenden Hintergrundgeschichten durch das F.B.I. in freundlichen Medien.
B) Diskrete IRS-(Finanzbehörde) Rechnungsprüfung von New Yorker Films Inc., de Antonio und Talbot.
Anmerkung: Talbot hat unsere Quelle heute informiert, daß ein Massenverleih des Films an Colleges nach dem 15.1.72 geplant sei.«
Die Filmbesessenen im Weißen Haus konnten mit ihren aufgeregten Aktivitäten jedoch nichts ausrichten. MILLHOUSE lief an: eine bissige Satire, die das »schrecklich komische Theater« der amerikanischen Politik und eines ihrer größten Opportunisten entlarvt. MILLHOUSE geriet schließlich zur Ouvertüre des Skandals, der im Watergate Hotel begann.
Und de Antonio sammelt die Memoranden aus dem Weißen Haus wie Trophäen, stellt sogar fest, daß sie – zehn insgesamt – ihm wichtiger als alle Preise sind. Als einziger Filmemacher, der auf der »Feind-Liste« Nixons landete, wähnt er sich gar in einem besonderen Olymp. All dies geschah, obwohl er eigentlich nicht wirklich beabsichtigt hatte, einen Film über Nixon zu machen. Wütend war er über ihn seit 1946, als die politische Karriere anfing – inspiriert wurde er jedoch erst, als sich eine Gelegenheit bot. »Ich arbeitete im Filmlabor«, erzählte de Antonio dem Filmjournalisten Alan Rosenthal, »als das Telefon klingelte

Emile de Antonio in seinem Studio

und jemand sagte: ›Ich habe gerade alles Material von einer Fernsehanstalt über Nixon gestohlen. Ich gebe es Ihnen einfach so, wenn Sie einen Film über ihn machen!‹ Ich sagte: ›Ich kann Ihnen keine Antwort darauf geben, ich brauche zehn Minuten.‹ Er rief wieder an, und ich sagte: ›O. K. Ich werde den Film über Nixon machen. Ich verschiebe einfach das, womit ich gerade beschäftigt bin (das war PAINTERS PAINTING). Aber ich will Sie niemals sehen, und ich werde Sie nicht bezahlen.‹ Er sagte: ›Ich will kein Geld.‹ Dann sagte ich: ›Kommen Sie heute um Mitternacht zum Filmlabor. Der Hausmeister wird Sie hereinlassen. Legen Sie alles in die Mitte des Raums.‹ Als ich am nächsten Morgen um sieben Uhr kam, waren da zweihundert Büchsen Film. Ich kann das jetzt so frei erzählen, weil die Verjährungsfrist abgelaufen ist. Das alles spielte sich 1970 ab.«

Die Bearbeitung dieser Materialfülle demonstriert im Stil auch die Absicht: de Antonio will keine chronologische Geschichtsschreibung betreiben, sondern seine Ansichten über Richard Milhous Nixon durch die Komposition der Bilder hervorheben. So zeigt er aus seiner Sicht, wie ein Präsident gemacht wird, indem er einen Tussaudschen Wachskopf mit Nixons Zügen auf einen Wachstorso setzen läßt: der

Präsident ist fertig! Er liefert das Material – Interviews mit politischen Beobachtern, Freunden und Feinden – ohne Kommentar. Der ist nicht nötig, manches macht einen ohnehin sprachlos (Nixons Freude über Guy Lombardo: »Ich hoffe nur, daß wir auch noch zu seiner Musik tanzen, wenn wir den nächsten Krieg beenden.«): eine amerikanische Tragödie.

Und mit ihr, mit ihnen, hat sich Emile de Antonio immer beschäftigt. Wer Glück hatte, konnte beim letzten Festival in Berlin seinen neuen (neunten) Film sehen: IN THE KING OF PRUSSIA. Zum ersten Mal mußte er zu einem Mittel greifen, das er bislang verabscheute: er mußte inszenieren, weil er das, was er mitteilen wollte, nicht mehr dokumentieren konnte. Es geht um die Gerichtsverhandlung, in der eine Gruppe – bekannt als die »Plowshares Eight« –, die sich aktiv gegen nukleare Waffen zur Wehr gesetzt hatte, zu hohen Strafen verurteilt wurde: »Mein neuer Film ist im Grunde ein Film, der eine christliche Position unterstützt. Ich bin überhaupt kein Christ. Sie sind christliche Linke, die sehr radikal sind: die Katholiken Daniel und Philip Berrigan, die international sehr bekannt sind. Sie also kamen zu mir und sagten: ›Dee, wir haben diese Aktion gegen General Electric vor. Wir wollen einen Raketensprengkopf zerstören... Wir werden danach vor Gericht kommen und ins Gefängnis müssen. Würdest du einen Film über all das machen?‹ Und ich sagte: ›Nein. Ich bin weder Christ noch Pazifist.‹ Aber dann hat mich die Sache doch interessiert, weil niemand sonst etwas darüber brachte. Die Berrigans und die anderen sind bei General Electric eingebrochen – wer hat denn je von einer Nonne und einem Priester gehört, die bei einer Gesellschaft einen Einbruch verübten und Sachen zerschlagen haben? Das ist doch einen Absatz wert. Aber nichts. Nichts im Fernsehen, nichts.«

Das Leben des Emile de Antonio änderte sich nach den ersten Gesprächen mit den Berrigans und den anderen. Er, der nach der Behauptung, er sei ein Marxist, immer eine Pause einlegt und neugierig lauert, wie sein Gesprächspartner reagieren wird, er pokert nicht mehr mit den Vokabeln, sondern bewundert Bescheidenheit und Konsequenz. Neue Vorbilder für einen Militanten, der's mit Ho hielt und gesellschaftlichen Wandel nur durch das, was aus der Gewehrmündung kommt, realisierbar sah, und der jetzt sogar ein bißchen Selbstkritik übt: »Anders als ich und anders als die meisten Marxisten tun diese Leute genau das, was sie sagen. Es gibt bei ihnen keine Kluft zwischen Worten und Aktionen... Dieses Engagement finde ich kraftvoll, mächtig attraktiv.«

Wieder einmal suchte er Millionen zu bewegen, aber diesmal hatte er Pech. In einem Interview mit Susan Linfield in der *Village Voice* erklärte er, warum: »Das meiste Geld kommt von reichen, fortschrittlichen Juden oder reichen Frauen oder aus anderen alten, etablierten WASP-(White-Anglo-Saxon-Protestants) Quellen. Aber die Berrigans (Katholiken), die total gegen den nuklearen Krieg sind, sind auch total gegen das Töten, auch gegen das Töten eines Fötus. Damit sind also die Frauen weg. Außerdem sind die Berrigans sehr pro PLO, damit sind die reichen, liberalen Juden weg. Dazu kommt das Klima: die ersten Tage von Reagan und die letzten von Carter. Man war zu nervös, Geld in Leute zu investieren, die Regierungsbomben in einer großen Firma zerstörten.«

Da macht der Marxist, der den Pfennig ehrt, eine große Geste: er nimmt 200 000 Dollar aus der eigenen Kasse, hat längst einen Plan und beginnt mit der guten Tat. Er nutzt die Erfahrungen der Gerichtsverhandlung, schreibt ein Drehbuch, stellt die Gerichtsverhandlung nach und dreht – einige Tage, bevor die Verurteilten, die sich in seinem Film selbst spielen, ihre horrenden Strafen antreten müssen. Unterstützt wird er dabei von dem Hollywood-Star Martin Sheen, der die Rolle des Richters Samuel B. Salus, Jr. übernimmt, von dem es heißt, daß er die Angeklagten lieber in eine Lepra-Kolonie stecken würde als ins Gefängnis.

Die acht Kriegsgegner hatten überlegt, wie sie ihre Aktion am effektivsten starten könnten. Sie fanden heraus, daß General Electric in der kleinen pennsylvanischen Stadt King of Prussia eine mörderische Kleinigkeit herstellt: Schutzmäntel für Atombomben, die beim Eintritt in die Atmosphäre verhindern, daß die Bomben explodieren oder verbrennen. Dieser »Schutz« wurde zum Ziel; die Acht zogen mit Hämmern zur Firma, schlüpften durch die Sicherheitskontrollen, hämmerten auf dieses Produkt menschlichen Wahnsinns ein, sangen Hymnen und warteten auf ihre Verhaftung. Die Aktion sollte die Welt aufmerksam machen, die Gerichtsverhandlung sollte auch Aufklärung sein über die Herstellung von Waffen. Aber Samuel B. Salus und seine stumpfen Schöffen vermieden jegliches Interesse an einer Terminologie, die aus dem amerikanischen Waffenarsenal stammt. Sie ließen zu, daß General Electric die Sache verharmloste: Die Berrigans und ihre Gruppe hatten Eigentum zerstört, einen Einbruch verübt, randaliert, die beabsichtigte Mission konnte kaum zur Sprache kommen. De Antonio, beeindruckt von den aktiven Atom-Gegnern, stellte die Gerichtsszenen nach, eine schreckliche Farce, die weit entfernt ist von DIE ZWÖLF GESCHWORENEN oder THE VERDICT, eine Demonstration der erschütternden Diskrepanz zwischen Recht und Gerechtigkeit.

Die Berrigans spielen sich selbst – den Richter mimt Star Sheen, der sicher auch als Zugpferd vor das Unternehmen gespannt wurde. Aber er offerierte seine unbezahlte Arbeit nicht, um der Sache ein Highlight aufzusetzen – er wollte mitmachen, weil ihm die Bedeutung der Aktion klar war. »Anschließend schrieb er mir einen Brief«, erzählt de Antonio, »in dem er mir dafür dankte, so direkt mit Mut konfrontiert worden zu sein, wie wohl nie mehr in seinem Leben.« Für Sheen ist dieses Engagement für die Arbeit eines anderen, von der er überzeugt ist, nichts Neues. Er gehörte schon früher zu denen, die de Antonio unterstützten. Als dieser 1975 in den Untergrund ging, um mit Vertretern des »Weather Underground« einen Film (UNDERGROUND) zu drehen, als ihn das FBI wieder einmal zum Mittelpunkt seiner Interessen erhob, als zum soundsovielten Mal der Versuch gemacht wurde, ihn durch eine Verhaftung aus dem Verkehr zu ziehen, und er mit Leonard Boudin als Verteidiger aufkreuzte, dem Vater einer in den »Weather Underground« abgedrifteten Tochter, der auch noch den Kommunisten nahestand, als alles also auf eine bedrohliche Spitze getrieben wurde, geschah etwas, was sich danach nie wieder in so massivem Einklang ereignete: Hollywoods radikaler Chic war sich einig, daß die Freiheit von Kunst und Wort energisch verteidigt werden mußte.

Im »Congressional Record« werden alle, die unterschrieben haben, namentlich aufgeführt, wobei sich der Chronist eine Bemerkung nicht verkniff: »Die schwarze Liste der Ehrlosen, bestehend aus vielen Leuten, die durch die amerikanischen Kinobesucher reich wurden.« Es kommt da eine attraktive Autogrammsammlung zustande, zu der Hal Ashby, Warren Beatty, Harry Belafonte, Peter Bogdanovich, Mel Brooks, Sally Field, Cinda Firestone, William Friedkin, Henry Jaglom, Elia Kazan, Arthur Knight, Shirley McLaine, Jack Nicholson, Arthur Penn, Bert Schneider, Robert Towne, John Voight, Robert Wise, Daniel Ellsberg, Duane Johnson und viele andere gehören, eine Liste prominenter Namen, unter denen Emile de Antonio am meisten der von Elia Kazan begeisterte. Kazan war in den Tagen der als »McCarthy-Ära« verrufenen Zeit, in der Verrat und Furcht die Kommunistenhatz des eifrigen Staatsmannes begleiteten, ein besonders braver Bürger, der sich sein Schnüffeln sogar etwas kosten ließ: er mietete eine ganze Seite der *New York Times*, um die Namen von Freun-

Martin Sheen und Daniel Berrigan SJ in: IN THE KING OF PRUSSIA

den und Bekannten zu veröffentlichen, die er für »Rote« hielt. Emile de Antonio, der Kazan seine Bewunderung ausdrückte, zu Alan Rosenthal: »Er wußte, was das bedeutete, uns zu unterstützen; daß nämlich sein Name durch die Blätter rauschen würde als der eines Vogels, der gesungen hatte.«
Die Unterstützung der Prominenz hatte Erfolg – Emile de Antonio, seine ehemalige Cutterin Mary Lameson und der Kameramann Haskell Wexler konnten weiterdrehen, geborgen im Schutz der vielen Gleichgesinnten. Aus dieser Zeit stammt die solidarische Freundschaft mit Sheen, der als einer der ersten auftauchte, um de Antonio beim Projekt IN THE KING OF PRUSSIA zu helfen. Zuerst bot er finanzielle Hilfe an, dann sich selbst. Und das so konsequent, daß er auch an den nachfolgenden Aktionen teilnimmt, die in Verbindung mit der Vorführung des Films in Stadt und Land gestartet werden: Friedenskundgebungen, bei denen der Film die Rolle von Aufklärung und Ermutigung erfüllt.
Und Emile de Antonio betont, daß er sich nun restlos zum gewaltlosen Pazifisten verändert habe. Ein später Wandel bei dem heute Dreiundsechzigjährigen, der noch vor einigen Jahren mit den Schaufeln, die ihm als Hände mitgegeben wurden, jeden Polizisten angegriffen hat,

der sich ihm auf einer Demonstration näherte. Ein später Wandel – aber er liegt wohl in der Natur dieses Mannes, der etwas über zwanzig Jahre alt war, als er Harvard mit einem Diplom verließ, das er neben seine Mitgliedskarte der Kommunistischen Partei steckte.
Danach pendelte er durch die unterschiedlichsten Berufe: Im II. Weltkrieg war er Pilot, danach Hafenarbeiter, Kapitän und Lehrer. Er hatte eine Vorliebe für die Boheme, schloß sich den Beatniks an – Geld war wohl nie sein Problem – und verbrachte seine Nächte in wilder Diskussion mit Willem de Kooning, Frank Stella, Jasper Johns, Robert Rauschenberg, Andy Warhol. Der Film PAINTERS PAINTING, zugunsten des Nixon-Porträts verschoben, ist ein später Zeuge dieser Zeit. In einem Interview erzählt de Antonio: »Als ich die Armee verließ, wollte ich trinken, Leute treffen und reden. Langsam bewegte ich mich in die Welt glamouröser Frauen, schicker Leute, begabter Künstler, Architekten und Schriftsteller. Ich wurde zu einem Dandy und Playboy. Mein Leben war leer.« Aus dieser Zeit blieben nur ein paar Freunde, meist sehr einflußreiche arrivierte Leute – und etliche Frauen. Fünf von ihnen hat er geheiratet, von den ersten vier ist er geschieden. Von der fünften hofft er, daß sie die letzte bleibt: eine Psychoanalytikerin, die möglicherweise jünger als seine Kinder ist und knapp mehr als die Hälfte seiner Jahre zählt. Konsequenz all dieser Erfahrungen: er gibt niemandem seine Anschrift bekannt, läßt sich nur noch per Postfach erreichen. »Die haben mir alle keine Ruhe gelassen.«
Und dann kam das Kino: »Ich habe nie über Filmemachen nachgedacht, bevor ich fast vierzig Jahre alt war. Mein Vater war ein Intellektueller, ich wuchs in einem intellektuellen Haushalt auf und fand, daß Film Brei für die Masse sei. Offensichtlich konnte man Film in den USA nicht politisch nutzen. Und dann fing ich an, mich doch dafür zu interessieren: durch den Film PULL MY DAISY, den Jack Kerouac geschrieben hat, ein Freund von mir. Allen Ginsberg war dabei, Larry Rivers – all diese Leute. Das interessanteste daran war: es war ein sehr guter Film, der fast nichts kostete. Ich hasse den Gedanken, daß soviel Geld für Film ausgegeben wird. Ich denke immer, wenn man soviel Geld für Film ausgibt, ist das ein Industrieprodukt. Gibt man fünf Millionen Dollar aus, dann muß man zehn wieder einnehmen.«
Der erste Film, den er drehte, hieß POINT OF ORDER, über Joseph McCarthy und seine Aktivitäten 1961. Die Idee war, einen Dokumentarfilm fürs Kino zu drehen, dessen Collage-Komposition nicht nur den Kommentar erübrigt, sondern selbst den Gegenstand erklärt und die politische Haltung verdeutlicht.

Dan Talbot, Verleiher und Hausherr des Kinos »The New Yorker« (er ist übrigens einer der besten Kunden des neuen deutschen Films), hatte einen Plan, für den er Orson Welles vergeblich zu gewinnen suchte. Emile de Antonio übernahm auf seine Weise die Ausführung. Die Behauptung der Fernsehanstalt CBS, es gäbe kein Material über McCarthy, ignorierte er. Die Freunde, die dann für ihn ausschwärmten und in CBS-Archiven suchten, fanden 188 Stunden wunderschöne Filmmeter. Er mußte dafür 50 000 Dollar bezahlen und lunchte deshalb mit einem wert-vollen Freund. Nach einem Hamburger und ein paar Drinks trug er einen Scheck über 100 000 Dollar nach Hause. »CBS verdiente mehr Geld an POINT OF ORDER als irgend jemand sonst«, denn die Gesellschaft sicherte sich auch noch eine prozentuale Beteiligung. Als der Film schließlich ein Erfolg war – »eine psychedelische Erfahrung«, wie die Zeitschrift *Time* betonte –, publizierte die CBS eine Broschüre über ihre Verdienste.

Der Nachwuchsfilmer de Antonio – zur Collagen-Technik von seinen Künstlerfreunden angeregt – machte sich an sein nächstes Thema: RUSH TO JUDGEMENT, eine Untersuchung des Reports der Warren Commission zum Attentat auf John F. Kennedy. Bei den Recherchen stieß er mit seinem Kollegen Mark Lane auf Ungereimtheiten, auf den Widerstand von Polizei und Administration, auf die Angst von Betroffenen, die nicht wagten, den Mund aufzumachen, und auf die Tatsache, daß bis heute nicht bekannt ist, wer den Präsidenten wirklich erschoß. Er machte die Erfahrung, wegen seiner Filmarbeit beobachtet und verfolgt zu werden. RUSH TO JUDGEMENT kam 1966 ins Kino.

Gleichzeitig wuchs damals die Wut über den Krieg in Vietnam und die Art und Weise, wie die Medien den Horror zur Sensation und gleichzeitig zum Alltag verkommen ließen: »Jeden Tag sahen wir den Krieg«, erzählt de Antonio Alan Rosenthal. »Jeden Tag sahen wir tote Amerikaner, tote Vietnamesen, Bombardements, lauter ziemlich interessante Sachen, aber nie gab es ein Programm über das ›Warum‹, über die Geschichte, niemals ein Programm, das versuchte, alles in einen Zusammenhang zu setzen.«

De Antonio nahm sich vor, diese Lücken zu füllen und die fehlenden Informationen zu geben – und ging gegen die Bequemlichkeit vor, die, als die Folge der ständigen Berieselung, den Vietnamkrieg in den Medien wie einen endlosen Dokumentarfilm hatte erscheinen lassen, dem man zusah, als wär's ein Stück Kino. Er erreichte, daß der Krieg in den Szenen von IN THE YEAR OF THE PIG zur Wirklichkeit wurde, in der die Kriegsmaschinerie verrückt geworden ist, weil auch jene, die sie in Gang halten, Verrückte sind. Mit dem Titel war übrigens keineswegs nur ein Jahr im Chinesischen Kalender gemeint. De Antonio reiste zu Freunden, zu Geldgebern und Fanatikern, die seine Ansichten teilten, und holte aus dem Osten und Westen Europas Material, drehte selbst (vor allem Gespräche) und kompilierte; er montierte den Film nach den Prinzipien seiner Überzeugung. Dabei verfuhr er nicht immer fair, nicht »sauber« im engsten journalistischen Sinn, aber das ist auch nie seine Absicht. Er will eine Haltung vermitteln. Dafür reißt er auch Sätze aus dem Zusammenhang, konfrontiert sie mit Material, das sie zunichte machen kann, und endet mit einem stimulierenden Appell: nicht gegen Krieg, aber gegen diesen Krieg. Seine Filme sind Pamphlete, manche laufen im offiziellen Verleih, die meisten machen die Runde in den Universitäten und spielen allmählich mehr als die Produktionskosten ein. Sie unterscheiden sich von dem Kino, das de Antonio vehement als Industrieprodukt ablehnt: »Das wird genauso produziert, wie bei Ford Autos gebaut werden oder ein Küchenherd. Früher dominierten in der Filmindustrie Leute, die Nickelodeons leiteten. Heute sind es die Absolventen der Harvard-Business-School. Für sie zählt nur die Frage, ob ein Film Profit bringt. Deshalb haben diese Filme nichts mit Moral zu tun oder mit Ästhetik, sondern einfach nur mit Geld. Das ist ja schon in sich eine moralische Aussage. Am wenigsten haben sie mit Kunst zu tun. Ich finde, daß die größeren Filme eigentlich ausbeuterische Filme sind. Sie beuten eine Idee aus, sie bauen sich um einen Star auf, dieser Star ist immer dieselbe Person. Reagan ist so ein brillanter Schauspieler als Präsident, weil er ein so erbärmlicher Schauspieler in Hollywood war. John Wayne hätte sich nie um die Präsidentschaft bemühen können, auch Jimmy Stewart und Henry Fonda nicht, weil deren Leinwandimage so stark war. Reagan war ein richtiger B-Schauspieler, und das befähigt ihn, eine fast chamäleonartige Rolle als Präsident zu übernehmen. Nein, ich sehe eine Beziehung zwischen Film und Gesellschaft in den Vereinigten Staaten, oder vielleicht in den meisten Ländern. Und vor allem: Film ist inzwischen untrennbar mit dem Fernsehen verflochten. Und Fernsehen ist in den Vereinigten Staaten die Religion.« Mit den herrschenden Methoden will und wird Emile de Antonio nichts zu tun haben. Vielmehr will er seine Art, Filme zu machen, perfektionieren, will sie noch mehr einsetzen als Stimulans für Bewegungen, mit denen – so die Hoffnung – schließlich Berge versetzt werden können. Ihm geht es um den Frieden: »Die *New York Times* zählt inzwischen 20 oder 25 Millionen Menschen in der Friedensbewegung.

Das kann ja nicht mehr nur eine kommunistische Verschwörung sein, diese 25 Millionen – das wäre ja eine Revolution. Ich glaube also, daß es da draußen ein Publikum gibt...«
Um das geht es ihm. Und um den Beweis, daß »der Clown, der Präsident wurde«, mit seinem Versuch, die Friedensbewegung als rote Gefahr zu denunzieren, ein »echter Bonzo ist«, ein Verrückter. Wieder einmal, und auch der.
Abends, nicht mehr so oft wie früher, aber doch ein paar Mal im Monat, sitzt de Antonio, ein bißchen wie ein sanft gewordener, kleiner Bruder Hemingways, der die Lust an seinen Fäusten verloren hat und sich als Amateur in ein Gewerbe begab, das er durch neue Ansätze und Möglichkeiten bereicherte, bei »Elaine's«, einer seit Jahren von der Prominenz okkupierten Kneipe in Manhattan. Setzt er sich an seinen Tisch, der prophylaktisch freigehalten wird, sitzt er also auf der anderen Seite des Raums als Woody Allen und Entourage, dann stellt Elaine ohne Frage einen ihrer teuersten Weine vor den abgerissenen Mann mit dem guten Geschmack, sitzen im Nu seine Fans um ihn herum und hören Argumente für die neue Mission. Oder sie erfahren von seinem Plan, den ersten Spielfilm zu realisieren, dessen Inhalt sein Leben wäre. Eine verrückte Idee, weil das »Drehbuch« von der Regierung mitgeschrieben wurde. Wie er darauf kam, erzählt er Alan Rosenthal: Während der Dreharbeiten zum Weather-Film, berechtigt durch den »Freedom of Information Act«, der jedem Bürger der Vereinigten Staaten ermöglicht, an alle Dokumente, die über ihn existieren, heranzukommen, solange sie nicht offiziell als »secret« definiert worden sind, verklagte er seine Regierung. Danach befand er sich im Besitz von 300 Seiten Material – Absender: das FBI –, das sein Leben bis zum 24. Lebensjahr dokumentierte.
»Die Seiten waren interessant, und ich kann die Gefühle nicht beschreiben, die ich beim Lesen dieses Materials hatte, das mit Tonbändern und Computern zusammengestellt worden war. Material, das irgendein FBI-Mann gesammelt hatte, der es auf seinen kleinen Block schrieb, dann zurück ins Hotel ging und es säuberlich mit einer Schreibmaschine abtippte. Durch meine Bewerbung an der Fliegerschule wurde das alles angezettelt. Und diese Hunderte von Seiten gehen zurück bis in mein 12. Lebensjahr, als ich die Grundschule besuchte. Sie waren zu meiner Mutter gegangen, die gesagt hatte: ›Emile ist ein Atheist, der hat keine moralischen Skrupel.‹ Diesen Satz aber aus dem Mund eines Colonels zu hören, das brachte mich unheimlich in Wut – aber dann verging die Wut.«

Und der Plan zum Film entstand: »Ein Radikaler in seinen besten Jahren, aus der Perspektive seiner Regierung gesehen.«

Aus Vorsicht vor Verleumdungsklagen und Angriffen ist nur die fiktive Form möglich – zuviel würde er über Leute sagen müssen, die er zu seinen Freunden gezählt hatte und die dem kleinen Mann mit dem kleinen Block soviel Schreibmaterial in die Hand gegeben hatten. Die Wut darüber wich der Aktivität und der Lust zu einem neuen Projekt. Und es wäre, nach dem Semi-Spiel in KING OF PRUSSIA, vielleicht sogar der richtige Augenblick, einen weiteren Wandel vorzunehmen: vom Dokumentaristen zum Spielfilmregisseur.

Vorbilder hat er keine, die hatte er auch als Dokumentarist nicht. Im Gegenteil. Gerade zu den Pionieren des amerikanischen Dokumentarfilms hat er ein schlechtes Verhältnis.

»Ich hasse Flaherty. Wenn man linksorientiert ist, muß man Flaherty hassen. Ja, er ist zwar ein Anfang, aber auch ein Anfang des Betrügens. Das gesamte Konzept des Cinéma vérité ist ein Witz. Der schönste Film, den er zum Beispiel gemacht hat, ist NANOOK OF THE NORTH. Sein größter Film. Wußten Sie, daß das Negativ zerstört wurde? Er hat den ganzen Film nochmal gedreht. Das zeigt doch, wieviel Spontaneität es gegeben haben muß! Er drehte ihn exakt noch einmal. Eine andere Sache, die mich stört, ist die Sentimentalität in seiner gesamten Arbeit. Der Eskimo 1920: als Flaherty diesen Film drehte, benutzten die Eskimos keine Harpunen mehr. Sie benutzten Gewehre. Genau wie die Indianer Gewehre benutzten. Die Harpune war ein Märchen. Die Leute benutzten die Werkzeuge einer modernen Gesellschaft. Diese Leute waren nicht mehr so primitiv. Das ist Betrug: von einer Vergangenheit zu träumen, die vor langer Zeit existierte, und dabei vorzugeben, daß es sich um die Gegenwart handelt. Seine Filme sind romantische Melodramen. Aber der größte Schwindel ist LOUISIANA STORY, von Leacock gedreht, aber Flahertys Film. Es gibt da diese sentimentale Beziehung zwischen dem Alligator* und dem kleinen Jungen – und dann die Männer, diese starken, harten Männer, die in den Ölfeldern arbeiten! Die Erklärung dahinter: die bescheidene Ölgesellschaft Rockefeller Company hat diesen Film kostenlos an Kinos in ganz Amerika gegeben. Wenn man ein Kino besitzt und jemand einem einen 35-mm-Film ›gibt‹, dann spielt man den, verdammt nochmal. Der Film wurde ein gigantischer Hit – es war ein Werbefilm.«

Seiner Meinung nach hätten sich Flaherty und Leacock eher um Öko-

---

*Anmerkung des Herausgebers: der Alligator war ein Waschbär!

logie kümmern müssen, um Fragen, die sich ergeben, wenn ein Bohrturm in irgendeiner Landschaft aufgestellt wird. »Statt dessen wird die Arbeit in den Ölfeldern romantisiert. Diese Kerle mit den schwarzen, ölverschmierten Gesichtern, mit ihren Muskeln. Das ist alles sehr maskulin, kraftprotzend. Aber wenn man je so gearbeitet hat – und ich habe auf den Docks gearbeitet: das ist eine harte Arbeit, die einem den Rücken bricht, die gefährlich ist. Das ist nicht romantisch, sieht nicht aus wie auf schönen Fotos. Schöne Bilder sind nicht das Leben.«
Selten genug jedenfalls. Aber er hat recht, für ihn kam es darauf nie an. Wenn er mit meist vorfabriziertem Material in den Schneideraum zog, galt es nie, optisch besonders Gelungenes in seinen eindeutigen und einseitigen Botschaften an den Rest der Welt unterzubringen. Er will Standpunkte festmachen, belegen, beweisen, er will, weil er etwas durchschaut hat, allen anderen mitteilen, was sie durchschauen sollten, wenn sie schon wieder auf die falsche Fährte geschickt werden. Seine Soap Opera mit NIXON'S CHECKER SPEECH 1952 ist ein Beispiel dafür, ebenso AMERICA IS HARD TO SEE, ein Film, der die Präsidentschaftskampagne von Eugene McCarthy durchleuchtet. Emile de Antonio hat sich mit seiner Arbeit als ständiger Kritiker und wachsamer Beobachter erwiesen, der seine Warnungen verschickt. Where is he now, when *we* need him?

Peter B. Schumann
Kino in Lateinamerika

Ein aktueller Überblick

1967 entdeckte das ZDF die Brasilianer. 1968 legte der WDR sie auf Reihe. 1969 stürzten sich die Bayern auf Glauber Rocha (und begruben zugleich ihr Interesse mit ihm). 1970 entdeckte das ZDF den Rest Lateinamerikas und pachtete eine Zeitlang Cuba. 1971, als alle davon redeten, fand auch die ARD Gefallen. Später hat die Südwest-Schiene manches nachgespielt. Die Nord-Schiene hat den südlichen Teil Amerikas stets ignoriert. Kontinuierlich hat ihn nur der WDR gepflegt, in letzter Zeit zunehmend weniger. Die ARD hat schon vor Jahren abgeschaltet. Das ZDF zeigt mitunter Zeichen der Zuneigung.
Und im kommerziellen Kino? Seit die »Neue Filmkunst« Walter

Kirchners Pleite ging, sind die großen Brasilianer und Cubaner aus den Kinos verschwunden. Wenn mich nicht alles täuscht, wurden in den letzten Jahren ganze vier Spielfilme und ein Dokumentarfilm verliehen: zwei aus Jamaika, zwei aus Brasilien, einer aus Kolumbien. Immerhin – kann man sagen, denn es sind alles Filme, die nicht im Fernsehen liefen. (Die »Neue Filmkunst« hatte in ihrer Blütezeit nur übernommen, was das Fernsehen aufbereitet hatte.)

Bleibt der nicht-kommerzielle Bereich. Über 150 Dokumentar- und Spielfilme sind gegenwärtig verfügbar: bei den Freunden der Deutschen Kinemathek vor allem, beim CON-Filmverleih, bei Cine Terz und anderen. Ein Riesenangebot, doch die Nachfrage hält sich in Grenzen. Außerdem sind in nicht öffentlichen Archiven einige Dutzend Spielfilme gebunkert. Und bei den Fernseh-Händlern liegt auch noch einiges auf Halde.

1982 – während des Lateinamerika-Festivals »Horizonte« – veranstalteten die Freunde der Deutschen Kinemathek die größte systematische Retrospektive des Neuen Lateinamerikanischen Films: überwiegend positive Resonanz, aber kein Echo im Fernsehen. 1983 klekerten die Berliner Filmfestspiele ebenso folgenlos mit einer Reihe brasilianischer Filme nach.

Ist das lateinamerikanische Kino so uninteressant, wie das allgemeine Interesse und das besondere des Fernsehens glauben machen will?

I

In den siebziger Jahren hat sich das Kino in Lateinamerika grundlegend verändert: eine Folge politischer Umstürze und Transformationsprozesse. Das brasilianische *Cinema Nôvo* erstarrte unter der Knute der Militärs zum Metaphernkino. Gleichzeitig bot das Regime den Filmemachern jene Förderung des einheimischen Kinos, um die sie in den sechziger Jahren gerungen hatten. Ein kompliziertes Geflecht von filmpolitischen Maßnahmen sorgte für Protektion und Subvention. Was es im Ausland längst war, wurde es nun auch – gestützt vom Staat – im Inland: kredit-würdig. Die Marktchancen vergrößerten sich und mit ihnen die Gefahr, für den Markt statt für das Kino zu produzieren. Das, wovon die Filmemacher ein Jahrzehnt zuvor geträumt hatten, von einem starken nationalen Filmschaffen, erreichten sie jetzt – unter Verzicht auf die Möglichkeiten des Films. Der Erneuerungsprozeß, zu dem sie 1959/60/61 angetreten waren, war abgeschlossen, die Zeit des Experimentierens vorbei, die Risikobereitschaft (die politische wie ästhetische) gesunken. Es galt, die Marktchance zu nüt-

zen und die Marktlücke zu füllen. Brasilien wurde mit zeitweise mehr als hundert Spielfilmen pro Jahr das größte Filmland in Lateinamerika und verdrängte die mexikanische Kinematografie aus ihrer Vorreiter-Position.
In Cuba, das bis Anfang der siebziger Jahre ebenfalls berühmt für seine Filmproduktion war, vollzog sich eine andere Entwicklung. In der schweren ökonomischen und politischen Krise um 1970/71 erkannten die Cubaner, daß die Zeit der revolutionären Improvisation (zugleich der Identitätssuche auf allen Gebieten) vorbei war: sie mußten ihre Revolution institutionalisieren. Das politische System wurde verändert, dem Land eine Verfassung gegeben, Wahlen abgehalten und schließlich ein Kulturministerium aufgebaut – Kulturpolitik etabliert. Das neue Konzept hieß Massenkultur. Das wäre vielleicht noch nicht so ausschlaggebend für das cubanische Kino geworden, wenn nicht zugleich ein neues ökonomisches System verordnet worden wäre: die Produktion nach Rentabilitäts- statt nach Subventionskriterien.
Das Ergebnis glich in Cuba, wo die Subventionierung abgeschafft wurde, dem von Brasilien, wo sie eingeführt wurde, denn die Produktion orientierte sich in beiden Ländern am Markt: ein Kino der glatten Oberflächenästhetik, der flott erzählten Geschichten, der bruchlosen Form und schlichten Attraktion, ein Kino, das sich gefunden hatte und sich nicht mehr in Frage stellte, ein Kino, das Probleme festhielt und sich selbst nicht mehr problematisierte – ein Kino, wie es das bundesdeutsche Fernsehen beherrscht. Ich wage die Behauptung: wäre es im Norden des Subkontinents produziert worden, hätten wir es gesehen.

II
Jahrzehntelang haben sich die mexikanische und die argentinische Kinematografie einen erbitterten Kampf um den lateinamerikanischen Markt geliefert. Erst eroberten ihn die Argentinier mit ihren Tangofilmen, dann überschwemmten ihn die Mexikaner mit ihren »rancheras«, ihren billig gemachten Heimatfilmen. Das spielte sich ab im dritten bis fünften Jahrzehnt. Im sechsten gerieten beide in die Krise, und im siebten starben sie vor sich hin, nicht ohne vorher, Anfang der siebziger Jahre, noch einmal heftige Lebenszeichen von sich zu geben.
Beide Kinematografien verkümmerten von Staats wegen. Die mexikanische wurde in der ersten Hälfte der siebziger Jahre von der Regierung Echeverría »erneuert«: man steckte beachtliche Mittel in die Förderung junger Regisseure, eines neuen Kinos; in der zweiten Hälfte wurde dieses neue Kino von der nächsten Regierung López Portillo

(derselben Partei) wieder zur Strecke gebracht. Die Politik der Ignoranz dieser Regenten erhielt ein Denkmal: die Ruinen der von einem Feuer zerstörten »Cineteca Nacional«, der größten Lateinamerikas.
Über die argentinische Kinematografie, die es Erneuerern stets schwergemacht hatte, breiteten die Militärs ein Leichentuch. Weniger ihre Politik des kulturellen Kahlschlags und der Exodus zahlloser namhafter Filmleute als ihre Wirtschaftspolitik war dafür verantwortlich, daß die Filmproduktion 1982 auf den Stand von 1933 fiel, ganze sechs Spielfilme wurden hergestellt.
Das heißt: die beiden erfolgreichsten Filmländer Lateinamerikas versanken Ende der siebziger, Anfang der achtziger Jahre in kinematografischer Bedeutungslosigkeit.

III

Während die einen Militärs (die Brasilianer) durch eine geschickte Förderungspolitik dem nationalen Kino zur Blüte verhalfen und es zu einem bedeutenden Wirtschaftsfaktor machten, ruinierten es die anderen: die Argentinier, und noch mehr die Chilenen. Das chilenische Kino zeigte gerade seine ersten vitalen Lebenszeichen, als Pinochets Horden über das Land herfielen und mit einem Gutteil der Intelligenz auch die meisten Filmemacher vertrieben. In Chile hörte das chilenische Kino auf zu existieren. Im Exil überlebte es die zehn Jahre des Terrors, überlebte eine Kinematografie – ein einzigartiges Phänomen der Filmgeschichte.
Das kann in Zahlen belegt werden. Zwischen 1974 und 1982 wurden in Chile 6 Spielfilme und eine unbekannte Anzahl von Kurzfilmen hergestellt. Im selben Zeitraum drehten die Emigranten in 17 verschiedenen Ländern 37 lange Dokumentar- und Spielfilme, 23 mittellange Filme und 51 Kurzfilme. Das macht in sieben Jahren 111 Filme mehr, als in den fünfziger und sechziger Jahren insgesamt in Chile produziert wurden.
In dieses Spektrum militärischer Filmpolitik gehört auch das kleine Filmland Uruguay, das nie eine besondere Rolle gespielt hat. Aber seit dort Generäle das Regiment führen, ist auch das wenige, das es gab, verschwunden. Dafür hat sich etwas Einmaliges gebildet unter Ausnützung des minimalen Spielraums, der blieb. Die private »Cinemateca Uruguaya« wurde von einer Handvoll Enthusiasten zu einem der lebendigsten Filmzentren Lateinamerikas ausgebaut. Ihre Arbeit wird finanziert aus Mitgliedsbeiträgen von tausenden von Abonnenten. Sie verfügt heute über fünf verschiedene Kinos, deren Programm-

Qualität ich mir für die Spielpläne in manchem liberalen Land wünsche. Die »Cinemateca Uruguaya« veranstaltet zusätzlich Kulturprogramme und gibt die einzige regelmäßig (alle zwei Monate) erscheinende Filmzeitschrift Lateinamerikas heraus. Soeben hat sie ein klimatisiertes Filmarchiv gebaut, eines der wenigen auf dem Subkontinent. Die »Cinemateca Uruguaya« ist das wichtigste Kulturzentrum Uruguays: ein Treffpunkt und eine Hoffnung in diesem Land.

IV
Es gibt weitere Zeichen der Hoffnung. Denn in den siebziger Jahren sind Filmländer in den Blickpunkt gerückt, deren Produktion in jeder Beziehung bescheiden war: Venezuela vor allem, aber auch Peru und Kolumbien, Panama, Costa Rica und jüngst Ecuador. Staatliche Hilfe machte den Aufschwung jeweils möglich.
Venezuela: erst hat eine sozialdemokratische Regierung einige der Petrodollars aus dem Ölgeschäft in die Kultur investiert und dabei kräftig dem Spielfilm auf die Beine geholfen; dann kam eine christdemokratische Regierung und drehte den Kredithahn zu, weil ihr die ganze Richtung nicht paßte: mit Staatsgeld war wieder einmal kritische Kunst subventioniert worden. Gerechterweise muß gesagt werden, daß dies auch die Sozialdemokraten gestört hatte. Nur hatten die ihre Irritationen nie zum Thema der Kulturpolitik gemacht. Was trotz des Drucks entstand, war ein Kino, das gesellschaftliche Realitäten erstaunlich konkret beschrieb, dabei allerdings keiner filmischen Vision folgte.
Peru und Kolumbien: in beiden Ländern wurde zunächst die Kurzfilm-Produktion aufgebläht (zu jedem ausländischen Spielfilm muß ein einheimischer Kurzfilm laufen), was aber nicht das Niveau verbesserte, sondern viele Vertreter des engagierten Kinos korrumpierte. Die hierbei gewonnenen Mittel kamen nicht nur den Spekulanten zugute, sondern bald auch der Spielfilmförderung. In Peru sind dabei immerhin einige beachtliche Beiträge entstanden, was sich von Kolumbien nicht sagen läßt.
Panama, Costa Rica, Ecuador: drei Länder, die kinematografisch erst in diesem Jahrzehnt auf der Bildfläche erscheinen. In Panama versuchte das GECU, eine Universitätsfilmgruppe, die Reformpolitik der Regierung Torrijos filmisch zu unterstützen, geriet aber zunehmend mit dieser Politik und so auch mit dem staatlichen Geldgeber in Konflikt. In dieser Spannung lebt auch das CCPC, das »Costaricensische Filmproduktionszentrum«, das als Abteilung des Kulturministeriums gegründet worden war, um bestimmte Aspekte der sozialen und

kulturellen Wirklichkeit darzustellen. Mit der Dokumentarfilm-Arbeit beider Institutionen begann eine halbwegs kontinuierliche Filmproduktion. In Ecuador hat man erst jüngst angefangen, im Rahmen der »Casa de la Cultura« (Haus der Kultur) in Quito Kurzfilme zu drehen, in denen historische, kulturelle und soziale Aspekte behandelt werden.

V

Ebenso bescheiden waren die kinematografischen Anfänge in Nicaragua und El Salvador, wo es ein ernstzunehmendes Kino nicht gab, bis die Revolution auch hier für Veränderung sorgte. Die Sandinisten filmten zwar ihren Kampf gegen die Diktatur der Somozas, doch eine kontinuierliche Filmarbeit nahmen sie erst nach dem Sieg auf. Nach dem Vorbild und mit Hilfe des cubanischen Filminstituts ICAIC schufen sie ein eigenes, das INCINE. Aus ökonomischen und aus technischen Gründen ist die Filmproduktion bis heute beschränkt geblieben: auf einen monatlichen NOTICIERO für den verstaatlichten Teil der kommerziellen Kinos, eine Reihe von Dokumentarfilmen und die Beteiligung an drei Spielfilmen.

Anders ist die Situation in El Salvador. Hier ist der Kampf noch in vollem Gang, der Film wird auch als Waffe eingesetzt. Die Befreiungsfront FMLN hat um den Rebellensender »Radio Venceremos« eine Medienabteilung gebildet. Sie ist verantwortlich für ein tägliches Rundfunk-Programm, für die Herausgabe von gedrucktem Informations- und Propagandamaterial und stellt filmische Dokumente von den Kämpfen und vom Leben in den befreiten Gebieten her, auf Super 8, auf 16 mm und auf Video.

VI

Von all diesen Veränderungen haben unsere Medien kaum, das Fernsehen so gut wie gar nicht Notiz genommen. Wer nicht auf das eine oder andere Festival kam oder sich anderweitig informieren konnte, für den existiert das lateinamerikanische Kino noch so, wie es Anfang der siebziger Jahre war, bevor die großen Einschnitte erfolgten: ein an revolutionären Visionen orientiertes und von ihnen geprägtes Kind, das auf der Suche nach neuen, authentischen Formen war.

Was danach, etwa seit Mitte der siebziger Jahre, sich entwickelte, ist bei uns so gut wie unbekannt geblieben: das lateinamerikanische Kino des »historischen Kompromiß«. Es ist in der Sache nach wie vor engagiert, wenn sie auch meist nicht mehr so radikal vertreten wird (wie könnte sie auch auf einem Kontinent, dem es an konkreter politischer Utopie mangelt). Die Filmemacher haben sich auf das Machbare eingestellt, auf die Zwänge des Systems, das sie nützen, um es zu bekämpfen (bei manchen ist dies allerdings ein reiner Kampf ums Kino-System geworden). Sie wissen, daß das staatliche Förderungswesen seine klar gezogenen Grenzen hat, seine ideologisch-politischen und ästhetischen. Sie sind diesen Kompromiß bewußt eingegangen. Oder sie haben das politische Kino aufgegeben wie Carlos Alvarez, der es in Kolumbien begründete. Oder sie haben sich entschieden, den mühsamen Weg außerhalb dieses Systems zu gehen, auf dem sie fünf oder sechs Jahre benötigen, um einen Film herzustellen wie Marta Rodríguez und Jorge Silva, beide Einzelkämpfer.

Doch Beispiele dieses *neuen* lateinamerikanischen Kinos haben wir auf den bundesdeutschen Festivals zu wenig und im bundesdeutschen Fernsehen fast überhaupt nicht zu sehen bekommen. Wenn etwas lief, dann kam es gewissen Wunschvorstellungen entgegen, gewissen »Kamerafilmen« mit einem sehr hermetischen Begriff von Avantgarde, gewissen »besonderen Filmen« mit ihren undefinierbaren Eigenheiten, gewissen »Nachtstudios« mit ihrem hohen Reiz der Exklusivität. Aus Lateinamerika erwarteten die Verantwortlichen einen Grad der Meisterschaft, den ihnen die wenigsten Filme, die sie kauften und zeigten, boten. Im Kopf bewegten sie ein lateinamerikanisches Kino, das vor bald einem Jahrzehnt begraben worden war, und da sie nichts Vergleichbares fanden, ignorierten sie, was existierte.

VII

Wie z. B. die brasilianischen Arbeiterfilme. Der erste entstand in der schwierigen Phase der beginnenden demokratischen Öffnung. Ruy Guerra verließ 1977 mit A QUEDA (Der Sturz) den Zirkel des opportunen Metaphernkinos, nachdem er sechs Jahre auf die Realisierung eines neuen Films gewartet hatte. Die Geschichte ist eine Art Fortsetzung seines Erfolgsfilms OS FUZIS (Die Gewehre; 1963): die Soldaten, die damals den rebellierenden Lastwagenfahrer erschossen, leben nun als Bauarbeiter in der Stadt. Einer stürzt zu Tode, weil die Sicherheitsvorschriften von der Firma nicht eingehalten wurden. Der andere will den Fall aufklären und gerät in der Bauindustrie in ein System der Vertuschung und Korruption, dem er nur mit Mühe widersteht. Ein weitgehend improvisierter, experimenteller, fast dokumentarischer Spielfilm, keiner der perfekten, aber einer der aufregenden.

Fast zehn Jahre mußte Leon Hirszman ausharren, bis er seinen Film realisieren konnte: ELES NAO USAM BLACK TIE (Sie tragen keinen Frack; 1981). Er nahm sich als Vorlage ein berühmtes Theaterstück der fünfziger Jahre und aktualisierte die Geschichte einer Arbeiterfamilie, indem er sie auf die Streiksituation in São Paulo bezog. Dabei entstand ein intensives Bild dieser Familie, ihrer inneren Widersprüche, des unterschiedlichen Bewußtseins, ihrer Konventionen und ihrer verschiedenartigen Reaktionen auf den Streik: der erste im engeren Sinn proletarische Film Brasiliens. Er erhielt zahlreiche internationale Preise: zumindest außerhalb Deutschlands erkannte man seine Bedeutung.

João Batista de Andrade zählt zu den konsequentesten Filmemachern in Brasilien, zu den wenigen, die ihrer Linie des engagierten Kinos auch in schwieriger Zeit treu blieben. O HOMEM QUE VIROU SUCO (Der ausgequetschte Mensch; 1980) ist sein bisher bester Film. Er handelt von einem Nordestino, einem Mann aus dem Nordosten, der wie so viele in die Metropole São Paulo zieht und sich mit Gedichten über Wasser zu halten versucht. Er wird mit einem Arbeiter verwechselt, der gerade in einer Affekthandlung seinen Boß erstochen hat. Ein tragikomisches Spiel der Verwechslungen beginnt: die Suche nach der Identität. Noch bleibt der Mann ein individualistischer Einzelkämpfer, ein anarchistischer dazu, aber sein Weg ist klar: Erfahrung schafft Bewußtsein. Ihm wird nicht das Schicksal seines Gegenbilds widerfahren: des Arbeiters, der sich von den Bossen vereinnahmen ließ, zum Verräter wurde, seine Identität verlor und sich auch durch den Mord nicht befreien konnte. Ein böser und optimistischer Film, einer der wenigen innovativen Versuche des letzten Jahrzehnts.

Ich könnte diese Liste wesentlicher brasilianischer Filme, für die sich kein Fernsehsender interessierte, beliebig fortsetzen: CORONEL DELMIRO GOUVEIA (1977) von Geraldo Sarno, GAIJIN, CAMINHOS DA LIBERDADE (1979) von Tizuka Yamasaki, MORTE E VIDA DE SEVERINA (1977) von Zelito Viana, TUDO BEM (1978) von Arnaldo Jabor, O JOGO DA VIDA (1978) von Maurice Capovilla. Doch es gibt andere Filme in anderen Ländern.

VIII

Vom Aufbruch der Kinematografie in Venezuela etwa ist so gut wie nichts bis zu uns vorgedrungen. Dabei haben diese Filme nicht nur ein Thema, sondern auch gewisse kommerzielle Qualitäten. Alfredo Lugo hat in LOS MUERTOS SI SALEN (Die Toten kommen doch; 1976) die Situation »Unterprivilegierter« an einem ärmlichen Trio von Musikern demonstriert, die einem alten Aberglauben verfallen und dabei mit

Carlos Rebolledo, Thaelman Urguelles: ALIAS: EL REY DEL JOROPO

den Herrschenden in Konflikt geraten. Eine geheimnisvolle Gestalt taucht auf: die Inkarnation des verschütteten revolutionären Bewußtseins der Drei. Sie bringt sie schließlich dazu, die Instrumente der Entfremdung gegen die Waffen der Befreiung zu tauschen.

Ähnlich wie Lugo versuchten Carlos Rebolledo und Thaelman Urguelles in ihrem ersten Spielfilm ALIAS: EL REY DEL JOROPO (Alias: der König des Joropo; 1978) die traditionelle Erzählstruktur aufzulösen. Der König des Joropo ist eine illustre Gestalt der Gegenwart, ein Tanzlehrer, Zauberer und Trickdieb, der sich selbst spielt und dem Fernsehen seine Lebensgeschichte mitteilt, bis den Verantwortlichen die Story zu brisant und die Sendung abgesetzt wird.

In LA BODA (Die Hochzeit; 1982) hat Urguelles dann die letzten dreißig Jahre venezolanischer Geschichte am Beispiel zweier Familien dargestellt, anhand der Beziehung eines industriellen Aufsteigers und eines Arbeiters, der zum Gewerkschaftsführer wird. Bei der Hochzeit ihrer Kinder treffen sie aufeinander, und mit ihnen wird die Vergangenheit der Diktatur Pérez Jiménez lebendig, die Repression, die Arbeitskämpfe, die gelbe Gewerkschaft. Und es wird deutlich: die Verhältnisse haben sich gewandelt, aber die Probleme von gestern sind auch die von heute, der Kampf geht weiter – ohne Hoffnung auf Sieg.

Miguel Littin: LA TIERRA PROMETIDA

IX

Das sind drei von etwa zehn Filmen, die wichtig genug sind, in unserem Fernsehen gezeigt zu werden – ebenso wie viele chilenische Beiträge. Ich weiß nicht, warum niemand den schönsten Film von Miguel Littin, den wichtigsten aus der Zeit der Unidad Popular, zeigen wollte und will: LA TIERRA PROMETIDA (Das gelobte Land; 1973), die Allegorie auf den Versuch einer ersten sozialistischen Republik im Jahr 1932 und – wenn man so will – auf den zweiten Versuch der Allende-Regierung. Littin hat darin Einflüsse des brasilianischen und cubanischen Kinos verarbeitet, die er später als »magischen Film-Realismus« definieren wird.

Dazu gehören auch seine Verfilmung des großen cubanischen Romans EL RECURSO DEL METODO (Staatsräson; 1978) von Alejo Carpentier, seine bisher aufwendigste Produktion, und sein letzter Film ALSINO Y EL CONDOR (Alsino und der Condor; 1982). Mit diesem in Nicaragua und Cuba gedrehten Beitrag beschreibt er die Geschichte eines Jungen, der davon träumt, wie ein Condor fliegen zu können, und der von der

Realität seines Landes aus seinen Phantasien aufgescheucht wird, von den Hubschraubern, die vom Himmel steigen und Tod und Elend verbreiten: Littin erzählt die Geschichte der Jugend Mittelamerikas, die der Kindheit beraubt wurde und früh lernen mußte, sich ihrer Haut zu wehren, und schließlich in Nicaragua und El Salvador zur Waffe griff. Mit diesen Filmen wäre endlich einmal das chilenische Exilkino zu sehen. Zu der Handvoll Spielfilme, die im Chile Pinochets realisiert werden konnten, zählt LOS DESEOS CONCEBIDOS (Die geheimen Wünsche; 1982) von Cristián Sánchez. Ähnlich wie sein Vorbild Raúl Ruiz (den immerhin das Kleine Fernsehspiel vorstellte) sucht er seinen Weg abseits filmischer Konventionen, erzählt er wie dieser von marginalen Existenzen, hier von einem Oberschüler, der ziellos umherzieht. Sánchez beschreibt die Innenwelt seines Außenseiters, die Wunschträume eines Jungen, die Mythen seiner Jugend, seine soziale Abkapselung und die Sprachlosigkeit seiner Umwelt, ein Chile ohne Werte – die Realität der Diktatur.

Ungewöhnlich wie diese Arbeit ist auch NO ERAN NADIE (Sie waren nicht niemand; 1982), mit der Sergio Braco, der in den sechziger Jahren mit sozialkritischen Dokumentarfilmen die Erneuerung des chilenischen Kinos eingeleitet hatte, wieder auf sich aufmerksam machte. In diesem semidokumentarischen Spielfilm liefert er mit poetischen Bildern das eindringliche Porträt einer Frau, die vergeblich auf die Rückkehr ihres Mannes wartet.

X

Selbst im Argentinien der Militärs lassen sich für den, dessen Blick nicht von falschen Vorstellungen getrübt ist, Filme finden, die hier vorzeigbare Qualitäten besitzen, wie EL PODER DE LAS TINIEBLAS (Die Macht der Finsternis; 1979) von Mário Sábato. Basierend auf dem Kernstück des berühmten Romans »Über Helden und Gräber« seines Vaters Ernesto Sábato schildert er eine Welt der allseitigen Bedrohung und Verfolgung, des allgegenwärtigen Schreckens in metaphorischen Bildern von großer Intensität. Auch Adolfo Aristarains TIEMPO DE REVANCHA (Zeit der Rache; 1981) ist ein Beitrag, der weit über die kinematografische Wüste hinausragt, die die Militärs mit ihrer Politik des Berufsverbots, der Repression und der Zensur schufen. Ein Arbeiter übt in diesem Thriller Revanche am Unternehmer, versucht mit allem Geschick den Ausbeuter auszubeuten. In seinem jüngsten Film ULTIMOS DIAS DE LA VICTORIA (Letzte Tage des Sieges; 1983) verfügt er noch perfekter über die Mittel dieses Genres. Äußerlich hat die Story scheinbar nichts mit der argentinischen Wirklichkeit zu tun – anders als TIEMPO DE REVANCHA. Aber die Auseinandersetzung zweier Killer dient Aristarain nur als Rahmen, in dem er brillant die Realitäten jener Gesellschaft der Generäle beschreibt.

XI

Wie sollten in unserem Fernsehen, in dem all diese Filme schon nicht laufen, solche aus El Salvador zu sehen sein? Etwa LOS PRIMEROS FRUTOS (Die ersten Früchte; 1981) des Filmkollektivs »Cero a la Izquierda«: die Gruppe dokumentiert das tägliche Leben in der zwar befreiten, aber ständig von Operationen der Militärs bedrohten Provinz Morazán, berichtet von den ersten Fortschritten unter der Verwaltung der Befreiungsfront FMLN: der medizinischen Versorgung, die die Bevölkerung kaum kannte, der Schulbildung, die ihr vorenthalten wurde, den regelmäßigen kulturellen und sportlichen Aktivitäten und der allen dienenden Produktion von Nahrungsmitteln. Der Film hat nichts von der pathetischen Leidenschaft vieler Revolutionsbeiträge, er will nicht überrumpeln, sondern durch Information und Argumentation überzeugen. Diese Haltung hat auch CARTA DE MORAZÁN (Brief aus Morazán) vom Filmkollektiv des »Sistema Radio Venceremos« geprägt. Nach dem analytischen Film ist dies ein Dokument des Kampfes, gedreht auf Video und Super 8, dann umgespielt auf 16 mm. Dadurch verliert das Bild zwar an Brillanz, aber die mobilere Technik erlaubt authentischere Aufnahmen vom Kampfgeschehen. Zum erstenmal wird hier eine Operation der Befreiungsarmee gegen eine Militäreinheit festgehalten, bis hin zur Gefangennahme von Soldaten. Das schockierende Geschehen – Menschen werden verletzt, Kämpfende fallen – wird der humanen Behandlung der Gefangenen, dem Prinzip Menschlichkeit dieser Revolutionäre gegenübergestellt.

XII

Doch welche Chance haben Dokumentarfilme im deutschen Fernsehen, von dem schon die genannten Spielfilme übersehen werden? Noch einmal: an der Qualität des lateinamerikanischen Kinos liegt es nicht, denn ich kann nicht glauben, daß die 1058 im Jahr 1982 ausgestrahlten Spielfilme so viel besser sind als die erwähnten aus Lateinamerika, daß es unter so vielen Sendeterminen nicht auch einige für die zwei Dutzend geben sollte, die ich aufgelistet habe. Uns wird jeder Ramsch aus Anglo-Amerika serviert. Warum dürfen wir nicht endlich auch die wichtigsten Filme aus Latein-Amerika sehen?

Gerhard Schoenberner
Falk Harnack zu Ehren

Zum siebzigsten Geburtstag des Regisseurs

Am 2. März 1983 beging Dr. Falk Harnack, Autor, Theater- und Filmregisseur, Widerstandskämpfer gegen Hitler und streitbarer Antifaschist, in Berlin seinen 70. Geburtstag. Aus diesem Anlaß zeigten die »Freunde der deutschen Kinemathek« im Kino Arsenal eine Auswahl seiner Kino- und Fernsehfilme und gaben dazu ein Kinemathekheft (Nr. 61) mit einer ausführlichen Biofilmografie heraus.
Zur Eröffnung lief die Arnold-Zweig-Verfilmung DAS BEIL VON WANDSBEK (1951), Harnacks erste Regiearbeit bei der DEFA, die – nach anfänglich enthusiastischer Aufnahme durch Kritik und Publikum der DDR – nach wenigen Wochen Laufzeit wegen »bürgerlichem Subjektivismus und mangelnder Parteilichkeit« zurückgezogen wurde und erst ein Jahrzehnt später auf ausdrücklichen Wunsch von Arnold Zweig anläßlich seines 75. Geburtstages erneut in die Kinos der DDR gelangte, allerdings nur in einer verstümmelten Fassung.
Über drei Jahrzehnte nach der Uraufführung konnte das Arsenal den Film zum ersten Mal wieder in der Originalfassung zeigen, die als einzige künftig noch aufgeführt werden darf.
Die Hauptdarsteller, Erwin Geschonneck, DEFA-Star und Nationalpreisträger der DDR, und Käthe Braun, Harnacks Lebensgefährtin, Blandine Ebinger und weitere Mitwirkende, Autoren, Kritiker, Kollegen waren zu dieser Geburtstags- und Premierenfeier versammelt, um Falk Harnack zu ehren. Von den zahlreichen Ansprachen dokumentieren wir auszugsweise die Laudatio eines der beiden Hausherrn des Westberliner Arsenal.

Viele der Weggenossen und Kampfgefährten, der Freunde, Kollegen und Kritiker, die berufen wären, heute hier zu sprechen, Arnold Zweig und Friedrich Wolf, Herbert Ihering und Gunter Groll, Felsenstein und Käutner, sie fehlen uns seit langem. So wollen wir selbst versuchen zu sagen, was gesagt werden muß. Wir ehren heute einen Mann, der im Leben wie in der Kunst einen geraden Weg gegangen ist, undogmatisch und offen, aber kompromißlos in den Grundsätzen.
Falk Harnack stammt aus einer bekannten deutschen Gelehrtenfamilie. Früh hat er seine Liebe zur Literatur und zum Theater entdeckt, ihr ist er als Autor und Regisseur ein Leben lang treu geblieben.

Nach der Promotion bei Arthur Kutscher und einer Theaterausbildung bei Carl Hagemann in Berlin und Hans Schlenk in München ging er als Regisseur, Schauspieler und Dramaturg an das Deutsche Nationaltheater in Weimar. Diese erste Karriere wurde durch den Kriegsausbruch und die Einberufung zum Militärdienst bald unterbrochen.
Seine eigentliche Bewährung erfolgte an einer anderen Front. Harnack gehörte zu jener stummen Armee, auf deren Soldaten keine Orden und Ehrenzeichen warteten, sondern nur der Galgen, das Fallbeil oder das Konzentrationslager. Wie seine nächsten Angehörigen und Freunde, die alle ohne Ausnahme hingerichtet wurden, gehörte er zum deutschen Widerstand. Er stellte die Verbindung zwischen der »Weißen Rose«, dem Münchener Kreis um die Geschwister Scholl, und den zentralen, in Berlin operierenden Gruppen her. Im Frühjahr 1943 stand er, zusammen mit Alexander Schmorell, Professor Huber, Wilhelm Graf und anderen, als Angeklagter vor Roland Freislers Volksgerichtshof. Zunächst wegen Mangels an Beweisen freigesprochen und an die Front zurückgeschickt, kurz darauf jedoch erneut von der Gestapo angefordert, ging er in die Illegalität und nahm, zuerst in Griechenland, später in Jugoslawien, am bewaffneten Volksbefreiungskampf gegen das Hitlerregime teil.
Harnack ist den langen Weg zu der bitteren Erkenntnis gegangen, daß für Deutschland sein, gegen Hitler kämpfen hieß, und daß, wer dessen Niederlage wollte, auch die des eigenen Landes wünschen und herbeiführen helfen mußte. Und er hat die Einsamkeit erfahren, die den Illegalen damals umgab und oft auch noch heute hierzulande umgibt, wo Exil und Widerstand, die öffentliche Ehrentitel sein sollten, so häufig gerade gut genug für politische Verdächtigung und persönliche Diffamierung waren und sind.
Nach seiner Rückkehr 1945 hat Harnack eine zweite Karriere begonnen, zuerst an den Staatlichen Bühnen in München, wo er gleichzeitig aktiv beim Aufbau der Bayerischen Gewerkschaften mitwirkte, dann als stellvertretender Intendant und leitender Regisseur der Reinhardt-Bühnen im Ostsektor Berlins und bald darauf als künstlerischer Direktor der DEFA. Seine Inszenierungen in jenen Jahren sind Teil der Nachkriegsgeschichte der Theaterstadt Berlin. In seiner Amtszeit 1949–1952 entstanden einige der besten und erfolgreichsten Filme der DEFA. Wolfgang Staudte drehte ROTATION und DER UNTERTAN, Paul Verhoeven DAS KALTE HERZ, Erich Engel AFFÄRE BLUM und DER BIBERPELZ. Damals legte Harnack seinen ersten Film vor, der ihm eben-

soviel Ruhm wie Schwierigkeiten einbrachte: DAS BEIL VON WANDSBEK. Als der Film auf Drängen der damals herrschenden Dogmatiker zurückgezogen wurde, kündigte er seinen Vertrag. So begann er 1952 ein drittes Mal, in Westdeutschland und Westberlin. Zunächst arbeitete er als künstlerischer Berater der CCC, wandte sich aber nach wenigen Jahren wieder einer freien Regietätigkeit zu.
Harnacks Filme wurden mit Prädikaten und Preisen ausgezeichnet und auf internationalen Festivals als offizielle Beiträge der Bundesrepublik gezeigt. Sie gehören zu den wenigen Produktionen jener Jahre, die nicht nur bei uns das Lob der Kritik und das Interesse des Publikums fanden, sondern auch im Ausland Erfolge wurden. In einer Zeit, als der westdeutsche Nachkriegsfilm künstlerisch und politisch seinen Tiefstand erreicht hatte, setzten seine Arbeiten erneut Maßstäbe.
Ab Ende der fünfziger Jahre war Harnack fast nur noch für das Fernsehen tätig, wo er die Arbeitsmöglichkeiten fand, die er in der Kinobranche vergeblich suchte. Auch seine Fernsehspiele fielen aus der durchschnittlichen Produktion heraus; viele sind aus der Geschichte der ARD und des ZDF, die er mit seiner Arbeit fünfundzwanzig Jahre begleitet hat, nicht wegzudenken und werden bis heute als herausragende Beispiele zitiert.
Harnack, der die Drehbücher zu seinen Filmen meist selber schrieb, arbeitete gern nach literarischen Vorlagen. Er selbst hat einmal gesagt: »Ich habe immer nach Möglichkeiten gesucht, Stoffe zu gestalten, die in ihrer Aussage wesentlich sind; die versuchen, zum Kern eines Problems vorzudringen und die der Auffindung der Wahrheit dienen.«
So ist es kein Zufall, daß er immer wieder epische und dramatische Werke der Weltliteratur für den Film adaptiert hat. Fontane und Galsworthy, G.B. Shaw und Romain Rolland, Carl Sternheim und Georg Kaiser (aber auch Rudolf Borchardt), Christopher Fry und John Osborne, sowie zahlreiche zeitgenössische deutsche Autoren von Horst Lange bis zu Wolfdietrich Schnurre sind durch ihn einem breiten Publikum bekannt geworden, das durch das Buch nicht mehr erreichbar ist.
Harnack ist ein homme de lettres, der seine Herkunft von der Literatur nie verleugnet hat, der nie vergaß, was er beim Theater gelernt hatte, und der doch von seinem ersten Film an das neue Medium beherrschte.
Es ist unmöglich, Harnacks künstlerische Produktion von Jahrzehnten in wenigen Sätzen abzuhandeln oder auch nur aufzuzählen. Ein halbes

Falk Harnack

Hundert Inszenierungen von Rang an allen großen deutschen Bühnen, die eine eigene Würdigung verdienten, und sechsunddreißig Kino- und Fernsehfilme zeugen von seiner schöpferischen Produktivität. Wir können nur versuchen, einige spezifische Züge des Filmemachers in Stichworten anzudeuten: Respekt vor dem literarischen Werk und Aufmerksamkeit für die Intentionen des Autors bei der Umsetzung von Text in Bilder, Sorgfalt bei der Besetzung bis in die kleinste Nebenrolle, eine ebenso behutsame wie sichere Schauspielerführung, handwerkliche Präzision und künstlerische Sensibilität – diese Elemente kennzeichnen Harnacks Arbeitsweise, sie sind von der Kritik durch die Jahre immer wieder gelobt worden. Nie unterwarf er sich modischen Trends, aber das Instrumentarium seiner künstlerischen Ausdrucksmittel blieb auf der Höhe der Zeit. Eine realistische Darstellungsweise, die diesen Begriff nicht naturalistisch verengt, sondern auf die psychische Welt erweitert, psychologische Verdichtung der Handlung, Wechsel von objektiver und subjektiver Perspektive, Aufhebung der linearen Erzählweise und Verschränkung der Zeitebenen charakterisieren den künstlerischen Stil seiner Arbeiten. Zu ihrem Lob läßt sich nichts Schöneres sagen, als daß sie sich an die klassische – übrigens von Karl Marx aufgestellte – Regel halten, daß nur diejenige künstlerische Form als gelungen gelten kann, die die Form ihres Inhalts, das heißt ihm adäquat, ist. Selbstdarstellung war diesem Regisseur so fremd wie jeder gewaltsame Eingriff in den Stoff. Stets trat er hinter dem Werk zurück. Etwas von diesem Geist, dieser Werk-Gesinnung, haben wohl alle gespürt, die mit ihm arbeiteten. So kommt es denn, daß man in den Besetzungslisten seiner Bühneninszenierungen wie in den Stablisten seiner Filme die Namen der besten deutschen Schauspieler versammelt findet.

Keiner seiner Filme ist in einem platten und vordergründigen Sinne politisch, auch dort, wo Politik ihr Thema ist. Aber es isoliert auch keiner die menschlichen Beziehungen und Konflikte von den gesellschaftlichen Verhältnissen und sozialen Widersprüchen, die sich in ihnen ausdrücken. Nirgends werden Situationen einseitig zugunsten einer These verkürzt; stets sind sie so komplex dargestellt, wie es der Realität entspricht. Aber gleichwohl wird ein starkes politisch-moralisches und humanistisches Engagement spürbar, das Partei ergreift, wo es um die Grundrechte des Menschen geht.

Es ist daher nur konsequent, daß Harnack immer wieder das im westdeutschen Film vernachlässigte Thema der jüngsten deutschen Vergangenheit aufgegriffen hat, von seinem ersten Film, DAS BEIL VON

WANDSBEK (1951) nach dem Roman von Arnold Zweig, bis zu einer seiner letzten Arbeiten, DER VERFOLGER (1974) nach dem Buch seines Widerstandskameraden, unseres Freundes Günther Weisenborn. Auch DER 20. JULI (1955), UNRUHIGE NACHT (1958), nach der Novelle von Albrecht Goes, und die Fallada-Verfilmung JEDER STIRBT FÜR SICH ALLEIN (1962) gehören in diese Reihe. Er konnte diese Stoffe gestalten wie kein anderer, weil er die Materie aus eigener Erfahrung kannte, weil sie Teil seiner eigenen Biografie waren. Das machte ihre Glaubwürdigkeit aus und gab ihnen den Stempel der Authentizität.
Künstlerische und gesellschaftliche Verantwortung, Kunst und Leben, Falk Harnack hat sie nie als getrennte Gebiete betrachtet; sie gehörten für ihn stets zusammen. Hier wie dort blieb er seinen Prinzipien treu, machte es sich und anderen unbequem und war, wo es sein mußte, unerbittlich, auch wenn der Preis, den er dafür zahlte, hoch war. Harnack hat sich widersetzt, angesichts äußerster Bedrohung von Gesundheit und Leben vor 1945, aber auch angesichts des sanften Drucks zur Anpassung, der auch nach 1945 nicht aufgehört hat. Nicht kleinbürgerliches Behagen im Winkel war sein Ziel, sondern Aufstörung aus moralischer Indolenz, Bewußtwerdung und Bewußtmachung, worin die Verantwortung des Künstlers und aller Menschen in dieser Zeit besteht.
Das heute viel zitierte Wort vom aufrechten Gang – auf ihn trifft es zu. Er selbst beruft sich gern auf einen anderen Begriff von Ernst Bloch. In einem Interview gefragt, wie er die Maxime seines Lebens in einem Satz zusammenfassen würde, antwortete er: »Dem Prinzip Hoffnung verpflichtet!«, wobei er auf das letzte Wort besonderes Gewicht legte. Es handelt sich da um kein passives Warten auf bessere Zeiten, keinen realitätsfernen Optimismus, daß sich im Lauf der Zeit schon alles von selbst regeln werde. Gemeint ist jene Hoffnung auf Veränderung, die den Menschen die Kraft gibt, ihr Schicksal in die eigenen Hände zu nehmen und aktiv an der Umgestaltung der Welt in eine humane teilzunehmen.
An dieser Hoffnung hat Falk Harnack durch die Jahrzehnte hindurch unbeirrbar festgehalten. Davon zeugen sein arbeits- und kampfreiches Leben wie seine dem Leben und der Humanitas verpflichtete Kunst. Er hat uns ein Beispiel gegeben. Dafür sagen wir ihm unseren Dank.

Thomas Honickel
Vom Warten auf den Jüngsten Tag

Eine Bresche in die Vergangenheit des deutschen Films

> *– ach, in diesem Hause verstehen sich alle gut aufs Lieben, aber die Kunst, sich lieben zu lassen, wollen sie nicht lernen.*
> (Franz Hessel: Heimliches Berlin)
>
> *Wir sind schon alle Nutten, durch die Bank.*
> (Harry Baer im TIP)
>
> *Aber bin ich nicht selber ein Geier?*
> (Hans-Christoph Blumenberg in der ZEIT)
>
> *Für Ulrich Kurowski*

Vorspann

Ostheim/Rhön. Eine kleine, stille Druckerei. Auf einem Stuhl ist ein alter Mann eingeschlafen. Er hat die Arme verschränkt, sein Kopf ist nach hinten gesunken. Was auffällt: er trägt an einem Stirnband ein Sonnenschild, wie die Angestellten in den Telegraphenbüros der amerikanischen Westernfilme. Ein junger Mann betritt den Raum: »Der Vater erkennt Robert und steht sofort auf. (...) Er will ihn umarmen, aber Robert wehrt ihn mit einer sehr bestimmten Geste ab.«[1]
Was in dem Film IM LAUF DER ZEIT im weiteren thematisiert wird, läßt sich unter dem Oberbegriff »Generationskonflikt« subsumieren. Robert (Hanns Zischler), der seinen Vater (Rudolf Schündler) nach zehn Jahren Abwesenheit aufsucht, wirft ihm vor allem das Verhältnis zu seiner Mutter vor, obwohl auch das zu seiner eigenen Frau von Schwierigkeiten getrübt ist: »Mutter ist auch nie zu Wort gekommen. – Und darüber wollt ich mit Dir reden! (...) Daß sie zu nichts gekommen ist, in dem Leben mit Dir. (...) Das hab' ich Dir voraus: Ich hab' mich von meiner Frau getrennt.«
Eine lange Nacht beginnt, in der Wim Wenders Roberts Reisegefährten Bruno (Rüdiger Vogler) begleitet. Als der am nächsten Morgen die Druckerei aufsucht, sind Robert und sein Vater – der dabei seine

Rudolf Schündler

Schreibmaschine regelrecht umarmt – lägst eingeschlafen. Doch eine Annäherung hat stattgefunden: »Der Alte steht auf, die beiden umarmen sich kurz. Dann folgt Robert Bruno zur Tür hinaus.«
Robert trennt von seinem Vater (und bei Bruno wäre es nicht anders, wenn er noch einen hätte) mehr als nur der momentane Mangel an Zuhörenkönnen und Verstehenwollen. Wenders deutet das in dieser Sequenz mit mehreren Signalen an: so ist vom Krieg die Rede (in dem Bruno seinen Vater verloren hat), und auf dem Dorfkirmes, den Bruno besucht, taucht eine Hitlerbüste auf (in Form einer Kerze, also total der geschichtlichen Konnotation enthoben).
Die nicht stattgefundene Auseinandersetzung über die Vergangenheit der Väter[2] macht Robert und Bruno zu »Vaterlosen«, zu Vertretern einer traurigen Generation. Und deshalb kann z. B. auch die Sehnsucht nach einer Frau nicht gestillt werden, auch nicht von Bruno, der beim Dorfkirmes Pauline (Lisa Kreuzer) trifft: »Pauline bleibt aufgestützt neben Bruno sitzen. Eine Träne läuft ihr die Backe hinunter. Bruno nimmt sie mit der Fingerspitze auf und setzt sie an sein eigenes Auge. Beide sind etwas traurig. Wenig später fährt Brunos LKW an dem Möbelhaus ›Traurig‹ vorbei«.

IM LAUF DER ZEIT ist Fritz Lang gewidmet; wer kann heute noch von ihm erzählen?

Akt 1

München, an einem trüben Nachmittag Ende Juni. Eine karg möblierte Wohnung, in der die Zeit stehengeblieben zu sein scheint. »Halt eine Junggesellenwohnung«, wie das eine zierliche, alte Dame flüstert. Rudolf Schündler hat sich in einem Ohrensessel vergraben, ein Bein ist angezogen und hängt über die Lehne. Ein Fuß wippt unruhig, eine Hand knittert eine Papierserviette. Konzentriert spricht »Papa Schündler« (wie ihn Kollegen liebevoll nennen), die Augen fest geschlossen. Worum es geht, liegt fünfzig Jahre zurück.
»Ich weiß noch meine erste Großaufnahme: ich bekam einen Mordbefehl und hatte den Hörer in einem gewissen Abstand zu halten, ich mußte mein Gesicht um ein paar Grad drehen, so daß der Scheinwerfer traf, mußte mit der Schulter so angewinkelt stehen, damit ein Schatten gespenstisch würde. Kurz, ich dachte mir: filmen würde ich nie können. Ich stellte mich auch ganz blöd an, und nach dem neunten Versuch brach Lang das grausame Geschehen ab. Er nahm mich um die Schultern und sagte: ›Komm, wir trinken jetzt einen Rotwein in der Kantine. Nun überlege einmal: ich habe das ganze Reservoir der deutschen Schauspielerschaft für diese Rolle zur Verfügung und ich habe Dich ausgesucht. Warum hast Du eigentlich weniger Vertrauen zu Dir selbst als ich zu Dir?‹ Es war wie ein Wunder, ich konnte plötzlich genau den Abstand halten, ich konnte genau mit verdeckter Stimme sprechen. Ich fand den Schatten, den er brauchte. Ich war eigentlich vom einen Mal zum anderen ein Filmschauspieler geworden.«
Rudolf Schündler spielte in Fritz Langs DAS TESTAMENT DES DR. MABUSE (1932)[3] den homosexuellen, neurotischen Killer Hardy, einen genauso kaltblütigen wie feigen Salongangster, der sich zum Schluß selber den Gnadenschuß gibt.[4] Bevor Schündler diese Rolle angeboten wurde, hatte er an Provinztheatern getingelt. Er probte in Berlin gerade ein Stück über die Ermordung von Rosa Luxemburg und Karl Liebknecht, wodurch Lang auf ihn aufmerksam wurde. Doch den jungen Schauspielern wurde der Proberaum gekündigt, denn dessen eingeschüchterter Besitzer war auch derjenige des Kinos, in dem Goebbels' SA-Leute zur gleichen Zeit – mit Hilfe von »weißen Mäusen« – die Premiere des Films IM WESTEN NICHTS NEUES sprengten. Fritz Lang

zeichnete sich, wie es der junge Schündler empfand, durch eine »geradezu magische Meisterschaft«, ein »fabelhaftes Gedächtnis« und eine »Akribie in bezug auf jedes Detail« aus.

»In der letzten Szene, nachdem ich in der Wohnung der Brillantenmieze[5] auf die Kriminalpolizei das Feuer durch den Briefkastenschlitz eröffnet hatte und ich in einem Blutrausch den Gipskinderkopf zerschmettert hatte, landete ich schließlich auf dem Sofa der Brillantenmieze, versuchte Lingen[6] zu erschießen, und in dem rasenden Schmerz schlug ich mit dem Kopf rückwärts gegen die Wandstandlampe. Es gab einen merkwürdig hölzernen, gespenstischen Ton, und Lang sagte: ›Das ist gut, den Ton brauch ich!‹ Die Aufnahme wurde aus den verschiedensten Gründen sieben- oder achtmal wiederholt und als ich dann in meinen Nacken griff, war er ganz voll Blut. Ich hatte nichts davon gespürt. So groß war die Kraft, die sich von Lang auf seine Schauspieler übertrug.«

Akt 2

Eine andere Wohnung im vergangenen Januar. Fünfter Stock ohne Lift. An der Haustüre ein Werbeplakat für den Tierschutzverein. Hertha von Walther wohnt allein, in diesem Jahr feiert sie den achtzigsten Geburtstag. Erinnerungsfotos an den Wänden, auf den Regalen und dem Sekretär. Was umfällt, bleibt so liegen. Viel Zeit ist hier vergangen. Sie hat sich zurechtgemacht, spricht laut und deutlich, als ob es für sie eine lang entbehrte Ehre wäre. Ihre Hände liegen dabei aufeinander, sie ist sehr präsent. Draußen schneit es regelmäßig, langsam bricht der Abend an.

»Er war ein Vulkan, mit allen, auch negativen, Seiten: Ausbrüchen, künstlerischen Vergewaltigungen. Jeder wußte, wenn man bei Lang filmt, muß man alle Persönlichkeit aufgeben. Je willenloser man war, desto zufriedener war er. Und das hatte ich noch nicht selbst erlebt, ich hatte nur gehört davon. Ich hatte eine Rolle, die Ausbrüche haben mußte: eine Lady der besten Gesellschaft, die ein Doppelleben führt. Als sie vom Spionagering erpreßt wird, etwas über ihren Gatten preiszugeben, bricht sie zusammen und brüllt und schreit. Und da habe ich Lang einmal erlebt, da war ihm das noch nicht genug, er saß zwischen den Stativbeinen der Kamera und brüllte mich an. Ich kriegte so eine Wut, daß ich allen Respekt verlor und schrie: ›Ich kann nicht mehr! Ich kann nicht mehr!‹ Und da war er glücklich: ›So, das drehen wir jetzt, das ist wunderbar.‹ Und so hat er es mit allen gemacht, auch mit den Männern. Er hat eben das Letzte aus den Schauspielern herausgeholt. Wer mittelmäßig war, kam für ihn gar nicht in Frage. Er war jähzornig, konnte dann aber wieder so charmant sein, daß man weich wurde.«

In SPIONE (1927) spielte Hertha von Walther eine Episodenrolle: die nervöse und bereits zerrüttete Lady Leslane, die sich, um nicht kompromittiert zu werden, erpressen läßt. Ein Foto in der Hand des Erpressers zeigt sie – spärlich bekleidet – ausgestreckt auf einem Diwan, mit einer langen Opiumpfeife in der Hand. Bevor sie diese Rolle annahm, war sie in rund dreißig Filmen schon so etwas wie ein Star für den Stummfilm.

Typ: die Mondäne.[7] Vier Jahre später sollte sie noch einmal für eine kleine Rolle mit Fritz Lang zusammenarbeiten, in M (1931): »Da mußte ich eine sehr ordinäre Straßenhure spielen. Ich mußte für diese Rolle extra lernen, einem Polizisten auf den dritten Uniformknopf von oben zu spucken – in einer Distanz von mindestens doch zwei Metern.« Huren hat Hertha von Walther noch oft gespielt, nicht nur als Bedienstete, auch als Leiterin derartiger Etablissements. Jetzt, im Alter, kann sie diese Rollen komisch gestalten.

Akt 3

Auf Hertha von Walther bin ich aufmerksam geworden, weil mich ein Filmhochschüler, in dessen Film sie mitgewirkt hatte, auf sie hinwies. Rudolf Schündler hat zwar auch einmal in einem Münchner Hochschulfilm gespielt, doch sein Gesicht war mir schon lange vertraut. Ich bin quasi mit seinen Filmen aufgewachsen, den »guilty pleasures« meiner Schulzeit. Samstagabend in der »Filmpalette« oder im »Schwarzwaldkino«, Rasierloge für drei Mark zwanzig, später fuffzig. Edgar Wallace, Italo-Western, Paukerfilme, St.-Pauli-Filme, Sexfilme, Schlagerfilme.[8] Er war (siebenmal) Oberstudienrat Knörz, Onkel Emanuel, Onkel Theobald und Onkel Troll, Mümmelmann oder Fridolin. Trottelig, aber doch liebenswert. Deutsche Klamotte zu einer Zeit, da der neue deutsche Film immer besser und beliebter wurde (1965-1972). Aber Papas Kino war noch nicht ganz tot. Als 1974 DER EXORZIST kam, zog es mit MAGDALENE, VOM TEUFEL BESESSEN[9] nach. Rudolf Schündler made in Bavaria und USA.

Hertha von Walther war in der gleichen Zeit in kaum einer Handvoll

Hertha von Walther

Filme zu sehen. 1960 aus der Emigration zurückgekehrt, begann für sie eine lange Durststrecke. So wurde SCHULMÄDCHEN-REPORT (1970) zu mehr als nur der Brotarbeit.
Was haben die beiden gemeinsam? Vielleicht mehr als es jetzt den Anschein hat. Mehr als einen gemeinsamen Film und eine gemeinsame Fernsehserie.[10] Die Gemeinsamkeit eines Lebens für den deutschen Film. Im Mittelfeld, im zweiten und dritten Glied. Und die Bereitschaft, darüber zu sprechen, davon zu berichten. Statt Histörchen Historie. Wenn die Erinnerung versiegt, hilft ein Archiv. Auch, wenn sie zu sehr sprudelt.

Akt 4

Eine Hand reicht mir stolz eine schwarze, würfelförmige Schachtel, Aufschrift: THE EXORZIST. Ich öffne sie vorsichtig, gewärtig, von einem Sprungteufel erschreckt zu werden. Ein Plexiglasquader kommt zum Vorschein, in dessen Mitte ein perforierter Filmstreifen eingeschweißt ist: »In Appreciation/Rudolf Schündler/The Exorzist/From

William Friedkin/1974«. Wie kommt Oberstudienrat Knörz nach Hollywood?
Weit entfernt von der noch sympathischen Tapsigkeit des Dr. Knörz legt er dort eine Charakterstudie vor, die sich durch souveränen Umgang mit einer latenten, geheimnisumwitterten Dämonie auszeichnet. Er ist eine Art Hausdiener in der Wohnung, die vom Teufel heimgesucht wird. Korrekt angezogen, die etwas glasigen Augen hinter einer Brille; das Haar, sorgfältig gescheitelt, mit Wasser in die Form gebracht. Während er bei einer Party serviert, wird er, der sich als »Schweizer« ausgibt, zum wiederholten Mal als »Nazibestie« denunziert. Er springt dem Provokateur an die Gurgel: »Ich bring Dich um?«[11]
»Ich hab' ne weiße Weste!« Die Antwort kam spontan. Ich frage nicht nach. Ich sitze Rudolf Schündler in seinem Stammcafé gegenüber, er zerbröselt mit der linken Hand einen Streuselkuchen, ich starre in meinen Kaffee. Über Filmalltag im Dritten Reich wollte ich eigentlich etwas erfahren, doch die Verständigung darüber war nicht leicht. Vielleicht erwartete ich auch das Falsche, wußte durch Fachbücher schon zuviele Details, mit denen wiederum ein Privatschicksal nicht in Einklang zu bringen war. Filmalltag im Dritten Reich, wie sah der aus?
»Es ist müßig, einem Schauspieler vorzuwerfen, er hätte in einem später verbotenen Film mitgewirkt, es sei denn Leuten wie George oder Krauss, die andere Möglichkeiten hatten«, bekam ich als Antwort.[12]
Will ich jemanden überführen? Was will ich hören?
Wollte man Rudolf Schündler biographisch gerecht werden, müßte man eigentlich, über die Filmgeschichte hinaus, eine Geschichte des deutschen Kabaretts schreiben: Kabarett der Komiker, Schaubude, Nürnberger Trichter, Stachelschweine. Dabei hat er bei weit über hundert Filmen (und zahlreichen Fernsehspielen) mitgewirkt, wichtige Theateraufführungen[13] gestaltet und selbst eine ganze Reihe von Filmen inszeniert: »23 Filme, diese stolze Zahl müssen erst einmal ein paar Regisseure aufweisen. Es war sehr anstrengend. Charlie Chaplin hat mal gesagt: ›Vergiß nie, daß am Jüngsten Tag alle Deine Filme vorgeführt werden.‹ Sie können sich vorstellen, was ich für eine Angst vor dem Jüngsten Tag habe. Es waren reine Unterhaltungsfilme. Ich wäre sonst damals ganz und gar den bürgerlichen Tod gestorben, d. h. ich wäre nie wieder auf die Beine gekommen, man hätte mir immer, wo ich auch hingekommen wäre, alles gepfändet, und das halten Sie eine Zeitlang aus, aber nicht lange. Also insofern war es schon richtig, daß ich das machte.«[14]
Daß es dazu kam, hängt wiederum mit der Liebe zum Kabarett zusam-

men. 1945, Kriegsende. »Ich kam aus Prag und hatte die Idee, es müsse nun etwas geschehen. Die Münchner Kammerspiele waren okkupiert von den GI's, die dort die Go-Go-Girls tanzen ließen. Ich entwarf zusammen mit Arthur Maria Rabenalt ein Programm, ›Der erste Schritt‹, und zum ersten Mal seit langer Zeit hörte man wieder Brecht und Kästner und alte Cabaret-Hits. Was den Stadtvätern nicht gelungen war: ich bekam die Erlaubnis, in ebendiesen Kammerspielen zu gastieren, und von dem in diesen sechs Wochen erworbenen kleinen Vermögen ließ ich die ›Münchner Schaubude‹ in der Reitmorstraße erbauen. Wir hatten einen ungeheuren Erfolg, weit über München hinaus. Ich war der alleinige Regisseur und Programmgestalter. Ich verdanke dem die schönsten Jahre meines Lebens, ich war vollkommen souverän, ließ mir nichts reinreden, hatte keine Geldgeber, wollte keine Subventionen haben und wurde dann ein Opfer der Währungsreform. Das ist das Los des Schönen auf der Erde. Der Platz kostete damals neun Mark, das waren zwei amerikanische Zigaretten, bei der Währungsreform waren neun Mark dann zwanzig amerikanische Zigaretten. Die Leute kauften lieber etwas zu essen oder anzuziehen, als daß sie ins Theater gingen.«[15]
»Mein Lieber, was wollen Sie jetzt noch wissen?« Ich frage nach seiner Lieblingsrolle, bei rund 200 Parts keine leichte Frage. Die zwei, drei Fernsehrollen aus dem letzten halben Jahr, denn »je älter man wird, desto besser sollte man werden«. Welche Rolle würde er noch gerne spielen? »Einen Menschen, der den Rubikon überschritten hat und der in seiner Kaputtheit noch Kraft hat.«
Eben ist er von einer langen Reise zurückgekehrt, die ihn für Dreharbeiten zu der Fernsehserie »Das Traumschiff« um die halbe Welt geführt hat. Er ist siebenundsiebzig. Zärtlich küßt er seinen siebzehnjährigen Sohn, der sich zum Ausgehen anschickt.

Akt 5

Das Bild zeigt eine Menschenansammlung in einer düsteren Straße. Eine Straßenlaterne brennt, ein Polizist patrouilliert. Die Menschen bilden vor einer Metzgerei eine Schlange, viele halten den Kopf gesenkt. Wien, Inflationszeit. In der Mitte steht eine Frau, die Hände vor ihrem Mantel verschränkt, deren zarter, enttäuschter Blick nach links geht. Noch bis vor wenigen Jahren haben sich die Historiker gestritten, ob das Marlene Dietrich sein könnte.[16] Es ist Hertha von

Walther in DIE FREUDLOSE GASSE (1925) von Pabst, ihr Partner: Werner Krauss, weiter im Film: Asta Nielsen und Greta Garbo. »Das war eine sehr schwere Rolle für so eine junge Schauspielerin. Krauss war ein so suggestiver Schauspieler, diese Veränderung fing eine Stunde vorher an. Er war in dem Film nicht der große Werner Krauss, er war der Geile, der Schlechte, der seine Situation ausnutzt bei den armen Mädchen, die da kamen, um nach Fleisch zu betteln. Es war gruselig, schon vorher als Krauss mit mir eine Szene probierte, da legte er mir seine dicken eingetalgten Hände auf die Schenkel.«
Ein Vorführraum, für zwei Stunden eine Reise in die Vergangenheit. Nach sechzig Jahren sieht Hertha von Walther DER BERG DES SCHICKSALS (1923/24) wieder. Zwei junge Debütanten klettern in den Dolomiten, ein Unwetter bricht herein, sie bleiben im Fels und werden eingeschneit: die hübsche, robuste Hertha und der kerngesunde, sensible Ingenieur aus Bozen, der noch gar nichts vom Film wissen will: Luis Trenker. Der Naturbursch und das Großstadtmädchen bilden zusammen mit der wilden Natur eine Einheit. Hertha erzählt, wie sie vorher nach Freiburg kommen mußte, wo die »Berg- und Sportfilm GmbH« von Arnold Fanck ihren Sitz hatte, wie sie auf dem Freiburger Münster auf ihre Schwindelfreiheit geprüft wurde und im Schwarzwald Klettern und Skilaufen lernen mußte. Die letzte Einstellung des Films ist rund, wie durch ein Fernrohr aufgenommen. Hertha reicht dem stehenden Luis ihre Hände, zwei Silhouetten unter einem Wolkenhimmel. Trotzdem ist die Faszination daran zu groß, als daß man gleich »Kitsch« rufen wollte. Liegt das an den sechzig Jahren oder an dem Image, das Trenker über die Jahre leider bekommen hat?
Wie sich ein Gesicht mit der Zeit verändern kann, damals ein modischer Typ, lachend, stark und neugierig.[17] Die kleine Generalstochter aus Magdeburg, die von zu Hause ausriß, um in Berlin, wo jedermann von ihr entzückt war, unbedingt Schauspielerin zu werden. Heute vom Leben gezeichnet, aber noch stärker als damals. »Das ist der rote Faden in meinem Leben, was ich auch getan habe: immer zuerst der Beruf, der Beruf, der Beruf. Und dann hinterher ein möglichst interessantes Privatleben. Und so bin ich heute noch.« Ein Resümee: »Mir passiert nichts mehr!«
Trotzdem bohre ich nach, als ich zu hören bekomme: »Schauen Sie, fangen wir nicht von der Nazizeit an, die ist, wo Sie hingreifen und wo Sie hinhören, so widerlich! Davon wollen wir nicht reden, oder ein anderes Mal.« Mit Kriegsbeginn nur noch eine Rolle pro Jahr. »Sie konnten nichts ablehnen, im Gegenteil, Sie wurden abgelehnt, weil Sie

nicht dem Typ entsprachen oder nicht in der Partei waren. Es war ja schon eine Schande, nicht in der Partei zu sein.« Wehrmachtstourneen mit seichten Cabaretprogrammen: »Zweimal Frankreich, zweimal Holland, zweimal Rußland«; Erlebnisse, die mich begreifen machen, was Krieg heißt. Erlebnisse, die ich in LILI MARLEEN nicht sehen konnte. Aber: »Die Zeit hilft sehr.«
Mit vierzig Jahren die Freundschaft zu einem ausländischen Geologen, die ganz große Liebe. Unter wirklich abenteuerlichen Bedingungen die Flucht aus Deutschland nach Portugal, später Brasilien. Ein Jahr später, 1944, kurze Rückkehr ins brennende, ausgebombte Berlin: mit einem Blumenstrauß im Arm und Schokolade im Gepäck allein auf dem Flughafen. Mit fünfzig Jahren ein Leben unter primitivsten Bedingungen im brasilianischen Busch. Nur mit viel Phantasie läßt sich das noch vorstellen. Was ich mir nicht mehr ausmalen kann: wie sich eine fast sechzigjährige Schauspielerin fühlt, die 1960 nach Deutschland zurückkommt, wo sie siebzehn Jahre lang nicht mehr gearbeitet hat. Und die noch den zähen Willen mitbringt, wieder in ihrem Beruf zu arbeiten. »Da war ich erst mal sechs Wochen kaserniert, wie das die Psychoanalytiker nennen. Ich war ein Wrack, das können Sie sich gar nicht vorstellen.«
Mein Blick schweift über die Erinnerungsstücke auf den Regalen. Vorhin, als sie mir ein Foto einer Liebschaft aus den 20er Jahren zeigen wollte, mußte erst vorsichtig der Staub von der Glasscheibe gerieben werden. Sie seufzte dabei, lachte dann aber gleich wieder auf. Sie ist zäh geworden, und kaltschnäuzig.

Nachspann

Großaufnahme: eine Hand in einem schwarzen Handschuh. Am Ringfinger ein üppiger, verzierter Ring mit einem ovalen, rubinroten Stein. Die Hand ballt sich zur Faust und schlägt mit den Knöcheln mehrmals heftig gegen eine Türe: »Aufmachen, Thomas! Thomas! Du sollst aufmachen. Was ist denn mit Dir, Thomas?« Währenddessen fährt die Kamera zurück, wir sehen den Rücken einer schwarzgekleideten Frau (Hertha von Walther), die eine große weiße Biedermeierhaube trägt. Sie bückt sich und versucht, durchs Schlüsselloch zu blicken. Sie klingelt, trommelt erneut gegen die Türe. Dann wendet sie sich resigniert nach rechts ab.
So beginnt JONATHAN (1970) von Hans W. Geissendörfer. Während

der Titel sehen wir die Frau durch ein altes Städtchen eilen und Kontakt mit ein paar jungen Männern aufnehmen. Gemeinsam dringen sie in die Wohnung ein, vor deren Tür die alte Dame vorher vergeblich stand. In einem Zimmer sitzt sich auf einem Bett ein junges Paar wie in Trance gegenüber. »Thomas, was soll denn das? Bist Du taub, Thomas? Thomas, mein Junge, warum hast Du mir nicht aufgemacht? Sieh mich doch an, Du hast mir solche Sorgen gemacht. Sei doch vernünftig. Wir wollen uns doch wieder vertragen!« Die Dame versucht, Thomas zu berühren, doch der zuckt davor zurück. Er steht auf, versucht zu fliehen, stürzt sich aus dem Fenster.[18]

Obwohl JONATHAN – von Bram Stokers »Dracula« inspiriert – in erster Linie einmal ein Genrefilm ist, läßt sich nicht übersehen, daß mit dieser Szene im weitesten Sinne auch der »Generationskonflikt« angesprochen wird. Thomas (Thomas Astan) kann kein Vertrauen mehr zu seiner Mutter haben. Sie will ihm seine Freundin Eleonore (Ilona Grübel) wegnehmen, um sie den Vampiren zuzuführen, denn »sie ist eine Frau, die die jungen Schülerinnen ausbildet, die als Blutkonserven für die Mächtigen gedacht sind«.[19] Für Thomas ist seine Mutter ein Werkzeug der Macht, gegen die es zu opponieren gilt, die man aber gleichzeitig auch zu fürchten hat.[20] JONATHAN ist »eine Vampirparabel«, von Geissendörfer damals ausdrücklich auf gesellschaftliche Verhältnisse gemünzt.

»Das ist einfach so: man hat es immer leichter mit Schauspielern, die ein intensives Leben hinter sich haben. Das kann einer mit 25 schon haben. Aber wenn man so eine 50-, 60-, 70jährige Persönlichkeit hat, lernt man sehr schnell, wenn man seinen Beruf auch nur ein bißchen richtig versteht, nämlich diese Persönlichkeit auch zu benutzen, zu beobachten und mit der zu korrespondieren, und nicht als Regisseur nur zu versklaven, daß man nicht bis in den Mundwinkel oder die Armbewegung hinein inszenieren muß. Man muß erst mal schauen, was die mitbringt, wie oder was die macht, die bringt sich ja ein. Und die Geschichte von so einer Frau liegt ja da. Wenn man ihr die Freiheit läßt, daß sie sich einbringt, ist der Pabst da, ist der Murnau da, ist die Emigration da – dann ist das Schicksal da.«[21]

1 Im folgenden wird nach dem Drehbuch des Films zitiert. Der Film von Wim Wenders. Im Lauf der Zeit. Zusammengestellt und herausgegeben von Fritz Müller-Scherz und Wim Wenders. Filmverlag der Autoren, München, Zweitausendeins, Frankfurt, 1976.

2 So sagt am Anfang des Films ein Filmvorführer über seine Vergangenheit: »...ich hab's ja jahrelang nicht mehr betreiben dürfen, net, wegen dem Dritten Reich und so weiter, net, das war eben so. Na, weil ich Parteimitglied war, net, SPD, net, äh, net, NSDAP oder wie die geheißen hat, die Partei da, net...«
3 Der Film, im Sommer 1932 gleichzeitig in einer deutschen und französischen Version gedreht, wurde 1933 verboten und kam in Deutschland erst 1951 in die Kinos. Er wurde jedoch 1933 in Wien bzw. Paris uraufgeführt. Vgl. dazu Kraft Wetzel und Peter A. Hagemann. Zensur. Verbotene deutsche Filme 1933-1945, Berlin 1978.
4 Wie mir scheint, ein Typus, den – unabhängig davon? – James Cagney kreierte und in Filmen wie THE PUBLIC ENEMY (1931) und vor allem WHITE HEAT (1949) spielte. Wenders zitiert im AMERIKANISCHEN FREUND diesen Part ironisch: Gantner (den Schündler spielt) ist ein dämonisch anmutender Greis, der nur noch zum Mord anstiften kann. »Ich spiele den Mann, der den Killern den Tip gibt, wer eigentlich labil genug ist, um zu morden. Es sind mehr Szenen gedreht worden als im Film drin sind, z. B. ein großes Ferngespräch und eine Rauschgiftszene« (Schündler).
5 Gemeint ist wohl die »Juwelen-Anna«, welche Camilla Spira spielte.
6 Theo Lingen spielte den Gangster Karetzky.
7 Bei ihrem ersten Film, JULOT DER APACHE (1921), war sie erst achtzehn, sie spielte eine Zofe. Doch schon in DER BERG DES SCHICKSALS (1923/24) war sie – wie es Ulrich Kurowski ausdrückt – »die etwas exotische Mondäne«, die aber auch wandlungsfähig war. Siehe ihre Rollen in DIE FREUDLOSE GASSE (1925) von G. W. Pabst oder in DIE WEBER (1927) von Friedrich Zelnik.
8 Hier die einzelnen Filme aufzuzählen, wäre zu platzraubend. Was die einzelnen Genres betrifft, so handelt es sich, vom Italo-Western DJANGO, EIN SARG VOLL BLUT (1968) von Giuliano Carmineo abgesehen, um jeweils mehrere Rollen.
9 Von Michael Walter (1974).
10 Ihr einziger gemeinsamer Film ist ICH VERWEIGERE DIE AUSSAGE (1939) von Otto Linnekogel. 1977 traten sie zusammen in der Fernsehserie DIE ALTENHEIMKOMMUNE von Rudolf Jugert auf.
11 Die Rolle dieses Hausdieners war ursprünglich breiter angelegt. Er war von Anfang an als potentieller Urheber des Teufelsspuks eingeführt. Auch die Analogie zum Naziterror war bewußter eingesetzt: in einer Kirchenszene sollte die Kamera Holzkreuze abschwenken, die mit den Namen der deutschen KZ's (Dachau, Auschwitz etc.) beschriftet sind. Zitiert nach William Peter Blatty: On the Exorcist. From Novel to Film, New York 1974.
12 Der Filmhistoriker Ulrich Kurowski in einem Interview mit dem Autor, das als Teil eines Filmporträts über Rudolf Schündler und Hertha von Walther gedacht ist.
13 In Berlin z.B. »Manina« (Admirals-Palast 1942) und »Königin einer Nacht« (Metropol-Theater 1943).

14 In einer von mir (anhand der Jahrbücher der Katholischen Filmkritik) ausgearbeiteten Filmographie brachte ich es allerdings nur auf zwanzig Filme, von DER GEIGENMACHER VON MITTENWALD (1950) bis WILDE WASSER (1962). Für Ulrich Kurowski machte Schündler Vergleichbares auf dem Heimatsektor wie Erik Ode auf dem Musiksektor. »Ich kann mich nicht freisprechen von Schuld, denn immerhin habe ich innerhalb von zehn Jahren bei fünfundzwanzig Filmen die Regie geführt. Höchstens fünf Filme davon könnte ich mir heute ansehen, ohne rot zu werden«, so Erik Ode in »Der Kommissar und ich«, München 1972.
15 Zum Ensemble der Schaubude gehörten: Ursula Herking, Gisela Fackeldey, Inge Bartsch, Hertha Saal, Barbara Pleyer, Charles Regnier, Bruno Hübner, E.O. Fürbringer, Karl Schönböck, Bum Krüger. Zu den Textern Erich Kästner (zusammengefaßt in E.K.: Der tägliche Kram, Chansons und Prosa 1945-1948, Zürich 1949). »In den ersten Programmen der ›Schaubude‹ dominiert die Abrechnung mit dem Faschismus, die Anklage und Klage…«, zitiert nach Rainer Otto, Walter Rösler: Kabarettgeschichte. Abriß des deutschsprachigen Kabaretts, Henschelverlag, Berlin 1977. »Das einzige, was ich mit meiner Person decken mußte, das war die ›Demontage‹, die mußte ich selbst sagen, oder von der Herking ›Wer kann Auskunft geben über fünf Millionen Mann?‹ Da konnte man natürlich seine ›license‹ verlieren und abgeholt werden nach Dachau. Es wurden ja nach dem Krieg auch Leute von den Amerikanern dorthin geschickt, nicht in diese Verhältnisse, aber in Zwangshaftierung« (Schündler).
16 Vgl. die Bemerkung von Werner Sudendorf in: Marlene Dietrich, Dokumente – Essays – Filme, Berlin 1977/78, der sich auf ein Interview stützt, das Jürgen Labenski mit H.v.Walther geführt hat (in ZDF-Journal Nr. 22/1974). In Heinrich Fraenkel: Unsterblicher Film, München 1956, heißt es unter dem Foto auf S.291 tatsächlich: »Bildmitte: Marlene Dietrich«. Und auch in dem Standardwerk von Ephraim Katz: The Film Encyclopedia, New York 1979, heißt es noch zu DIE FREUDLOSE GASSE: »with Marlene Dietrich as an Extra», obwohl sie nie in diesem Film zu sehen war.
17 Vgl. etwa die Filme, die sie noch mit G.W.Pabst gemacht hat. In GEHEIMNISSE EINER SEELE (1926), DIE LIEBE DER JEANNE NEY (1927) und ABWEGE (1928) verkörpert sie einen Typus, den anschließend Louise Brooks (DIE BÜCHSE DER PANDORA und TAGEBUCH EINER VERLORENEN, beide 1929 bei G.W.Pabst) weltbekannt machte.
18 Von mir nach einer Kopie des Films protokolliert. Vgl. die Parallele zu IM LAUF DER ZEIT, dort zuckt der Sohn vor einer Berührung des Vaters zurück, hier vor einer der Mutter.
19 Hans W. Geissendörfer in einem Interview mit dem Autor, das Teil eines Filmporträts über Hertha von Walther ist.
20 Als Opposition kann das Nichtöffnen der Türe gedeutet werden, als Furcht der Selbstmord. Die Opposition hat im weiteren Verlauf des Films Erfolg: Jonathan führt die Befreiung an, die Vampire kommen am Ende um.
21 Hans. W. Geissendörfer.

Kraft Wetzel
Der geile Blick

Versuche über Sex und Porno im Kino

1. Vorwort

Vor mehr als 50 Jahren schon behauptete Béla Balázs: »Nun ist aber die Erotik... das eigenste Filmthema, der Filmstoff an sich.«[1] Sein Befund scheint immer noch richtig zu sein, die Fülle der Indizien jedenfalls ist verblüffend.
Kaum ein populärer Film, gleich welchen Genres, kommt ohne eine Liebesgeschichte aus, und deren Fluchtpunkt ist ihr physischer Vollzug, sind die ›Liebesszenen‹, die ›Bettszenen‹. Das Interesse des Publikums an solchen Szenen scheint unerschöpflich, ist eine der wenigen Konstanten in diesem von Unwägbarkeiten gebeutelten Kino-Geschäft: Wenn es einer nationalen Filmproduktion schlecht geht, mit Sex- und Pornofilmen kann sie sich sanieren, zumindest über Wasser halten (siehe Deutsches Reich nach dem Ersten Weltkrieg, BRD, Schweden, Japan in den 60er Jahren; im ersten Teil des folgenden Tryptichons nehme ich mir einige dieser Streifen vor). Als es den bundesdeutschen Kinos Anfang der 70er Jahre besonders schlecht ging, liebäugelten sie mit der Pornographie, indem sie auf sogenannte Edel- (EMANUELLE u. dgl.) und soft-core-Pornos setzen (wie beispielsweise DIE STORY DER JOANNA). In vielen Provinzkinos ging man noch einen Schritt weiter, reservierte die Freitag- und Samstagnachtvorstellungen »richtigen«, also hard-core-Pornos, für die in den Großstädten eigene Kinos eingerichtet wurden (z. B. Beate Uhses »Blue Movie«- und »ABC«-Häuser). Und unsere Programmkinos? Kaum mußten sie 1982, zum ersten Mal in ihrer zehnjährigen Geschichte, ein Umsatzminus (von 16%) hinnehmen, da tauchten in ihren Programmen auch schon Porno-Klassiker wie DEEP THROAT auf, und der erfolgreiche Alternativ-Porno CATCH YOUR DREAMS ... vertrieb vermutlich nicht nur im Westberliner »Studio am Ku'damm« den bereits bedrohlich kreisenden Pleitegeier.
Schließlich läßt sich auch auf dem Filmbuch-Markt beobachten, wie stark das Interesse am Sex im Kino vorherrscht: Die einzige Art von Filmliteratur, die unabhängig von Konjunkturen und außerhalb spezialisierter Reihen stets Verleger findet, trägt Titel wie »Sittenge-

schichte des Kinos«, »Sex in the Cinema« und »Lust und Elend: Das erotische Kino«, oder sie widmet sich verwandten Themen wie dem »Kino wider die Tabus« oder den »Filmdivas im Dritten Reich«. Und Sie, verehrter Leser, welche Überschriften weckten Ihre Neugier, an welchen Bildern blieb Ihr Blick hängen, als Sie in diesem »Jahrbuch Film« zum ersten Mal blätterten?

Worin nun gründet diese offenbar zählebige, gegen unzählige Formen der Unterdrückung und der ›Reform‹ bislang resistente Affinität von Sexualität im Kino? Auf den Spuren von Sigmund Freud will ich versuchen, diese Frage aus psychoanalytischer Sicht zu beantworten.

Die *Lust am Schauen,* die wir (auch) im Kino befriedigen, gehört für Freud zu den zunächst autoerotischen Partialtrieben, die im Laufe des Heranwachsens unter das Primat und in den Dienst der genitalen, auf äußere Objekte gerichteten Sexualität geraten. Zur Gänze geht die ›kindliche‹ Schaulust jedoch nie auf in genital fixierter, erwachsener, ›normaler‹ Sexualität: »Der optische Eindruck bleibt der Weg, auf dem die libidinöse Erregung am häufigsten erweckt wird, und auf dessen Gangbarkeit – wenn diese teleologische Betrachtungsweise zulässig ist – die Zuchtwahl rechnet, indem sie das Sexualobjekt sich zur Schönheit entwickeln läßt. Die mit der Kultur fortschreitende Verhüllung des Körpers hält die sexuelle Neugierde wach, welche danach strebt, sich das Sexualobjekt durch Enthüllung der verborgenen Teile zu ergänzen, die aber ins Künstlerische abgelenkt (›sublimiert‹) werden kann, wenn man ihr Interesse von den Genitalien weg auf die Körperbildung im ganzen zu lenken vermag. (Fußnote: Es erscheint mir unzweifelhaft, daß der Begriff des ›Schönen‹ auf dem Boden der Sexualerregung wurzelt und ursprünglich das sexuell Reizende [›die Reize‹] bedeutet. Es steht im Zusammenhang damit, daß wir die Genitalien selbst, deren Anblick die stärkste sexuelle Erregung hervorruft, eigentlich niemals als ›schön‹ empfinden können).«[2]

Das Sexualobjekt anzuschauen ist also zunächst ein vorbereitendes, vermittelndes Sexualziel: *symbolische Besitzergreifung,* der eigentlich die reale folgen soll (so wie man ein kunstvoll angerichtetes Mahl zuerst ›mit den Augen verschlingt‹; bei Vorführungen pornographischer Filme als Stimmungsmacher in Bordellen und Nachtbars ist dieser Zusammenhang von Anschauen und Zugreifen noch ›mit Händen zu greifen‹, ist Grundlage des Geschäfts). Optische Medien – Gemälde, Comics, Filme – können nun aber nicht anders, als uns bei diesem vorläufigen Sexualziel verweilen zu lassen. Unsere darüber hinaus drängenden Triebenergien werden umgelenkt, gebunden durch – Schönheit: die wird also gebraucht als doppelte Kompensation, einmal dafür, daß wir nicht zugreifen können, und zum anderen dafür, daß wir sozialer Tabus wegen die Genitalien nicht sehen dürfen. Diese Deutung vermag zugleich den exorbitanten Schönheitskult der populären Bildmedien und den Umstand zu erklären, daß die Darsteller(innen) der meisten pornographischen Photoserien und Filme so vergleichsweise unschön, häufig geradezu abstoßend häßlich sind: »Wir halten euch doch«, so könnten sie sagen, »unsere Mösen und Schwänze hin, was wollt ihr denn noch?«

Das bevorzugte Objekt der Schaulust ist der *weibliche* Körper. Im Kino müssen in erster Linie die Frauen schön sein (und wenn sie es sind, genügt das auch, wird alles andere hingenommen) – bei männlichen Stars reicht es, wenn sie ›interessant‹, ›markant‹ aussehen (und Dustin Hoffman tut nicht mal das). Werden Männer als ›schön‹ empfunden, wie etwa Mathieu Carriere, ist die Vokabel ›feminin‹ schnell zur Hand: so eng sind für uns Schönheit, erotischer Reiz und Weiblichkeit verknüpft. Die Schaulust, die auf solche Schönheit, solche Reize sich richtet, ist aktiv, und im psychologischen Sinne ist ›aktiv‹ für Freud gleichbedeutend mit ›männlich‹. Diese psychologische und die biologische Definition von männlich/weiblich decken sich zwar nicht, und Freud betont zudem, daß »jede Einzelperson ... eine Vermengung ihres biologischen Geschlechtscharakters mit biologischen Zügen des anderen Geschlechts und eine Vereinigung von Aktivität und Passivität«[3] aufweise. Sozialhistorisch hat sich jedenfalls – in der bildenden Kunst nicht anders als im Kino – eine klare Frontstellung entlang des biologischen Geschlechtsunterschieds durchgesetzt: auf der einen Seite die Frauen, die ausstellen, was sie zu bieten haben – auf der anderen die Männer, die an ihnen ihre Schaulust befriedigen. (Die umgekehrte Konstellation gibt es fast nur als angestrengte und schon deshalb nicht haltbare Parodie der vorherrschenden; für eine Pornographie für Frauen jedenfalls scheint es keinen Bedarf zu geben. Wenn auch Frauen neuerdings »erotische Kunst« machen, ist ihr bevorzugtes Objekt nicht der Körper von Männern, sondern ihr eigener, von dem sie sich eine eigene, nicht länger für Männer-Blicke zugerichtete Vorstellung machen wollen: erotische Kunst von Frauen »holt sich das Bild der Frau zurück, das bisher nur Anblick für Männer zu sein hatte«.[4])

Das Kino ist der privilegierte Ort für dieses – von Männern für eine männliche Klientel organisierte – Spiel zwischen männlichem Voyeurismus und weiblichem Exhibitionismus. Im Kino wird dem Zuschauer der Anblick nackter (im Sex- und Pornofilm), zumindest aber von mal betont spärlich, mal aufreizend enthüllend bekleideter Frauen-Körper (im normalen Spielfilm) geboten, die er in aller Ruhe ›mit den Augen ausziehen‹ darf (diese Metapher hat übrigens kürzlich ein Teeny-Streifen namens DER TYP MIT DEM IRREN BLICK wörtlich genommen: dieser ›Typ‹ braucht bloß hinzustieren, da springen den Damen die BHs von den Brüsten). In aller Ruhe: anders als der Spanner am Schlüssel- oder Astloch ist der Zuschauer gegen Entdeckung gefeit, denn die, denen er zuschaut, tun so, als wären sie unter sich, *schauen nie zurück,* und im übrigen schützen ihn Dunkelheit und Anonymität wie Alberichs Tarnkappe.

Im frühen, vorfilmischen Geschehen und Zuschauer noch frontal einander gegenüberstellenden Kino der 10er Jahre wurde männlicher Voyeurismus, wurde der geile Blick noch häufig *als solcher* inszeniert. In den unzähligen »smoking room« (Herrenzimmer-)Filmen, die sich im Zuge der Verbürgerlichung dieses ehemals proletarischen Mediums ausbreiteten, bekam man abwechselnd den Voyeur, einen Bräutigam zum Beispiel, der hinter Vorhängen oder durchs Schlüsselloch ins Boudoir späht, und das, was er sieht – die sich entkleidende Braut zum Beispiel – zu sehen. (In den »Peep-Shows« wird diese archetypische Voyeur-Situation, deren Urform der Blick durchs Schlüsselloch ins elterliche/geschwisterliche Schlafzimmer ist, auf kommerziell unmittelbar ausbeutbare Weise nachgestellt, nachgespielt.)

Während diese frühen Filme den geilen Blick noch kenntlich machten und offen ausagierten, wurde er im Laufe der Entwicklung der Filmsprache zugleich verallgemeinert und unsichtbar gemacht: Die längst nicht mehr von vorne draufschauende, sondern beweglich gewordene, omnipräsente Kamera, der gleitende, unsichtbare Wechsel von close ups, medium shots und Totalen hat den im diagetischen Raum überall zugleich präsenten Zuschauer hervorgebracht.[5] Im modernen Spielfilm wird die libidinöse Energie der Zuschauer zerstreut, verteilt über close ups von Gesicht, Händen, Armen, Beinen, über halbnahe Einstellungen von Schulterbüsten und Rückenpartien, über medium shots ganzer Körper und Totalen von Körper-Arrangements oder bewegten Körper-Ensembles. Durch den steten Wechsel dieser Einstellungsgrößen wird sie in einer unaufhörlichen Bewegung des Zu- und Abfließens, der Anziehung und Abstoßung gehalten. Und das durch die Montage organisierte Spiel des Kamera- und Betrachter-Blicks wird überlagert von den Blickwechseln der Darsteller, an denen der Zuschauer durch Identifikation partizipiert: »Wenn sich der Zuschauer mit dem männlichen Protagonisten identifiziert, projiziert er seinen

Blick auf den seines alter egos, seines Leinwand-Surrogats, so daß die Macht des männlichen Protagonisten, der das Geschehen kontrolliert, zusammenfällt mit der aktiven Macht des erotischen Blicks: beides gibt ihm ein befriedigendes Gefühl der Allmacht.«[6]
Den unverhohlenen, schamlos zudringlichen Blick des frühen Kinos finden wir freilich immer noch – im Pornofilm, der zeigen kann, was der Spielfilm nur andeuten und umspielen darf, und der deshalb jenes rhetorischen Reichtums nicht bedarf, den der Spielfilm als Sublimationsleistung hervorbrachte: hier, im pornographischen Blick, dessen Fluchtpunkt das in der Vagina verschwindende Glied ist, hat der geile Blick noch seine ursprüngliche, rohe, primitive Form. Seine aggressive Zudringlichkeit deformiert sogar sein Objekt: In den »come shots« triumphiert ein voyeuristisches Kalkül, das auf Sichtbarkeit, aufs Herzeigen und Zu-sehen-Bekommen auch dort noch pocht, wo das sexuelle Vergnügen der Darsteller (an dem die Zuschauer eben doch nur indirekt, durch Einfühlung und Identifikation teilhaben) und die Plausibilität des Dargestellten Schaden nehmen. Dem geilen Blick ist also, im Extrem des Pornofilms tritt dies zutage, ein tüchtiges Quantum latent destruktiver Aggressivität eigen, auch wenn er die Körper, auf die er sich richtet, lustvoll begehrt; auch das bloße Hinschauen erweist sich darin als Teil und Ausdruck männlichen Eroberer-Verhaltens.
Woher aber nun die weder latente noch symbolische, sondern offen und handgreiflich ausagierte Gewalt gegen Frauen im typischen Sex- und Pornofilm? Wie sind die verbalen Demütigungen und Gewaltphantasien und die manifeste Mißhandlung von Frauen zu erklären, an denen sich schon früh die Empörung der Frauenbewegung entzündete (von der solche Filme allerdings gerne naiv als Widerspiegelungen von, ja als ernstzunehmende Handlungsanweisungen für chauvinistisches Verhalten aufgefaßt werden)?
Man(n) könnte versucht sein, diese Formen der Gewalt gegen Frauen als gleichsam naturwüchsige, wenn auch übertriebene Ausprägung männlichen Eroberungsverhaltens zu deuten: »Die Sexualität der meisten Männer zeigt eine Beimischung von Aggression«, so beobachtete Freud, »von Neigung zur Überwältigung, deren biologische Bedeutung in der Notwendigkeit liegen dürfte, den Widerstand des Sexualobjekts noch anders als durch Akte der Werbung zu überwinden... Nach einigen Autoren ist diese dem Sexualtrieb beigemengte Aggression eigentlich ein Rest kannibalischer Gelüste, also eine Mitbeteiligung des Bemächtigungsapparates, welcher der Befriedigung des anderen, ontogenetisch älteren, großen Bedürfnisses dient.«[7]

Warum aber sollte ich beschimpfen, beschädigen, zerstören, was ich mir untertan machen, mir angliedern, vielleicht sogar einverleiben will? Läßt solches Verhalten sich nicht plausibler als Abwehr von *Angst*, als Bewältigung einer *Bedrohung* deuten, die vom begehrten, begehrlich angeschauten Objekt ausgeht? In diesem Sinne hat die angelsächsische Filmtheorie ein Erklärungsmodell ausgebildet, das auf Freuds Theorie des – im ödipalen Konflikt mit dem Vater ausagierten – Kastrationskomplexes gründet: Im männlichen Betrachter rufen der Anblick des weiblichen Körpers, insbesondere der der weiblichen Genitalien, und das Fehlen eines »weiblichen Penis« die mit dem ödipalen Konflikt keineswegs überwundenen Kastrationsängste hervor.
»Das männliche Unbewußte hat zwei Auswege aus dieser Kastrationsangst: sich in das erneute Durchspielen des ursprünglichen Traumas zu vertiefen (die Frau ausforschen, ihr Geheimnis lüften), was dann durch die Abwertung, die Bestrafung oder Errettung des schuldigen Objekts ausbalanciert wird (diesen Ausweg nimmt in typischer Manier der ›film noir‹); oder aber die Kastration wird vollständig verdrängt, indem ein Fetisch in ihre Stelle gesetzt wird oder der abgebildete Körper selbst in einen Fetisch verwandelt wird, so daß er eher beruhigend als furchteinflößend wirkt (daher die Überbewertung, der Kult um den weiblichen Star). Dieser zweite Ausweg, fetischistische Schaulust, entfaltet die physische Schönheit des Objekts, verwandelt es in etwas an und für sich selbst befriedigendes.«[8]
Um die vom »schwer vermißten Penis des Weibes«[9] hervorgerufenen Kastrationsängste zu bannen, kann der Spielfilm also den weiblichen Körper mit Fetischen ausstaffieren – Pelze, Schleier, Glitzerkram, Zigarettenspitzen, hochhackige Schuhe – oder ihn selbst in einen Fetisch verwandeln. In Josef von Sternbergs Filmen, an Marlene Dietrichs Zurichtung, ist dieses Verfahren mustergültig zu studieren: der weibliche Körper wird in die Sphäre des Zwielichtigen, Magischen, Metaphysischen entrückt, in der er nur mehr als Spektakel angegafft, bestaunt, bewundert werden kann – und deshalb nicht mehr als Gefährdung der eigenen physischen und sozialen Identität gefürchtet zu werden braucht.
Oder aber das bedrohliche, furchteinflößende Objekt wird von Männern (bzw. ihren Verbündeten/Stellvertretern, den ›guten‹, den weißen, reinen, keuschen Frauen) konfrontiert, der Bedrohung wird nachgespürt, um sie aufzulösen (die ›böse‹ Frau erweist sich als ›gut‹) oder sie zu bezwingen (die ›böse‹ Frau wird bestraft). In den Sitten-, Straßen-, Dirnenfilmen der späten 10er und der 20er Jahre wurde die

»Sexualität an sich«, die, wie es in einer zeitgenössischen Schrift heißt, »eigentlich überall in den gesunden Frauen steckt, aber bei ihnen durch die normalen Hemmungen gedeckt wird«[10], auf die Dirne und die Halbdirne als dem »Weibe mit potenzierten Sexualinstinkten«[11] projiziert, um an ihnen als zerstörerische Kraft beschworen, verfolgt und bestraft werden zu können (s. etwa die Pabst-Filme DIE FREUDLOSE GASSE [1925] und DAS TAGEBUCH EINER VERLORENEN [1929]). Im »film noir« ist es die kriminelle Schuld von Frauen, die Männern den Vorwand zu auch handgreiflichen Sanktionen gibt, die männlichen Sadismus nicht nur erlaubt, sondern förmlich ansaugt: man erinnere sich beispielsweise an jene Szene in Fritz Langs THE WOMAN IN THE WINDOW (1944), in der Dan Duryea Joan Bennett genießerisch ›fertigmacht‹. In vielen Hitchcock-Filmen, in REAR WINDOW (1954), VERTIGO (1958) und MARNIE (1964) vor allem, sind beide Verfahren der Bewältigung von Kastrationsängsten, sadistischer Voyeurismus und fetischisierende Schaulust, abwechselnd, einander ergänzend und durchkreuzend, zu beobachten.[12]

Zurück zu unserem eigentlichen Gegenstand: Wenn unsere These stimmt, daß der Anblick des weiblichen Körpers eben nicht nur die Lust auf physische Besitzergreifung im männlichen Betrachter weckt, sondern auch Kastrationsängste wachruft, dann liegt die Vermutung nahe, daß der Sex- und Pornofilm solche Ängste in besonderem Ausmaße provoziert: denn er enthüllt und zeigt her, was der übliche Spielfilm nur andeuten und umkreisen darf. Gleichzeitig entbehrt er aber jenes Reichtums an erzähltechnischen und filmsprachlichen Formen, mit dem der Spielfilm diese Ängste kanalisieren, bannen oder ableiten kann. Im auch in diesem Sinne primitiven Pornofilm kann der Mann denn auch kaum anders, als dem bedrohlichen Objekt seiner Begierde aggressiv zu begegnen, es zu demütigen, zu beschädigen, zu zerstören. Dabei projiziert er zu seiner moralischen Entlastung seine sadistischen Impulse häufig als masochistische auf sein Objekt, fingiert es als seine Gewalttätigkeit einladendes, ja genießendes: aus »Dir reiß ich den Arsch auf, du miese Votze!« wird unter der Hand »Ja, ja, fick mich! Reiß mir den Arsch auf!« Gewalt, das wollen uns die Porno- und Sexfilme weismachen, Gewalt ist, was die Weiber brauchen, das macht sie erst richtig scharf. Frauen *wollen* unterdrückt werden, ihre Körper verlangen nämlich danach: das ist die tolldreist verlogene Botschaft der Sex- und Pornofilme, mit denen sie ihre von den unaufhaltsamen Fortschritten der Emanzipation verunsicherte Klientel moralisch aufzurüsten suchen.

Vor diesem Hintergrund wird Moritz Boerners Verdienst mit CATCH YOUR DREAMS ... erst richtig deutlich. Für seine Darsteller erfand er einen zumindest in dem Sinne von Männer-Herrschaft freien Raum, als jeder, ob Mann oder Frau, machen konnte, was ihm oder ihr Spaß macht; insofern bildet er einen Gegen-Entwurf zu unserer sozialen Wirklichkeit, in der der Geschlechtsunterschied konstitutiv für die Zuteilung von Wissen, Einfluß, Entfaltungschancen ist. Aus diesem Raum war denn auch die den Kastrationsängsten geschuldete Gewalt der Männer vertrieben wie ein böser Spuk aus der menschlichen Vorgeschichte.

Den Ängsten der Männer und ihrer – in Porno- und Sex-Filmen ausagierten – Gewalt gegen Frauen entzieht erst, auch dies steckt also in Boerners Film, eine Revolution des Geschlechterverhältnisses die Grundlage, die die auf dem Besitz intakter Glieder gründende Herrschaft der Männer beseitigt. Diese soziale Umwälzung ist, zu unser aller Glück, längst im Gange.

Die folgenden Texte entstammen verschiedenen »Schaffensperioden«: Der erste, hier gekürzt wiedergegebene, entstand 1973 und erschien im achten Heft der von mir herausgegebenen Monatsschrift »Kino / kritisches für filmfreunde« (Westberlin, Nov./Dez. 1973, S. 35 ff.). Den zweiten schrieb ich 1976 für den damals noch von Dietmar Schmidt redaktionell betreuten epd-Dienst »Kirche und Film«, wo er dann doch nicht erschien. Den dritten schrieb ich vor wenigen Monaten für »konkret«, wo er auch – allerdings in der für mich wichtigsten Passage entstellt – in Heft 6 (Juni 1983, S. 92 ff.) erschien. Ich würde mir wünschen, daß sich die argumentativen und stilistischen Gefälle zwischen diesen Texten zu einer Entwicklungslinie fügen, für deren Tendenz das Leonardo da Vinci-Zitat zutreffen könnte: »Die Erkenntnis, die nicht durch die Sinne gegangen ist, kann keine andere Wahrheit erzeugen als eine schädliche.«

2. Versuch über den Sexfilm (1973)

»Den Erstaufführungstheatern fällt gemeinhin zu, was einen Anspruch auf Seriosität macht, Kolle, Helga, Aufklärung im Sinne jener philanthropischen Lehrhaftigkeit, die auch das vermeintlich Bekannte wieder ins Unbekannte zurückgeheimnist. Im Milieu der Großverleihe und der gepflegten Foyers nimmt sich die Sexualkunde des gebremsten Vergnügens aus wie eine Sache des öffentlichen Interesses.« (Jörg Peter Feurich)

Nach wie vor erfreuen sich die sogenannten Aufklärungsfilme großer Beliebtheit. Anfang und Mitte der sechziger Jahre, als die Sexwelle erst anlief, konnten sie im sexualfeindlichen sozialen Umfeld noch eine Informationsfunktion für sich behaupten. Ihr im Brustton mutiger Überzeugung vorgetragener Appell für sexuelle Offenheit, Abwechslung und Experimentierfreude war stellenweise durchaus ehrlich gemeint, wenngleich schon damals von völlig aufs Private orientierter Kurzsichtigkeit.

Heute freilich nimmt sich die wohlfeile Beherztheit medizinischer Ehrenmänner, etwa in WHAT AND WHY – SEX IN SCANDINAVIA, anachronistisch aus. Jegliche Legitimation im Sinne eines gesellschaftlichen Informationsbedürfnisses ist ihr abhanden gekommen. Dafür tritt der Ideologiecharakter solchermaßen betriebener Aufklärung stärker hervor. Zum einen propagiert der Aufklärungsfilm Sex als Therapie für die in der destruierten Umwelt verdörrenden Sinnlichkeit. Zynisch wird den von Leistungsdruck, Streß und Arbeitshetze zermürbten Zuschauern also das häusliche Wonnebett als Gesundbrunnen empfohlen. Zum anderen propagiert diese Filmgattung Sex als formaltechnische Fertigkeit, als sportliche Disziplin, mit Stellungsbezeichnungen, die wie Übungsteile aus dem Bodenturnen klingen. Sex erscheint hier also nicht als sinnliche, zwischenmenschliche Kommunikation, sondern als Leistungssport, dessen Normen die der kapitalistischen Produktion ins Ehebett verlängert.

Das Hauptpaar in WHAT AND WHY exerziert den Akt vom Vor- bis zum Nachspiel vor, von dezentem musikalischem Blabla untermalt. Andere Paare demonstrieren kompliziertere Stellungen; auch die unsinnigsten, akrobatischsten werden vom wichtigtuerischen Kommentator mit Ausdauer und Sachverstand erläutert. Sogar eine »kleine Fallstudie« gibt es, über eine Hausfrau, die auf lesbische Liebe umsteigt, weil ihr Mann sie vernachlässigt. Diese Sequenz entlarvt den Film vollends: Einerseits ist der Fall nur Vorwand für ein paar lesbische Nummern, die sonst nicht unterzubringen gewesen wären. Das ganze fachmännische Geplapper, das hier schlichtweg falsch lesbische Liebe als Ersatz für heterosexuelle einstuft, ist wohl ohnehin nur Alibi für die FSK-Zensoren. Andererseits dient der Fall als versteckte Drohung gegen das vorwiegend männliche Publikum: Da seht, was euch blüht, wenn ihr zu Hause versagt! Die objektive Funktion der hier propagierten Sexualität, als Fortsetzung kapitalistischen Leistungs- und Erfolgszwangs in die Intimsphäre, tritt hierin deutlich zutage.

»... wird die Spekulation mit der vorgetäuschten Authentizität und dem fingierten Dokumentarismus von den Produzenten der Sexwelle auf die Spitze getrieben (Prototyp: SCHULMÄDCHEN- REPORT, Ernst Hofbauer, 1970).« (Klaus Kreimeier)
»Eine Fülle neuen Materials ist uns zugegangen, so daß wir uns veranlaßt sahen, unseren Report fortzusetzen.« (Aus der Einleitung zu SCHULMÄDCHEN-REPORT, 6. Teil, Ernst Hofbauer, 1973)

Auf das Mäntelchen, mit dem die Aufklärungsfilme ihre spekulativen Absichten verhüllen, mögen auch die Bindestrich-Reports nicht verzichten. Auch hier gibt man sich forsch-liberal; im SCHULMÄDCHEN-REPORT, 6. Teil, will man »Informationen über die Probleme der Schulmädchen«, über die »Sexualität blutjunger Menschen« geben. Beim Vorsatz bleibt's dann auch.

Weil sie nach Unterrichtsende ausgerechnet an der Tafel neben dem Klavier miteinander schliefen und dabei von einem Lehrer entdeckt wurden, werden X und Y vor den Lehrerrat geladen und verhört. Schnell entpuppt sich das als Vorwand für eine Reihe zusammenhangsloser Sexhistörchen, die bei dieser Gelegenheit reihum aufgetischt werden, mit lauter sauberen, jungen Menschen, die außer Sex keine Probleme und Interessen zu haben scheinen, und die Sex konsumieren wie die Zigarettenreklame-Kultur, in die der Film sie einbettet...

Doch damit nicht genug, daß dieser Report-Streifen den Warencharakter der Sexualität propagiert. Der gemeinsame Nenner der meisten Episoden ist die Klammer von Sexualität und Gewalt. Auch die jeweils aufgesetzten Happy-Ends vermögen nicht zu vertuschen, daß den Report-Machern Sexualität nur noch als aggressive oder doch Aggressionen auslösende, also als destruktive und destruierte Umgangsform abbildbar ist.

Dabei kehrt hier wie in vielen Sexfilmen ein maskulines Trauma immer wieder: die Angst vor der weiblichen Emanzipation. Nachdrücklich diffamiert deshalb auch dieser Film sowohl die lesbische Liebe als Nachäffung männlicher Verhaltensweise (»Ich muß Dich haben, Deine Brüste, Deinen Körper ...«) als auch den Zweifel an der männlichen Superiorität: Während eine vertrocknete kurzsichtige Lehrerin über die weibliche Überlegenheit doziert, vögelt ein kleiner italienischer Fensterputzer, schwachsinnig feixend, in der Ecke die halbe, selbstverständlich willige Mädchenklasse. Und noch diese, als lustiges Zwischenspiel gedachte Szene, zeugt vom Sex-Verständnis seiner Macher: Wo nicht aggressiv, scheint Sexualität nur als Karikatur denkbar.

Während in den meisten Sexfilmen, die ich sah, lesbische Akte vorkamen, stets im oben beschriebenen, diffamierenden Sinne, war Homosexualität unter Männern tabu. Denn Sexfilme sind Filme von Männern für ein männliches Publikum; das bestimmt nicht nur die Art der sexuellen Stimulanzien, sondern auch die psychologische Disposition: Sexfilme stecken voll latenter Kastrationsangst. Wo der Mann so in der psychischen und ideologischen Defensive ist wie im Sexfilm, kann er sich auch das bloße Eingeständnis nicht leisten, es gäbe so etwas wie Homosexualität.

Die ästhetische und ideologische Analogie zwischen den REPORT- und Aufklärungsfilmen einerseits und der Konsumwerbung andererseits wurde bereits aufgezeigt. In einem Film, den ich sah, wurde dies sogar thematisiert: ein Werbefachmann eröffnet die sexuelle Offensive an der Heimatfront, weil sein Boß den Sex als Werbeschauwert entdeckt hat. Unverhohlen feiert der Film den beruflichen Erfolg seines Protagonisten, der seine sexuellen Erfahrungen für Werbekampagnen auswertet. »Der Kauf eines Produktes ist nackte Sexualität, ist ein sexueller Akt«, heißt es da – deutlicher läßt sich die Funktion der Sexualität unter kapitalistischen Bedingungen nicht beschreiben.

Die FSK-Schamgrenze verläuft zur Zeit zwischen den vorgezeigten Geschlechtsteilen, die auch kurzfristig berührt werden dürfen, und den eregierten oder gar in Aktion befindlichen. Die Sexfilme behelfen sich, indem sie z. B. eine Art Busenfetischismus kultivieren, der das Nuckeln an der Brustwarze schon fast zum Orgasmus-Ersatz aufwertet, und natürlich, indem sie von der eh nur simulierten Aktion auf die Reaktion ausweichen: Keuchen und Stöhnen, lüstern zurückgeworfene Köpfe, verdrehte Augen, auf den Lippen rotierende Zungen. Die ohnehin unbedarften Darsteller sind bei derartigen mimischen Verrenkungen überfordert. Unfreiwillige Komik, häufiger noch unerträgliche Peinlichkeit, sind die Folge.

»War mit Margret beim Mietbüro am Hauptbahnhof. Hatten angeblich eine Wohnung für uns. Dort mußten wir eine Stunde auf Rückruf des Vermieters warten, gingen deshalb ins Kino SEX AND LIFE im Bahnhof. Die Hälfte der Besucher schlief. Kam mir vor, als warteten hier alle auf Zusage vom Mietbüro.« (Rosy Rosy)

Die bisher untersuchten Sexfilme bemühen sich immerhin noch um ge-

wisse handwerkliche Standards. Was sie an Ideologie transportieren, ist der Mühe kritischer Reflexion wert. Doch diese Filme sind im Sex-Genre nur die Spitze des Eisbergs. Zu seinem Sockel gehören Filme wie BLUTJUNGE MASSEUSINNEN und BETTKANONEN, Filme, die dem filmkritischen Instrumentarium nicht mehr zugänglich sind, weil hier inhaltlicher Schwachsinn, handwerkliche Miserabilität und perfide Sexualfeindlichkeit ins Absurde übersteigert werden. Diese Filme sind nur noch als Gestalt gewordene Verachtung der Macher vor ihrem Metier und ihrem Publikum begreifbar.

3. Die Story von Joanna (1976)

Im feudalen »City«-Kino im Westberliner Europa-Center habe ich mir vor einigen Tagen DIE STORY VON JOANNA angesehen. Vielleicht liegt es daran, daß ich schon lange keinem so miserablen Film mehr ausgesetzt war, in jedem Fall hat er mich unvorbereitet, mit überraschender Wucht getroffen. Um meinen Ärger in den Griff zu bekommen, versuche ich zu rekonstruieren, was alles an Vorarbeit geleistet, was an bauernschlauer Geschäftstüchtigkeit, dreistem Zynismus und schlichter Dummheit investiert werden mußte, um einen so monströs verhunzten Kinoabend zustande zu bringen.

Da sitzt dieser Gerard Damiano in New York, Regisseur, Produzent und Autor in einer Person, und hat nach unzähligen kruden hard-core-Pornos die Nase voll. Nicht, daß sie sich nicht auszahlen würden, im Gegenteil: Kein Teil der Kinobranche ist so krisenfest wie's Porno-Business. Nur – Gerard Damiano, schon der verschmockte Künstlername läßt das ahnen, strebt nach Höherem, möchte aus dem verpönten Schmuddelkram in die bürgerliche Respektabilität aufsteigen und nicht zuletzt seinen Produkten neue Märkte erobern. Drum wühlt er kräftig in der Rumpelkammer der bürgerlichen Kultur, fördert eine überladene Villa mit Kaminfeuer zutage, Todessehnsucht in schweren Farben und Kerzenlicht, gestelzt literarisierende Sprache mit philosophischen Plattfüßen (»Es ist letztlich ohne Bedeutung, wie wir leben, aber nicht, wie wir sterben«) und viel gepflegte Musik: zum Koitus a tergo den wunderschönen Streicherkanon von Pachelbel, und allerlei Klavier zum Drüberstreuen. Und natürlich Tischmanieren: »Kein gut zubereitetes Mahl ohne ein Glas Wein.« »Wie schmeckt Dir das Wild?« »Ein Genuß!« Beim kulturellen Leichenfleddern braucht er sich nicht viel einfallen zu lassen, die warenästhetische Nostalgie-Produktion, vor allem die melodramsüchtigen Ausstatter der sensiblen Innerlichkeit mit ihren Sirk- und Dietrich-Faibles, haben da seit Jahren vorgearbeitet.

Doch bei allem Aufwand für die Verpackung vergißt Damiano keinen Augenblick, worauf es seinem Männer-Publikum ankommt. Da mag in »Die Geschichte der O.«, an die er sich anlehnt, drinstehen was will, das obligatorische Nummernprogramm wird absolviert: zwar auch mal von vorn, aber vor allem von hinten, Fellatio so oft, mit so vielen Partnern wie möglich, je einmal homosexuell und einmal lesbisch. All das wird als sadomasochistische Lovestory zwischen grausamem Zuchtmeister und leidender Geliebten erzählt, damit das männliche Publikum Omnipotenzphantasien und latenten Weiberhaß austoben darf. Indem sich Damiano strikt an den Szenen-Kanon des Pornos hält, gibt er dem kundigen Publikum zu verstehen, daß es die ganze Kulturstaffage nicht so ernst zu nehmen braucht: es bekommt trotzdem, was es erwartet.

Nun betritt der Gloria-Verleih die Bühne: schmales Einkaufsbudget, das für ein paar wenige Spitzenfilme der Kommerzproduktion oder aber für eine Vielzahl unabhängig produzierter kleinerer Spielfilme reichen würde; zur ersten Strategie (à la Tobis) fehlt die Risikobereitschaft, zur zweiten erst recht. So windet sich die Gloria durch, kauft hiervon und davon und sicherheitshalber a bisserl Porno. Aber nur, wenn's gepflegt aussieht, zumutbar zumindest. Man gehört ja schließlich nicht zu den Schmuddelkrämern und Kinderverführern – auch wenn man sie um ihre Profite beneidet und ihnen mit Filmen wie Die Story der Joanna das Wasser abzugraben hofft.

Aber als hard-core, in dem man ›alles sieht‹, kann und will die Gloria den Film nicht verleihen. Die Freiwillige Selbstkontrolle der Filmwirtschaft (FSK) macht sich drüber her. Die FSK versucht sich zwar gerne als Anwalt der Zuschauer und ihrer sittlichen und religiösen Empfindungen aufzuspielen, aber in Wirklichkeit soll sie lediglich der Filmwirtschaft möglichen Ärger vom Hals halten, in diesem Falle etwa mit dem Porno-Paragraphen. Drum wird Die Geschichte der Joanna rabiat gekürzt, freilich nur an den Sexszenen, die auf traurige Stummel schrumpfen. Übrig bleibt das Brimborium zur Einleitung und die Gesprächsszenen zwischendrin, die eigentlich nur zum Atemholen und Zeitschinden gedacht waren. Statt diesen Rest als Leerpackung, als Muster ohne Wert aus dem Verkehr zu ziehen, gestattet die FSK die Distribution, freilich ab 18: Schützenhilfe zu solcher Lumperei scheint mir entschieden obszöner zu sein als die geschnittenen Sexszenen.

Die verschwundene Substanz müssen die Pressefritzen und Sprücheklopfer der Publicity-Abteilung mit maßlosem Propaganda-Gedöns wieder herbeizaubern: »Mehr wird man niemals auf der Leinwand zeigen können – und dürfen«, locken die Anzeigen. Im Presseheft klimpert ein Hanson Peters dazu auf intellektueller Tastatur. Zu den »Visuellen Metaphern des Gerard Damiano« fällt ihm u. a. folgendes ein: »Sex als Seelennahrung. Der Penis als Quelle. In der erotischen Symbolwelt des Gerard Damiano ist der Sex nicht mehr bloß ein ›four-letter-word‹, sondern ein ›four-course-meal‹, eine viergängige Mahlzeit. Damiano sieht den Kosmos als eine riesige, vollreife Vagina und interpretiert die menschliche Entwicklung als Vektor phallischer Energie. In seinem Film zum Beispiel ist die Szenerie, das Statische, gewöhnlich blumenhaft, feminin, während die ›action‹ an sich das Maskuline verkörpert ... eine luxuriöse, fleischlich orientierte Ästhetik, die zum Meilenstein eines wiedererstehenden Neo-Romantizismus werden wird.« Nach derlei Maulhurerei folgen auf Seite 9 des Presseheftes endlich die Fakten: die Einspielergebnisse vom Broadway, die sich sehen lassen können.

Die lassen die Olympic-Kinobetriebe, zu denen das »City« in Westberlin gehört, zugreifen. Die fernosttouristisch aufgeputzten EMANUELLE-Filme vor allem haben den Edelporno salonfähig gemacht, haben ihn zum Konsumartikel des gehobenen Geschmacks aufgewertet. Das vom SEXBUSINESS – MADE IN PASING und anderswo, vom deutschen Lederhosen- und Report-Sex frustrierte Publikum strömt in die blitzenden Ku'damm-Paläste in der Hoffnung, hier nun endlich auf seine Kosten zu kommen.

Daraus wird freilich nichts, und die Zuschauer machen ihrem Ärger Luft: das gepflegte Hochdeutsch der Synchronstimmen, etwa bei Joannas diversen Selbsterniedrigungen (»Ich bin eine Scheide und lasse andere in mich eindringen«), wird mit Hohngelächter quittiert. Die kunstgewerblichen soft-focus-(Unschärfen-)Passagen werden als Verschleierungsmanöver durchschaut: »Da sischt doch nix«, schimpft einer neben mir, den seine pikierte Ehefrau erfolglos zum Schweigen bringen will. Als sich Joanna mit viel ›lustvollem‹ Augenverdrehen an einer Kette zu ihrem Herrn heranzerren und wie ein Hund behandeln läßt, bellen die Zuschauer. Und die große Sexszene mit dem Diener, von der die FSK nur Brustwarzen-Gezüngel und ekstatisches Fingerlutschen übrig ließ, wird zum Lacherfolg: »Wie beim Zahnarzt«, wiehert der Saal, während Joannas Partner vergeblich versucht, seine Hand in ihrem ›lüsternen‹ Mund zu verstauen.

Derart unfreiwillige Komik entschädigt freilich nicht für die offenkundig vorenthaltene Befriedigung der Schaulust. »Ich möcht' mal einen echten Porno sehen, nicht so einen Scheiß«, murrt einer hinter mir. Er und viele andere werden vielleicht noch ein paar Mal auf solche Filme hereinfallen – und dann endgültig auf PAM, TamTam, Abc, auf harte Pornos umsteigen. Damit geht das scheinbar so clevere Kalkül unserer Kinomagnaten, am Porno zu kassieren und trotzdem »anständig« zu bleiben, in die Hose. Die Kinopaläste werden zu Zutreibern für die pornographische Wachstumsbranche. Die Umwandlung unserer Kinos in öffentliche Bedürfnisanstalten, in Bordelle für optisch-akustische Prostitution bei Bier und Wodka schreitet voran, vor allem in Klein- und Mittelstädten, wo keinerlei Filmkultur Widerstand leistet: Jedesmal, wenn ich nach Stuttgart komme, haben ein, zwei weitere Spielstellen die Fronten gewechselt – oder die Pforten geschlossen. Mittlerweile ist mir das fast schon Wurscht. Jede andere Industrie, die halbvolle Flaschen zum doppelten Preis und leere Verpackungen als den letzten Schrei verkaufen würde, wäre längst ruiniert.

Filme wie DIE STORY DER JOANNA betätigen sich freilich nicht nur als

Totengräber der Kinokultur, sie haben darüber hinaus kulturpolitische Implikationen: Der Ausverkauf der bürgerlichen Kultur, den sie mit zynischer Dreistigkeit betreiben, trägt zu dem bei, was Rowohlts Literaturmagazin als »Kulturzerstörung« analysierte. Der latenten Kulturfeindlichkeit breiter Schichten, die sich u. a. aus dem Gefühl speist, Kultur sei ja doch bloß Fassade, Dekorum fürs Geschäft, arbeiten diese Filme zu; die humane Substanz und die Bilder eines besseren Lebens, die auch die bürgerliche Kultur enthält, werden exekutiert. Eine reaktionäre Formierung der Gesellschaft, die uns bei wachsender Krisenanfälligkeit unseres ökonomischen und sozialen Systems ins Haus steht, stößt dann auf ein bißchen, ein kleines bißchen weniger Widerstand.

4. Ein alternativer Porno? (1983)

Porno im Programmkino? Haben die zahlreichen Scene-Kinos, bei denen zur Zeit »CATCH YOUR DREAMS ...« für volle Kassen sorgt, den letzten Rest an kulturpolitischer Ambition, an kritischem Schamgefühl über Bord geworfen? Kommen auch diese Kinos jetzt aufs Niveau öffentlicher Bedürfnisanstalten herunter?

Der Film, der manche linken Kritiker zu solchen Fragen provoziert, zeigt eine Gruppe von jungen Leuten, die in einem Schloß eine Woche lang nach Herzenslust vögeln – und sich dabei von der Kamera zusehen lassen. Dem Kinogänger geboten wird Sex in vielerlei Variationen, Genitalien zuhauf und sonst (fast) nichts. Ist das also ein pornographischer Film?

Vor Jahren bin ich, nicht nur zu Studienzwecken und den hohen Eintrittspreisen, der Bordell-Atmosphäre zum Trotz, in Pornokinos gegangen, um mir hard-core-Filme anzuschauen. Der Unterschied zwischen Porno- und Sexfilmen, zwischen soft- und hard-core-Porno ist, das begriff ich nach und nach, daß in hard-core-Filmen *wirklich* gevögelt wird. In soft-core-Filmen, die deshalb in ›normalen‹ Kinos laufen, wird nur so getan, wird der Akt nur indirekt gezeigt: quietschende Bettfedern und ekstatisches Stöhnen, verdrehte Augen und flatternde Zungen sollen ihn *bedeuten*. Als Beweis dafür, daß in hard-core-Filmen wirklich vor unseren Augen gevögelt wird, gibt es dort come shots, auch dies ein Kürzel aus dem hinreißend lakonischen US-Showbiz-Slang: Kurz vor ihrem Erguß ziehen Pornofilm-Darsteller ihr Glied aus der jeweiligen Körperöffnung und ejakulieren ihrer Dame auf den Bauch oder ins Gesicht.

Diese come shots waren mir von Anfang an zuwider. Daß hier dauernd des Vorzeigens wegen praktiziert werden muß, was sonst nur aus Versehen passiert, und daß die Filme mir das auch noch als das Geilste überhaupt weismachen wollten, empörte mich. Auch wollte mir nicht einleuchten, daß sich die Akteure häufig wie Hochleistungssportler abrackerten in sichtlich unbequemen Stellungen, die offenbar nur deshalb zustande kamen, weil der Kameramann einen möglichst freien Blick auf Schwanz & Möse haben mußte. Schließlich fiel mir auf, daß ich die meisten Darsteller nicht attraktiv finden konnte, daß sie sich offenbar gegenseitig auch nicht mochten; deshalb ließ mich ihre Sexualakrobatik kalt, wurde mir schnell langweilig. Nach ein paar Versuchen sah ich mir denn auch keine Pornos mehr an.

Unbeschadet von diesen trostlosen Seh-Erfahrungen blieb allerdings der Wunsch, der mich in diese Kinos hatte gehen lassen: Sex so zu sehen zu bekommen, wie ich ihn mir in einsamen Stunden für mich selber ersehnte. Was mir da vorschwebte, war keine Donnerstagnacht mit dem vertrauten Weib, sondern Sex als kühnes Abenteuer, als genießerisches Vagabundieren auf unerschlossenem Terrain, als freier Fall in noch unbekannte Möglichkeiten.

Auch Moritz Boerner hat sich Pornofilme angeschaut, auch ihn enttäuschte ihre Gefühlskälte, das Mechanische an ihnen. Mit CATCH YOUR DREAMS ... hat er versucht, einen Film zu drehen, wie er ihn sich bei seinen Abstechern ins Pornokino gewünscht hatte, ohne come shots, ohne Akrobatik, ohne Vorzeige-Krampf.

Den jungen Leuten in seinem Film sieht man an, daß sie keine entfremdete Arbeit verrichten, daß sie nicht primär für die Kamera, sondern für sich und aus Lust und Sympathie füreinander ihre erotischen Wünsche und Phantasien genießerisch und hemmungslos ausleben, sich manchmal darin und ineinander verlieren, ausflippen. Einmal vorbehaltlos, von morgens bis abends, dem Sex, den sinnlichen Begierden leben zu können: daß es möglich ist, diese hedonistische Utopie auszuleben, daß wir uns dabei von Konvention und Tabu nicht aufhalten lassen brauchen und daß wir dazu nicht wie Robert Redford aussehen oder Mick Jagger sein müssen, darauf insistiert dieser Film, und damit hat er recht.

Einen »anspruchsvollen erotischen Film« hatte Boerner den Anlegern versprochen, die er durch Zeitungsannoncen gesucht und gefunden hatte; ein Bauer aus Wörishofen und ein Hamburger Kaufmann haben diese knapp DM 250 000 teure low budget-Produktion finanziert. Mit den Pornofilmen, von denen Boerner sich absetzen wollte, hat

Moritz Boerner: CATCH YOUR DREAMS

sein Film bei näherer Betrachtung doch mehr gemein, als ihm lieb sein kann.
Zunächst ist da der mir aus Pornos geläufige Nummern-Kanon, dem auch CATCH YOUR DREAMS ... folgt: Man bekommt beispielsweise eine masturbierende Frau, ein lesbisches Paar, einen Mann mit zwei Frauen zu sehen – aber keinen masturbierenden Mann, kein homosexuelles Paar, keine Frau mit zwei Männern. Was das Primat einer eindeutig männlichen, stramm heterosexuellen Libido gefährden könnte, wird wie im konventionellen Porno ausgespart – oder lächerlich gemacht: Die einzige komische Figur in diesem Lust-Schloß ist eine Tunte!
Boerner akzeptiert diese Kritik, erklärt sich aber für nicht zuständig: Regie habe er so wenig geführt wie ein Drehbuch geschrieben; seinen aus dem Bekanntenkreis und durch Anzeigen rekrutierten Darstellern habe er freie Hand gelassen, ihre eigenen Phantasien mit selbst mitgebrachten Requisiten auszuleben. Wenn das stimmt, dann läßt uns die Abfolge der Paarungen, der szenischen Arrangements in diesem Film ahnen, in welchem Maße die sexuelle Phantasie auch in unseren Kreisen – und aus denen stammen die Akteure, die Filmemacher – kolonialisiert, ist, wie fest die pornographischen Denkformen ihre Herrschaft

in einer Sphäre verankern konnten, die von der Linken ja lange Zeit nicht weniger zwanghaft aus der öffentlichen Erörterung ausgegrenzt wurde als von der politischen Reaktion.

Mit der älteren, als Aufklärungsfilm getarnten Variante des Sexfilms hat dieser die Anstrengung gemein, Sex durch dick aufgetragene Musik zu überhöhen, künstlich zu schönen. Boerner will Sex nicht nur einfach zeigen, er will ihn feiern. Deshalb bekommen wir von der einwöchigen Drehzeit im Schloß auch nur die schönen, die ekstatischen Augenblicke zu sehen, fast nichts von den Spannungen, nichts von den Enttäuschungen, die es in dieser zufällig zusammengewürfelten Gruppe auch gegeben haben dürfte. In den Kommentaren aus dem Off kommen zudem nur solche Mitwirkende zu Wort, die diese Woche genossen, als Erfüllung langgehegter Träume empfunden haben. Boerner will uns »the joy of sex« predigen, und wie jeder, der sich allzu sehr ereifert, weckt er unser Mißtrauen.

Uneingeschränkt wohl war mir beim Hinschauen auch nicht: Denn der Blick der Kamera, der zu unserem wird beim Blick auf die Leinwand, ist allzu häufig ein pornographischer Blick, ein Blick, der danach giert, möglichst nahe heranzukommen ans Zentrum der action, ein Blick, dessen Fluchtpunkt das in der Vagina verschwindende Glied ist. Doch gerade in den Großaufnahmen der Genitalien setzt sich die Aporie des pornographischen Blicks durch: Je näher er seinem Ziel kommt, desto mehr verflüchtigt es sich. Was ein Pornofilm letztlich zeigen müßte – Lust, Gier, Genuß, Befriedigung – ist nicht vorzeigbar, weil physisch nicht zu fassen, vollzieht sich – wenn überhaupt – hinter den geschlossenen Augen der Akteure. Der Anblick der Hautfalten und Schwellkörper von Leuten, die wir nicht sehen, geschweige denn zu mögen oder begehren Gelegenheit hatten, solch ein Anblick ist ungefähr so anregend wie der jener Lehrfilme über Geschlechtskrankheiten, mit denen uns in der Schule der »joy of sex« ausgetrieben werden sollte.

Überhaupt ist Sex, auch in diesem Punkt hat CATCH YOUR DREAMS ... Teil am Dilemma seines Genres, als Kino-Stoff nicht abendfüllend. Denn, um eine Formulierung von Carmen Capezzoli zu variieren: schneller als gedacht hat sich herausgestellt, daß sich vom Ficken an sich so wenig zeigen läßt wie von einem Gewitter, wo es bekanntlich auch immer nur blitzt, donnert und dann regnet. Der Anblick von Sex an sich, als Verrichtung irgendwelcher uns gleichgültig bleibender Leute, wird schnell langweilig. In CATCH YOUR DREAMS ... kommen uns wenigstens einige der Akteure durch ihre Kommentare zu den

Dreharbeiten und dem fertigen Film näher; die Worte aus dem Off rührten mich jedenfalls mehr als all die gierenden Großaufnahmen.
Wie sollen wir uns zu diesem Film, zu seinem enormen Erfolg in unserem Milieu verhalten? Sollen wir einstimmen in die hämische Polemik der *Frankfurter Rundschau,* die mit diesem Film auch die Schaulust seiner Besucher denunziert? Wie ›normale‹ Pornos sei dies ein Spekulationsprodukt, nur linksherum gewirkt: Was ist daran »spekulativ«, daß einer so lustvollen Sex zeigt, wie viele unter uns ihn gerne sehen mögen? Spekulativ sind Filme, die vorhandene Bedürfnisse bloß ausbeuten anstatt sie zu befriedigen. CATCH YOUR DREAMS... dagegen zeigt, was er verspricht; betrogen kann sich keiner fühlen.
Meine politische Kritik an diesem Film setzt an seinem feudalistischen Ambiente an, daran, daß seine Akteure sich in einem luxuriösen Schloß(-hotel) tummeln, das der Film als hermetisch abgedichtetes Paradies außerhalb unseres Raumes, unserer Zeit fingiert. Ein progressiver Film dürfte die Verwirklichung erotischer Sehnsüchte nicht im Reservat einer solchen Ausnahmesituation belassen, er müßte sie gegenüber unseren Lebensverhältnissen, unserem Alltag einklagen. Er müßte im Namen dieser Sehnsüchte zur Veränderung, zur Bereicherung unserer Lebenspraxis anregen, und er könnte das, indem er Geschichten erzählen würde, in denen »auf eine ebenso berauschend *alltägliche* Weise gevögelt wird wie gegessen, getrunken, gekämpft und gearbeitet« (Carmen Capezzoli).
Das zentrale Dilemma des noch denkbar besten Pornofilms ist schließlich, daß da *nur* gevögelt wird. Damit antwortet er freilich auf einen Mangel, den die anderen Filme erzeugen, indem sie alles andere zeigen, nur das nicht. Das Ende der Pornographie wären Filme, in denen Sex dasselbe Recht hätte wie in unserem Leben, mit derselben Selbstverständlichkeit und Direktheit dargestellt werden würde wie ein Gespräch im Lokal oder eine Fahrt mit der U-Bahn.
Im Hamburger »Abaton«-Kino lief dieser Film acht Tage lang, dann beschlagnahmte ihn die Staatsanwaltschaft. Das jetzt anhängige Verfahren wirft ein Schlaglicht auf eine Rechtslage, die in ihrer bauernschlauen Doppelmoral selbst in unserem Rechtsstaat seinesgleichen sucht: Pornographische Filme zu machen, ist legal, sie vorzuführen auch, untersagt ist jedoch, sie ›entgeltlich‹ vorzuführen ... solange der Eintrittspreis nicht ›überwiegend für sonstige Leistung‹ erbracht wird; deshalb bekommt man in Pornokinos zur Eintrittskarte ein paar Schnapsfläschchen oder Bierbüchsen. Unter dem Vorwand, »die im Einklang mit den allgemeinen Wertvorstellungen gezogenen Grenzen

des sexuellen Anstands« (Beschlagnahme-Wortlaut) zu schützen, haben unsere Gesetzgeber also die Interessen des Porno-Geschäfts aufs wundersamste mit denen der Getränkeindustrie harmonisiert. Da »Abaton«-Chef Grassmann den Film nicht für pornographisch hält und sich weigerte, Getränke mitzuverkaufen, wurde der Film bei ihm eingezogen. Die anderen Programmkinos halten sich an die Spielregeln und wurden bislang nicht behelligt. Solange es ein Bier oder ein Fläschchen Schampus dazu gibt, ist alles legal ...

1 zitiert nach: Curt Moreck, Sittengeschichte des Kinos, Dresden 1926, S. 157
2 Sigmund Freud, Drei Abhandlungen zur Sexualtheorie und verwandte Schriften, Frankfurt/M. und Hamburg 1970 (Fischer Taschenbuch 6044), S. 32 f.
3 a. a. O., S. 89
4 Gisela Breitling, »Über die Abwesenheit der Männer in der erotischen Kunst der Frauen«, in: Körper Liebe Sprache, Hrsg. Anna Tüne, Westberlin 1982, S. 23 ff., hier: S. 27
5 Zum frühen Kino und der allmählichen Ausbildung der Filmsprache siehe das »Afterimage«-Heft 8/9 (London, Frühjahr 1981), insbesondere den brillanten Text von Noel Burch, »How we got into Pictures: notes accompanying ›Correction Please‹«, S. 24 ff.
6 Laura Mulvey, »Visual Pleasure and Narrative Cinema«, in: SCREEN Vol. 16, No. 3, London Autumn 1975, S. 6 ff., hier: S. 12
7 Freud, a. a. O., S. 34 f.
8 Mulvey, a. a. O., S. 13 f.
9 Freud, a. a. O., S. 32 Fußnote
10 Moreck, a. a. O., S. 139
11 a. a. O., S. 123
12 siehe dazu die brillanten Kurzanalysen von Laura Mulvey im o. a. Essay, S. 15 ff.

Maria Ratschewa
Die Geheimnisse eines Uhrwerks

Über den Filmemacher Bertrand Tavernier

> *»Da ich auf meine Fragen nach dem Glück über mein Bewußtsein von der Natur nur zur Antwort bekomme, daß ich nicht anders glücklich sein kann als in der Harmonie des Ganzen, die ich nicht begreife und die zu begreifen, wie ich sehe, niemals in meinen Kräften stehen wird, da ich schließlich bei einer solchen Ordnung zur gleichen Zeit die Rolle des Klägers und des Beklagten, des Angeklagten und des Richters übernehme und diese Komödie vom Standpunkt der Natur für völlig unsinnig, und sie zu ertragen von meinem Standpunkt darüber hinaus für entwürdigend halte... verurteile ich, in meiner unbestrittenen Eigenschaft als Kläger und Beklagter, als Richter und Angeklagter, diese Natur, die mich skrupellos und unverworfen zum Leiden erschaffen hat, zugleich mit mir zur Vernichtung. Da ich aber nicht imstande bin, die Natur zu vernichten, vernichte ich mich selbst, einzig und allein aus Überdruß, eine Tyrannei zu ertragen, für die es keinen Schuldigen gibt.«*
> (Fjodor M. Dostojewski, »Das Todesurteil«)

Diese Sätze treffen auf fast alle Helden Bertrand Taverniers zu. Tavernier gilt vielen als Erneuerer des seit langem in einer Krise steckenden französischen Kinos. Er war Kritiker, arbeitete später auf dem Gebiet der Public Relation – der heute 41jährige, aus Lyon stammende Regisseur kennt die Filmbranche. Und er kennt die klassische Literatur, in seinen Filmen spürt man, daß er mit der Literatur, mit der Kultur der Welt umgeht. Seine Filme nehmen deutlich Bezug auf andere Filme und Regisseure, und sie verweisen auf Joseph Conrad, auf Dostojewski, Céline, Bradbury, auch auf Victor Hugo; er selbst setzt die Reihe der Namen fort: Brecht, Saint-Simon, Michelet. Er plädiert leidenschaftlich für eine nationale und kulturelle Identität des Films. Auf meine Bemerkung, sein Film DEATH WATCH sei doch in englischer

Sprache gedreht worden, erwidert er, daß es sich um Science-Fiction handle; bei seinen realistischen Filmen jedoch bemühe er sich darum, in der Atmosphäre, den Charakteren, der Aussage sehr französisch zu sein. Wären seine Kollegen, fügt er hinzu, in dieser Hinsicht sensibel wie er, würde es die Krise des französischen Films nicht geben.

Tavernier scheint keinen Wert auf Originalität und Einmaligkeit zu legen. Er diskutiert gern, es macht ihm nichts aus, Ideen und Gedanken auszusprechen, die unbescheiden oder altmodisch klingen könnten. Er betont immer wieder, wieviel ihm einige andere Künstler bedeuten, und daß er es immer wieder versuche, bestimmte Vorbilder nachzuahmen – Künstler, die das Talent besitzen, eine Wirklichkeit als souverän und harmonisch darzustellen, um sie dann in Elemente zu zerlegen und analytisch eine kritische Haltung zu entwickeln.

Die Welt, die Gesellschaft in einem kritischen Zustand – so könnte man das Thema seiner Filme zusammenfassen. Dieses Thema hat etwas mit dem Zeitpunkt zu tun, zu dem Tavernier debütierte. Das war Anfang der 70er Jahre. Der Enthusiasmus der Jugendrevolte hatte sich gelegt – gesellschaftliche und politische Wunden heilen langsam –, und der Alltag des französischen Kleinbürgers kam wieder in Ordnung. Als Teilnehmer und intellektuelles Produkt des Mai 68 kann und will Tavernier die Lehren des politischen Kinos nicht vergessen, obwohl er genau weiß, daß ein direkt-politisches Kino weder in den 70er noch in den 80er Jahren eine Chance hat. Auch ist die Formel des Politthrillers seinem Temperament, seinen ästhetischen Vorlieben fremd. Er benutzt ein anderes Muster, gleichwohl mit politischer Wirkung, das die Formen des historischen und des psychologischen Films enthält, ebenso einige andere Varianten.

Die weitreichenden Ähnlichkeiten in seinem Werk rechtfertigen es, Bertrand Tavernier als Filmautor zu betrachten. Der Definition Gramscis folgend, zählt Tavernier freilich zu den »organischen Intellektuellen«, das heißt, er drückt kollektive Gefühle und Sehnsüchte aus, nicht jedoch seine privaten, individuellen oder narzißtischen Neigungen. Diese Eigenschaft Taverniers bringt Dogmatiker in Schwierigkeiten, die nicht entscheiden können, ob der Regisseur mehr »Cinéast als Politiker« ist *(Film Guide)* oder mehr »engagierter Bürger als Künstler« *(Positif)*. Tavernier selbst vergleicht sich mit Renoir, der zu sagen pflegte, daß sich der Künstler nicht dann am besten selbst ausdrückt, wenn er ins Zentrum des Werks seine eigene Person stellt, sondern wenn er Geschichten von allgemeinerem Interesse erzählt. In diesem Sinn folgt Tavernier dem Kreativitäts-Verständnis von

Dickens, Balzac oder Tolstoi als Ideal: sie alle verwenden Geschehnisse, Figuren, Gefühle und Situationen aus der unmittelbaren Realität. Schon in seinem ersten Spielfilm DER UHRMACHER VON SAINT-PAUL (1973) ist es Tavernier gelungen, seine Ansichten und Vorlieben einzubringen. Seine Filme haben immer eine stabil konstruierte Geschichte und psychologisch glaubwürdige, runde Charaktere. Nicht zufällig benutzt er als Vorlagen Meister des Kriminal- oder Abenteuer-Genres wie Georges Simenon, Alexandre Dumas, David Compton, Jim Thompson. Außerdem holt er sich zur Mitarbeit erfahrene Drehbuch-Autoren wie Jean Aurenche und Pierre Bost. Sie schaffen es zumeist, eine unterhaltsame Story zu entwickeln, mit spannenden Figuren und Situationen. Der Held von DER UHRMACHER VON SAINT-PAUL, gespielt von Philippe Noiret, ist ein ehrenwerter Bürger, der mit seinem Sohn in Konflikte gerät; es geht um eine Auseinandersetzung der Generationen; auch mit seinem Freund, dem Kommunisten Antoine, hat er Probleme: es geht auch um die Auseinandersetzung von Ideologien. Darüber hinaus gibt es eine weitere, vielleicht die interessanteste Konfrontation: zwischen dem Helden und dem Polizei-Inspektor Guiboud (Jean Rochefort), dessen Charakter im Verlauf des Films weiterentwickelt wird, während die anderen »Gegner«, Antoine und der Sohn, von Anfang an festgelegt sind. So entpuppt sich der auf den ersten Blick gutmütige, jede Gewalt ablehnende Demokrat Guiboud als verzweifelter, aggressiver Menschenhasser, dem alle Mittel recht sind, um die gemeine, bestialische Seite der menschlichen Natur zu belegen. Daß Charaktere sich entwickeln, sei nur dann möglich, meint Tavernier, wenn ein Autor nicht nur auf eine visuelle Perfektion des Werkes zielt, sondern auch den Zuschauern reiche, amüsante Dialoge bietet – Dialoge, die nicht nur den Darstellern dazu verhelfen, vielschichtige Figuren zu gestalten, sondern die auch jenen Zuschauern hilfreich sind, die der Bildersprache keine Aufmerksamkeit schenken. Solche Zuschauer gibt es viele, besonders in Frankreich. Es handelt sich um die Generation, die in den 50er Jahren aufgewachsen ist, etwa mit den Filmen von Christian-Jacques oder von Claude Autant-Lara. Diese Generation möchte Bertrand Tavernier auf keinen Fall aus dem Kino vertreiben. Sein Ideal wäre es, nicht ausgesprochen kommerzielle Filme zu machen und trotzdem Erfolg beim Publikum zu haben.

Taverniers Helden leben in bestimmten, präzise beschriebenen Epochen; bei historischen Themen ist er am Alltag der Vergangenheit interessiert. In seinem Film QUE LA FÊTE COMMENCE (1974) spricht er den heutigen Zuschauer an, indem er stürmische Ereignisse in der Zeit des Regenten Ludwigs XIV., Philippe d'Orléans (Philippe Noiret), geschickt als eine moderne Satire präsentiert, ohne sich auf eine profane Vereinfachung einzulassen. Was nicht bedeutet, daß Bertrand Tavernier den Witz, die Ironie nicht liebt. Man entdeckt das immer wieder: in seinem neuesten Film DER SAUSTALL (Coup de torchon; 1981) spielt einer seiner Lieblings-Schauspieler, der Komiker Jean-Pierre Marielle, den Bordellbesitzer Le Péron, der nach zwanzig Film-Minuten stirbt. Man merkt, wie Tavernier das Verschwinden Marielles immer mehr leid tut und er sich schließlich dafür entscheidet, ihn noch einmal zu zeigen. Marielle taucht plötzlich wieder auf: als ein bisher unerwähnt gebliebener Zwillingsbruder Le Pérons, äußerst anständig, im dunklen Anzug, ein Beamter aus Frankreich. Kurz darauf verschwindet er wieder, während sich der Zuschauer noch wundert, was der Regisseur damit sagen wollte. Nichts. Wie Hitchcock sich in vielen seiner Filme für einige Sekunden zeigen mußte, so liebt Tavernier die unverbindlichen, schönen, kleinen Filmtricks, die nichts zu bedeuten haben, die bestenfalls ein Scherz sind.

Der einzige Film Taverniers, in dem wir nicht die bevorzugten Schauspieler finden, weder Noiret, noch Huppert, noch Marielle, sondern ganz neue, unerwartete, fast für dieses Universum unpassende Gesichter, ist DEATH WATCH – DER GEKAUFTE TOD (1979): es spielen Romy Schneider, Harvey Keitel, Max von Sydow. Tavernier kam auf sie, weil es sich um einen Science-Fiction-Film handelt, um einen Film, der sich vorgeblich in der Zukunft abspielt, der allerdings auch heute denkbar wäre.

Die Medien und der Mensch – ein Verhältnis der Abhängigkeit, das in unser alltägliches Leben eindringt, es gestaltet, sogar bestimmt. DEATH WATCH zeigt eine hochtechnisierte Welt, in der die Medizin den Tod ins hohe Alter verlegt hat. Eine junge Frau erfährt unerwartet, daß sie bald sterben wird. Der Schock ist groß – weniger des Todes wegen, in jener Gesellschaft gibt es keine Vorstellung vom Tod mehr –, weil so früh zu sterben als beschämend, fast als unanständig gilt. Die Frau gibt ihr High-Life auf, sie steigt aus, geht auf die Straße, mischt sich unter die Menschen. Sie ahnt nicht, daß sie einem Betrug aufsitzt, der Manipulation eines Fernsehmachers, der ihr Verhalten Schritt für Schritt porträtieren möchte und jeden Augenblick dieses Schicksals auf dem Bildschirm ausstrahlen will. Er schickt ein Kamera-Auge hinter ihr her, einen Reporter mit einer ins Auge gebauten Kamera. Tavernier erreicht hier ein fast vollkommen wirkendes Bild der Reali-

tät. Schon seine ersten Filme waren in Frankreich auf Grund der Glaubwürdigkeit der aufgenommenen Wirklichkeit gelobt worden. Seine Bilder strahlen Authentizität aus; gleichzeitig sind sie suggestiv. Die Welt der Zukunft in DEATH WATCH ist unsere zerstörte Umwelt. Der Müll am Straßenrand; die verwelkten Bäume; die Graffiti auf zerkratzten Wänden; sich herumtreibende Rowdys – solche Bilder hat Tavernier nicht im Studio gefertigt, er hat sie in den vom Krieg zerstörten Städten Nord-Irlands gefunden. Deshalb wirken sie realistisch – wir entdecken Reste unserer heutigen Umgebung.
Realist sein bedeutet für Tavernier nicht, den verborgenen Charme des grauen Alltags zu besingen. Die Wirklichkeit auf der Leinwand ist bei ihm derart reich an Details und Elementen, daß sie gleichzeitig echt und unecht wirkt. Das spürt man besonders deutlich in DER SAUSTALL (1981), über den ein französischer Kritiker schrieb, das Bild von West-Afrika sei zugleich wirklich und geträumt. DER SAUSTALL ist für mich der bisher beste und vielschichtigste Film Taverniers. Auch hier finden wir seine bevorzugten Themen: die Macht und die Deformation der Persönlichkeit, den Zerfall einer Gesellschaft im Krisenzustand. Andererseits gibt es neue Motive und Ideen.
Schauplatz ist ein Dorf in Afrika am Vorabend des Zweiten Weltkriegs. Als Vorlage diente ein Krimi des amerikanischen Autors Jim Thompson über den Süden der USA. Tavernier verlegte die Geschichte auf ein anderes Territorium, das von Eingeborenen bewohnt und von einigen Weißen regiert wird: ein afrikanisches Land. Die Geschichte: Der würdelose Polizist Cordier fängt plötzlich an, sich an allen zu rächen, die ihn jahrelang verachtet haben. Die Rache findet auf tragikomische Weise statt. Eine hysterische, alternde Frau, die Ehegattin Cordiers, und ihr infantiler Geliebter; eine skrupellose Nymphomanin, die Geliebte Cordiers, und ihr sadistischer Ehemann; zwei zynische Bordellbesitzer und ein faschistischer Offizier – das sind die Helden des Films, es ist die weiße Elite des Dörfchens Bourcassa. Der örtliche Polizist Lucien Cordier, von allen »Schlappschwanz« genannt, versucht, sich seine Ruhe und Bequemlichkeit zu erhalten. Sein Traum ist es, in Rente zu gehen; in einem jener kleinen Städtchen in Frankreich, die Claude Chabrol so meisterhaft beschreibt, würde das Cordier nicht schwerfallen. Nur: er und die anderen Helden leben nicht in Frankreich, sondern in einem ungewöhnlichen Milieu und unter außergewöhnlichen Umständen.
Vor unseren Augen schwitzen sie, kippen Unmengen von Alkohol in sich hinein, vernachlässigen ihr Aussehen, die Hygiene. Es geht Ta-

vernier dabei nicht um physische Reaktionen auf das heiße Klima. Es geht vielmehr um die systematisch unterdrückte Psyche, um tiefe Komplexe, um Selbstverachtung. Die Gründe der übertriebenen Ausbrüche von Wut, Ärger und Sex lassen sich kaum formulieren. Tavernier *zeigt* sie, er zeigt das langsame Verrücktwerden der Hauptfigur, zurückhaltend und schrittweise, jedoch systematisch und eindringlich. In der ersten Einstellung des Films durchwühlen vier kleine, stille, dürre Neger den Sand in der Wüste und stecken jedes Körnchen, das sie finden, jeden Käfer in den Mund. Der Polizist Cordier beobachtet sie von weitem, lang und ausdruckslos.

Später sehen wir Cordier auf dem Weg zum Dorf; die Einheimischen grüßen ihn höflich, er reagiert nicht. Einige Minuten später erfahren wir, daß im Fluß Neger-Leichen treiben; zwei Bordellbesitzer benutzen die Leichen als Zielscheibe für einen Schieß-Wettbewerb. Kolonisatoren und Sklaven. Kurz bevor Cordier anfangen wird, jeden zu ermorden, der ihn ärgert, begibt er sich zum Militärkommandanten des Gebiets; er fragt, warum die Einwohner nicht als Personen gezählt werden, sondern als MS – menschliche Seelen. Weil die Neger keine Menschen sind, behauptet der Kommandant. Gleich danach erklärt sich Cordier zum Christus und bringt eine Reihe von Menschen um. Seine Opfer kommen aus seiner weißen Umgebung. Ist er ein Kämpfer für die Menschenrechte der Farbigen, ein Rächer der Benachteiligten?

Nichts dergleichen. Diese Entwicklung wäre vom philosophisch-dialektischen Standpunkt des sozialen Typs des Kleinbürgers unmöglich. Cordier hat vielmehr eine sensible Natur. Er fühlt sich in unerträglichem Widerspruch zu seiner Umgebung, die für ihn ein Absurdum ist. Auf diesem für Franzosen fremden Stück Erde, dessen Einwohner wie Tiere gehalten werden, herrscht ein Haufen primitiver, gemeiner Schufte. Sie herrschen dank ihrer weißen Haut und ihres französischen Passes. Die Gesetze der Natur dulden diese absurde Situation nicht ewig. So geschehen merkwürdige Dinge: Die Weißen verlieren langsam die Vernunft und werden zu Bestien. Macaillou tötet täglich aus Spaß Neger; den Bordellbesitzern ist jede Schweinerei vertraut; die Frau Cordiers lebt im Inzest; Cordier selbst, den großen Sündern Dostojewskis ähnlich, bildet sich ein, der Arm Gottes zu sein; er entscheidet sich für Gerechtigkeit, um sich dann selbst zu vernichten. Der Film endet in jener Wüste vom Anfang, in der Cordier nun den Revolver auf seinen Kopf richtet.

Das Thema des schweigenden Widerstandes eines Landes gegen seine

Bertrand Tavernier: DER SAUSTALL

Eroberer ist nicht neu. Die Natur selbst, die Erde, die Pflanzen, dulden die fremde Herrschaft nicht mehr. Denkt man nur ans Kino, dann kommen Filme wie PICNIC AT HANGING ROCK und DIE LETZTE FLUT des australischen Regisseurs Peter Weir in Erinnerung, oder APOCALYPSE NOW von Coppola. Bertrand Tavernier entwickelt das Thema nicht primär politisch, sondern in seinem sozialpsychologischen Aspekt. Cordier-Noiret könnte aus einem Roman von Dostojewski stammen, ist aber auch ein Franzose von heute.
Tavernier versteht den Zeitgeist einzuschätzen, ebenso wie die ästhetischen Gewohnheiten und Vorlieben seines Publikums; er bekämpft alltägliche Vorurteile, Mythen und Klischees. Seine Filme wirken wie präzise Uhrwerke, die verschiedene Elemente und Faktoren in wirksame Zusammenhänge bringen. Er entdeckt alles neu – die Wirklichkeit, die menschlichen Charaktere, die Vielfalt von Motivationen, die gesellschaftliche Bedeutung individueller Handlungen und Schicksale.

Gottfried Junker
Bilder der Stille

Notizen zu einem kontemplativen Kino

Das Kino wurde vor bald hundert Jahren auf dem Jahrmarkt geboren. Es reifte weniger als es wuchs, lernte dennoch vieles, lernt täglich neue Kunststückchen, führt Kampagnen und Kriege um die Gunst der Massen.

Es wird mir nicht gelingen, gegen die gewaltige Sensation Kino mit der schwachen Imagination eines kontemplativen Kinos anzukommen. Ich suche Spuren, Überbleibsel, Anzeichen; sammle Berührungen, Perspektiven, Argumente.

Von *kontemplativem Film* will ich nicht schon dann sprechen, wenn allein der Gegenstand des Films Begriffe wie *Kontemplation* oder *Meditation* wachruft. Solche Filme gibt es unzählige. Ich behaupte auch, jede Lebensäußerung, auch die unruhigste oder beunruhigendste, kann zum Gegenstand filmischer Kontemplation werden. Nicht das Thema, sondern Darstellungs- und Betrachtungsweise bestimmen meine Vorstellung von Kontemplation: das sind der Film in seiner Idee, Gestaltung und Wirkung; der Zuschauer mit seiner Erwartung, Wahrnehmung und Haltung; sowie die Einrichtung Kino durch ihre Rezeptionsbedingungen und -möglichkeiten.

Im Blick auf die klassische Unterscheidung Lyrik – Epik – Dramatik der Literatur, ist kontemplativer Film der Lyrik am verwandtesten. Das Bewußtsein für die dem Film eigene lyrische Ausdrucksform zeigte sich mit der französischen Avantgarde auf dem Höhepunkt der Stummfilmzeit. Die Impressionisten des Films, Louis Delluc, Jean Epstein, Marcel l'Herbier, Germaine Dulac, Alberto Cavalcanti, Jean Renoir, Georges Lacombe, Abel Gance und Dimitri Kirsanow, sowie die Vertreter des *Cinéma Pur,* insbesondere Henri Chomette, René Clair und Fernand Léger »brachen mit dem kommerzialisierten Film nicht nur wegen der schlechten Qualität der vielen Verfilmungen von Theaterstücken und Romanen, die sich auf der Leinwand breitmachten, sondern, wichtiger noch, aus der Überzeugung, daß die *Handlung* als Hauptbestandteil von Spielfilmen dem Medium fremd, ihm von außen her auferlegt sei«.[1] Delluc: »Seht euch überall um und notiert: Die Straße, die Metro, die Straßenbahnen, die Läden – sie alle sind voll von Themen.«[2] »Das photographische Einfangen der literarisch nicht

konstruierten, unmittelbaren, lebendigen Wirklichkeit erschien realistischer als die Spielfilme mit ihrer konzipierten Handlung.«[3] Epstein: »Ich wünsche mir Filme, in denen nichts oder doch fast gar nichts vorgeht,... in denen das bescheidenste Detail den Ton eines verborgenen Dramas angibt.«[4] An anderer Stelle: »Es gibt keine Geschichten. Es hat niemals Geschichten gegeben. Es gibt nur Situationen... ohne Anfang, Mittelpunkt und Ende.«[5] »Es schien, als wären Cavalcantis MONTMARTRE und die großartigen schwebenden Landschaftsbilder Ray Mans, Renoirs und der übrigen französischen Avantgardisten Luftspiegelungen im Herbstnebel, innere Gesichte, mit geschlossenen Augen gesehen. Hier verliert jede Realität, verlieren Raum und Zeit und Kausalität ihre Gültigkeit.«[6]
»Der Film flüchtete... vor dem episch-dramatischen Inhalt nach zwei entgegengesetzten Richtungen: Auf der einen Seite in die reine Reportage, auf der anderen zur absoluten Visualität, zum Kaleidoskop optischer Eindrücke, zum Formenspiel des *absoluten Films*.«[7] Chomette: »Der Film braucht sich nicht auf bloße Wiedergabe zu beschränken. Er kann auch schöpferisch sein und hat bereits eine Art Eigenrhythmus geschaffen... Dort beginnt erst die filmische Fabulierfreude und hieraus kann sich einmal eine *sinfonische Optik* entwickeln... Dies universelle Kaleidoskop, das Visionen jeder Schattierung von sinnlichen bis zu transzendenten hervorbringt, müßte neben dem Reich der Töne das von Licht, Rhythmus und Form sein.«[8] *Abstrakter Film, Sinfonische Optik* oder *Visuelle Sinfonie aus rhythmisierten Bildern* (Germaine Dulac)[9] waren Leitbegriffe des *Cinéma Pur,* das anfangs noch dokumentarisches Material verwendete und dies mehr und mehr aus seinem realen Zusammenhang brachte. Zur Gestaltung der Stimmungsbilder, Situationen, winzigen Geschichten und Milieustudien bis hin zur reinen Visualität schöpften die Avantgardisten alle Möglichkeiten der Kameratechnik und Montage aus. Dies brachte ihnen den nicht unbegründeten Vorwurf des *Ästhetizismus*[10], des *separatistischen Formenspiels*[11], des *ins rein Formale absinkenden Expressionismus*[12], des *extremen Subjektivismus*[13] und der *Sujetlosigkeit*[14] ein. »Die Filme dieser Periode lassen fast immer eine Überbewertung der Form erkennen, der schematische und nicht bewältigte Inhalte gegenüberstehen... Zugunsten seiner formalen Entwicklung hatte sich der französische Film fast völlig von der Gegenwart und vom konkreten Leben isoliert, vor dessen Konflikten die Filme der Avantgarde meist in einer passiven, ästhetisch-kontemplativen Haltung verharrten.«[15]
Dennoch ist es das Verdienst der französischen Avantgarde, die Sensi-

bilität für die unscheinbaren Bewegungen des Lebens geschärft und die musikalische Komponente des Films entdeckt zu haben. Fernand Léger betont, »daß einzig der Film dazu befähigt sei, uns mit Hilfe von Großaufnahmen für die Möglichkeiten empfänglich zu machen, die in einem Hut, einem Stuhl, einer Hand und einem Fuße beschlossen liegen«.[16] »Bühnenbilder rücken unvermeidlicherweise den Schauspieler in den Mittelpunkt, während es dem Film freisteht, bei Teilen seiner Erscheinung und seiner Umwelt zu verweilen.«[17] »In ihrer gemeinsamen Stummheit werden die sichtbaren Dinge mit den Menschen fast homogen und gewinnen dadurch an Lebendigkeit und Bedeutung. Weil sie nicht weniger sprechen als die Menschen, darum sagen sie gerade so viel. Das ist das Rästel jener besonderen Filmatmosphäre, die jenseits jeder literarischen Möglichkeit liegt.«[18] Gerade die Impressionisten stellten eine innere Beziehung zwischen Personen und Dingen her. Sie wollten »die Bilder der äußeren Welt introspektiv, nämlich so zeigen, wie sie sich in der Seele spiegeln«.[19] Expressionismus und Surrealismus kündigten sich darin an.

Der Dokumentarfilm in seiner kontemplativen Ausprägung wurzelt gerade auch in der französischen Avantgarde. In der Ästhetik der Lumière-Kamera, die »Bewegung in ihrer brutalen und mechanischen Kontinuität«[20] zeigt, erkannten die Avantgardisten die reinste Form des Films. Georges Lacombe beschrieb in LA ZONE Vorstadt-Traurigkeit, Joris Ivens schuf mit LA PLUIE die poetische Studie eines Regentages, Alberto Cavalcanti entwarf mit RIEN QUE LES HEURES ein Panoptikum des Großstadtlebens.

Waren diese Dokumentarfilme noch mehr der Ausdruck eines neuen ästhetischen Selbstbewußtseins, wurde der soziale Aspekt mehr und mehr zur Motivation der Dokumentaristen. John Grierson 1932: »Die Arbeit des romantischen Dokumentarfilms ist verhältnismäßig leicht; leicht in dem Sinne, daß der edle Wilde schon an sich eine romantische Figur ist und die Jahreszeiten schon in der Dichtkunst besungen wurden… Der realistische Dokumentarfilm aber, mit seinen Straßen und Fabriken, hat sich die Aufgabe gestellt, etwas zu zeigen, das bisher noch kein Dichter gezeigt hat und wo man nicht so leicht den tieferen Sinn findet, der den künstlerischen Zielen genügen könnte… Das heißt aber wirklich sehr mühsame, tiefschürfende, tief empfindende schöpferische Arbeit.«[21] Joris Ivens und Henri Storck erkannten während der Dreharbeiten an LE BORINAGE, »daß ihr Thema von sich aus eine Hinwendung von ästhetischer Verfeinerung zu fotografischer Schlichtheit verlangte«.[22] Die eigentümliche Schönheit der Filme Robert Flahertys »ist der Lohn für das geduldige Warten darauf, daß die Dinge zu sprechen beginnen. Es ist viel Zeit in sie investiert, und selbstverständlich geht die auf sie verwendete Geduld Hand in Hand mit der Empfänglichkeit für die langsamen Prozesse, die sich zwischen Mensch und Natur, Mensch und Mensch anspinnen«.[23]

Ich weise deshalb so ausführlich auf die Arbeitsweise der frühen Dokumentaristen hin, weil ich dort eine kontemplative Haltung entdecke, die sich darin äußert, geduldig wahrzunehmen, sich dem Gegenstand mit bescheidenen, redlichen Mitteln zu nähern und gleichsam unterzuordnen.

Gerade die Dokumentaristen stellten sich immer wieder die Frage der Wahrheitsfindung unter Ausschluß ideologischer Absichten. »Obwohl dem Namen nach mit Wertows *Kino-Prawda* identisch, unterscheidet sich das *Cinéma Vérité* davon in zwei wesentlichen Punkten: 1. Nicht die dialektische Montage kurzer Teile, sondern ungeschnittenes Material in extrem langen Einstellungen wird möglichst unmanipuliert präsentiert. 2. Als Resultat dessen wird versucht, die Wirklichkeit nicht aufbauend-konstruktivistisch wie bei Wertow, sondern eher im Sinne Ruttmanns in typischen Momenten einzufangen.«[24] Zu den projizierten Bildern seines Films MOI, UN NOIR ließ Jean Rouch von den betroffenen Akteuren einen völlig improvisierten Kommentar sprechen. Mit CHRONIQUE D'UN ÉTE wollte er die »übliche kinematografische Fiktion zurückweisen und den Zuschauer dem Entstehungsprozeß des Geschehens beiwohnen lassen; die Wahrheit sollte nicht als fertiges Resultat, sondern in ihrem Werden, ihrer Entwicklung auf die Leinwand gebracht werden«.[25]

Wahrheit hatte auch das *Uncontrolled Cinema* im Auge, dessen Hauptvertreter Richard Leacock dabei die Attraktivität des Themas noch wichtiger war als seine Authentizität.

Vielleicht hätte man die Maxime *Wahrheit* duch *Spontaneität* oder *Bescheidenheit der Mittel* ersetzen sollen, denn auch der *authentische* Film ist geprägt von subjektiv-stilisierender Beobachtung und Bearbeitung. So sprachen Chris Marker und Mario Ruspoli anstelle von *Cinéma Vérité* von *Cinéma Direct* und bekannten sich zu origineller Improvisation.

Der Dokumentarfilm entwickelte eine vielfältige, z. T. sehr persönliche und das gesamte Medium befruchtende Sprache. Ich möchte hier nur einige Namen von Dokumentaristen nennen, denen kontemplative Haltung wie kritisches Engagement gemeinsam ist, die – um ein Wort Griersons zu gebrauchen – »eine intime Vertrautheit und Wir-

kung erreichen, die den Ateliertechnikern mit ihren Scheindekorationen und lilienzarten Darstellungskünstlern nicht möglich ist«[26]: Peter Nestler, Klaus Wildenhahn und Gisela Tuchtenhagen, Irme Gyöngyössy und Barna Kabay, Raúl Ruiz, Peter Heller, Peter Krieg, Alfredo Leonardi, Les Blank, Johan van der Keuken, Jürgen Böttcher.
Dem Dokumentarfilm aufs engste verbunden, verkündeten 1943 die Vertreter des italienischen *Neorealismus*: »Nieder mit der naiven und manierierten Konventionalität, die den größten Teil unserer Produktion beherrscht. Nieder mit den phantastischen und grotesken Verfertigungen, die menschliche Gesichtspunkte und Probleme ausschließen!«[27] Cesare Zavattini: »Im wesentlichen geht es heute nicht mehr darum, erfundene Dinge Wirklichkeit werden zu lassen, sondern die Dinge, wie sie sind, fast allein sprechen und sie so bedeutsam wie möglich werden zu lassen. Denn das Leben ist nicht so, wie es in den Geschichten erfunden wird; das Leben ist anders. Und um es kennenzulernen, bedarf es einer äußerst genauen und ununterbrochenen Untersuchung; sprechen wir ruhig von Geduld... Während der Film früher das Leben immer in seinen auffallendsten und äußerlichsten Momenten darzustellen pflegte, (...) versichert heute der Neorealismus, daß jede dieser Situationen und sogar jeder dieser Momente in sich allein genügend Material für einen Film enthält.«[28] »Beschränkung und Kargheit der Mittel führten nicht zu negativen Ergebnissen. Im Gegenteil. Sie zwangen gleichermaßen zu Einfachheit und Offenheit, die zur Stärke des Neorealismus wurden.«[29] Als nach und nach wieder Geschichten in den Nachkriegsfilmen erzählt wurden, zeigte sich, daß mehr zeitbedingte Eingeschränktheit als Selbstbeschränkung Sehweise und Stil der Neorealisten geprägt hatte, deren Filme heute einen unvergleichlichen dokumentarischen und künstlerischen Zauber ausstrahlen.
Ich möchte einige kontemplative Spuren im Bereich des experimentellen Films verfolgen. Eine kritische Vorbemerkung: Gerade hier finde ich häufig das Etikett *Meditationsfilm*. Nicht zu Unrecht, dennoch bedeutungslos, wenn es sich um einen meditativen Gegenstand handelt. Anfechtbar, wenn Meditation in der Betrachtung bewegter Form bestehen soll. Kracauer bemerkt zum abstrakten Film der Avantgarde: »Ihre formgebenden Bestrebungen, die sich in einem ständigen Bemühen um formale Werte und allerlei Bewegungen äußerten, stumpften ihr Gefühl dafür ab, daß es den Film am meisten zum Ungestellten, Zufälligen, noch nicht Geformten hinzieht... Es zeigt sich also, daß die Hersteller von Experimentalfilmen, ob sie nun rhythmische Ab-

straktionen oder surrealistische Projektionen innerer Realität begünstigen, dem Kino mit Vorstellungen beizukommen suchen, die es der Natur im Rohzustand, der Quelle seiner eigentümlichen Kraft entfremden.«[31]
Clemens Klopfenstein, der uns in GESCHICHTE DER NACHT röntgenbildhaft das Skelett vieler Großstädte vorführt, konfrontiert uns durch TRANSES mit einem beinahe abstrakten Gegenstand, der aus fahrendem Zug durch unbewegtes Kameraauge gefesselten, fliehenden Landschaft. Klopfenstein möchte den Zuschauer »zu einer ruhigen Meditation bringen, auch wenn sich die Bilder rasend bewegen«.[30] Zwar kann der immer gleiche Blick auf den Strom denaturierter Landschaft Mittel zur Introspektion sein; doch die Landschaft selbst entzieht sich in dem Maße der Kontemplation, in dem sie zur reinen Form gerinnt.
Fraglich, ob unbeteiligtes Registrieren eines Objekts oder Vorgangs unsere Zuwendung begünstigt. Andy Warhol »filmte in superlangen Einstellungen ohne jeden Schnitt und reduzierte die Handlung auf ein minimales Geschehen. Die Dimension der Zeit wurde in Filmen wie SLEEP, KISS, EAT, EMPIRE zum bestimmenden Faktor«.[32] Warhol ging es nicht um Inhalt und Bedeutung der Wirklichkeit. Er und andere Vertreter eines *strukturellen* Films und *Minimal Cinema* machten so radikal wie nie zuvor auf den Unterschied Real-Zeit und Film-Zeit aufmerksam und sensibilisierten unsere Wahrnehmung in verschiedene Richtungen, indem sie die Struktur eines Vorgangs oder Objekts zum Thema der Betrachtung machten. Indem Warhol die Kamera und ihr Objekt allein läßt, führt er uns ihr Eigenleben vor. Darin liegt andererseits gerade die Schwierigkeit, uns kontemplativ einzulassen, denn es fehlt der vermittelnde Gestalter, der niemals durch eine Apparatur ersetzt werden kann.
Anders beim Zyklus SEVEN FILMS OF CLOSE INSPECTION von Claes Oldenburg. Dieser schlägt vor, »dieselbe Aktion, eine sehr einfache Aktion, von vielen verschiedenen Blickrichtungen, in Raum und Zeit, immer wieder langsam und schnell« zu filmen, so daß »alles, was aus dieser einfachen Sache gewonnen werden kann, physisch und metaphysisch herausgeholt wird«.[33]
Michael Snow: »Der Grund, warum ich mich mit Film beschäftige, (...) ist u. a. der, daß Film meiner Meinung nach ein metaphysisches Medium ist.«[34] Freilich bietet gerade der Film als Abbild und Inbild in der Dimension der Zeit die Möglichkeit, über ontologische Fragen nachzudenken. Ich erwähne Snow aufgrund seiner Filme WAVE-

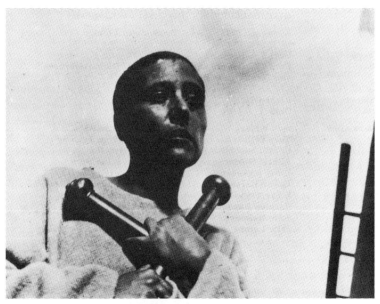

Carl Theodor Dreyer: LA PASSION DE JEANNE D'ARC

LENGTH und LA RÉGION CENTRALE, Meditationen über die Beziehung Raum und Zeit sowie Gegenstand und Betrachter.

Maya Deren bezeichnete ihren Film MEDITATION ON VIOLENCE als »das körperliche Statement eines metaphysischen Systems, basierend auf dem *Buch der Veränderungen* von Konfuzius«.[35] Ihre handlungsarmen Filme sind Rituale, in denen Kontemplation zur Introspektion wird. »Sie gehörte zu denjenigen Künstlern und Denkern, denen es um eine große Paradoxie unserer Zeit zu tun ist – zu denen, die sagen, daß – obwohl unsere Zivilisation den Geheimnissen der organischen und anorganischen Materie am nächsten gekommen ist – wir mit der Welt der tastbaren Dinge weniger vertraut sind, als je eine Zeit gewesen ist.«[36] Vieles mit Maya Deren gemeinsam hat Stan Brakhage, der den *natürlichsten* Film ohne Kamera herstellte, indem er Mottenflügel und Pflanzen auf den Filmstreifen klebte (MOTHLIGHT). Sein Werk ist ebenso introspektiv wie expressiv. »Hier lebt noch die romantische Vorstellung vom Künstler als Werkzeug von Offenbarungen. Was er an die Oberfläche bringen will, ist sein Unbewußtes; in seinem Sprachgebrauch sind es Mythen, ebenso Visionen, die er hat.«[37]

Michel Klostermann, ein Mystiker des Films, hat einige, mit Worten kaum beschreibbare Impressionen und Visionen geschaffen (u. a. DAS URBILD und MEDITATION IN MAHABALIPURAM). Mit einem phantastischen Gespür für Licht vermittelt er die Ahnung der Einheit von Vergänglichem und Zeitlosem.

Stephen Dwoskin ist deshalb erwähnenswert, weil seine Filme von einer großen thematischen und stilistischen Beharrlichkeit gezeichnet sind, die darin besteht, den Ängsten und Wünschen seiner in Szene gesetzten Menschen vornehmlich durch Gesichter und Hände Ausdruck zu verleihen.

Bevor ich kontemplative Formen im Bereich des Spielfilms berühre und von Carl Theodor Dreyer spreche, will ich aus dem Aufsatz »Der sichtbare Mensch« von Béla Balázs zitieren: »Die neue Gebärdensprache (des Stummfilms) entspringt unserer schmerzlichen Sehnsucht, mit unserem ganzen Körper, vom Scheitel bis zur Sohle wir selbst, Mensch sein zu können (nicht nur in unseren Worten) und unseren eigenen Leib nicht mehr als eine fremde Sache, als irgendein praktisches Werkzeug mit uns schleppen zu müssen. Sie entspringt der Sehnsucht nach dem verstummten, vergessenen, unsichtbar gewordenen leiblichen Menschen... Hier wird der Geist unmittelbar zum Körper, wortelos, sichtbar.«[38] Dies schrieb Balázs 1924. Vier Jahre später drehte Dreyer LA PASSION DE JEANNE D'ARC. Er sagte: »Nichts in der Welt ist dem menschlichen Gesicht vergleichbar. Es ist ein Land, das zu erforschen man niemals müde wird.«[39] LA PASSION DE JEANNE D'ARC besteht überwiegend aus expressiven Großaufnahmen von Gesichtern. Dreyer hatte die von Balázs beschworene Mikrophysiognomie als erster ernstgenommen. Er suchte sich gerade auch unter Laien und unbekannten Schauspielern rollen-ähnliche Gesichter. Dennoch sind seine Darsteller Typen »Der sichtbare Mensch« blieb noch eine Zeitlang verborgen. »Ich kann verstehen, daß LA PASSION DE JEANNE D'ARC zu seiner Zeit eine kleine Revolution verursacht hat, aber jetzt sehe ich bei allen seinen Schauspielern nur diese schrecklichen Hanswurstiaden, fürchterliche Grimassen, die mich die Flucht ergreifen lassen.«[40] Der dies sagte, war niemand anderer als Robert Bresson, der dasselbe Thema später selbst bearbeitete. Zweifellos war die Darstellungsweise, insbesondere die Gestik in Stummfilmzeiten noch sehr vom Theater geprägt. Dazu hat Bresson eine Abneigung gegen die großen Gesten, ja Großaufnahmen überhaupt. Er verzichtet fast immer auf Berufsschauspieler, erinnern sie ihn doch im Film an *fotografiertes Theater*. Er läßt die Texte nüchtern, beinahe eintönig sprechen. Bresson gilt neben Ozu als der klassische Asket des Films. Kein Motiv ist bei

Jean-Marie Straub: DIE CHRONIK DER ANNA MAGDALENA BACH

ihm zufällig; jede Einstellung ist zwingend; jedes Bild steht zum nächsten in einer kalkulierten Beziehung; kein überflüssiges Wort wird gesprochen; kein Schnitt dient vordergründiger Dramatik, obwohl er manchmal rasch wechselnde Blicke auf Dinge wirft. »Was mir vorschwebt, ist gleichzeitig ein Film der Dinge und der Seele. Das heißt, daß ich versuchen will, die Seele durch die Dinge sichtbar zu machen...«[41] Ich meine, Bresson versteht unter *Seele durch die Dinge* deren Bedeutung, deren Wirkungen und Reflexe. Nicht die Dinge selbst, sondern die Abstraktion von den Dingen, nicht die kleinen Bewegungen (z. B. der Hände), sondern deren Hintergründe schaffen den Kosmos seiner Filme. Gerade im Frühwerk wimmelt es von Zeichen, Symbolen, Thesen, Zusammenhängen – und Bekenntnissen. Doch versuche ich, in den Filmen ab 1965, in AU HASARD BALTHAZAR, MOUCHETTE, UNE FEMME DOUCE, QUATRE NUITS D'UN RÊVEUR, den Bressonschen Standpunkt zu finden, werde ich glücklicherweise enttäuscht: Er zeigt mir aus vielen Perspektiven Momente, Situationen, Erscheinungen des Lebens in ihren zusammenhanglosen Zusammenhängen. Einladung zur Meditation.

Mit Bresson wurde oft Yasujiro Ozu in Zusammenhang gebracht.[42]

Ozu ist ähnlich Bresson, ein aufmerksamer, unbestechlicher Chronist des Lebens, genauer: der Lebensalter und Generationskonflikte, worüber 53 hierzulande kaum bekannte Spielfilme Auskunft geben. »Allen Ozu-Filmen gemeinsam ist die strenge Komposition, die formale Beschränkung auf wenige Ausdrucksmittel (stets gleichbleibende Kameraperspektive aus geringer Höhe), die Konzentration auf scheinbar unbedeutende Ereignisse, in der sich jedoch die Essenz von Ozus Lebensauffassung offenbart. Donald Richie hat Ozus Haltung mit der des Haiku-Künstlers verglichen, der in äußerster Ruhe sitzt, mit geradezu schmerzvoller Genauigkeit die Dinge und ihre Wirkung beobachtet und Wesentliches durch äußerste Vereinfachung erreicht.«[43] Ozus Filme sind von seltener Bescheidenheit und Subtilität. Er läßt den Zuschauer ungestört wahrnehmen; spielt nicht mit Eindrücken und Ausdrücklichkeiten. Er wirft geduldige Blicke auf die Menschen und Dinge und sieht dabei hinter die Bedeutungen.

Die Filme Andrej Tarkowskijs, DIE WALZE UND DIE GEIGE (1961; Diplomfilm), IWANS KINDHEIT (1962), ANDREJ RUBLJOW (1966/69), SOLARIS (1972), DER SPIEGEL (1974), STALKER (1979) und NOSTALGHIA (1982) sind sinnliche und philosophische Ereignisse, die sich auf unvergleichliche Weise, sparsam-konzentriert und suggestiv entfalten. Es gelingt mir kaum, die Filme Tarkowskijs zu beschreiben, weniger aufgrund einer irritierenden Bewunderung, als aus der Überzeugung, daß jeder naheliegende Begriff, ob *romantisch, mystisch, moralisch, politisch, visionär,* plakativ sein würde. Gerade hier zeigt sich, daß Film so *filmisch* sein kann, daß er sich der Beschreibung widersetzt. Noch weniger ließe sich das Werk Tarkowskijs dem Begriff *kontemplativer Film* unterordnen, ist es doch auch expressiv und provokativ, gleichermaßen episch und dramatisch wie lyrisch und genauso sinnlich wie besinnlich. Tarkowskijs Neigung zur Kontemplation findet Ausdruck im langsamen und tiefen Erzählfluß, in der liebevoll-zweiflerischen Darstellung der Menschen und ihrer Träume, in der fast allen Bildern innewohnenden Sehnsucht nach Erlösung, Verbindung, Versöhnung und Weite. Gerade Tarkowskijs kontemplativer Blick läßt erahnen, wie sehr Erfüllung und Leidenschaft, Ruhe und Rastlosigkeit, Kosmos und Chaos zueinander gehören.

Jean-Marie Straub und Danièle Huillet sind die rigorosesten Verfechter eines Kinos, das allen Kino-Mythen entsagt. »Straubs Filme zerlegen, ja zersetzen den Begriff des typisch Filmischen (Tempo, Action, rasanter Schnitt, akzelerierte Montage und so fort). Gemeinsamer Nenner ihrer ästhetischen Mittel ist die Dekonstruktion. Aus ihr tritt

zutage, daß die Kamera in Straub-Filmen nicht mehr als Erzähler von Geschichten fungiert, sondern als Registrator von Geschichte.«[44] Hier wird die Entmystifizierung des Kinos oft auch zur bösen Selbsterfahrung des an Kino-Verzauberung und Traumanleitung gewöhnten Zuschauers. »Straubs Ästhetik ruht auf nichts anderem als der stetigen Weigerung, die vom Bild- und Tonapparat vermittelten Augenblicke der Wahrheit, welche ganz in der Materialität der jeweiligen Wirklichkeitsmomente und -ausschnitte verschlossen sind, aufzulösen und der Kino-Magie zu überantworten.«[45] »In gewisser Weise stellt Straub das Bild ab (wie andere den Ton abdrehen); jedes Bild, d. h. jede Einstellung erhält den Charakter eines Tableaus, einer in sich geschlossenen Einheit, die von der nächsten durch die unüberbrückbare Lücke des Schnitts getrennt ist. Jeder Schnitt bricht, wenn nicht eine Bewegung, so doch eine Kontinuität der Zeit ab. Das Dunkel, das dazwischen liegt, (...) wird vom herkömmlichen Film durch Montage, Überblendungen von Bildern und Tönen unterschlagen – als gelte es, den Zuschauer keinen Augenblick aus der Kontrolle des Films zu entlassen... Straub dagegen, ein Materialist des Films, unterläßt keine Gelegenheit, das Synthetische seiner Filme (...) hervorzukehren.«[46] Ich meine, die einzelnen Bilder und Töne gewinnen durch ihre Abgeschlossenheit und künstliche Ästhetik ihre eigene Ausstrahlung, ja ihre eigenen Geschichten. »Mit Straubs CHRONIK DER ANNA MAGDALENA BACH hat sich die erstaunliche Möglichkeit des Films gezeigt, genaueste und strengste Kalkulation der Einstellungen mit genauester und strengster Anmut zu verbinden, oder, besser gesagt: dieser Film hat bewiesen, daß die genaueste Künstlichkeit zu strengster Anmut führt.«[47] In den letzten Filmen von Straub und Huillet, DALLA NUBE ALLA RESISTENZA und ZU FRÜH/ZU SPÄT, leben die literarischen bzw. historischen Texte in weiter Ferne von den kargen Bildern. Nicht genug, daß zwischen den einzelnen Bildern und zwischen den einzelnen Texten ein vager Zusammenhang besteht; zwischen Bild und Text besteht überhaupt kein objektivierbarer Zusammenhang mehr. Ich halte mich an die Bilder, und die monotonen Stimmen sind die Musik dazu.
Marguerite Duras, die Drehbuchautorin von HIROSHIMA MON AMOUR und Regisseurin vieler kleiner Filme, hat mit LE CAMION eine fast ebenso radikale Position wie Straub und Huillet eingenommen. Sie erzählt eine Geschichte ohne Bilder, konkret: Sie sitzt an einem Tisch in ihrer Wohnung und erzählt dem artig lauschenden Gérard Départieu eine Filmgeschichte. Verständlich, daß sich beim Zuschauer die Bilder dazu nicht einstellen wollen, ist er doch zu sehr vertieft in das rührend-

stilisierte Kammerspiel des Vorlesens und Zuhörens. In allen ihren Filmen provoziert Duras einen unglücklichen Kampf zwischen den bizarren, kontemplativen Bildern und ihren literarisch-philosophischen Texten. Sie sagt: »Das Kino verdrängt den Text, es schlägt seine Herkunft tot: das Imaginäre. Das ist seine eigentliche Tugend: Stehenzubleiben, das Imaginäre zu verdrängen... Das Kino weiß das. Es konnte den Text nie ersetzen. Es versucht dennoch, ihn zu ersetzen. Daß allein der Text unbegrenzter (unbegrenzbarer) Bild-Träger ist, weiß das Kino. Aber es kann nicht mehr zum Text zurück.«[48]
Es scheint, als ob die junge Chantal Akerman die Worte der Duras ernstgenommen und sich für das Bild entschieden hätte, wobei sie uns zeigt, daß das Imaginäre den Bildern genauso innewohnt wie der Sprache. Fernand Léger schrieb 1931: »Ich habe von einem 24-Stunden-Film über ein Paar geträumt, irgendeine neue und mysteriöse Kamera würde sie fotografieren, ohne daß sie es merken. Mit einer scharfen visuellen Inquisition, die der Aufmerksamkeit nichts entgehen läßt, würde sie ihre Arbeit, ihr Schweigen, ihr Intimleben und Liebesleben zeigen. Projiziere diesen völlig rohen Film, ohne jede Veränderung. Das müßte eine so grauenvolle Offenbarung sein, daß die Leute wirklich leiden würden und wie bei der ungeheuren Katastrophe um Hilfe rufen würden.«[49] JEANNE DIELMAN, 23 QUAI DU COMMERCE, 1080 BRUXELLES, EINE NACHTLANG (TOUTE UNE NUIT) zu begleiten, läßt uns nicht um Hilfe rufen, sondern bereitet uns die stille Freude, handelnde und (ab)wartende Menschen zu erleben und in der Asche des Alltags die Glut zu entdecken.
Die Auswahl der hier angesprochenen Filmautoren ist das Ergebnis begrenzten Überblicks und persönlicher Vorlieben.
Kontemplativer Film bedeutet verdichteter Film: qualitative Verdichtung des Gegenstands und Verdichtung der filmischen Ausdrucksmittel. Kontemplativer Film sieht nicht an der Komplexität der Wirklichkeit vorbei. Im Gegenteil. Er macht Komplexität erst durch Konzentrierung erfahrbar. Gerade intensive Wahrnehmung schafft günstige Voraussetzungen für das Schauen und Durchschauen der Realität.
Film ist das umfassendste Medium. Audio-Vision in der Dimension gestalteter Zeit beeinflußt den Rezipienten wie kein anderes Medium. Film lenkt auf unvergleichliche Weise unsere Wahrnehmung. Darin sehe ich die besondere Aufgabe und Verantwortung des Films. Ich will in folgenden Punkten andeuten, inwiefern gerade im Film und durch den Film kontemplative Werte und Mittel entdeckt werden wollen:

Unvergleichlichkeit. Der Film zeigt uns nicht den Begriff der Dinge, sondern die konkreten Dinge. Darin sehe ich die Chance, die Dinge und Erscheinungen des Lebens in ihrer Unvergleichlichkeit, d. h. Einzigartigkeit und Einmaligkeit zu entdecken.
Bedeutungswandel. Filmbilder sind Zeichen. Gerade deshalb kann der Film auch andeuten statt deuten. Er kann die Dinge an sich beschreiben und uns der fraglosen Momente des Lebens innewerden lassen.
Beziehungswandel. Film zeigt die Dinge nicht nur in ihren Beziehungen, er schafft auch, besonders durch die Montage, viele neue Beziehungen. Indem Film Beziehungen schaffen kann, kann er auch Beziehungen zerstören und umgehen, vielleicht zum Vorteil des Zuschauers, der selbst Beziehungen und Assoziationen herstellen möchte.
Ereigniswandel. Das *Gesamtkunstwerk* Film hat die umfassendste Möglichkeit, seinen Gegenstand und seine Gestaltungsmittel zu beschränken. Es kann rasant darstellbare Aktionen ebenso präsentieren wie das verhalten darstellbare Einzelereignis. In letzterem Fall bliebe der Zuschauer intensiv wahrnehmendes Subjekt eines reflektierbaren Geschehens.
Mikrokosmos. Durch das Detail des Bildes, des Tons und der Zeit kann der Film uns auf das *Kleine* aufmerksam machen und dem Unscheinbaren, Unbeachteten und Unbedeutenden zu Größe verhelfen.
Reglosigkeit. Nur der Film kann das Reglose zeigen. Nur der Film kann lange verweilen.
Leere. Die Macht zur Fülle und Überfülle birgt auch die Möglichkeit zur Leere; gegenständlicher Leere und spiritueller Leere (die *Fülle des Nichts*).
Schweigen. Der Stummfilm war *beredt*. Der Tonfilm spricht einige Sprachen mehr. Er kann uns wie kein anderer mit Schweigen vertraut machen.
Stille. Der Stummfilm ließ den Ton *imaginieren*. Der Tonfilm macht Stille erfahrbar.
Dunkelheit. Welches Medium kann Veränderungen von Licht und Farbe unmittelbarer erleben lassen? Welches Medium kann uns langsamer an Dunkelheit gewöhnen? Welches Medium kann die Dinge behutsamer unsichtbar (ahnbar) werden lassen?
Raumlosigkeit. Der Film beschreibt Räume: motivisch, perspektivisch, akustisch, atmosphärisch, zeitlich. Welches Medium könnte Raumlosigkeit besser beschreiben?
Zeitlosigkeit. Film ist gestaltete Zeit: quantitativ und qualitativ. Zeitlosigkeit ist darstellbar.

Die Macht der Einrichtung Kino besteht in der Spezialität der Präsentation von Film. Das Kino verhilft dem ohnehin wirkungsvollen Medium Film zu nachdrücklicher Suggestionskraft. Wie ich zeigen möchte, kann die Rezeption im Kino kontemplatives Erleben begünstigen. Kracauer weist darauf hin, daß das Ich des Kinobesuchers, die Quelle seiner Gedanken und Entscheidungen, sich von der Szene zurückziehe. »Sobald der Zuschauer einmal die Kontrolle über sein Bewußtsein verloren hat, kann er nicht umhin, sich von den Phänomenen vor seinen Augen angezogen zu fühlen... Auf diese Weise treibt er auf die Objekte zu und in sie hinein – dem chinesischen Maler der Legende vergleichbar, der sich so nach dem Frieden der von ihm erschaffenen Landschaft sehnte, daß er auf die entlegenen Berge zuwanderte, die seine Pinselstriche suggerierten, und zuletzt in ihnen verschwand...«[50] Kracauer spricht auch von *Traumprozeß* und unterscheidet diesen Prozeß von dem in die andere Richtung, d. h. vom gegebenen Bild weg zu den Träumen des Zuschauers und meint, diese scheinbar entgegengesetzten Richtungen des Träumens seien in Wirklichkeit fast untrennbar. »Die trance-artige Versenkung in eine Aufnahme oder Folge von Aufnahmen kann jeden Augenblick einem Tagtraum Platz machen, der sich zusehends von den Bildern entfernt, die ihn hervorriefen... Da aber der geistesabwesende Träumer dem Einfluß der Bilder, die er hinter sich läßt, ständig ausgesetzt bleibt, steht zu erwarten, daß er immer wieder ihrem Zauber verfällt und sich auch weiterhin um ihre Ergründung bemüht. Er schwankt zwischen Versenkung in sich selbst und Selbstaufgabe.«[51]
Trance-artige Versenkung, Selbstaufgabe, Identifikation, Suggestion, Hypnose – all diese hier assoziierbaren Begriffe machen deutlich, wie sehr der Zuschauer im Kino sinnlich und seelisch-geistig angerührt ist. Ich möchte dafür einige Gründe nennen:
Die Abgeschlossenheit des Raums gegenüber der *Außenwelt*
Das Eingeschlossensein im Raum
Die Geschlossenheit (Anonymität) des einzelnen im Dunkeln
Das Sich-Zeit-Nehmen für die Dauer der Vorführung
Die Erwartungshaltung
Die *(passive)* Rolle des *(bloßen)* Zuschauens
Das Still-Sitzen und Still-Sein
Das Ausgerichtetsein in eine Blickrichtung
Das von der Leinwand beherrschte Blickfeld
Die Anziehungskraft des Lichts und der Bewegung
Das Anstarren des focussierten (zwei-dimensionalen) Gegenstands

Gemindertes Bewußtsein (Kracauer) bedeutet gleichzeitig: verdichtetes Bewußtsein, konzentriertere Wahrnehmung. Mag die Wahrheit im Kino noch so fern sein, die Wahrnehmung wird intensiviert. Diese Tatsache sollte sich auch der kontemplative Film zunutze machen. Die Filmkultur (oder die Ware Film) hat sich in ihrer beinahe 100 Jahre alten Geschichte in gegensätzlichste Richtungen entwickelt. Auch Film ist ein Spiegel des Zeitgeistes. Kontemplativer Film ist der Luxus, die Verzweiflungstat, das Bekenntnis einzelner in Richtung einer *Humanisierung* des Lebens. Kontemplativer Film lebt und wächst am Rande eines zunehmenden Einverständnisses mit der *Materialisierung* des Lebens.

1 Siegfried Kracauer, Theorie des Films, Frankfurt/M 1979, S. 241
2 Marcel Lapierre, Les cent visages du cinéma, S. 147, zit. nach Jerzy Toeplitz, Geschichte des Films, Bd. 1, S. 271
3 Béla Balázs, Der Film, Wien 1949, S. 175
4 Jean Epstein, Bonjour Cinéma, Paris 1921, zit. nach Marcel Lapierre, Anthologie du Cinéma, Paris 1946, S. 159
5 Jean Epstein 1921, zit. nach Kracauer, Nature of Film, London 1961, S. 178
6 Balázs, a. a. O. S. 203
7 Balázs, a. a. O. S. 175/176
8 Henri Chomette, in ›Les Cahiers du Mois‹/1925, zit. nach Toeplitz, a. a. O. S. 451/452
9 Germaine Dulac, 1925, zit. nach Toeplitz, a. a. O. S. 449
10 Toeplitz überschreibt das Kapitel: »Der französische Film auf dem falschen Wege des Ästhetizismus«, a. a. O. S. 265 ff.
11 Balázs, a. a. O. S. 173
12 Balázs, a. a. O. S. 173
13 Balázs, a. a. O. S. 200
14 Zu René Clairs Film PARIS QUI DORT Adriane Piotrovskij 1927, in: Texte zur Poetik des Films, Stuttgart 1978, S. 79
15 Ulrich Gregor/Enno Patalas, Geschichte des Films, Bd.1, Reinbek 1976, S. 71
16 Léger, zit. nach Kracauer, a. a. O. S. 76
17 Kracauer, a. a. O. S. 76
18 Balázs, in der Sammlung ›Der sichtbare Mensch‹ 1924, S. 48
19 Balázs, Der Film, a. a. O. S. 203
20 Germaine Dulac 1927, zit. nach Kracauer, a. a. O. S. 241
21 John Grierson, zit. nach ›Möglichkeiten des Dokumentarfilms‹, Oberhausen 1979, S. 21
22 Kracauer, a. a. O. S. 271
23 Kracauer, a. a. O. S. 273

von der Großleinwand bis zum Panorama verschiedene Verfahren untersuchen, die versucht haben, dem Zuschauer durch die Erweiterung des Blickfeldes neue Möglichkeiten des Sehens zu bieten. In künstlerischer Hinsicht erfordern solche beeindruckenden Bilder mehrere Anmerkungen.

Seit 1900 benutzten die Brüder Lumière einen 70 mm breiten Film für die Weltausstellung in Paris: Die Wochenschauen aus jener Zeit zeigen uns, welch perfekten »Blick« die Reporter dafür hatten, sich – ohne bewußtes Bemühen um Ästhetik – zu den Dingen zu »stellen«, die sie aufnehmen wollten. Die Kamera – meist auf einem Stativ, das direkt auf dem Boden stand – mußte bequem plaziert sein, damit der Kameramann ohne Schwierigkeiten die Kurbel handhaben konnte. Annäherung oder Entfernung des gefilmten Geschehens waren abhängig von der willkürlichen Wahl des Kamerastandorts. In Venedig hat ein Kameramann von Louis Lumière als erster eine Gondel benutzt und so die erste in der Geschichte des Films bekannt gewordene Kamerafahrt gedreht.

Abel Gance hat mit der Erfindung der dreifachen Leinwand zum ersten Mal den Zuschauer in eine »erweiterte Welt versetzt«: indem er gleichartige oder verschiedenartige Bilder in rhythmischer Folge nebeneinander projizierte und sie so zu einer regelrechten visuellen Symphonie verknüpfte. Seine schöpferische, künstlerische Sicht war der technischen Entwicklung voraus. Seine Kameraleute setzten die Kameras auf Schlitten, in Schaukeln, auf Kränen und zu Pferde ein und ließen den Zuschauer so dynamische Perspektiven entdecken, die kein Künstler vor Abel Gance gesehen hatte. Bis dahin war die zufällige Erfindung der Fahrt und des Schwenks noch nicht in die Dramaturgie des Films einbezogen. Abel Gance gab der Kunst der Filmbilder eine völlig neue, lyrische Dimension.

Professor Chrétiens Erfindung des Hypergonar brachte bald das CinemaSkop hervor. Die neuen Dimensionen dieser Bilder veränderten den Blick, indem sie die ästhetischen Gewohnheiten durcheinanderbrachten. Aber Regisseure und Drehbuchautoren besaßen nicht genug Phantasie, um die neuen Möglichkeiten dieser Technik, die den Zuschauern kaum ein Staunen entlocken konnte, voll auszuschöpfen.

Der Wunsch nach Beweglichkeit der Kameras und die Erfordernisse einer Erfassung des Raums nach allen Seiten hin spornten die Konstrukteure zu einer Automatisierung der Aufnahmeapparate an. Diese wurden zuerst mit Federwerken und später mit Elektromotoren ausgestattet.

Es ist die Zeit der Trickaufnahmen, die dank der Entwicklung der Technik von allen Kameraleuten ausgeführt werden konnten: Überblendungen, Doppel- oder Mehrfachbelichtungen, Einzelbild-Schaltungen, Zeitlupe, Zeitraffer, Rückwärtslauf, alles war schon während der Dreharbeiten möglich. Die technische Perfektionierung bereicherte die filmische Ausdruckskraft.

Doch leider verzichteten die Regisseure auf diese Techniken, und das verleitete die Kamerafabrikanten zu einer Vereinfachung der Apparate, die heute einfach zu handhabende, aber hochspezialisierte, empfindliche Instrumente geworden sind.

Die Filmbilder haben ihren »Aufstieg« erst begonnen, als sie die modernen Verkehrsmittel in Anspruch nahmen: Flugzeug und Helikopter; und seit kurzem gestattet die Erfindung der »Louma« die Befreiung der Kamera von ihrem traditionellen Stativ und gibt ihr eine überraschende, durch die elektronische Übertragung auf einen Videobildschirm genau kontrollierbare Beweglichkeit.

Der unbestreitbare technische Fortschritt ist die logische Folge der Tatsache, daß die Regisseure mit dem Auge der Kamera die *Erforschung des Raumes* betreiben wollten.

Dieses künstliche Auge müssen wir untersuchen, um seine Besonderheiten zu erfassen, und vor allem, um deutlich zu machen, was technische Leistung ist und was darüber hinausgeht, was wir als das eigentlich Künstlerische empfinden.

Ich möchte noch einmal in die Zeit der Pioniere zurückkehren. Die ersten Kameras waren mit einem einzigen Objektiv mit kleiner relativer Öffnung, meist f 3,5, und einer Brennweite von 50 mm ausgerüstet, was ein der menschlichen Sehweise recht ähnliches Bild ergab: d. h. ein Bild, dessen »plastische Wiedergabe« sich unserem Sehen vergleichen läßt, ohne Verzerrung oder Verfälschung der Perspektiven. Aber dennoch, wenn man sich die Bilder aus den Filmen jener Zeit näher ansieht, stellt man fest, daß die *Wiedergabe* weit davon entfernt ist, die Perspektiven genauso wiederherzustellen, wie wir sie mit unserem Auge wahrgenommen haben. So weist der berühmte, 1895 aufgezeichnete Film Sortie des Usines Lumière, verglichen mit der historischen Stätte, die noch existiert, beträchtliche Unterschiede auf, was das tatsächliche Verhältnis von Tor, Dachstuhl oder Hof zueinander betrifft.

Das Objektiv verrät unseren Blick, aber unser Blick selbst ist der Interpretation unterworfen. Er ist weder unfehlbares Kriterium noch absoluter Bezugspunkt. Er ist nur unsere Verbindung zur sichtbaren Welt und, im Bereich des Visuellen, der den Menschen gemeinsame Maßstab.

Wir sollten bedenken, daß unser Auge eigentlich nicht mit einem Objektiv zu vergleichen ist, denn das Auge verschafft uns niemals ein Gesamtbild seines Gesichtsfeldes. Es sucht den Raum durch ständiges Schweifen ab und hält nur kurz inne, um ein bestimmtes Detail festzuhalten und es dem Gehirn mitzuteilen, welches schließlich die von der Netzhaut einzeln und nacheinander aufgenommenen Bilder zu einem Gesamtbild zusammensetzt.

Wenn wir das Blickfeld des Auges mit dem eines Fotoobjektivs vergleichen, dann sehen wir durch das Objektiv die Summe der waagerechten und senkrechten Streifzüge des Auges durch den Raum. Es scheint nun schwierig zu sein, einen exakten Vergleich zwischen dem schweifenden Auge und dem starren Objektiv anzustellen.

Dennoch ist es interessant, eine Annäherung zwischen beiden zu versuchen, um herauszufinden, was die *Wiedergabe* eines Gegenstandes durch unseren Blick einerseits und durch die wissenschaftliche Erfindung eines optischen Systems andererseits bedeutet.

Die Filmbilder passieren also unseren Blick, sind aber gleich Veränderungen, Verzerrungen, Verkleinerungen oder Vergrößerungen unterworfen, sobald zwischen Mensch und Natur ein störendes optisches System tritt. So gesehen erhält die Kunst, Aufnahmen zu machen, eine neue Dimension, weil es sich nicht nur um die Reproduktion des *von einem Blick aufgenommenen Wahren* handelt, sondern auch um die Suche nach einer *Neubewertung* der Natur, um eine Übertragung durch Veränderungen, Umstellungen und Neugestaltung, je nach dem Willen des Künstlers.

Dieses Bedürfnis, die *Natur* mit einem anderen Blick zu *entdecken*, durch den Film eine neue Sehweise zu vermitteln, ist einmalig in der Kunstgeschichte. Das war nur möglich dank der immer größeren Perfektionierung der fotografischen Optik. Wenn ich sage »einmalig in der Kunstgeschichte«, so meine ich damit, daß es allgemein bekannt ist, daß, bis auf wenige, seltene Ausnahmen, alle Kunstmaler ihre Themen immer mit der menschlichen Optik gesehen und in Bilder umgesetzt haben, d. h. sie haben – optisch gesprochen – kein Bedürfnis verspürt, ihre Sehweise zu verändern. Allein ihr schöpferischer Geist hat die Formen neu zu gestalten gewußt, jedoch ohne die Perspektiven, wie sie in der hohen Schule der Renaissance beschrieben worden sind, zu verändern. Erst in unserem Jahrhundert brachten die Kubisten, Abstrakten und andere nichtkonventionelle Maler tiefgreifende Veränderungen in die Malerei.

Natürlich hat es einige Ausnahmen gegeben, aber sie waren äußerst selten, denn sie erforderten eine große geistige Anstrengung, um »*anders*« *wahrzunehmen*, um ohne die Hilfe eines Teleskops die menschliche Sehweise in einen Astronomenblick zu verwandeln oder in einen Wissenschaftlerblick ohne die Hilfe eines Mikroskops. Das möchte ich an einem Beispiel von Manteña verdeutlichen: »Die Kreuzigung Christi« wirkt wie durch ein Objektiv mit einer Brennweite von 200 mm gesehen, während das »Abendmahl« von Leonardo da Vinci den Eindruck erweckt, als betrachte man es durch ein Objektiv mit 28 mm Brennweite. Nebenbei bemerkt haben die meisten klassischen Porträtisten eine Sehweise zwischen 50 und 100 mm, die Impressionisten dagegen um die 30 oder 35 mm. Die Surrealisten setzen die Perspektiven im allgemeinen so um, wie man sie durch ein 20-mm- oder sogar durch ein 8-mm-Objektiv sieht.

Diese Analysen habe ich einem ausgezeichneten Artikel entnommen, der 1975 in der Zeitschrift *La Science et la vie* veröffentlicht wurde.

Der Film erlaubt dank der Palette seiner optischen Möglichkeiten – von der kleinsten bis zur größten Brennweite –, die Natur auf vielfältigste Weise zu entdecken. Wenn ich hier von Natur spreche, so beziehe ich dabei alle mit filmischen Mitteln darstellbaren Bereiche ein: Wochenschauen, dokumentarische Reportagefilme und natürlich die verschiedenen Genres der Spielfilme. *Der durch die moderne Optik gefilterte Blick bedeutet eine Veränderung der Welt.*

Um 1925 kommen zu einem bis dahin einzigen Objektiv auf der Kamera andere hinzu. Zuerst wurden drei, dann vier Objektive auf einem drehbaren »Revolver« installiert und später sogar sechs in wenigen Sekunden ausklappbare Objektive auf den Camereclair-Kameras, die die Avantgarde des Fortschritts waren. Die Auswahl an auswechselbaren Objektiven ging 1930 von 24 mm bis 150 mm und sogar noch weiter, wenn man die großen Teleobjektive mit einbezieht.

Ebenso interessant ist es, die Entwicklung der Objektivöffnung und den damit verbundenen Gewinn an Lichtstärke zu verfolgen. In den Anfängen des Films war die relative Öffnung eines Objektivs kaum größer als f 3,5; zwanzig Jahre später hatten die Kameras optische Systeme mit Blenden bis zu f 2,8 und f 2,3. Heute findet man sogar Objektive mit f 1,95, die das Filmen auch bei sehr schlechten Lichtverhältnissen ermöglichen. Aber was kann das zur künstlerischen Qualität beitragen?

Natürlich waren die Filmer von solchen Verbesserungen begeistert, aber der eigentliche Reiz lag in einem anderen Bereich. Indem man die relative Öffnung vergrößerte, gab man den Filmemachern subtile, nuancierte Mittel in die Hand, um die empfindlichen Oberflächen, die Bildträger, besser nutzen zu können, in erster Linie das, was die Techniker »le pied de la courbe« nennen. Was die Ästhetik betrifft, so bewirken die *stark aufgeblendeten* Objektive bei den gefilmten Orten und Vorgängen durch das Fehlen der *Tiefenschärfe*, d. h. durch das Fehlen einer deutlichen Trennung zwischen Vorder- und Hintergrund, eine neue Art, die Umwelt wahrzunehmen.

Was zunächst als Manko erscheint, wird zur Qualität, zu einem neuen Spiel. Die Unschärfe ist nur häßlich, wenn sie zufällig, unfreiwillig ist, sie wird jedoch interessant, wenn sie absichtlich alles Zweitrangige ungenau läßt und durch scharfe Ausarbeitung das hervorhebt, was augenblicklich in der Bewegung der Bilder wahrgenommen werden soll. Die Unschärfe trägt also – wie das Licht – zu einer Hierarchisierung der Bedeutung bei. Wo die Unschärfe bei der Gestaltung und Bedeutung des Bildes eine Rolle spielt und zur Regie gehört, wird auch ihr Gegenteil, die *Schärfe* zur Komposition eines strukturierten Raumes herangezogen, auf dessen Einzelheiten der Blick des Betrachters durch präzise Modellierung der Formen, durch Details und Deutlichkeit gelenkt wird.

Ich möchte daran erinnern, wie Orson Welles in seinem Film CITIZEN KANE durch den »dramaturgischen« Gebrauch der Schärfe in der gesamten Tiefe des Bildes die Gegenstände und ihre Umgebung hervorhebt. Das war in Wirklichkeit nicht neu, denn schon in den Pionierzeiten des Films brachten die Objektive wegen ihrer kleinen relativen Öffnung Bilder von erstaunlicher Schärfe und mit einer perfekten Tiefenschärfe hervor. Abel Gance erhielt mit seinem Piktographen – ohne Blenden zu Hilfe nehmen zu müssen – die Schärfe im Vorder und Hintergrund durch das Spiel mit zusätzlichen, gebrochenen Linsen, die vor ein normales Objektiv gesetzt wurden. Von 1895 bis 1930 wurde allgemein mit der Schärfe gearbeitet, da die Objektive so beschaffen waren, daß sie keine andere Möglichkeit der Wiedergabe besaßen. Die Unschärfe wurde erfunden, um die Unvollkommenheiten in den Gesichtern der Schauspieler zu »verwischen«, da die Filmstars der Meinung waren, daß ihre Schönheit unter der außerordentlichen Schärfe der Objektive litt. Übrigens hat Léonce Perret 1913 als erster Regisseur einen Tüllvorhang benutzt, um künstlich Unschärfe in eine Szene zu bringen.

Heute ist der wichtigste Beitrag zur Kunst der Filmbilder ohne Zweifel die Erfindung des Objektivs mit veränderlicher Brennweite, des

Zooms. Die Konstrukteure haben den Künstlern etwas in die Hand gegeben, was wir »einen explodierenden Blick«, einen vervielfachten, allmächtigen Blick, nennen könnten, fähig, das Winzige wie das Gigantische, das Nahe wie das Ferne zu umfassen.
Die Sichtebenen, früher aufgespalten und nebeneinander gestellt, verwachsen durch die veränderliche Brennweite miteinander, dehnen sich von einer zur anderen aus, kontinuierlich oder mit Unterbrechungen, beweglich oder starr, je nach dem schöpferischen Willen der Künstler. Es ist die Einführung der Dynamik in den Blick.
Hier findet eine neue Darstellung des Raumes statt, mit einer Betrachtungszeit, die frei ist von jeglicher Einschränkung. Die perspektivischen Spiele der Natur passen sich in ihrer Darstellung der Verschiebung der inneren Linsen und deren Verhältnis zueinander an. Dieses außergewöhnliche Werkzeug bringt das *Wunderbare in die Reichweite aller Menschen.*
Das Prinzip des *Ausdrucks durch Komposition* geht auf Georges Méliès zurück, der aus dem Darstellungsfilm den Ausdrucksfilm entwikkelte. Sein Verdienst ist außerordentlich. Er wies den Weg, den der Film nahm, als er entschlossen dem Naturalismus den Rücken kehrte, um sich dem Imaginären in fiktiven, romanhaften Themen zuzuwenden. Für die Erfordernisse seiner Regie erfand er alle möglichen Tricks. Aber Georges Méliès, der vom Theater kam, nutzte sein enormes künstlerisches Talent nur im Sinne einer Theaterinszenierung. Daher findet man bei ihm nur eine einzige Perspektive, nämlich die eines Zuschauers, der – wie im Theater – in einem Sessel im Parkett auf der Mittellinie der Bühne, 20 m vom Geschehen entfernt, sitzt.
Méliès ließ die außergewöhnliche Bereicherung, die ihm das Umstellen seiner Kamera hätte bringen können, ungenutzt.
Aber die große Neuheit in der Geschichte der Künste ist ja gerade das Betrachten eines Geschehens von einem anderen Standpunkt als dem des Theaterzuschauers aus.
Die Erfindung des Schwenks, der Fahraufnahme, der Annäherung und der Entfernung, des Überfliegens lassen uns Zeugen eines regelrechten Spaziergangs werden durch einen Raum, der vom Auge der Kamera umfaßt wird. Das Charakteristische des Films ist es, die *Unbeweglichkeit des Theaters zu verlassen und sie gegen die Beweglichkeit einer dynamischen Kunst einzutauschen.* Neu ist der Begriff der Dauer, d.h. der Zeit, die man einem Kinozuschauer läßt, die angebotenen Bilder »ganz und gar« aufzunehmen. Bei einem gemalten Bild spielt die Zeit, die der Betrachter aufwendet, keine Rolle für die Komposition,

d.h. für seine Struktur. Das ist beim Film anders, der Zuschauer ist gezwungen, die Bedeutung der Bilder in der Zeit zu begreifen, die ihm durch den Rhythmus der Montage vorgegeben ist. Daher wird bei der Strukturierung der Filmbilder der Faktor Zeit mitberücksichtigt. Daraus wiederum resultieren neue Regeln, die zugleich den inneren Aufbau des Bildes und das Licht, seine Architektur, betreffen. Je kürzer ein Bild ist, desto weniger Wirkung erzielt es, und je länger ein Bild dauert, desto mehr Nuancierungen und Eindrücke kann es zur Geltung bringen.

Die künstliche Beleuchtung wurde für den Film erst spät entdeckt, obwohl sie im Theater schon lange Zeit benutzt wurde.
Nicht aus künstlerischen, sondern aus wirtschaftlichen Gründen wurden die Glaswände in den ersten Studios mit schwarzer Farbe abgedunkelt. Das Sonnenlicht, das etwa bis 1920 verwendet wurde, war zu stark vom Zufall abhängig, um die von der wachsenden Industrie geforderten Leistungen zu erbringen. Das künstliche Licht wurde zwar für die technische Produktion eines Bildes als unentbehrlich erachtet, der Bezug zur Psychologie der gefilmten Themen wurde zunächst jedoch nicht gesehen.
Erst um 1915 entdeckte man in den dänischen und schwedischen Studios und dann auch in Deutschland, welch enger Zusammenhang zwischen der Beleuchtung einer Szene und ihrer psychologischen Bedeutung bestehen konnte. Daher wurde nun nach einer Apparatur gesucht, die es ermöglichen sollte, den Lichtfluß unter Kontrolle zu bringen, seine Richtung und Dosierung zu bestimmen und ihn gemäß den Lehren der Malerei zu verteilen.
Die ganze Technik und Entwicklung der Scheinwerfer richtete sich vollständig nach den Forderungen der Kameraleute, die die Lichtverhältnisse der jeweiligen Situation anpassen wollten.
Die Kunst der Beleuchtung hängt vom ständigen Fortschritt ab und von neuen Techniken, die auf die Scheinwerfer angewandt werden: Glühlicht, Parabolspiegel, Facettenspiegel, Fresnel-Linse, Lichtbögen, Scheinwerfer mit metallischem Jodid usw. Und schließlich erlaubt die vor kurzem erfolgte Erfindung von leichter zu handhabenden Scheinwerfern den Filmern, die Beleuchtung in den schwierigsten sowie in den alltäglichsten Verhältnissen zu beherrschen.
Aber es ist wohl nicht nötig, daran zu erinnern, daß *die Technik, so perfekt sie auch sein mag, nichts vermag ohne die Kunst, die sie belebt; die eine ist der Körper, die andere der Geist.*

Ein paar Worte noch zur Farbe und ihrer Verwendung im Film. Es liegt nicht in meiner Absicht, einen Überblick über die Geschichte des Farbfilms zu geben, das würde hier zu weit führen. Ich möchte nur erwähnen, daß sich die Erfinder seit den Anfängen des Films mit diesem Problem beschäftigt haben und daß sie sogar eine perfekte Technik des Kolorierens mit Schablonen entwickelten: zunächst von Hand und dann maschinell für die Pathecolor-Filme.

Das Problem bestand darin, ein Verfahren zu finden, das die Aufnahme und Wiedergabe von *sogenannten natürlichen Farben* möglich machte. Dies konnte mit zwei verschiedenen Methoden erreicht werden: mit der *additiven* und der *substraktiven* Methode.

Beide Verfahren erreichten das angestrebte Ziel mit mehr oder weniger Perfektion, aber nach einigen Jahren gab es auf dem Markt nur noch die substraktive Methode, die ihre gefährliche Konkurrentin leider verdrängt hatte.

Aber das Wesentliche, das, was mich eigentlich interessiert, ist das, was auf der Leinwand zu sehen ist. Was kann die Farbe bei einem Film hinzufügen oder weglassen? Zweifelsohne kann man hauptsächlich zwei Kategorien für die Verwendung der Farbe im Film aufstellen: den *Naturalismus*, der ohne Zusatz oder Veränderung die Farben so aufnimmt, wie wir sie mit unseren Augen sehen, und die Interpretation, die die Farben der Natur durch die Sicht des Künstlers ersetzt.

Der erste Fall trifft auf Reportagen, Dokumentationen und alle Themen zu, die sich realistisch geben, der zweite bleibt den Themen vorbehalten, die eine schöpferische Bearbeitung und Anordnung der Farben durch den Künstler erfordern.

Es versteht sich von selbst, daß diese letzte Kategorie ein ganzes *System von interpretierenden Farbvorstellungen* hervorruft, dessen Anwendung dann die gesamte Ästhetik der Farbe im Film umfaßt.

Die Interpretierbarkeit der Farben spielt eine große Rolle in der Kunst der Regie, da das *Element der Farbe* den anderen filmischen Elementen seine eigene Ausdruckskraft hinzufügt. Die Farbe trägt, wie das Licht, zur Bedeutung des Bildes bei und läßt keine nachlässige Handhabung zu, wie es gegenwärtig leider der Fall ist.

Die Farbe muß sich in das Thema einfügen und sich, genau wie das Licht, die Szenerie und die Bewegungen, die von der Kamera aufgenommen werden, den Anforderungen einer in sich geschlossenen Gesamtaussage – die charakteristisch ist für ein filmisches oder bildnerisches Werk – unterordnen. Die Farbe muß mit allen anderen Komponenten der Umsetzung ins Bild in rhythmischem Einklang stehen.

Teils muß sie ihr *Vorhandensein hinausschreien* und teils in den Hintergrund treten, einmal zieht sie alle Blicke auf sich und ein andermal verblaßt sie. Sie ist objektive Wahrheit, wenn man sie realistisch verwendet und die subjektive Lüge, wenn sie mit dem Stoff der Phantasie ausgestattet wird. Sie steht im Dienst der Künstler, die sie sich so erschaffen müssen, wie sie sie sehen möchten. Ihre Entscheidung müssen sie sorgfältig und allein treffen.

Überlassen wir den Forschern die Wege der Wissenschaft und den Künstlern die Freiheit, ihre Phantasien und Visionen auszudrücken.

Herbert Lechner
Filmplakate

Sieben Exkurse zu einem übersehenen Thema

Seltsam, als das Stichwort »Filmplakate« zum ersten Mal genannt wurde, da fielen mir Plakate ein, deren Filme ich nicht gesehen hatte und Filme, an deren Plakate ich mich nicht erinnern konnte. Sollte das symptomatisch sein für das Verhältnis von Film, Filmplakat und Zuschauer?

1. Exkurs: Von zweien, die nicht zusammenpassen
In der bunten und an inneren Widersprüchen reichen Medienlandschaft stellt das Filmplakat eigentlich ein staunenswertes Paradoxon dar. Denn Film und Plakat passen schon in der Art ihrer Erscheinungsform nur schlecht zueinander, sie sind gleichsam Synonym eines Gegensatzpaares, für das die Medienkundler die Begriffe »statuarische« und »transitorische Medien« geprägt haben. Im Klartext: Während die Betrachtungsdauer bei ersteren ganz von den Intentionen, von Lust und Laune des Betrachters abhängig ist, entstehen die zweiten erst mit der Zeit – sie laufen ab, ohne daß der Betrachter darauf Einfluß nehmen kann. Er kann weder bei einer Szene beliebig verharren, noch kann er »zurückblättern« – vorbei ist vorbei.

Der Kontrast geht noch weiter. Während der Filmbetrachter in aller Regel Geld für einen Kinobesuch (und das Anschauen eines Films) bezahlen muß, begegnet ihm das Plakat ungefragt, nicht selten ungewollt, im öffentlichen Raum. Er vermag ihm nicht zu entgehen, wenn er sich in der Öffentlichkeit bewegt.

Doch vielleicht müssen die Medienwelten heute ganz anders geordnet werden? Vielleicht rücken im Zeitalter so individualisierender Kommunikationsmöglichkeiten wie Videorecorder und Walkman die Formen gemeinsamer Medienerlebnisse doch näher zusammen? Vielleicht bedarf der Begriff »Öffentlichkeit« bald neuer Bezugspunkte? Wie gesagt, Film und Filmplakat passen irgendwie nicht zusammen, weil sie unterschiedliche medienspezifische Erscheinungsformen darstellen. Dennoch gibt es unleugbar jede Menge Filmplakate. Wozu also dieser theoretische Medienexkurs? Nun, ich möchte behaupten, daß dieser Widerspruch seine Folgen hat: für die Gestaltung und für die Inhalte der Filmplakate.

2. Exkurs: Wie alles angefangen hat
Darf man den Historikern der Plakatkunst glauben, dann gab es diese Form der Außenwerbung schon im antiken Pompeji. Anschläge gab es seither nicht nur von Martin Luther; 1792 beklagt sich z. B. ein gewisser Johann Georg Heinzmann in seinem Buch »Meine Frühestunden in Paris« lauthals über die weitverbreitete Unsitte des wilden Anbringens von Werbezetteln – übrigens offenbar vornehmlich Heiratsangebote –, mit denen die Hauswände der französischen Metropole verschandelt würden. In Berlin tritt 1855 bekanntlich der Drucker Ernst Litfass mit seiner Idee einer Anschlagsäule auf, um Ordnung in das Plakatwesen zu bringen. Die wirtschaftliche Prosperität der nächsten Jahrzehnte sorgt dann in Verbindung mit dem Erfolg der Lithographietechnik für eine unüberschaubare Flut von Plakaten – nicht selten exzellent von Meistern der Illustration (und der Werbung!) gestaltet. In den 80er Jahren des vergangenen Jahrhunderts treten dann auch die Pioniere der Kinematographie auf die Szene. In Burgund experimentiert der Arzt Emile-Joseph Marey, ähnlich wie Edward Muybridge in England, wenig später gibt es die ersten Filmvorführungen durch die Brüder Lumière in Paris, durch die Brüder Skladanowsky im Berliner Wintergarten, durch Birt Acres in der Londoner Queen's Hall.
Für diese Ereignissse gab es selbstverständlich Ankündigungen. Schließlich mußte sich das junge Kino gegen eine massive Konkurrenz von Lustbarkeiten durchsetzen. Die wenigen Plakate, die ich aus dieser Steinzeit finden konnte, sind fast ausschließlich Schriftplakate. Daß die Schrift derart dominierte, liegt wohl nicht an der Besonderheit des Films, sondern dürfte schlicht ökonomische Gründe gehabt haben. Fotos von Eugene Atget aus dem Paris der frühen 20er Jahre zeigen, daß selbst da noch die Schriftplakate das Straßenbild weitge-

hend bestimmten. Die sehr aufwendigen, farbigen »Künstler«-Plakate bildeten wohl wirklich nur die Spitze der Außenwerbe-Produktionen.
Das Plakat der Brüder Lumière verdient besonderes Interesse, ist es doch für unsere Betrachtung recht aufschlußreich. Denn es enthält etliche Elemente, die sich auch im heutigen Filmplakat wiederfinden lassen. Allerdings ist es auch durch einen wesentlichen Unterschied geprägt: die Zuschauer und der Zuschauerraum sind Teil des Plakatmotivs. Die muntere Reaktion des Publikums sollte offenkundig demonstrieren, wie amüsant diese neue Unterhaltungsform sei und was man von der neuen Erfindung zu erwarten hätte. Daß der Kinosaal dabei nicht in realistisches Dunkel getaucht ist, erstaunt nicht weiter – ganz ähnlich war es auch bei den Revueplakaten der Zeit, wenn sie Publikum zeigten. Dagegen fällt auf, daß die gezeigte Filmszene (korrekt) schwarzweiß abgebildet wurde und sich dadurch deutlich aus dem farbigen Plakat heraushebt.
Die Einbeziehung des Publikums in das Filmplakat scheint übrigens selbst in der Frühzeit des neuen Mediums die Ausnahme gewesen zu sein. Ich konnte lediglich noch ein weiteres Blatt entdecken (in C.W. Cerams »Ärchäologie des Kinos«), bei dem der Zuschauerraum mit abgebildet wurde. Interessanterweise geht es auch dabei um eine technische Neuerung – die Einführung von Tonuntermalung mit einem Phonographen.
Doch kommen wir auf die Gemeinsamkeiten zu sprechen, die sich zwischen dem Blatt der Brüder Lumière – eines der ältesten, wenn nicht sogar das älteste Filmplakat überhaupt – und heutigen Beispielen zeigen lassen: Da ist einmal die Verwendung der Schrift. Die steht zwar ganz »aufgeräumt« am unteren Bildrand, fällt aber durch Farbwahl und Größe sofort ins Auge. Wie wichtig die schriftliche Information auch auf modernen Filmplakaten noch ist, wird sich später zeigen. Enge Verwandtschaft zwischen damals und heute zeigt sich jedoch vor allem bei der Art der vorgeführten Filmszenen. Womit wir bei den Inhalten der Filmplakate wären.

3. Exkurs: Was Filmplakate zeigen
Thema des Lumière-Plakats ist ein Film, der zu den bekanntesten aus den Anfängen der Kinematographie gehört: L'Arroseur arrosé (ursprünglich: Le jardinier oder Le jardinier et le petit espiègle).
Die Handlung dieses ersten Slapstick-Films ist schnell erzählt: Ein böser Bube klemmt den Gartenschlauch ab und läßt los, als der Gärtner das Mundstück in Augenschein nimmt. Der Gärtner wird naßgespritzt

und der Junge verhauen – eine Geschichte, die auch heute noch einige Lacher sichern dürfte. Den Höhepunkt dieses Streifens – das Naßgespritztwerden des Gärtners – zeigt in voller »Action« das Filmplakat. Und das scheint tatsächlich für die meisten Blätter bis heute wesensbestimmend zu sein: Es muß ein zentraler Punkt des Geschehens ins Bild gesetzt werden, und es muß sich etwas »bewegen«!
Dazu ein paar, mehr oder weniger willkürlich ausgewählte Beispiele: Der bekannte Plakatkünstler Robert Leonard entwarf ein sehr reizvolles Blatt zu dem Lubitsch-Film MADAME DUBARRY, das die Titelfigur in den Händen der Henkersknechte vor der Guillotine zeigt; das Plakat zum VERFLIXTEN SIEBTEN JAHR stellte Marilyn Monroe, mit hochfliegendem Rock über den U-Bahn-Schächten, in den Mittelpunkt (und einen lockeren, amüsierten Tom Ewell in den Hintergrund); die WARRIORS präsentieren sich als drohend dunkle Masse gefährlicher Figuren; für CABARET wirft sich Liza Minelli groß in Pose; bei CONVOY fliegen Kris Kristofferson schon auf dem Plakat die Trucks um die Ohren; die schwellenden Formen von Sylvana Mangano erklären schon auf dem Plakat, warum BITTERER REIS weniger wegen seiner sozialkritischen Aussage bekannt geworden ist... Noch mehr Beispiele? Gehen Sie doch nur mal zu Ihrem Kino an der Ecke, da werden Sie genügend Plakate finden, die diesem Muster entsprechen!

Kurz: das Filmplakat zeigt, was Sache ist, und das muß es auch. Denn schließlich ist ja seine Hauptaufgabe die Werbung. Es muß das Publikum anmachen (in jeder Beziehung des Wortes), dafür muß es etwas zu bieten haben. Allerdings soll es nicht nur animieren, sondern auch zeigen, wo's langgeht.

Wer DER DRITTE MANN für einen Streifen über Skat hält oder beim SCHULMÄDCHEN-REPORT ein pädagogisches Lehrwerk erwartet, der wird schon durch die Darstellung auf den entsprechenden Plakaten schnell eines Besseren belehrt.

Spätestens hier drängt sich der Vergleich zu einem anderen Werbemittel aus einer benachbarten Branche auf: zum Buchumschlag. Ebenso wie dieser muß auch das Filmplakat auf einen Blick dem Betrachter Thema, Stil und Richtung deutlich machen. Allerdings hat der Buchumschlag dabei einige gestalterische Hilfen voraus – doch davon später.

Vielleicht sind Ihnen mittlerweile ein paar Filmplakate begegnet, auf die das oben Gesagte nicht zutrifft, bei denen also nicht eine wesentliche Szene im Mittelpunkt steht. Zugegeben, so etwas gibt es natürlich auch. Und deshalb wollen wir es jetzt mal ganz ordentlich machen: Neben den szenischen »Action«-Plakaten gibt es noch solche, die den »Star« in den Mittelpunkt rücken. (»Künstlerische« Filmplakate existieren auch noch, aber die möchte ich mir für den Schluß aufbewahren!) Zunächst ein paar Worte zu den »Stars«.

4. Exkurs: Markenware »Star«
Natürlich spielt der Star bei der Filmwerbung eine ganz besondere Rolle. Es muß dabei übrigens nicht unbedingt ein berühmter Schauspieler sein, ebenso kann der Name des Regisseurs als Zugpferd eingesetzt werden – Bekanntheit vorausgesetzt. Schließlich haben Filme den Gesetzmäßigkeiten des Marktes genauso zu folgen wie Waschmittel oder Spirituosen. Und so genügt es eben, einen solchen »Markennamen« hinzustellen, um dem Publikum zu sagen, was da läuft.

James Bond, Hitchcock, Bruce Lee, John Wayne ..., das sind Markenzeichen wie Johannes Mario Simmel oder Persil – da weiß man, was man kriegt. Solche Namen sind Programm und werden entsprechend in den Vordergrund gerückt. Meist durch große und bunte Schriften. Es braucht wohl schon die unverkennbare Physiognomie eines Fernandel, bzw. die nicht weniger unverkennbare Gestalt eines Donald Duck oder eines Monsieur Hulot, um sofort zu erkennen, worum es geht.

Häufig sind jedoch »Zwitterfälle« zwischen dem »Action«- und dem »Star«-Plakat. Die stellen dann – mehr oder weniger deutlich erkennbar – Paul Newman vor Gericht (für VERDICT) dar, Sylvester Stallone als ROCKY oder Adriano Celentano als Halbaffen. Die sichere Identifizierung des Stars wird durch den Text garantiert.

5. *Exkurs: Zur Gestaltung*
Nach soviel Inhalten sind ein paar Bemerkungen zur besonderen Gestaltung von Filmplakaten angebracht.

»Werbung ist Reduktion«, hat Michael Schirner einmal proklamiert. Häufig wird diese wohltuende Beschränkung auf das Wesentliche heute bei vielen Plakaten der Industrie verwirklicht; denken Sie an die »Pfanni-Puffer« oder den »Bahlsen Reisekeks« oder, als besonders schlagender Beleg, an Schirners Plakat für die IBM-Schreibmaschinen, wo eben nichts weiter als »SchreIBMaschinen« zu sehen war. Die Filmindustrie tut sich da offenkundig schwerer.

Filmplakate sind in aller Regel mit gestalterischen Elementen überladen. Das hat verschiedene Gründe:

Der eine hängt mit der schon angesprochenen Diskrepanz zwischen Plakat und Film zusammen. Auch für den Film gibt es ja ein medienadäquates Werbemittel, den »Trailer«. Darin werden die wichtigsten Szenen des angekündigten Films ganz kurz zusammengeschnitten und mit erläuternden Texten dem Kinopublikum präsentiert. Die gleiche Aufgabe sollte auch das Filmplakat übernehmen, aber das kann es eben einfach nicht. Schon das Blatt zu L'ARROSEUR ARROSÉ macht dieses Problem deutlich: der davonlaufende Knabe wirkt in seiner Bewegung erstarrt. Der Trailer kann außerdem viele Szenen kurz anreißen, das Plakat muß sich hier mit einer Art Collagentechnik behelfen, die dann natürlich das Blatt auch ganz schön füllt.

Doch die Hauptschwierigkeit besteht in der reichen Verwendung von Schrift. Daß soviel Text untergebracht werden muß, liegt an der »Markenartikel«-Funktion. So müssen – neben dem Titel (am größten versteht sich) – die Schauspiel-Stars (ganz groß), die weniger bekannten Schauspieler (groß), der Star-Regisseur (je nachdem ganz groß bis groß), der bekannte Produzent (immer noch groß), der berühmte Verleih (auch groß) und, und, und genannt werden. Selten fehlt auch die Erwähnung technischer Besonderheiten, gelegentlich findet sich sogar noch der Hinweis auf den Originaltitel oder die literarische Vorlage (wenn der Autor bekannt genug ist).

Fast stets findet sich noch ein vielsagender Hinweis, der offenbar di-

rekt von der Werbeabteilung ausgeknobelt wurde und diese Grundform hat: »Der (folgt ein oder mehrere Superlative) Film seit (folgt einer der zwanzig Filmtitel, die nun wirklich jeder kennt)!«
Damit auch alles wirklich gut zur Geltung kommt, wird meist auch noch mit verschiedenen Farben und Schriftarten gearbeitet. Für den Buchumschlag stellen sich da ganz ähnliche Probleme, doch kann da auf die Rückseite ausgewichen werden (»Über den Autor« bzw. »X.Y. über dieses Buch«). Zudem genügt dem potentiellen Käufer dann ein kurzes Blättern, um sich seine Meinung über die Ware »Buch« bilden zu können. Machen Sie das mal bei einem Filmplakat!
Nur selten ist beim Filmplakat die weise Beschränkung auf wenige Gestaltungselemente festzustellen, wie etwa bei dem sehenswerten Blatt zu Coppolas DER PATE. Selbst so ein wirkungsvolles Plakat wie für Polanskis CHINATOWN hat ganz offenbar mit den Nöten der Textplazierung zu kämpfen. (Zur Größenabfolge vergleiche das oben Gesagte.)
Es scheint übrigens ganz gebräuchlich zu sein, daß der Text erst nachträglich in das Bildmotiv einkopiert wird und dadurch weiteres Gestaltungs-Mißgeschick entsteht. So werden viele Filmplakate bis zum Bersten mit Bild- und Text-Teilen gefüllt, die sich gegenseitig im Wege stehen, der geneigte Betrachter kann sich – so er sich die Zeit dafür nimmt – die für ihn interessantesten Dinge herausklauben.
Eine gestalterische Facette sollte noch erwähnt werden: Erstaunlicherweise hat beim Filmplakat die Illustration der Konkurrenz der Fotografie besonders lange widerstanden. Noch heute, da für die allgemeine Plakatwerbung das Foto längst selbstverständlicher Bestandteil ist, sind gezeichnete und (häufig »fotorealistisch«) gemalte Motive für das Filmplakat die Regel. Erstaunlich deshalb, weil doch das Filmmaterial selbst stets dem Foto näher war als der Grafik.

6. Exkurs: Über das Stehlen von Filmplakaten
Diese Szene aus SIE KÜSSTEN UND SIE SCHLUGEN IHN hat Filmgeschichte gemacht: Der junge Jean-Pierre Leaud in der Rolle des Truffaut-alterego Doinel klaut gemeinsam mit einem Freund ein Szenenfoto aus dem Schaukasten eines Kinos. Dieser Diebstahl darf als der Inbegriff der Kinoleidenschaft gelten.
Wohlgemerkt, es geht um ein Szenenfoto, nicht um ein Filmplakat! Von allen Erscheinungsformen, die mit einem Film zusammenhängen, Szenenfotos, Starporträts, Programmheft, Soundtrack, Kinoanzeige, »Buch zum Film« usw., scheint mir das Plakat besonders stiefmütterlich behandelt zu werden.

So paradox es klingen mag, aber dazu paßt meines Erachtens sehr gut, daß die einzige Filmszene, die mir im Moment einfällt, in der ein Filmplakat »auftritt«, ausgerechnet aus Woody Allens MACH'S NOCH EINMAL, SAM stammt. Die Leute, die sich Kinoplakate an die Wand hängen, sind nicht dieselben, die Szenenfotos aus Schaukästen klauen.
Und auch die Filme sind nicht dieselben. Behauptung: wenn ein Filmplakat so hervorgehoben wird, dann geht es selten um einen Film, sondern mehr um den Kult; der Film selbst wird in weihevollen Höhen dem Zugriff enthoben.
Doch nicht nur für die Filmfreaks ist das Plakat *nicht* Sinnbild des Films. Auch die sogenannten Profis greifen zu anderen Mitteln, wenn die Beschreibung eines Films oder der Filmgeschichte auf dem Programm steht. Nur selten werden Filme mit Hilfe ihrer Plakate zitiert: in Rezensionen überhaupt nicht, in Filmhistorien so gut wie gar nicht und selbst in ausführlicheren Monographien ist es noch die Ausnahme.
Kurz: Film und dazugehöriges Plakat erfahren eine recht unterschiedliche Rezeption. Andererseits tauchen Filmplakate auch in Werken zur Plakatgeschichte nur selten auf. Doch das dürfte im wesentlichen mit gestalterischen Unzulänglichkeiten zusammenhängen.

7. Exkurs: Das künstlerische Filmplakat

Unleugbar gibt es in der Fülle der Filmplakate auch gelungene, ja hervorragende Beispiele. Anders als beim Theaterplakat hat sich jedoch nie eine beachtenswerte eigene »Filmplakatkunst« etablieren können. Aufmerksamkeit verdienen diese Blätter aber trotzdem, wenn sie auch zweifellos die Ausnahme darstellen. In einem Artikel der Zeitschrift *Plakat* aus dem Jahr 1920 (»Filmsonderheft«) wird die mangelnde Qualität der meisten Filmplakate beklagt und auch gleich eine Erklärung dazu gegeben. Man dürfe von den Unsummen der Stargagen nicht darauf schließen, daß die ganze Branche im Geld schwimme. Gerade beim Plakat würde deshalb zumeist gespart. Daran hat sich in den vergangenen Jahrzehnten offenbar nicht viel geändert.
Trotzdem hat es nicht an engagierten Versuchen gefehlt, eine eigenständige Filmplakat-Kultur zu schaffen. Stellvertretend für solche Bemühungen in Deutschland mögen die Plakate stehen, die in den 60er und frühen 70er Jahren von Hans Hillmann und Jan Lenica entworfen wurden. Sie lieferten den Beweis, daß Witz und Werbung keine unversöhnlichen Gegensätze sein müssen.
Lenica hatte schon in Polen großartige Blätter – auch für Filme – geschaffen. Überhaupt hat Polen eine gewisse Sonderstellung, denn hier

gibt es wirklich eine Filmplakat-Tradition, die durchaus nicht auf Filmkunstwerke beschränkt blieb.

Natürlich gibt es das auch: Ein berühmter Plakatkünstler entwirft ein Filmplakat. Ein Beispiel dafür wäre das schöne Blatt von Savignac für LANCELOT. Doch solche Filmplakate ragen leider nur ganz vereinzelt aus der Masse der einfallslosen Konfektionsware. Aber ist es beim Film selbst nicht ganz ähnlich?

Eberhard Hauff
Filmfest München

Werbung für das Kino

Die Pläne für ein Münchner Filmfest gehen auf das Jahr 1977 zurück. Und auf Volker Schlöndorff. Von ihm stammte die Idee, in der »Hauptstadt des Films« etwas für den Neuen Deutschen Film zu tun. Um ihn war es nicht gut bestellt. Äußere Erfolge gab es zwar viele, aber die wirtschaftlichen ließen auf sich warten, und das Publikum war am eigenen Film wenig interessiert. Aus der Altbranche gab es heftige Kritik, obwohl auch sie keine Rezepte für Kassenknüller besaß. Die Formen der Filmförderung waren wie immer umstritten. Wie ließ sich für den heimischen Film, für das Engagement einer ganzen Generation werben? Was sollte man tun, um den deutschen Film beim Publikum durchzusetzen? Die Antwort hieß: informieren, mit dem Publikum ins Gespräch kommen. München im Sommer, voll mit Gästen und Fremden, das wurde als Herausforderung gesehen, vielleicht sogar als touristische Attraktion. Daß sie es nicht wurde, lag sicher nicht an Heinz Badewitz, der das »1. Münchner Filmtreffen« im Neuen Arri-Kino im Auftrag der Filmemacher organisierte, sondern am Desinteresse der Touristen, am Spätsommer oder den Biergärten. Das Programm war reich, eine beeindruckende Werkschau des Neuen Deutschen Films, der Zuspruch mäßig, aber immerhin der Versuch, aus dem unfreiwilligen Ghetto zu kommen, ein erster Ansatz von Öffentlichkeitsarbeit und Selbstdarstellung.
Volker Schlöndorff und ich haben dann gemeinsam beraten, wie es weitergehen könnte, wie eine juristische Trägerschaft auszusehen habe. Von einem Verein war die Rede, getragen von der Arbeitsgemeinschaft Neuer Deutscher Spielfilmproduzenten und dem Bundesverband der Fernseh- und Filmregisseure. Ich hielt diese Idee für falsch. Verbände sollen keine Träger von Festivals sein. In diese Diskussion schaltete sich die Stadt ein. Dr. Jürgen Kolbe, Kulturreferent der Landeshauptstadt, signalisierte Interesse und stellte erhebliche Mittel in Aussicht. Man traf sich in seinem Büro. Verleiher, Produzenten, Vertreter der Arbeitsgemeinschaft, des Regieverbands und Enno Patalas für das Filmmuseum. Eine heterogene Runde, die in mehreren Sitzungen sehr schnell zu gemeinsamen Ideen und Konzepten fand. Was man wollte, war allen Beteiligten klar: Public Relations für den Film und

das Kino schlechthin, eine Woche rund ums Kino. Von Open-Air-Projektionen war die Rede, von Stuntmen-Shows, von Retrospektiven Münchner Filme, von Filmflohmärkten, internationalen und deutschen Erstaufführungen und bürgernahen Festen. Ausdrücklich wurde schon damals darauf hingewiesen, das alles habe nichts mit einem Wettbewerbsfestival zu tun und schon gar nichts mit Berlin. Bereits damals, am Ende unserer Beratungen, hat mir Dr. Kolbe die Leitung dieser Filmwoche angetragen, ein ehrenvolles Angebot, das ich aber aus beruflichen Gründen nicht annehmen konnte. Wir haben uns dann alle für den Filmpublizisten Joe Hembus entschieden. Er kam auch, hörte sich unsere Ideen an, fügte eigene hinzu, trat aber das Amt bedauerlicherweise nie an. Bedauerlich, weil danach ein jahrelanges Hin und Her um Leitung und Ziele einsetzte, das für niemanden etwas gebracht hat, außer Verdruß.

Mehrere Jahre gingen danach ins Land. Unterschiedlichste Konzepte wurden vorgelegt, Namen gehandelt. Aber entweder klappte es mit den Konzepten nicht oder man konnte sich nicht auf die Namen einigen. Im Hintergrund hatte sich aus Privatinitiative ein Verein Münchner Filmfest gegründet; immerhin stand noch Geld zur Verfügung, für das es vorerst keine Verwendung gab. Paris–München hieß ein anderes Konzept. Der Plan sah ein alternierendes Festival, eine Art europäisches Verbundsystem vor. Aber die Münchner Filmemacher fanden auch an dieser Idee kein Gefallen und sahen sich nur als Steigbügelhalter für französische Interessen. So mußte die französische Delegation unverrichteterdinge wieder abziehen. München hatte noch immer keine Filmwoche. Hans Abich, ein Mann der ersten Stunde, Filmproduzent, Ex-Programmdirektor des Deutschen Fernsehens, nahm sich geduldig der Sache an, verhandelte mit allen Seiten, suchte Wege aus dem Dilemma. Keiner hätte das besser gekonnt. Aber Filmemacher und Rathaus fanden trotzdem nicht zusammen, zu tief waren die Verletzungen und das beiderseitige Mißtrauen. Als der Ruf abermals an mich erging, konnte auch ich nur abwinken.

Aber Freistaat und Landeshauptstadt blieben beharrlich. Schließlich besaß man inzwischen das Instrumentarium der Gesellschaft Internationale Münchner Filmwochen, Etatansätze, die im Haushalt von Staat und Stadt ausgewiesen waren – sollte man da klein beigeben, das Erreichte opfern? Sicher gab es manche Stimme, die das für sinnvoll gehalten hätte, aber auch die Stimmen derer, die wußten, daß eine Abwendung von den Plänen das Ende einer möglichen Filmwoche würde. So wurde das Kulturreferat beauftragt, die Mittel der Gesellschaft zwei Jahre lang »treuhänderisch« zu nutzen und dabei weiter nach Wegen für ein Filmfest zu suchen. Es gab neue Gespräche, Ideen für das sogenannte »Vor-Film zu einem Münchner Filmfest-Programm«, von denen dann manche realisiert werden konnten. Eine »Initiative Filmstadt München« formierte sich, in der sich Programmkino-Interessen, die Themen Kinderfilm, Frauenfilm und Dokumentarfilm zusammenfanden, unterstützt von der Arbeitsgemeinschaft, mit deren Hilfe auch das Modell einer möglichen juristischen Trägerschaft entwickelt wurde. Noch gab es Geld, und man nährte die Hoffnung, daß die Mittel umgeleitet werden könnten. Davon war allerdings offiziell nie die Rede und konnte es auch gar nicht sein. Die Mittel, gebunden durch einen Konsortialvertrag, standen nach wie vor nur der Internationalen Münchner Filmwochen GmbH und dem Ziel der Schaffung eines jährlichen Filmfestivals zur Verfügung. Alles andere war Zwischenlösung, haushaltstechnisch auf zwei Jahre begrenzt. Ende 1982 war die Übergangszeit abgelaufen, die Internationale Münchner Filmwochen GmbH stand vor ihrer zwangsläufigen Auflösung. Die Möglichkeiten für ein Münchner Filmfestival waren am Nullpunkt angelangt; Chancen, die Mittel umzufunktionieren, gab es nicht. In dieser Situation wurde mir das Projekt ein drittes Mal angetragen; ich entschied mich fast über Nacht, die Münchner Herausforderung anzunehmen und dem jahrelangen unfruchtbaren Hin und Her ein Ende zu bereiten. Allerdings war ich nicht bereit, das Für und Wider eines Münchner Filmfestivals erneut zur Diskussion zu stellen. Diese Diskussion war für mich 1978 gelaufen, und zwar zwischen allen relevanten Gruppen. Es galt nunmehr den Haushaltsansatz für die Zwecke des Films zu retten. Das sind für mich handfeste filmpolitische Argumente.

Das Kino wird durch die neuen Medien, insbesondere den schnell wachsenden Video-Markt, zunehmend bedroht. Immer mehr Lichtspieltheater wurden in den letzten Jahren geschlossen. So in München das Lenbach-Kino oder in Hamburg das Esplanade. Manches Haus muß damit rechnen, daß es nach der Fernsehkonkurrenz erneut vor schwere Existenzprobleme gestellt wird. Das sind für mich Fakten. In dieser Situation müssen wir etwas für den Erhalt von Kinos und für die Weiterentwicklung des Films im Kino tun. Ohne öffentliches Bewußtsein für Kino und Film wird es keine Filmförderung geben. Ohne Filmförderung auch keinen deutschen Film.

Mein besonderes Anliegen ist der deutsche Film und dessen Förderung. Hier fühle ich mich meinen Kollegen verbunden, denen mit großen Namen, von Werner Herzog bis Wim Wenders und den vielen, die im Moment noch unbekannt sind. Viele von ihnen kommen von der Münchner Filmhochschule und werden die Namen von morgen sein. Auch für sie möchten wir ein weiteres Forum schaffen, einen Ort, sich einem breiten Publikum vorstellen zu können. Für manche werden Filmwochen oder Festivals die einzige Möglichkeit sein, sich künftig zu präsentieren. Wie schwer es bereits renommierte Regisseure haben, Filme im Kino unterzubringen, ist hinreichend bekannt. Der Druck der amerikanischen Marktführer ist sicher nicht zu bremsen. Also muß man sich für die heimische Produktion zumindest attraktive Abspielstätten schaffen. Festivals sind dafür genau richtig. Sie bieten Werbung, mehr an PR und Aufmerksamkeit. Das ist keine geniale Antwort auf die Bedrängnis, aber immerhin eine konkrete.

Ich verstehe das Münchner Filmfest als Werbung für den Film schlechthin. Kino ist der Ort der Begegnung, aber auch der Konfrontation für jeden von uns, und ich denke, für jeden Cinéasten so etwas wie ein zweites Leben. Wenn ich daran denke, mit welcher Leidenschaft und welchen Entbehrungen die meisten Filme entstehen – etwas, was sich Außenstehende nie vorstellen können –, dann ist es notwendig, auch etwas von dieser Intensität nach außen zu tragen. Das ist meine erklärte Absicht. Vielleicht ist München der beste Ort für die Verwirklichung solcher Absichten. In München leben die meisten Regisseure des Neuen Deutschen Films, die meisten Schauspieler, Produzenten, Verleiher, Exporteure. Nicht zu Unrecht empfindet sich München als Filmstadt Nr. 1 in der Bundesrepublik. Geiselgasteig ist noch immer das größte europäische Studio und für den deutschen Filmnachwuchs eine der wichtigsten Ausbildungsstätten. Bayern hat eine Fernseh- und Filmhochschule eingerichtet. Die meisten jungen Regisseure kommen von dort. Zusammen mit der Bavaria und dem Bayerischen Rundfunk, die für viele eine erste Anlaufstätte bedeuten, entsteht ein filmwirtschaftliches Beziehungsgeflecht, das keine andere Stadt bietet. Das Bayerische Filmförderungsprogramm hat geholfen, manches Projekt auf die Beine zu stellen. Schließlich existiert unter der hervorragenden Leitung von Enno Patalas ein beachtliches Filmmuseum. Dies alles und das sicher nicht unwesentliche Münchner Klima, die Atmosphäre dieser Stadt, bieten eine ausgezeichnete Voraussetzung für ein Filmfestival. Film gehört in München wie in kaum einer Stadt zum urbanen Lebensgefühl.

In der Öffentlichkeit ist immer wieder behauptet worden, München wolle ein Konkurrenz-Festival zu Berlin etablieren. Ja, einige Journa-

listen waren förmlich darauf aus, uns das zu unterstellen. Vielleicht haben sie insgeheim etwas gegen Berlin. Ich muß sie enttäuschen. München versteht sich nicht als Konkurrenz zu Berlin. Das weiß der Senat von Berlin, das wissen der Intendant der Berliner Festspiel GmbH und die Leiter der Berliner Filmfestspiele. Die Berlinale ist unser nationales Wettbewerbsfestival, und daran sollte tunlichst niemand rütteln. Bei allen Querelen, die es um ein so großes, unter Leistungsdruck stehendes Festival auch immer wieder einmal geben wird: Berlin braucht sich seit dreißig Jahren nicht zu beweisen. Die Berliner Filmfestspiele sind ein lebendiger Teil unserer nationalen Filmkultur, auf den nicht verzichtet werden kann.
München strebt etwas anderes an, vielleicht genau das Gegenteil, ein lockeres, mehr dem Gespräch und der Diskussion zugewandtes, kommunikatives Ereignis rund ums Kino. München will etwas eigenes schaffen, was mit München zu tun hat, seinen Filmemachern, der Münchner Filmwirtschaft und den Bürgern dieser Stadt. München will zwangloses Forum sein für Filme, Gespräche, ein Ort der Begegnung, eine Brücke zwischen Ost und West, eher Große Kunstausstellung als jährlicher Höhepunkt oder documenta. Aber in keinem Fall Wettbewerbsfestival mit A-Status. Deshalb habe ich als erste Amtshandlung das Wort »Festival« gestrichen und die künftige Veranstaltung FILMFEST MÜNCHEN getauft. Nicht mehr und nicht weniger. Selbst das Wort »international« wurde gestrichen. Was soll es? Film ist international. Das muß nicht besonders herausgestellt werden. FILMFEST MÜNCHEN – für ein regionales Vorhaben, zu dem Gäste herzlich eingeladen sind, sicher der richtigere Name. Ich hoffe, daß die Diskussion oder besser Spekulation München–Berlin damit ein für allemal beendet ist. Erika und Ulrich Gregor waren zu Besuch in München, wir tauschten Sorgen und Erfahrungen aus. Beide haben bei der Programmbeschaffung geholfen. Ich werde wie jedes Jahr 1984 wieder in Berlin sein. Es geht uns um Film, nicht um Städte.
Meines Erachtens sollten überall Filmfeste entstehen wie jetzt in Wipperfürth oder Reutlingen oder München. Filmfeste dienen dem Medium. Wer das begreift, denkt nicht an Konkurrenz. Nicht von ungefähr war auch unsere Entscheidung, das FILMFEST MÜNCHEN in den Sommer zu verlegen. Die meisten filmfestlichen Aktivitäten finden im Frühjahr oder Herbst statt. Da wollten wir keine Überschneidungen, insbesondere nicht mit den Filmtagen in Hof. Für den Kinobesuch wäre der Herbst sicher günstiger. Dafür zeigt sich Ende Juni München von seiner besten Seite, es lassen sich langfristig Außenver-

anstaltungen planen. Obwohl man bei einem Filmfest primär im Kino sitzen soll, empfinde ich ein Fest unter tristem Himmel nicht gerade als Stimmungsmacher. Wir werden an dem Juni-Termin festhalten und unsere Veranstaltungen entsprechend planen. Außerdem ist unser Programm weitgehend an die Münchner gerichtet. Denen müssen wir beibringen, eine Woche weniger abends im Biergarten zu sitzen. Nicht leicht, aber nicht ohne Erfolgsaussichten, wie das erste Filmfest beweisen konnte.

Das Programm 1983 war ein Anfang. Ich habe mein Amt im April angetreten. Hämische Zeitgenossen haben mir vorgerechnet, ich sei schon vorher auf der Berlinale für München tätig gewesen. Seltsame Kleingeisterei. Bis 31. März war ich Geschäftsführer bei der Multimedia in Hamburg. Als Produzent hatte ich zwei Filme in Berlin, einen im Wettbewerb, einen in der deutschen Reihe. Auch habe ich als Vorstand des Bundesverbandes der Fernseh- und Filmregisseure in Deutschland die Berliner Filmfestspiele Jahr für Jahr besucht. In jedem Jahr hat der Bundesverband während der Berlinale Regisseurstreffen organisiert. Das werden wir auch weiterhin ohne »öffentliche Genehmigung« so halten.

Aber es gibt auch gegenteilige Erfahrungen. Mitten in unsere Vorbereitungen platzte ein Telex von Michael Küspert aus Selb. Begeistert wies er uns auf Gmöhlings EINE FIRMA FÜR DIE EWIGKEIT hin und riet uns, den Film in unser Programm aufzunehmen. Was wir auch getan haben. Für uns und den Regisseur war es ein großer Erfolg. So verstehe ich konkurrenzfreie Zusammenarbeit von Cinéasten. Mit Menschen, die mir oder der Öffentlichkeit andichten, was ich wann und wo getan habe oder zu tun und zu lassen hätte, will ich nichts zu schaffen haben. Sie sind mir zu gestrig.

Zurück zum Thema. Wir hatten nur wenige Wochen, um unser Programm zu realisieren. Gleich zu Beginn traf uns eine 10prozentige Haushaltssperre. Hunderttausend Mark einzusparen stellte uns vor große Probleme. Man kann streichen. Das ist nicht anders wie bei jeder Filmproduktion. Aber irgendwann fehlt das Geld doch, in der Werbung, bei den Reisekosten, bei der Filmbeschaffung. Wir waren gezwungen, ständig neu zu kalkulieren, tägliche Kostenstände zu erarbeiten. Irgendwie war alles neu, tägliche Überraschungen sorgten für entsprechende Aufregung. Hinterher hört man dann, »das hätte ich euch gleich sagen können«. Nun, auch wir sind heute schlauer, wissen, was geht und was nicht.

Unsere Konzeption war publikumsorientiert. Wir wollten von Anfang

an klarmachen, daß das Filmfest keine elitäre Sache werden sollte. Mir ging es vor allem darum, an neue Besucher zu kommen, Kinofreunde zu mobilisieren. Deswegen haben wir auch mit BMW zusammengearbeitet und das Angebot eines Kinos im bekannten BMW-Museum akzeptiert. Trotz technischer Mängel, die bis nächstes Jahr abgestellt sein werden, wenn ein kompletter Kinobau im Museum entsteht, war der Besuch erstaunlich. Ein kinoloser Stadtteil erwachte sozusagen zu neuem Kinoleben. Es gab Dauerinteressenten. Wenn ich könnte, würde ich morgen vor den Toren von Siemens oder Mannesmann spielen. Man muß das Kino aus seinem Cinéastenghetto lösen. Wenn wir immer nur an die gleichen Leute herankommen, muß man schon die Sinnfrage stellen. Deshalb auch unsere Zusammenarbeit mit der Bavaria und die publikumswirksamen Sonderveranstaltungen auf dem Studiogelände. Ein Besucherstrom pilgerte in die Filmfabrik. Und das bei einem Eintrittspreis, der einer Kinokarte entspricht. Wir werden das weiterführen und dabei auch Filme einsetzen. Mit jedem Tag des Filmfestes wuchs der Besucherstrom. Immer mehr Menschen wollten plötzlich dabeisein. Der Reiz des Besonderen, die flankierenden Maßnahmen und kleinen Rituale (anwesende Regisseure haben wir vor ihren Filmen vorgestellt) breiteten Feststimmung aus. Interessant auch die Erkenntnis, daß die Menschen gerne ins Stadtzentrum kamen; stadtteilbezogene Programme fanden nicht die erwartete Zustimmung. Nachträglich fängt man an, das zu begreifen.
Überhaupt war für die Münchner alles neu. Festivalunerfahren standen sie vor den Programmtafeln und wußten nicht, in welchen Film sie ihr Geld tragen sollten. Wie geht man mit einem so reichen und vielfältigen Programmangebot um. Die Münchner Zeitungen und Kritiker haben hervorragend reagiert; Vorbesprechungen, Ankündigungen wurden über Nacht organisiert. Jeder half mit, das Publikum zu informieren. Für mich der schönste Effekt der ganzen Woche, für den ich zu danken habe. Zeitweilig hatte ich das Gefühl ähnlicher Solidarität wie damals in Hamburg. Die Stimmung war glänzend. Hunderte kamen spontan auf mich zu, um zu gratulieren, drückten Anerkennung aus, beglückwünschten uns zum Programm und zur Atmosphäre der Woche. Größtenteils waren es unbekannte Münchner Bürger, Studenten, Geschäftsleute, Kinofreunde und natürlich fast zahllose Menschen aus der Branche, Maskenbildner, Architekten, Kameramänner, Schauspieler, Kopiertechniker und Regiekollegen.
Nicht alle unsere Pläne konnten wir realisieren. Insbesondere viele Außenprogramme nicht. Wir mußten uns aus Kostengründen von ih-

nen verabschieden. Das war bedauerlich, weil das Münchner Filmfest gerade in dieser Richtung einiges bieten wollte. So konzentrierte sich unsere Arbeit auf mehrere Filmfest-Kinos im Zentrum der Stadt – den Gloria-Palast am Stachus, das Neue Arri in der Schwabinger Türkenstraße, das Filmmuseum am St.-Jakobs-Platz – sowie auf die Stadtteilkinos Studio Solln, Neues Rex, Rio-Palast, Kinderkino im Olympiadorf, Kino im BMW-Museum. Die ursprünglichen Pläne sahen vor, jeden Film zwei- bis dreimal zu wiederholen. Entsprechend wäre das Programmangebot geringer ausgefallen. Aber nach und nach stellte sich zu unserem Entsetzen heraus, daß Regisseure, Produzenten, Verleiher wie Vertriebsfirmen Wiederholungsvorstellungen unnachgiebig ablehnten. Da wir nun mal die Kinos gemietet hatten, blieb uns nichts anderes übrig, als mehr Filme anzubieten als ursprünglich beabsichtigt. Für Dauerbesucher war das problematisch, aber andererseits richtet sich das Münchner Konzept weniger an Dauerbesucher als an Menschen, die durch das Filmfest angeregt zwei-, dreimal mehr ins Kino gehen als sonst. Nicht jeder muß jeden Film sehen, er hat aber ein großes Angebot zur Auswahl. Hier werden wir ändern und verbessern. Das breite, festivalungeübte Publikum werden wir lange vorher auf die Programme zuführen, Vorab-Informationen geben, filmkundliche Arbeit leisten. München will in erster Linie ein »Filmfest des Publikums« sein. Das schließt interne Insider-Veranstaltungen nicht aus, zeigt aber klar die angestrebte Richtung auf.
Programm-Schwerpunkte waren 1983 eine Auswahl neuer deutscher Produktionen, eine Reihe von Filmen von Regisseurinnen, eine Werkschau aller Filme der belgischen Regisseurin Chantal Akerman, die selbst in München war, sowie eine Übersicht über das »Off-Hollywood-Kino«, präsentiert von Robert Young (ALAMBRISTA). Und in Zusammenarbeit mit dem Förderverein Deutscher Kinderfilm entstanden eine Kinderfilm-Retrospektive und ein Überblick über neue Kinderfilmproduktionen. Daneben eine große Zahl internationaler Spitzenfilme aus Ost und West. Hauptgrundsatz für uns war, alle Filme sollten neu für München sein. Ich glaube allerdings, hier lassen sich keine verbindlichen Regularien aufstellen. Das internationale Programmangebot ist nicht so groß, daß man elitär auswählen sollte. Das ist bei Wettbewerbsfestivals notwendig, für uns keinesfalls. Mehr kommt es auf die Qualität der Filme an, auf das Aufzeigen von filmischen Tendenzen, Richtungen, künstlerischen Strömungen. Ein Filmfest sollte das Publikum einmal im Jahr auf das Wichtigste hinweisen. Wenn man das schafft, ist viel Positives erreicht.

Da zu jeder filmfestlichen Veranstaltung ein Zentrum gehört, haben wir in unmittelbarer Nachbarschaft zum Gloria-Palast das legendäre Münchner Künstlerhaus angemietet und zum Treffpunkt umfunktioniert. Die Idee erwies sich als Volltreffer. Bei den jungen Münchnern kaum noch bekannt, entwickelte dieses so viel Münchner Geschichte ausstrahlende Haus ein ungeahntes Eigenleben. Tag für Tag wurde das Haus voller, das ging bereits morgens los. Und in den Nächten drängelten sich bis zu dreitausend Menschen, die dabeisein wollten. An manchen Abenden sah man die gesamte Regiegilde, einmal habe ich 150 Regisseure gezählt. Aber nicht nur die Branche kam, sondern das Publikum von außen, immer mehr Besucher von Filmen. Nach den Spätvorstellungen ging es meist erst richtig los. Und es gab viele begeisterte Dauerbesucher. Mir haben Schauspieler gesagt, endlich hätten sie ungezwungen mit vielen Regisseuren in Kontakt kommen können. Auf gut münchnerische Art sprach eben jeder mit jedem, Schranken waren aufgehoben. Und bei den filmischen Schmankerln, die wir anboten (die erste Wagnerbiographie von Carl Fröhlich, begleitet von einem Orchester, und anderes in dieser Art), füllten sich Säle und Kinos auf fast magische Weise.

Das erste Münchner Filmfest hat Schwellen- und Berührungsängste abgebaut. Filme und Diskussionen wurden Tag für Tag von immer mehr Münchner Bürgern angenommen. Die Branche hat tatkräftig geholfen. Viele Kollegen konnten sich überzeugen, daß das Filmfest – was ich in der Eröffnungsrede angekündigt hatte – offen ist für jede Form von Gespräch und filmpolitische Diskussion. Münchens Kulturpolitik hat ein Stück Liberalität dazugewonnen. Wenn man dem glänzenden Presseecho trauen darf, ist die Filmstadt um ein Projekt reicher geworden. Die Vorbereitungen für das Filmfest 1984 können beginnen.

Wolfgang Würker
Es lebe der Film, das Kino ist tot

Von pompösen Aufführungen zum »Vierten« Programm

Nie zuvor hatten wir in Deutschland Gelegenheit, so viele Filme zu sehen wie in den vergangenen Jahren. Das Fernsehen ist an erster Stelle zu nennen: Es sendet täglich in mindestens einem seiner drei Programme einen Spielfilm, nicht selten sogar mehrere an einem Tag; über hundert deutsche Erstaufführungen werden jährlich gezeigt, viele Filme zugleich, die man ohne die öffentlich-rechtlichen Anstalten sonst nie zu sehen bekäme. Neben neuen Produktionen lassen uns zahlreiche Wiederholungen Versäumtes nachholen oder Bekanntes wiedersehen. Bei der Gründung des Fernsehens gewiß von niemand beabsichtigt, füllen Spielfilme heute mehr als zehn Prozent des Programmes und gehören zu den beliebtesten Sendungen: Nicht selten erreichen sie über vierzig Prozent der Haushalte, das bedeutet bis zu zwanzig, dreißig Millionen Zuschauer vor den Bildschirmen. Von solchen Zahlen können Filmverleihfirmen und Kinobesitzer hierzulande nur träumen.

Gleichwohl hat zahlenmäßig auch das Kino in den letzten Jahren wieder einen Aufschwung genommen. Nicht nur in den Metropolen, auch in den kleineren Städten und noch auf dem Land ist die Zahl der Lichtspieltheater, sowohl durch Parzellierung als auch durch viele Neueröffnungen gewachsen; sie hat sich vielerorts innerhalb kurzer Zeit sogar glatt verdoppelt. Der Deutsche geht, nach jahrelangem Abwärtstrend, endlich zu Beginn der achtziger Jahre wieder häufiger, nämlich etwa zweimal pro Jahr ins Kino. Vor allem die Programm-Kinos, die mittlerweile einen wahren Boom erlebten, konnten das abendliche Unterhaltungsspektrum entscheidend erweitern.

Neuerdings erlaubt schließlich die weiter ausgereifte Video-Technik, Filme im Fernsehen ohne größere Mühen aufzuzeichnen; darüber hinaus sind Filme in ordentlicher Qualität im Handel auf Kassette auszuleihen und zu kaufen. Wenngleich der Markt recht unübersichtlich ist – noch immer werden die drei inkompatiblen Formate VHS, Video 2000 und Betamax angeboten – hält Video vehement Einzug in die deutschen Wohnzimmer. Hatten bis Ende 1980 insgesamt 800 000 Haushalte ein Aufzeichnungsgerät, so lag bereits 1981 allein die Verkaufszahl höher. 1982 wurden noch einmal mehr als eine Million wei-

tere Geräte abgesetzt; heute sind bereits zehn Prozent der privaten Haushalte mit Video ausgerüstet. In den meisten, so eine Untersuchung des Burda-Verlags, wird das »neue« Medium auch intensiv genutzt: Die Hälfte der Befragten gab an, mehr als sechs Stunden in der Woche bespielte Kassetten anzusehen. Aufgezeichnet werden – wie zu erwarten war – vor allem Spielfilme: Western, Kriminalfilme, Action und Kinoklassiker (für politische und kulturelle Sendungen wird Video weitaus weniger genützt).
Zugleich hat sich der Handel mit Programmkonserven zu einer »Goldgräberbranche« entwickelt. Rund 400 000 bespielte Kassetten sind 1980 verkauft worden, mehr als das Doppelte 1981, und im vergangenen Jahr waren es über eine Million. Entsprechend hat die Zahl der Videotheken zugenommen – knapp zweitausend Läden bieten in der Bundesrepublik fast ausschließlich bespielte Kassetten zum Verleih und zum Verkauf an –, rund dreitausend Radio- und Fernsehfachgeschäfte und noch einmal zweitausend Wärenhäuser und Buchklubs handeln mit Spielfilmen auf Video: Die Zahl der Verkaufs- und Ausleihstellen hat die Zahl der Kinos in der Bundesrepublik also längst übertroffen. Der Katalog des deutschen Video-Instituts weist mittlerweile rund 4000 Titel aus, an die 120 Millionen Ausleihtermine sollen im vergangenen Jahr erzielt worden sein. Heute also kann, wer will, rund um die Uhr Filme sehen.
Die (nahe) Medienzukunft allerdings verspricht dem Filmfreund noch einiges mehr. So ist gerade als silbrig glänzende Scheibe, etwa von der Größe einer Schallplatte, die Bildplatte auf den Markt gekommen. Sie bietet eine deutlich bessere Bild-, vor allem aber Tonqualität als Video. Mit staunenswerten Zahlen kann die Platte in der Unterhaltungsindustrie zwar nicht werben, der internationale Markt ist auch hier mit drei Systemen – VLP (Video Long Play), CED (Capacitance Electronic Disc) und VHD (Video High Density) – nicht eben übersichtlich, zudem ist das Spielfilmangebot mit zunächst nur etwa hundert Titeln je System nicht gerade reichhaltig zu nennen. Nach der langen Anlaufszeit aber, wenn schließlich Bildplattenspieler und -platte erheblich preisgünstiger als die Videotechnik werden, dürfte auch hier eine Zukunft des Heimkinos liegen. Obgleich der Videomarkt frühestens Mitte der achtziger Jahre gesättigt sein wird (50 Prozent der Haushalte werden dann schätzungsweise einen Recorder besitzen), ein aktueller Bedarf an der konkurrierenden Platte folglich so recht nicht besteht, ist wieder einmal zu beobachten, daß ein neues Medienprodukt, hat es erst eine bestimmte technische Reife erlangt, nicht mehr vom Markt

zurückzuhalten ist. Und weil sich neben der Datenspeicherung Spielfilme für den Umsatz der Bildplatte fast aufdrängen, wird die Platte denn auch qua Marktgesetz zum neuen Film-Medium werden. Die Techniker stellen neue Programmplätze zur Verfügung, wer soll sie füllen und womit? Satelliten- und Kabelfernsehen auf der anderen Seite, trotz aller rechtlichen nationalen wie internationalen Fragen und Bedenken stehen uns in den nächsten Jahren ins Haus. Die Bilder aus dem All und durch das Kabel werden in der Bundesrepublik zehn bis zwanzig neue Programme bringen, und der Spielfilm wird auch keinen unwesentlichen Anteil haben. So wenig unsere Vorstellungen heute auch ausreichen, den weitgehend leergefegten Filmmarkt auf zusätzliche Medien und Programme verteilt zu sehen, bald wird es Filme jeder Couleur, neben unsäglichem Schund verstärkt auch die anspruchsvolleren, die künstlerischen Filme geben. Filme rund um die Uhr und mehrere zugleich: Ein Grund zum Jubeln?

Die Kritiker beklagen indes das Verschwinden jenes Ortes, für den Filme ursprünglich einmal bestimmt waren, beklagen den Verlust des Kinos. Ihre Bedenken richten sich längst nicht mehr nur gegen unscharfe Projektionen, den fehlenden Cash, die falschen Bildformate; Vorführungsmängel dieser Art werden höchstens noch larmoyant und nostalgisch erwähnt. Nach der Zellteilung der Häuser in kleine Kartons, wo bei fehlender Dunkelheit und tontransparenten Wänden Filme lieblos projiziert werden, steuere das Lichtspieltheater dem Kammerspiel, ja Wohnzimmertheater und damit dem sicheren Tod entgegen. Einst der Ort unserer Träume und Utopien, stehe es nun im Begriff seiner totalen Auflösung.

Der Klage derer, die über Filme und auch über das Kino urteilen, opponiert das Empfinden des sogenannten normalen Kinobesuchers aufs heftigste. Gerade diejenigen, die abends in den Schachtelkinos die miserablen Projektionen erleben – während den Kritiker auf den Festivals zwischen Cannes und Berlin oder den morgendlichen Presse-Terminen immerhin noch recht akzeptable, außergewöhnliche Vorführungen erwarten –, finden offensichtlich weder die derzeitige Film- noch Kinosituation so fürchterlich schlecht. Die Kinos bieten ihnen in jedem Fall immer noch ein größeres, meist auch besseres Bild als der Fernsehschirm, von der Tonwiedergabe ganz zu schweigen. Wer nimmt Projektionsfehler denn im Kino noch wahr?

Verhalten und Empfinden des Publikums gilt es ernst zu nehmen. Der Abbau des Kinos und die gleichzeitig besonders vehemente Expansion des Videomarktes (der Deutschland inzwischen, vor Japan und den Vereinigten Staaten, zur größten Video-Nation unseres Planeten werden ließ) wird nicht allein der hierzulande besonders gewinnträchtigen, risiko- wie innovationsfreudigen Branche der Unterhaltungselektronik zuzuschreiben sein. Offensichtlich entspricht die (Abwärts-)Entwicklung vom besonderen atmosphärischen Erleben eines Films im Kino zum »Vierten« (Video-)Programm innerhalb der eigenen vier Wände auch den veränderten Seh- und Erlebensgewohnheiten des deutschen Publikums: eines Publikums, das sich heute ohnehin der Öffentlichkeit zunehmend entzieht, Ereignisse öffentlichen Charakters nicht selten meidet (allenfalls noch den halböffentlichen Rahmen organisierter Gruppenerfahrung toleriert, sei es im Kegelklub, im Kaninchenzüchterverein oder bei den Freizeitamüsements einer Pauschalreise) und sich lieber im kleinen Kreis und ganz privat vergnügt. Kurz: Dem Lebensstil eines großen Teils der deutschen Bevölkerung – nicht ohne amerikanischen Einfluß – scheint es durchaus entgegenzukommen, einen Film in Kleinformat, dafür aber in der häuslichen Umgebung zu sehen.

In anderen europäischen Ländern werden Filme noch so unterschiedlich präsentiert und aufgenommen, daß man unseren rüden Umgang mit Filmen, der mittlerweile eine gewisse Tradition besitzt, auch ein wenig als deutsche (Eigen-)Art bezeichnen könnte. Anderswo jedenfalls gibt es noch Kinokulturen und Traditionen, die das Kino am Leben halten und sich den neuen Medien gegenüber als einigermaßen resistent erweisen.

Rom im Sommer. Vor wenigen Jahren, als die italienische Metropole im Juli und August regelrecht ausgestorben war, weil die Römer ans Meer flüchteten und die Stadt mit geschlossenen Theatern und Kinos (und Kneipen) – ein kultureller Torso am Abend – der Flut der Touristen überließen, hatte der kommunistische Kulturdezernent Nicolini die Idee, für die Daheimgebliebenen eine »Kultur für alle«, zugleich eine »Kultur von unten« ins Leben zu rufen. Das Kino sollte dabei keine untergeordnete Rolle spielen. »Estate Romana«, der »neue« römische Sommer bot neben Tanzdarbietungen in den Villen, den herrlichen Parks und auf der Tiberinsel, neben Dichtervorlesungen im Circus Maximus und am Strand von Ostia, neben den bekannten Opernaufführungen in den Caracalla-Thermen, neben zahlreichen Theater- und Kinovorführungen sonstwo im Freien vor allem auch: ein vierwöchiges Filmfest, das zunächst den Namen seines Veranstaltungsortes, den Namen einer altehrwürdigen Basilika trug: Massenzio. Im Mittelschiff der mächtigen Ruine an der Via dei Fori Imperiali hatte man eine Riesenleinwand aufgespannt; einige Tausend Zuschauer konnten davor unter freiem Himmel von Anbruch der Dunkelheit bis zum Morgengrauen vier, fünf Filme hintereinander ansehen; dazwischen liefen alte Wochenschauen, Zusammenschnitte aus Fußballweltmeisterschaften und Zeichentrickfilme jeder Art. Hier rückte das Kino in den Brennpunkt des nächtlichen Geschehens – und doch war das nur ein Anfang.

Der würdige Rahmen, der dem Kino fast etwas Sakrales verlieh (was den deutschen Filmtheatern höchstens anzudichten wäre), drohte verlorenzugehen, als die Basilika wegen Einsturzgefahr nicht mehr betreten werden durfte. Doch die Römer zogen im nächsten Jahr kurzerhand ins Forum Romanum; die Vereinigung der kleinen, aktiven Cine-Clubs der Stadt, die dank ihrer langjährigen Kinoerfahrung ein ebenso populäres wie kunstvolles Fest in der Basilika zuwege gebracht hatten, machten aus der Not eine Tugend, kompensierten den Atmosphäreverlust, indem sie mehrere Leinwände in der antiken Ausgrabungsstätte am Fuße des Capitols, zwischen Säulen und Triumphbögen, errichteten. In verschiedenen Programmblöcken präsentierten sie jetzt ungleich mehr Filme als im Vorjahr. 1981 stellten sie dann die Leinwand vor das Collosseum, wo NAPOLEON von Abel Gance mit orchestraler Begleitung zur feierlichen Aufführung kam. Im vergangenen Jahr stand die Leinwand auf dem Circus Maximus, nicht weniger als 10 000 Menschen konnten am Originalschauplatz noch einmal das legendäre Wagenrennen Ben Hurs verfolgen – aber auch Hans Jürgen Syberbergs PARSIFAL fand große Beachtung.

Der Erfolg von Massenzio war nicht selten überwältigend; sei es bei einer Filmnacht mit Marilyn Monroe, bei Science-Fiction-Filmen von Kubrik bis Spielberg, einer Western-Nacht, John Ford gewidmet, beim politischen Kino im Italien der siebziger Jahre mit Werken von Rosi, Bertolucci, Olmi, den Brüdern Taviani. Massenzio sei explodiert, hieß es 1980 im eher zurückhaltenden *Messagero*: zum Thema »Young and Innocent?« war das Forum förmlich aus den Nähten geplatzt; neue italienische Filmregisseure – von Nanni Moretti bis Maurizio Nichetti – hatten sich zu Wort gemeldet, und die Zuschauer bis hoch zum Capitol lauschten den Botschaften der jungen, oft leider auch nur deren Nonsense.

»Die Mitte der Welt ist da, wo man sich trifft. Im Kino.« Der Werbeslogan der deutschen Kinobranche, Ende der siebziger Jahre, hat unsere Kinos niemals charakterisieren können; wohl aber dies improvisierte Kino im sommerlichen Rom. Massenzio wird auf vielfältige Weise Ort einer sonst nur noch selten intakten öffentlichen Kommunikation; sei es bei Salaten, Pizzen und Wein an den vielen kleinen Bars und Buden des Forums, die den historischen Freilicht-»Palästen« angegliedert sind, sei es beim Tauschen der blassen bunten Starfotos (zum Einkleben ins Programmheft), die täglich zusammen mit Eintrittskarten in kleinen Tüten verteilt wurden. Der Freude des Sammelns und Ordnens ist sich hier kaum jemand zu schade. Unverkennbar die Tradition, in der ein Sommerfest wie Massenzio steht: Der römische Sommer überhaupt lehnt sich an die zahlreichen Straßen- und Stadtteil-Feste an (deren berühmteste die Festivals dell'Unità sind). Deren Erfolg, sagt Alberto Moravia, liege wiederum in der Vereinigung verschiedener Traditionen: der Bräuche der kirchlichen Feste, der Märkte und Stadtteil-Räte. Und gewiß, manch zeremonielle Formen, elementarer Austausch und demokratische Verfahren und Inhalte (schon bei der Organisation des Kinofestes) dürften auch die Anziehungskraft von Massenzio ausmachen.

Wohlgemerkt, es sind nicht die klimatisch günstigen Verhältnisse allein, die Veranstaltungen dieses Typs dort möglich, in Deutschland je-

doch kaum denkbar machen. Dem Kino zurückzugeben, was ihm (nicht nur in seinen Anfängen) einmal eigen war, das hat man hierzulande in den vergangenen Jahren immer wieder, doch vergeblich, versucht. Bei den internationalen Filmfestspielen Berlin etwa, in der »Ära Donner«, sollte schon die Hervorhebung des Schriftzuges FEST im Titel der Veranstaltung den steifen, elitären Festival-Charakter auflösen helfen. Alle Bemühungen aber, die FESTspiele volksnäher zu gestalten, kamen über Filmfestmütze, -schirm und -glühbirne kaum hinaus. Steril und von einer gewissen Traurigkeit sind in Berlin im kalten Februar die sogenannten Rahmenveranstaltungen geblieben. Auch das Filmfest der Filmemacher, zunächst in Hamburg abgehalten, wollte den volkstümlichen Charakter des Kinos betonen und so den Film dem Publikum näherbringen. Ein Kinozelt war zu diesem Zweck an der Alster aufgebaut, doch fanden die wichtigsten Filmvorführungen und Diskussionen anderenorts statt; das Zelt blieb den Kindern vorbehalten. Der Wunsch der Filmemacher aber, durch eigene Veranstaltungen den deutschen Film aus seiner elitären Ecke hervorzuholen, scheint, wie das Filmfest der Filmemacher überhaupt, in Vergessenheit zu geraten.
1982, beim Münchner »Vorfilm«-Fest stand die Idee der »Estate Romana« direkt Pate. Eine große Leinwand in der Alabama-Halle sollte den Zuschauern drinnen und draußen, je nach Wetterlage, den Blick vor allem auf populäre Musikfilme ermöglichen. Die Resonanz war jedoch keineswegs überwältigend; den Münchnern, die dieses Jahr unter der Leitung von Eberhard Hauff einen weiteren aufwendigen Versuch machten, steht wohl ein langer Weg zu einem populären deutschen Kinofest bevor. So wenig deutsche Veranstalter offenbar den eigenen Konzepten trauen, so wenig sie mit Elan an die Verwirklichung ihrer Pläne gehen – so wenig aufnahmebereit und neugierig zeigen sich die deutschen Zuschauer angesichts neuer Experimente. Kino-Enthusiasmus – sieht man einmal von den Hofer Filmtagen ab – will sich hierzulande nirgends einstellen; Kino als Volksfest scheint die Sache dieses Landes nicht. Doch auch ein anderer, vielleicht ebenso attraktiver Typ, eine andere Konzeption von Kino, hat sich in Deutschland nirgendwo durchsetzen können.

Lissabon, Hauptstadt von Portugal (mit Abstrichen könnte auch von Paris oder London die Rede sein). Jedermann in der portugiesischen Hauptstadt weiß: Wer sich hier kurzfristig zum Kinobesuch entschließt, hat – zumindest in einem der Premieren-Theater – nur geringe Aussichten, einen Platz zu finden. REDS, RAGTIME oder DIE STUNDE DES SIEGERS waren im vergangenen, GANDHI, TOOTSIE, SOPHIES ENTSCHEIDUNG in diesem Sommer abends ebenso ausverkauft wie zahlreiche andere Filme. Auch wer sich schon eine Stunde vor Beginn der Vorstellung einfand, kam vergeblich. Kein Wunder, denn die Erstaufführungstheater besitzen einen gemeinsamen Kartenvorverkauf. Dort, an einem Kiosk am Rossio, dem großen Platz im Herzen der Stadt, sichert sich der mit Ort und Gepflogenheiten Vertraute tunlichst rechtzeitig, oft schon Tage im voraus, seine Karten. Mit einer eben mal spontan realisierten Freizeitlaune hat das Kino hier nur wenig zu tun. Ein Kinobesuch will vorbereitet, geplant sein.

Die Lichtspieltheater in Lissabon bieten denn auch für eine solche Anstrengung den gebührenden äußeren Rahmen. Ob zu Anfang des Jahrhunderts oder in den letzten zwanzig Jahren erbaut, mehr dem verspielten Jugendstil oder der späteren kühlen Sachlichkeit verhaftet: gemein ist ihnen allen jener »gepflegte Prunk«, den Kracauer Mitte der zwanziger Jahre an den Berliner Vergnügungs-Palästen so geschätzt hat: etwas Erhabenes, Großzügiges, Verwöhnendes. Unvorstellbar einer der monumentalen Kino-Paläste ohne großräumiges Foyer, Garderobe, ohne liebevoll dekorierte Schaukästen und -fenster, schon gar nicht ohne Bar, die neben Snacks und Süßigkeiten erfrischende Getränke bereithält. Nicht selten sogar eine angrenzende Ladenstraße, ein direkt mit dem Kino verbundenes Restaurant. Gerade nachts entstehen dergestalt kleine, durchaus lebendige Zentren. Das Kino in der portugiesischen Hauptstadt ist, wie der »römische Sommer«, ein gerne und häufig in Anspruch genommenes Vergnügungsangebot. Was jedoch dort volksfesthafte, lockere, ungezwungene Züge trägt, strahlt hier eher die gediegene, vornehme Atmosphäre gehobener Unterhaltung aus.

Der Kinobesuch unterliegt relativ strengen Ritualen. Der technische Ablauf ist präzise, das Verhalten des Publikums auffallend korrekt. Elegant, bisweilen sogar festlich gekleidet treffen die Besucher lange vor Beginn der Vorführung ein; sie wissen, der Film beginnt pünktlich. Dann sonderbare Ruhe im Saal, kaum jemand wagt zu husten, als ob sich die Akteure auf der Leinwand gestört fühlen könnten. Die Konzentration der Besucher hält, über zwei Drittel des Films, ungebrochen an – bis zur Pause. Solch mutwillige Unterbrechung würde bei uns wahre Proteststürme auslösen, in vielen Ländern ist sie jedoch aus einer Filmvorführung nicht wegzudenken. Denn jetzt erst löst sich die zuvor spürbare Anstrengung, für wenige Minuten, draußen an der Bar. Es wird geredet, man beobachtet, wird beobachtet, kurz: Man braucht und schätzt dieses kurze Zwischenspiel. So zelebriert, ist der Kino- unserem Theaterbesuch durchaus verwandt, gerät zum großen Ereignis einer (klein)bürgerlichen Welt.

In Deutschland aber ist das Kino immer nur eine eher beiläufige Sache gewesen, ein eher (all-)gemeines Vergnügen, kurzweilig und ohne Pomp. Der Zustand unserer Kinos spiegelt nicht zuletzt diese Haltung wider, gerade in den letzten Jahren. Von einst prunkvollen Fassaden sind allenfalls die Portale geblieben, selten findet man noch üppige, bunte Neonschriften oder die großen, Zuschauer anlockenden Außenplakate. Geradezu abschreckend wirken dagegen die synthetischen Klänge von Videospielautomaten, die Kinofoyers gelegentlich zu Spielhallen werden lassen. Eine Garderobe und eine reich ausgestattete Bar wird man fast überall vergeblich suchen. Der Weg von der Kasse ins Kino führt selten noch durch festliche Vorhallen und großzügige Treppenaufgänge. In der Regel gelangt man statt dessen durch endlos scheinende Gänge, über winklige Treppen, hinauf und hinunter (und der Orientierung innerhalb des Gebäudes längst verlustig) in einen mäßig modernen, doch billig ausgestatteten kleinen Raum. Merkwürdig, daß sich für diese Prozedur, welche die Kinobranche verächtlich dem zehn Mark zahlenden Besucher aufzwingt, und für diese Kellerräume noch der Begriff vom Kino halten konnte.

Verkümmert ist, was man früher – in den fünfziger, noch in den sechziger Jahren – als Kinovorstellung bezeichnen durfte. So schäbig nicht selten das ganze Vorprogramm gewesen sein mag: Werbung, Vor- und Kulturfilm wie Wochenschau haben einmal den Kinoabend eingeleitet, ja, es gehörte zum Vergnügen des Publikums, dieses bisweilen sinnlose oder nur komische Spektakel mit Gelächter, Pfiffen und Kommentaren zu begleiten. Viele Besucher legten Wert darauf, von Anfang an im Kino zu sitzen, sich langsam auf den Hauptfilm einzustimmen. Zu den Ritualen des Kinos gehörte auch die Inszenierung des Saal-Lichtes, halbe Verdunklung bei Werbung und Vorfilm, das bedächtige völlige Auslöschen vor dem Hauptfilm, die besondere Illumination des Vorhangs, schließlich auch das Ertönen eines Kinogongs. Doch wie viele Kinos besitzen noch einen Vorhang, der zur Seite oder gar nach oben gezogen werden könnte? Kino ist heute, auf die Projektion eines Hauptfilms reduziert und aller seiner zeremoniellen Varianten beraubt, nur noch eine spröde, wenig lustvolle Sache.

Gegen die Vernichtung des Kinos, seiner Rituale und seiner Architektur, soweit sie uns als Ausdruck der bürgerlichen Unterhaltung ein Lebensentwurf gegen den Arbeitsalltag sein könnten, hat sich hierzulande niemand so recht zur Wehr gesetzt. Weder die privaten noch die – zweifellos verdienstvollen – halb- und kommunalen Kinos. Letztere haben, zu sehr auf die Förderung des Films bedacht, wichtige Aspekte des Kinos arg vernachlässigt (vielleicht aus finanziellen Gründen vernachlässigen müssen). So wurde zwar dank ihrer Initiative der »Neue Deutsche Film« gefördert, nicht aber ein »Neues Deutsches Kino«, von dem ohnehin nirgend die Rede ist. Der Name »Abspielstätte«, der sich für derartige Kinos bisweilen eingebürgert hat, spricht für sich selbst. Nicht wenige bezeichnen – trotz hervorragender Programme – das Berliner Arsenal als einen heruntergekommenen Schuppen; betreten mit dem Düsseldorfer Filmforum nur den Vorführsaal eines Instituts; wollen und können nicht übersehen, daß die Kölner Cinemathek und das Frankfurter Kommunale Kino – behelfsmäßig in einem Museum untergebracht – nicht gerade der Ort sind, an dem man gerne einen Abend lang Filme genießt. »Abspielstätten« waren es also, die über Jahre hinweg als einzige unsere Filmkultur belebten; zugleich sind sie mit ihrer augenfeindlichen funktionalen Architektur und ihrem rigiden, asketischen Umgang mit Filmen nur dürftige Gegenentwürfe im Vergleich mit dem, was Kino in anderen Ländern noch ist. Auch deswegen kommt die Krise der kommunalen Kinos jetzt nicht von ungefähr. Film ist eben nicht nur eine Sache der Bildung.

Hierzulande ist die Verarmung der sinnlichen Rituale, gepaart mit dem Rückzug aus einer politischen Öffentlichkeit, natürlich nicht auf das Kino beschränkt geblieben. Die Zerstörung der Lichtspieltheater reiht sich nahtlos ein in die bedenkenlose Vernichtung traditioneller Bausubstanz (als einer Quelle der sinnlichen Erfahrung eigener Kultur-Geschichte), wie sie vor allem seit den fünfziger Jahren für eine »fortschrittliche« Stadtsanierung exemplarisch geworden ist; daß in die Kinos schließlich Banken und Supermärkte eingezogen sind, eine rüde Geschäftigkeit die einstigen Stätten des Vergnügens verdrängt hat, zeigt eindringlich die Interessen, die nicht selten die Kulturzerstörung »in Kauf« genommen haben.

Allenthalben ist man in Deutschland nicht eben zimperlich mit kulturellen Traditionen umgegangen. Der Niedergang unseres Zirkus ist genauso wenig zufällig wie die Tatsache, daß die alten Warenhäuser samt dem einmal gepflegten besonderen Habitus des Auswählens und Kaufens von kümmerlichen modernen abgelöst worden sind (das Buchungsverfahren per Bildschirmtext könnte selbst diese bald gänzlich überflüssig machen); ja, noch die Reformierung der katholischen Liturgiefeier, wo sinnliche Rituale durch verbale Erziehungsmethoden ersetzt, wo architektonische Lebensentwürfe durch die Zerstörung der Kircheninnenräume ihres Sinns entleert wurden, fügt sich in diese Entwicklung ein.

Die Zerstörung der Lichtspielhaus-Kultur kommt spät, allerdings wird sie um so radikaler betrieben. Während in den siebziger Jahren, was die »Modernisierung« der Stadtlandschaften angeht, in vielen Teilen der Bevölkerung ein spürbarer Sinneswandel gegenüber der hemmungslosen Aufbau- und Neugestaltungsfreude der fünfziger Jahre eingetreten ist, sich dem rücksichtslosen, gleichwohl geplanten Abbau geschichtsträchtiger und wohnlicher Architektur – ebenso wie dem absehbaren Untergang von großen Bereichen der Natur – zahlreiche (Bürger-)Initiativen in den Weg stellten, bald kaum noch ein Warenhaus, ein Marktplatz, ein Altstadtgebiet, eine Umgehungsstraße ohne Einsprüche der Bürger umzubauen war, blieben nennenswerte Proteste gegen die Destruktion der Lichtspieltheater (vom Berliner Universum einmal abgesehen) fast gänzlich aus. So sind heute auch die letzten Kino-Denkmäler zur Zerstörung freigegeben. Die alten Kinos: wozu brauchen wir sie noch?

Frankfurt am Main, eine Kneipe im Stadtteil Sachsenhausen, Anfang der achtziger Jahre. Ein Raumschiff gleitet lautlos durchs All, die

Menschen kämpfen im gleißenden Licht der Sonne ums Überleben ihres Planeten. Auf der riesigen 70-m-Leinwand im Frankfurter Kino Royal, begleitet vom berstenden Ton der Mehrkanal-Stereoanlage, hätte die Premiere des neuen Weltraumabenteuers aus Hollywood zu einem feierlichen Kinoereignis werden können. Im Zigarettendunst feucht-fröhlicher Kneipenseligkeit jedoch verkommt sie zum jammervollen Bildschirm-Debüt. Eine Raubkopie, von Video-Piraten noch vor der deutschen Erstaufführung in Umlauf gebracht, dient hier als Attraktion. Immerhin erregt der Film auch an diesem unwirtlichen Ort – wie immer Rechtslage und Bildqualität auch sein mögen – noch eine gewisse Aufmerksamkeit. Das Aktuellste zum Nulltarif: Der Kinofilm als Kneipenknüller. Ein wenig aufregendes, doch höchst drastisches Beispiel dafür, wo und wie der Kinofilm einmal (ver)enden könnte. Zwar geht es, wenn vom »neuen« Medium, von Video-Film und Bildplatte die Rede ist, woanders in der Regel legaler zu – doch nur selten weniger trostlos.

Stadtteil Bornheim. Ehemals ein Pornoladen, nutzte der Betreiber vor zwei Jahren, als es mit dem Verkauf von Kassetten nicht mehr so recht klappen wollte, die Gunst der Stunde und reicherte seinen Porno-Verleih zusehends mit Spielfilmen an. Nichts Glanzvolles oder Buntes, wie etwa die anderen Videotheken der Stadt, strahlen die düsteren Räume des kleinen Supermarkts aus. Dennoch ist er vorübergehend zum Zentrum der modernen Medienwelt avanciert und findet regen Zuspruch. Film als Ware: Ein Kunde nach dem anderen blättert zunächst die fünfzig Mark Mitgliedsbeitrag auf die Ladentheke (immerhin verzeichnet die Kartei schon siebentausend feste Kunden), nur wenige Mark muß er für jede geliehene Filmkassette ausgeben. Das ist zwar insgesamt nicht weniger Geld als fürs »große Kino«, doch können am Abend ohne Aufpreis zugleich mehrere Personen der »Aufführung« beiwohnen. Das Geschäft floriert – nicht mehr zu übersehen die Menschen, die mit Plastiktüten voller Filme (selten wird nur eine einzige Kassette ausgeliehen) aus den Videotheken kommen, um sich zu Hause dem »Vierten Programm« zu widmen.

Ein Programm, das auf den ersten Blick ebenso reichhaltig wie unübersichtlich erscheint. Knapp hundert Anbieter bringen bisweilen in einer Woche allein dreißig neue Titel auf den Markt, jeder halbwegs erfolgreiche Kinofilm ist, früher oder später, in den Regalen der Videotheken zu finden. Ein rundes Dutzend bunte (Branchen-)Blätter – weit mehr Zeitschriften, als je über das Kino in Deutschland informiert haben – stellt die neuen Produktionen vor. Spätestens beim

Vergleich der suspekten Hitlisten, welche die meistgefragten Titel anführen, erkennt man jedoch, daß die Vielfalt des Marktes nur wieder Einfalt bedeutet, wieder nur die altbekannten, einschlägigen Titel das Geschäft machen: AUF DEM HIGHWAY IST DIE HÖLLE LOS, ARTHUR und CONAN, DIE KLAPPERSCHLANGE, auch viel James Bond, LEBEN UND STERBEN LASSEN, MOONRAKER. Was Fernsehen nicht bietet – kurz: Sex und Action, treffender aber Porno und Brutalität – ist gefragt. So erobert der Kinofilm auf dem kleinen Umweg über die »Leihbibliotheken der Zukunft« (solange es das Pay-TV noch nicht gibt) die Bildschirme unserer Wohnzimmer. Das »private Fernsehen« (das mehr denn je auch bedeutet: das Kino zu Hause) ist schon da. Auf seine Art sogar führend in Europa.

Es war nicht zuletzt das Fernsehen, das, mit Akribie der Filmkultur verschrieben, uns auf den Video-Film bestens vorbereitet hat. Dank seiner Hilfe konnten sich die Zuschauer längst an das kleine Bild, die »schwarzen Balken», den mäßigen Ton, das halbdunkle Zimmer, die häusliche Unruhe, nicht zuletzt also auch an eine gewisse Beiläufigkeit beim Sehen eines Spielfilms gewöhnen. Natürlich haben sich gleichzeitig auch die Filme in ihrer Syntax und Grammatik immer weiter vom Kino entfernt und dem Bildschirm angenähert. Und doch ist den Filmen eine Öffentlichkeit erhalten geblieben, wenngleich nur die »Öffentlichkeit des Bildschirms«, die sich – verzögert – womöglich erst am nächsten Tag in der Straßenbahn, am Arbeitsplatz oder in der Schule einstellen konnte, immerhin aber noch die Möglichkeit des gemeinsamen Austausches über »gemeinsam« gesehene Filme bot. Auch durch die Aufmerksamkeit, die dem Fernsehen in der Tagespresse zukommt, ist der Film im Fernsehen nicht zur ganz privaten Sache verkommen.

Mit Video und Bildplatte stehen uns indes andere Zeiten bevor. Indem diese neuen Medien die Spielfilme sowohl aus dem Sendeschema des Fernsehens als auch von der Ort- und Zeitgebundenheit des Kinos lösen, kann von einer Massenkommunikation, von jener Hoffnung des Kinos, öffentliche Prozesse in Gang zu setzen, keine Rede mehr sein. Hat das Fernsehen die Menschen süchtig gemacht nach einer betäubenden Flut von Bildern, nach Video und Bildplatte – nicht zuletzt durch das riesige Angebot an dunklen, dumpfen, dummen Filmen –, so können sie jetzt in ihren Wohnzimmern über diese Bilder auch beliebig verfügen. Schlechte Aussichten für das Kino: denn nicht Fernsehen, erst Video ist die (Spielfilm-)Droge.

Hans Günther Pflaum
Tod in Hollywood

Filmchronik 1982/83

Diese Chronik wichtiger Ereignisse im Filmbereich schließt an jene der vorausgegangenen Jahrbücher an; wieder folgt die Auswahl der Meldungen und Daten subjektiven Kriterien und konzentriert sich auf Ereignisse, die den Film der Bundesrepublik betreffen. Der Zeitraum der Chronik wird von den Druckterminen des Jahrbuchs bestimmt.

August 1982

Am offiziellen Wettbewerb des 6. World Film Festival in *Montreal* nehmen Niklaus Schilling mit DER WESTEN LEUCHTET und Wolf Gremm mit KAMIKAZE 1989 teil. Zusätzlich laufen Syberbergs PARSIFAL, Margarethe von Trottas DIE BLEIERNE ZEIT und Werner Schroeters TAG DER IDIOTEN (20.–31. August).
Zur Teilnahme am Wettbewerb der Filmfestspiele von *Venedig* wurden vier Beiträge aus der Bundesrepublik eingeladen: DER STAND DER DINGE von Wim Wenders, QUERELLE von Rainer Werner Fassbinder, FÜNF LETZTE TAGE von Percy Adlon und der vom Saarländischen Fernsehen produzierte IMPERATIV von Krzysztof Zanussi (28.8.–9.9.).
Am 28. August starb *Ingrid Bergman* im Alter von 67 Jahren. Nach einem Schauspielstudium an der Königlichen Schauspielschule in Stockholm begann ihre Karriere in Filmen von Gustaf Molander, bevor sie David O. Selznick 1939 nach Hollywood holte. Ihre schönsten Filmrollen hatte sie bei Michael Curtiz in CASABLANCA und in mehreren Arbeiten von Alfred Hitchcock (SPELLBOUND, NOTORIOUS u. a.). 1950 ging Ingrid Bergman nach Italien und spielte in sechs Filmen von Roberto Rossellini, mit dem sie auch verheiratet war. Für ihre Lady Alquist in Cukors GASLIGHT (1944) bekam sie ihren ersten Oscar, weitere folgten.
Im Alter von 77 Jahren stirbt der Schauspieler *Henry Fonda*. Nachdem er aus finanziellen Gründen ein Journalistikstudium aufgeben mußte, spielte er bei der »Omaha Community Playhouse« Theater. Seine Filmkarriere begann 1935 in Victor Flemings THE FARMER TAKES A WIFE, der Verfilmung eines Bühnenstücks, in dem Fonda bereits am Broadway Erfolge gefeiert hatte. Er spielte in Filmen von Raoul Walsh, Alfred Hitchcock, Fritz Lang u. a.; seine schönsten Rollen aber bekam er von John Ford: die Titelrolle in YOUNG MR. LINCOLN, den Tom Joad in THE GRAPES OF WRATH und den Wyatt Earp in MY DARLING CLEMENTINE.
Am 6. August stirbt im Alter von 93 Jahren der deutsche Kulturfilmpionier *Hans Cürlis*. Als Kunsthistoriker übernahm er 1918 das Filmreferat des Auswärtigen Amts, 1919 gründete er das Institut für Kulturforschung. Cürlis hat über 500 Filme gedreht, die meisten davon über kunsthistorische Themen.
Filmpolitik eines Bundespräsidenten: *Karl Carstens* empfängt in seiner Bonner Residenz zum ersten Mal einen Schauspieler; dafür hat er sich keinen kleineren ausgesucht als den italienischen Prügel-Champion Carlo Pedersoli alias *Bud Spencer*.
Bei den 35. Internationalen Filmfestspielen von *Locarno* beschließt die offizielle Jury, keinen Preis zu vergeben. Eine von der Festivalleitung und ihren Mitarbeitern spontan berufene ad-hoc-Jury korrigierte diesen Entschluß und vergab, ermutigt durch eine anonyme Geldspende, einen Preis an Herbert Achternbusch für seinen Film DAS LETZTE LOCH.

Am 5. August stirbt in Nürnberg der Schauspieler *Dieter Borsche* (72). Der ursprüngliche Tänzer (Ausbildung bei Harald Kreutzberg) war in den 50er Jahren ein Star im Kino der Bundesrepublik; mit dem deutschen Film wurden auch seine Rollen immer unbedeutender.
Im Alter von 85 Jahren starb der in Brasilien geborene Regisseur *Alberto Cavalcanti,* der in den 20er Jahren in der französischen Avantgarde, in den 30ern im britischen Dokumentarfilm tätig war. 1955 verfilmte er mit Curt Bois HERR PUNTILA UND SEIN KNECHT MATTI.
Beim 12. Internationalen Kinder- und Jugendfilmfestival in *Giffoni* (Italien) wird KLEINER MANN WAS TUN? von Uschi Madeisky und Klaus Werner mit einer Goldmedaille ausgezeichnet.
Im Alter von 53 Jahren stirbt die schwedische Schauspielerin *Ulla Jacobsson.* Bereits mit ihrer zweiten Filmrolle, in SIE TANZTE NUR EINEN SOMMER (1951) von Arne Mattsson, wurde sie international bekannt. 1975 spielte sie in Fassbinders FAUSTRECHT DER FREIHEIT.
Hamburgs schönstes Kino, das *Esplanade,* soll geschlossen werden, weil die Eigentümerin, die Zentralkasse Norddeutscher Banken, Eigenbedarf geltend macht. Versuche der Gegenwehr durch Publikums-Initiativen bleiben erfolglos.

September 1982

Bei der 50. Filmbiennale in *Venedig* werden elf Regisseure für ihr Gesamtwerk mit einem Goldenen Löwen ehrenhalber ausgezeichnet. Unter ihnen, als einziger deutscher Filmemacher, ist *Alexander Kluge.*
Wim Wenders gewinnt den Wettbewerb der Filmfestspiele von *Venedig*: DER STAND DER DINGE wird mit dem Goldenen Löwen ausgezeichnet. Ein Spezialpreis der Jury geht an Zanussis deutsche TV-Produktion IMPERATIV. Percy Adlons FÜNF LETZTE TAGE gewinnt den Preis der Ökumenischen Jury.
Die *Vergabekommission der Filmförderungsanstalt* beschließt die Förderung von Rüdiger Nüchterns Projekt BOLERO.
Die *Bayerische Filmförderung* fördert die Projekte DIE UNENDLICHE GESCHICHTE (damals mit Helmut Dietl als Regisseur, inzwischen inszeniert Wolfgang Petersen), DIE SCHAUKEL (Percy Adlon) und DIE LEICHTEN ZEITEN SIND VORBEI (Ulli Weiss).
In seiner ersten Sitzung nach Inkrafttreten der neuen Grundsätze fördert der *Berliner Kreditausschuß* Hans W. Geissendörfers Highsmith-Verfilmung EDITHS TAGEBUCH.
Der Auswahlausschuß des *Kuratoriums junger deutscher Film* beschloß die Förderung folgender Projekte: AUSSORTIERT (Ezra Gerhardt, Alf Böhmert), BURGER KRIEG (Klaus Maeck), CRAZY WOMAN (Renate Härtl), FISCHREISE (Herbert Brödl), GLASDRECK (Bernie Stampfer), HAND IN HAND (Christopher Roth), HUR UND HEILIG (Cornelia Schlingmann), KING KONGS FAUST (Heiner Stadler), MONTAG (Florian Prey), ROLLE RÜCKWÄRTS (Josef Ehrenfellner), DER FLIEGENDE TEPPICH (Andreas Hertel), WIE IM KINO (Harald Schleicher).
Insgesamt 23 Filme aus der Bundesrepublik nahmen am Festival in *San Sebastian* teil, das inzwischen den A-Status verloren hat und keinen Wettbewerb mehr austrägt. Immerhin gab es u. a. eine OCIC-Jury, die ihren Preis an Werner Herzogs FITZCARRALDO vergab.
Bei einem Verkehrsunfall kam am 14.9. die Fürstin von Monaco ums Leben. Als *Grace Kelly* wurde sie durch ihre Rolle in Zinnemanns HIGH NOON (1952) weltberühmt; später spielte sie in Hitchcocks Filmen DIAL M FOR MURDER, REAR WINDOW und TO CATCH A THIEF. Die Werbebranche hatte ihr das Prädikat »Mädchen aus rostfreiem Stahl« zugedacht; als kühle Blondine begeisterte sie Hitchcock.
Am 29. September feiert der italienische Regisseur *Michelangelo Antonioni* seinen 70. Ge-

burtstag. Der in Ferrara geborene Regisseur drehte schon 1939 seinen ersten Film, seine wichtigsten Arbeiten realisierte er zwischen 1955 und 1965: LE AMICHE, IL GRIDO, L'AVVENTURA, LA NOTTE, L'ECLISSE und DESERTO ROSSO. Seinen größten Publikumserfolg feierte er 1966 mit BLOW UP.
Am 24. September wird das *20. New York Film Festival* mit Fassbinders DIE SEHNSUCHT DER VERONIKA VOSS eröffnet, auch BOLWIESER steht im Programm. Beendet wird das Programm mit Herzogs FITZCARRALDO.
Franz Grothe, der zu mehr als 150 deutschen Filmen die Musik komponiert hatte, stirbt im Alter von 73 Jahren in Köln.

Oktober 1982

Die *Vergabe-Kommission der Filmförderungsanstalt* beschließt die Förderung folgender Projekte: HEIM-SUCHUNG (Gaby Zerhau), DIE MITLÄUFER (Eberhard Itzenplitz/Erwin Leiser), DIE SCHAUKEL (Percy Adlon), EINE BRANDUNG IM ASPHALT (Hartmut Jahn), ETWAS WIRD GESCHEHEN (Enzo di Calogero), TRÄNEN IN FLORENZ (Marianne Schäfer/Peter Rueben). Die deutsch-französische Kommission der FFA beschließt die Förderung von WINTERSCHLAF (Peter Lilienthal) und von DEUTSCH IST SCHÖN (Annette Carducci-Bauer).
Produktionsförderung des Landes Nordrhein-Westfalen erhalten die Filmprojekte: DIE KURVE KRIEGEN (Monika Teuber), TRÄNEN IN FLORENZ (Marianne Schäfer/Peter Rueben), URK – INSEL AUF DEM FESTLAND (Axel Engstfeld), UND WENN SIE NICHT GEBOREN WERDEN... (Marie-Luise Buchczik), RUHRCHRONIK: RÄUMUNG UND ABRISS DES HAUSES AUGUSTSTR. 5 (Ruhrfilmzentrum), ... UND IN ZEHN SEKUNDEN IST ALLES VORBEI (Fosco Dubini), MAHLZEIT (Viktor Boiko).
Am 4. Oktober feiert *Luis Trenker* seinen 90. Geburtstag; Trenker, gelernter Architekt aus Südtirol, kam wegen seines bergsteigerischen Könnens zum Film und machte zunächst bei Arnold Fanck Karriere. Voreilig werden seine eigenen Bergfilme in die Ecke der Nazis gerückt – doch Trenker stand auf Goebbels Abschußliste, vor allem wegen DER FEUERTEUFEL. Sein schönster Film ist DER VERLORENE SOHN, sein merkwürdigster FLUCHT IN DIE DOLOMITEN – da hatte Pasolini am Drehbuch mitgearbeitet.
Der ins Ausland geflohene türkische Filmemacher *Yilmaz Güney,* der in Cannes 1982 für YOL die »Goldene Palme« gewonnen hatte, wurde von der Militärjunta in Ankara ausgebürgert. Güney hatte die Aufforderungen zur Rückkehr in die Türkei nicht befolgt.
Xaver Schwarzenberger erhält für seine Arbeit in DIE SEHNSUCHT DER VERONIKA VOSS den Deutschen Kamerapreis, vergeben von der Stadt Köln und der Deutschen Gesellschaft für Photographie. In der Kategorie »Dokumentarfilm« wurde Alfred Ebner für JONNY GRANAT – EINE GESCHICHTE AUS DITHMARSCHEN ausgezeichnet.
Mannheimer Filmwoche: Der Große Preis der Stadt Mannheim geht an den sowjetischen Film DIE NACHT IST KURZ von M. Belikow. ROSEN IM DEZEMBER von Ana Carrigan und Bernard Stone (USA) erhält den Sonderpreis des Oberbürgermeisters. Mit dem »Josef-von-Sternberg-Preis« wird MOURIR A TRENTE ANS von Romain Goupil ausgezeichnet. Werner Nekes erhält für ULIISSES einen der fünf »Filmdukaten«.
Die *EG-Kommission* verzichtet auf die angedrohte Klage vor dem Europäischen Gerichtshof gegen die Filmförderung der Bundesrepublik.
Arbeiten deutscher Regisseure zählen zu den Höhepunkten der 16. Internationalen *Hofer Filmtage*: DER DEPP und DAS GESPENST von Herbert Achternbusch, DER STAND DER DINGE von Wim Wenders und KRIEG UND FRIEDEN von Kluge, Schlöndorff, Aust und Engstfeld.
In München, fast in Vergessenheit lebend, feiert *Carl Junghans* seinen 85. Geburtstag. Junghans, gebürtiger Dresdner, hatte einen der wichtigsten deutschen Filme der ausge-

henden Stummfilmzeit gedreht, SO IST DAS LEBEN (1929), mit Vera Baranowskaja in der Hauptrolle. 1936 konnte er noch den offiziellen Film über die Winter-Olympiade in Garmisch drehen, ein entschiedenes Gegenstück zum Sommer-Olympia-Film der Leni Riefenstahl. 1938 geriet er wegen seiner Fallada-Verfilmung ALTES HERZ GEHT AUF DIE REISE in die Schußlinie der Nazis und mußte 1939 auf abenteuerliche Weise emigrieren. 1963 kehrte er zurück, konnte aber nicht mehr in seinem Beruf Fuß fassen.
Der Stiftungsrat des *Kuratorium junger deutscher Film* beruft einen neuen Auswahlausschuß, in dem lt. epd »eine konservative Mehrheit« zu befürchten ist. Die neuen Mitglieder: Dr. Wolfgang Eberl (Bayerisches Kultusministerium), Ursula Ludwig (Literarisches Colloquium Berlin), Margarete von Schwarzkopf (Hannover, schreibt für »Die Welt«), Thomas Engel (Gilde deutscher Filmkunsttheater, schreibt im »Bayernkurier«), Josef Göhlen (im ZDF Redakteur für Kinderfilme) und Walter Schobert (Deutsches Filmmuseum, Frankfurt).
Am 5.10. verstarb im Alter von 65 Jahren der Schauspieler *François Simon,* der Sohn von Michel Simon. François hatte seine schönsten Filmrollen bei Claude Goretta gespielt, u. a. in L'INVITATION.
Ein von der Export-Union des Deutschen Films berufenes Auswahlgremium hat Werner Herzogs FITZCARRALDO als Beitrag der Bundesrepublik zur Teilnahme am *Oscar-Wettbewerb* für den besten nicht-englischsprachigen Film vorgeschlagen.

November 1982

Am 5. 11. stirbt in Paris *Jacques Tati* (75). »Tati knüpft an dem Punkt an, an dem wir vor 40 Jahren stehengeblieben waren« (Buster Keaton). Sein Filmego, Monsieur Hulot, wurde spätestens mit MON ONCLE (den Truffaut als »Dokumentarfilm von morgen« bezeichnet hat) zum Einzelgänger auf dem Rückzug, und die Resignation, die in seiner Komik steckte, ließ Tati zu allen Zeiten unmodern wirken – dabei wurde die experimentelle Organisation des Raums in seinen Einstellungen fahrlässig übersehen: Tati war kein gestriger Künstler.
Das *Bundesministerium des Innern* fördert folgende Kinder- und Jugendspielfilmvorhaben: LISA UND DER RIESE (Thomas Draeger), EINHORNJAGD (Haro Senft), FLUSSFAHRT MIT HUHN (Arend Agthe), DER WEISSE BÄR (Nicolas Gessner). Und den Dokumentarfilm DER WOLF IST MEIN BRUDER von Marie Bardischewski.
Der Aufsichtsrat der Internationalen Münchner Filmwochen GmbH hat den Mitgeschäftsführer der Multimedia, *Eberhard Hauff,* zum Leiter des künftigen Münchner Filmfests ernannt.
Francesco Rosi feiert seinen 60. Geburtstag. Der gebürtige Neapolitaner begann seine Filmlaufbahn als Assistent von Luchino Visconti und drehte 1958 mit LA SFIDA seinen ersten eigenen Spielfilm. Weltbekannt wurde er mit seinem Mafia-Film SALVATORE GIULIANO (1961), mit dem Bauspekulanten-Krimi HÄNDE ÜBER DER STADT (1963) und dem Stierkämpfer-Epos DER AUGENBLICK DER WAHRHEIT (1964) – Filme, die die enggewordenen Grenzen des Neorealismus erweiterten. Nach einigen eher enttäuschenden Politkrimis gelangen ihm mit CHRISTUS KAM NUR BIS EBOLI (1978) und DREI BRÜDER (1981) wieder zwei Meisterwerke.
Der Vergabeausschuß der *Bayerischen Filmförderung* beschließt die Förderung der Projekte HEIM-SUCHUNG (Gaby Zerhau), WINTERSONNE (Ulrike Reim) und TRÄUME OHNE SCHATTEN (Gabriel Heim); Nachwuchsförderung: MIMI KOMMT GROSS RAUS (Helmer von Lützelburg).
In Rom verstarb der italienische Regisseur *Elio Petri* (53), Spezialist für sozialkritische Fil-

me und Politthriller; sein bekanntester Film war ERMITTLUNGEN GEGEN EINEN ÜBER JEDEN VERDACHT ERHABENEN BÜRGER (1969/70).
Das *Bundesministerium des Innern* fördert folgende programmfüllende Filmvorhaben ohne Spielhandlung: MARTIN NIEMÖLLER – DAS EVANGELIUM KEHRT ZURÜCK (Hannes Richter/ Wolfgang Karnick), HAUPTSTADT DER SCHMERZEN (Hartmut Bitomsky), DÜCHTICH HÄBT WIE DANZT (Ingrid Anna Fischer).
Axel Engstfelds Film VON RICHTERN UND ANDEREN SYMPATHISANTEN läuft als Beitrag aus der Bundesrepublik bei der 25. Internationalen Kurz- und Dokumentarfilmwoche in *Leipzig* (19.–26.11.) und erhält ein Ehrendiplom der Jury. Die »Goldenen Tauben« gehen an ZWEI TAGE IM AUGUST von Karl Gass, an das kubanische Belafonte-Porträt MANCHMAL BETRACHTE ICH MEIN LEBEN von Orlando Rojas und an die sechsteilige Serie BUSCH SINGT, zu der der verstorbene Konrad Wolf den Anstoß gegeben hatte.
Das *Bundesministerium des Innern* fördert folgende Spielfilmvorhaben: DORIAN GRAY IM SPIEGEL DER BOULEVARDPRESSE (Ulrike Ottinger), WURLITZER GESCHICHTEN (Antje Starost, Hans Helmut Grotjahn), WINTERSCHLAF (Peter Lilienthal), DUO VALENTIANOS (Gertrud Pinkus) und NEMESIS (Hans Zischler).
Fünf deutsche Produktionen (bzw. Co-Produktionen) liegen lt. »Variety« auf den Plätzen der *50 Top-Grossing-Films*: FITZCARRALDO, LOLA (der bei seinem Start in New York den Hausrekord schlug), DAS BOOT, MEPHISTO und DIE SEHNSUCHT DER VERONIKA VOSS.
Tchibo will ins Video-Geschäft einsteigen; um den Kaffee-Verkauf anzukurbeln, sollen in den Ketten-Läden nun auch Video-Kassetten zu Dumping-Preisen angeboten werden.
Das international renommierte Dokumentarfilmstudio *Heynowski & Scheumann* (DDR), das in einer ungewöhnlichen Selbständigkeit arbeiten konnte, ist aufgelöst worden.
In München fand der *2. Wettbewerb Europäischer Filmhochschulen* (7.–14.11.) statt; 21 Hochschulen haben sich daran beteiligt. Für das interessanteste Schulprogramm wurde das Royal College of Art (London) ausgezeichnet. Weitere Preise: BÜVÖS PILLANTOK von Emil Novak (Ungarn) in der Kategorie Spielfilm. Dokumentarfilm: MOJI VRSNJACI von Mladen Mitrovic (Jugoslawien). Experimentalfilm: DIE HAMBURGER THEORIE von Paul Cohen (Holland).
Die deutschen Amateurfilme INGRID (F.J. Sonntag) UNENDLICH NAH – EINE KLEINE LIEBESGESCHICHTE (Bernd und Heidi Umbreit) und VODU – HEILUNG UND BESESSENHEIT IN TOGO (Daniela Weise, Tobias Wandl) sind unter den Preisträgern der *Friedberger Tage des internationalen religiösen Films*. Bei den Profi-Filmen wurden ebenfalls drei deutsche Produktionen ausgezeichnet: STUMME SCHREIE (Elke Jonigkeit, Hartmut Kaminski), ICH SAH EINEN ENGEL (Marietta Peitz) und MÄNNERRECHT – FRAUENLEID (Mehrangi Montazami-Dabui).
Die Retrospektive der *XXIV. Nordischen Filmtage in Lübeck* ist dem in Schweden arbeitenden finnischen Regisseur Jörn Donner gewidmet. Die »Lübecker Filmlinse«, ein von einer örtlichen Tageszeitung gestifteter Publikumspreis, geht an DER BAUM DER ERKENNTNIS von Nils Malmros.
Weitgehend unverändert bleibt die neu besetzte *Vergabekommission der Filmförderungsanstalt* im Amt: Manfred Purzer (für den Bundestag!!!), Dr. Maximilian von Andrenyi (Bundesrat), Gunter Witte (ARD), Klaus Brüne (ZDF), Gerhard Closmann und Artur Mest (HDF), Hilmar Hoffmann und Gesine Strempel (Spielfilmproduzenten-Verbände), Hans Jürgen Weber (Journalistenverbände), Horst von Hartlieb (Verleiher-Verband), Wilhelm Schätzler (Kirchen).
Bei der *Duisburger Filmwoche*, dem wichtigsten Treffpunkt bundesdeutscher Dokumentaristen, sind erstmals Super-8-Filme und Video-Arbeiten ins Programm einbezogen worden.
Im Alter von 88 Jahren verstarb Regisseur *King Vidor*; ursprünglich Journalist, kam Vidor

bereits 1915 nach Hollywood. Er zählte nie zu den ganz großen Regisseuren und hat doch nie einen miserablen Film gedreht. Seine besten Arbeiten waren Western: DUEL IN THE SUN und THE MAN WITHOUT A STAR (Mit stahlharter Faust; 1954), sowie sein ermutigendes Wirtschaftskrisen-Drama OUR DAILY BREAD (1934). Bekannter wurden seine aufwendigeren, pathetischeren Filme wie NORTHWEST PASSAGE (1940) und KRIEG UND FRIEDEN (1956).

Dezember 1982

Mittel aus der *Berlin-Förderung* erhalten Volker Schlöndorff für HOTEL DE LA PAIX und Andrzej Wajda für EINE LIEBE IN DEUTSCHLAND. Erstmals wurden auch low-budget-Projekte gefördert: die Spielfilmvorhaben FINDERLOHN von Christoph Busse und PASO DOBLE von Lothar Lambert sowie das Dokumentarfilmprojekt DIE 24-STUNDEN-STADT von Barry Graves und Waldemar Overkämping.

Am Alter von 49 Jahren verstarb der aus England stammende amerikanische Komiker *Marty Feldman.* Nach zahlreichen Fernseh-Auftritten hatte er eine erfolgreiche Kino-Karriere begonnen und seine schönste Rolle in SILENT MOVIE von Mel Brooks gespielt. Feldman starb während Dreharbeiten in Mexiko.

In Campinas (São Paulo) verstarb *Lima Barreto* (72); der brasilianische Regisseur ist vor allem durch seine Räuberballade O CANGACEIRO (1953) weltberühmt geworden.

»Wir wollen die *Filmstadt München*; was wir nicht brauchen, ist ein neues Festival«, heißt es in einer gemeinsamen Presseerklärung, die von 21 Verbänden der Filmemacher und von Münchner Kinomachern sowie der Arbeitsgemeinschaft neuer deutscher Spielfilmproduzenten unterzeichnet wurde. Es geht dabei um die alte Kontroverse, ob in München mit Unterstützung von Stadt und Freistaat eine kontinuierliche, flächendeckende Filmarbeit oder ein einmaliges, punktuelles Festival pro Jahr veranstaltet werden soll.

»Es zeigt sich also, daß weder die kulturpolitische, die regionalwirtschaftliche, die steuerrechtliche noch die real existierende wirtschaftliche Filmförderung konsequent auf den Markt zielen« – diese Theorie stellt FFA-Vorstand *Robert Backheuer* in seinem Referat bei der Jahrestagung der Katholischen Filmarbeit in München auf.

Ivan Desny, in Peking geboren und in Paris aufgewachsen, feiert seinen 60. Geburtstag. Er zählt zu den arrivierten Schauspielern, derer sich auch die jungen deutschen Regisseure wieder entsannen, so Wim Wenders bei FALSCHE BEWEGUNG und Rainer Werner Fassbinder bei DIE EHE DER MARIA BRAUN, BERLIN - ALEXANDERPLATZ und LOLA.

Nicht weniger als sechs Bücher sind vor Jahresende auf den Markt gekommen, die den frühen Tod *Rainer Werner Fassbinders* publizistisch auszuwerten versuchen.

Der *Video-Boom* und die Video-Piraterie sind als Sorge das zentrale Thema bei der Jahresversammlung des Verbands der Filmverleiher in München.

CAP UND CAPPER steht an der ersten Stelle der *Hit-Box-Analyse* von film-echo/FILM-WOCHE. Erfolgreichste deutsche Filme waren DER ZAUBERBERG und FITZCARRALDO, beide liegen immerhin noch vor DER BLADE RUNNER und JÄGER DES VERLORENEN SCHATZES. Auch Verhoevens DIE WEISSE ROSE nimmt noch einen Platz an der Spitze ein.

Im 4. Quartal 1982 wurden bei der *Hamburger Filmförderung* folgende Spielfilmprojekte gefördert: DIE ANDERE SEITE DES LEBENS (Werner Meyen), STADT DER WÖLFE (Reinhard v. d. Marwitz), AMERIKA (Jean-Marie Straub, Danielle Huillet), DER FLIEGENDE TEPPICH (Andy Hertel) und DÜCHTICH HÄBT WIE DANZT (Ingrid Fischer).

In Zusammenarbeit mit dem Goethe-Haus und der Export-Union präsentiert das New Yorker *Museum of Modern Art* zwölf neuere deutsche Filme in amerikanischer Erstaufführung. Das große Ereignis dabei ist die komplette Vorführung von Fassbinders BERLIN - ALEXANDERPLATZ. Weitere Filme: DAS LETZTE LOCH (Herbert Achternbusch), NACH MITTERNACHT (Wolf Gremm), UNSERE LEICHEN LEBEN NOCH (Rosa von Praunheim), FUCKING

205

CITY (Lothar Lambert), PALERMO ODER WOLFSBURG (Werner Schroeter), DIE PATRIOTIN (Alexander Kluge), DOMINO (Thomas Brasch), ASPHALTNACHT (Peter Fratzscher), DER TOD IN DER WASCHSTRASSE (Friedemann Schultz) und REGENTROPFEN (Michael Hoffmann und Harry Raymon).

Januar 1983

Für seine Thomas-Mann-Verfilmungen wurde der Produzent und Regisseur Franz Seitz mit dem *Bayerischen Filmpreis* (Produzentenpreis) ausgezeichnet. Der Darsteller-Preis ging an Edith Clever (in PARSIFAL), der Regie-Preis an Percy Adlon (FÜNF LETZTE TAGE), der Nachwuchs-Preis an den Produzenten Michael Wiedemann (HEARTBREAKERS).
Die *Deutschen Darstellerpreise*, vergeben vom Bundesverband der Fernseh- und Filmregisseure, gehen an Eva Mattes und Armin Müller-Stahl. Nachwuchspreis: Werner Stocker und Irene Clarin. In einer Rede während der Preisverleihung griff Bavaria-Chef Günter Rohrbach die Allmacht der Regisseure im Autorenkino an und forderte mehr Macht und Ehre für die Produzenten.
Vlado Kristl, Maler, Lyriker und Filmemacher, der fantasievollste Anarchist im deutschen Kino der 60er und der beginnenden 70er Jahre, feiert seinen 60. Geburtstag. Einen neuen Film hat er auch wieder gemacht; er heißt DIE VERRÄTER DES JUNGEN DEUTSCHEN FILMS SCHLAFEN NICHT und wird im Kurzfilmwettbewerb der Berlinale laufen.
Erfolge für den deutschen *Kinderfilm* beim Internationalen Kinder- und Jugendfilmfestival in *Tomar* (Portugal): Der 1. Preis in der Sektion »Kinderfilm« ging an Wolfgang Tumler für DER ROTE STRUMPF, der 2. Preis ex aequo an KONRAD AUS DER KONSERVENBÜCHSE von Claudia Schröder und UNTER DEM TISCH WÄCHST MOOS von M. Lewandowski. Das Publikum prämierte BANANENPAUL von Richard Claus und STERN OHNE HIMMEL von Ottokar Runge.
Am 24.1. verstarb in Los Angeles der Regisseur *George Cukor* (83), der als der große Frauenregisseur Hollywoods gegolten hat. »Cukors Werk zeichnet sich nicht durch thematische und stilistische Einheit aus. Er war kein Filmautor im klassischen Sinn, wollte es gar nicht sein. Im Gegenteil: er hielt sich strikt an den Sinn der Vorlagen, ihnen ordnete er sich unter.« (Peter Buchka in der »Süddeutschen Zeitung«) Cukor inszenierte einige bemerkenswerte Literaturverfilmungen, wie DAVID COPPERFIELD, DIE KAMELIENDAME und GASLIGHT und die herrliche Ehekomödie ADAM'S RIB, die stets haarscharf an der Tragödie vorbeigeht.
Der von der Stadt Saarbrücken gestiftete *Max-Ophüls-Preis* 1983 geht an Niki Lists Film CAFE MALARIA. Sonderpreise, von Firmen gestiftet, gingen an IM JAHR DER SCHLANGE (Heide Breitel), DAS GLÜCK BEIM HÄNDEWASCHEN (Werner Masten) und – als Förderpreis – an HIRNBRENNEN (Leopold Huber). Aus Begeisterung über WILDE CLIQUE stiftete die Jury den Regisseuren des Films, Hannelore Conradsen und Dieter Köster, spontan einen zusätzlichen Preis.
Europas populärster Filmkomiker, *Louis de Funès,* stirbt im Alter von 68 Jahren an einem Herzinfarkt. Nach seinen ersten komischen Fantomas-Filmen hat er fast ausschließlich Klamotten-Rollen zu spielen bekommen.
Die *Vergabekommission der Filmförderungsanstalt* fördert folgende Projekte: BIS INS DRITTE UND VIERTE GLIED (Helke Sander), DUO VALENTIANOS (Gertrud Pinkus), DER HAVARIST (Wolf-Eckart Bühler), KEHRAUS (Hans Christian Müller), DER PRÄSIDENT (Ulrich Stark), DIE STORY (Eckhart Schmidt), TAUSEND AUGEN (Hans-Christoph Blumenberg), DIE UNENDLICHE GESCHICHTE (Wolfgang Petersen) und UNSER MANN IM DSCHUNGEL (Peter Stripp/Bernd Grote).

Steven Spielberg wird für E.T., den in der Bundesrepublik bereits über 3,5 Millionen Besucher gesehen haben, mit der vom HDF und von film-echo/FILMWOCHE gestifteten *Goldenen Leinwand* dekoriert.
Werner Nekes' ULIISSES eröffnete den dritten *Experimentalfilm-Workshop* in *Osnabrück*. In Zusammenarbeit mit der AG der Filmjournalisten fand gleichzeitig ein Seminar zum Thema »Frust und Lust beim Schreiben über Experimentalfilme« statt.
Arbeiten der Brüder Taviani und von Bernardo Bertolucci sind die Höhepunkte des *9. Internationalen Filmwochenendes in Würzburg*. Ferner laufen Filme von Jean Pierre Mocky und Eric Rohmer und die deutschen Beiträge DIE SCHWARZFAHRER (Manfred Stelzer), DIE NACHT DES SCHICKSALS (Helmer von Lützelburg), KLEINE ZEICHEN (Gottfried Junker) und ETWAS WIRD SICHTBAR (Harun Farocki).

Februar 1983

Margarethe von Trottas HELLER WAHN, Vadim Glownas DIES RIGOROSE LEBEN und Sohrab Shahid Saless' UTOPIA laufen als Beiträge der Bundesrepublik im Wettbewerb der *33. Berlinale*; im Forumsprogramm sind u. a. MIT STARREM BLICK AUFS GELD (Helga Reidemeister), EINE LIEBE WIE ANDERE AUCH (Hans Stempel, Martin Ripkens) und HEINRICH PENTHESILEA VON KLEIST (Hans Neuenfels) zu sehen. Die Retrospektive ist dem Thema »Exil« gewidmet.
Preise der Berlinale: Goldene Bären ex aequo an BELFAST 1920 (Ascendancy) von Edward Bennet (Großbritannien) und DER BIENENKORB (La Colmena) von Mario Camus (Spanien). Silberne Bären: EINE SAISON IN HAKKARI (Erden Kiral, Türkei), DER STILLE OZEAN (Franz Xaver Schwarzenberger), PAULINE AM STRAND (Eric Rohmer). Den Preis der internationalen Filmkritik (FIPRESCI) teilten sich Eric Rohmer und Erden Kiral. FIPRESCI-Preise im »Forum«: ASHES AND AMBERS von Haile Gerima und BUSCH SINGT (Konrad Wolf).
Der *Preis der deutschen Filmkritik* 1982/83 für den besten Spielfilm, vergeben von der Arbeitsgemeinschaft der Filmjournalisten, geht an NORMALSATZ von Heinz Emigholz.
Der *Vergabe-Ausschuß der Bayerischen Filmförderung* fördert folgende Projekte: DER PRÄSIDENT (Ulrich Stark), KALTES FIEBER (Joseph Rusnak), DIE SPIDER MURPHY GANG (Georg Kostya), KEHRAUS (Hans Christian Müller), JARMILA (Marianne Pasetti-Swoboda), ALLES ANDERE ALS EIN HELD (Rudolf Lorenzen), REISE NACH CASA BLANCA (Paris Kosmidis).
Die Firma »Studio Sorgend« nimmt *Titelschutz* in Anspruch für IGNORANTEN, SCHNORRER, PARASITEN (Das bayerische Filmförderungsgrusical).
Das *Kuratorium junger deutscher Film* fördert folgende Erstlings-Projekte: TAUSEND AUGEN (Hans-Christoph Blumenberg), TRÄUME OHNE SCHATTEN (Gabriel F. Heim), TRÄNEN IN FLORENZ (Peter Rueben, Marianne Schröder), FOXY LADY (Rosemarie Schneider-Mohamed) in der Kategorie Spielfilme. Dokumentarfilme: LA CASA E LA CUCINA (Rosemarie Blank), WEM GEHÖRT DAS WASSER? (Klaus Stanjek), WURLITZER GESCHICHTEN (Antje Starost). Kinderfilm: FLUSSFAHRT MIT HUHN (Arend Aghte).
Vincente Minnelli, Spezialist für Musicals (BAND WAGON, BRIGADOON, AN AMERICAN IN PARIS), feiert seinen 80. Geburtstag.
In Potsdam wird, nach zehnjähriger Vorbereitung, das *Filmmuseum der DDR* eröffnet.
Theo Hinz, einer der beiden Geschäftsführer, verläßt den *Filmverlag der Autoren*. Künftig wird der Filmverlag von einer zentralen Geschäftsleitung geführt, der neben dem bisherigen Geschäftsführer Matthias Ginsberg nun Wolfgang Limmer, Hans-Jörg Kopp und Wolfram Skowronneck angehören.
Gert Fröbe, Deutschlands beliebtester Kinogauner, Sachse und international bekannter Schauspieler, feiert seinen 70. Geburtstag.

An dem von der Spitzenorganisation der deutschen Filmwirtschaft beschlossenen »Kinotag« – billigere Eintrittspreise am Montag – will die AG Kino nicht teilnehmen; für sie bestehe, so heißt es bei einer außerordentlichen Mitgliederversammlung in Berlin, keine Notwendigkeit, überhöhte und am Publikum vorbeikalkulierte Preise zurückzunehmen.

März 1983

Die *Berliner Filmförderung* fördert die erste deutsch-japanische Coproduktion, RACES von Masato Harada. Produzenten sind die Toho-Company und Manfred Durniok.

Die *Vergabekommission der Filmförderungsanstalt* fördert die Projekte EINE LIEBE IN DEUTSCHLAND (Andrzej Wajda), STRAFTAT (Hark Bohm), DER DOPPELGÄNGER (Ralf Gregan), EINMAL KUDAMM UND ZURÜCK (Michael Günther) und DER BISS (Marianne Enzensberger).

Mit Mitteln der Filmförderungsanstalt gefördert ist ein *Autorenworkshop,* den die Bavaria Atelier-GmbH. abhält. Als Referenten sind u.a. Hans Abich, Robert Muller, Peter Märthesheimer und Reinhard Hauff eingeladen. Den Workshop beschloß eine Analyse des Films MEPHISTO mit Regisseur István Szabó und Drehbuchautor Peter Dobai.

Seinen 75. Geburtstag feiert *Rex Harrison,* der 1964 für die Rolle des Professor Higgins in Cukors Verfilmung von MY FAIR LADY einen Oscar erhalten hat.

In Italien ist Fassbinders QUERELLE von der Filmprüfstelle nach mehrmaligen Verboten freigesprochen worden. Die freigegebene Fassung des Films soll um 48 Meter gekürzt worden sein.

Kein Glück hat die *Bavaria* mit den Autoren der Vorlagen ihrer Großprojekte. Nachdem es schon bei DAS BOOT zum Streit mit Lothar Günther Buchheim gekommen war, äußert nun Michael Ende seine Zweifel an der Verfilmung von DIE UNENDLICHE GESCHICHTE: »Ich habe von Anfang an dafür gekämpft, daß es ein künstlerischer, europäischer Film werden soll. Es wird jetzt ein Produzentenfilm im Sinne der Amerikaner daraus«, erklärt Michael Ende. Einige Wochen später protestiert auch Johannes Mario Simmel gegen die Verfilmung von HURRA WIR LEBEN NOCH und erwirkt eine einstweilige Verfügung.

Der *Lifetime Award* des American Film Institute wird in diesem Jahr an den Regisseur *John Huston* vergeben.

Rolf Thiele, der in den 50er Jahren immerhin Filme wie TONIO KRÖGER und DAS MÄDCHEN ROSEMARIE drehte und später noch unter das Niveau seines Titels als »Cheferotiker des deutschen Films« sank, feiert seinen 65. Geburtstag.

Beim *4. Phantasiefilm-Festival in Madrid* erhält Dominik Grafs DAS ZWEITE GESICHT zwei der sechs Hauptpreise zugesprochen (bestes Drehbuch und Darstellerpreis), ferner einen Zusatzpreis für die musikalische Gestaltung.

In Hollywood verstarb der in Österreich geborene Drehbuchautor *Walter Reisch* (82), der u.a. das Drehbuch zu NINOTCHKA geschrieben hatte und bei der diesjährigen Berlinale in der Retrospektive geehrt worden war.

Die französische Akademie für Künste und Kinotechnik vergibt ihre *Césars* an Blake Edwards' VICTOR VICTORIA (bester ausländischer Film), an Andrzej Wajda für DANTON (beste Regie), an Bob Swaim für LA BALANCE (bester französischer Film) sowie an dessen Hauptdarsteller Natalie Baye und Philippe Léotard.

Den *Goldenen Spatz* des Kinderfilmfestivals der DDR in Gera erhält Helmut Dziuba für SABINE KLEIST, 7 JAHRE.

Im 1. Quartal des Jahres förderte das »Nicht-Filmemacher-Gremium« des *Hamburger Filmbüros* drei programmfüllende Projekte: MARTIN NIEMÖLLER – DAS EVANGELIUM IST ANGRIFF von Hannes Karnick und Wolfgang Richter, KABEL von Matthias Heeder und DIE ANGST VOR FLIEGEN von Vlado Kristl.

April 1983

Mit acht *Oscars* ist Richard Attenboroughs GANDHI der Sieger des diesjährigen Wettbewerbs der American Academy of Motion Pictures, Arts and Sciences. Vier *Oscars* gehen an Steven Spielbergs E.T.; der Preis für das beste nicht-englischsprachige Werk wird an den spanischen Film VOLVER AL EMPEZAR verliehen.
Wenige Tage nach ihrem 84. Geburtstag stirbt die legendäre Diva *Gloria Swanson,* die schon in der frühen Stummfilmzeit zu den berühmten »Bathing Beauties« gezählt hatte. Unter der Regie von Cecil B. DeMille avancierte sie zur »Königin« Hollywoods. Im Tonfilm bekam sie nur wenige bedeutende Rollen, darunter die der vergessenen Diva in Billy Wilders SUNSET BOULEVARD.
Der *Berliner Filmkreditausschuß* fördert folgende Projekte: EINMAL KUDAMM UND ZURÜCK (Regiewechsel, nun Herbert Ballmann statt Michael Günther), BABY (Uwe Frießner), FLUSSFAHRT MIT HUHN (Arend Aghte) und DER MORD MIT DER SCHERE (René Perraudin).
In München stirbt der Filmpionier *August Arnold,* der vor allem durch seine erste Spiegelreflexkamera der Welt, die legendäre Arriflex 35, weltberühmt wurde; für sie und mehrere Nachfolgemodelle erhielt Arnold mehrere Oscars, den letzten wenige Tage nach seinem Tod. Daß die Amerikaner seine Arriflex sogar mit auf den Mond genommen hatten, darauf war er besonders stolz – schließlich war er ein echter Pionier.
Am 1. April wird mit Peter Schamonis FRÜHLINGSSINFONIE der 100. Film uraufgeführt, der mit Unterstützung der Berliner Filmförderung produziert wurde.
Der *Vergabeausschuß der Bayerischen Filmförderung* fördert die Projekte: DER SCHNEEMANN (Uli Edel), ABWÄRTS (Carl Schenkel) und RACHE FÜR WONNEWITZ (Guenter Ciechowski).
Im Alter von 77 Jahren stirbt *Dolores del Rio,* der erste Hollywood-Star aus Mexiko; sie war 1925 nach Hollywood gekommen und gegen Ende der 20er Jahre die Rivalin Greta Garbos. Ihre schönsten Rollen spielte sie in WHAT PRICE GLORY? von Raoul Walsh, in JOURNEY INTO FEAR von Orson Welles und in John Fords Filmen THE FUGITIVE und CHEYENNE AUTUMN.
Nach ersten Schwierigkeiten mit der FSK kommt der Konflikt um Herbert Achternbuschs Film DAS GESPENST endgültig ins Rollen. Die Jury der Evangelischen Filmarbeit zeichnet ihn als »Film des Monats« aus, und der Leiter der Zentralstelle Medien der Deutschen Bischofskonferenz, Prälat Schätzler, sieht darin eine ernste Belastung für die ökumenische Zusammenarbeit. (Vgl. unsere Dokumentation S. 21 ff.)
Während des *11. Internationalen Filmfestivals der Menschenrechte* in Straßburg verleiht das Katholische Filmbüro Frankreichs seinen Preis an Percy Adlon für FÜNF LETZTE TAGE.
29. Westdeutsche Kurzfilmtage in Oberhausen: Der »Große Preis der Stadt Oberhausen«, vergeben von der Internationalen Volkshochschul-Jury, geht ex aequo an den Animationsfilm DIE VERSUNKENE WELT DER HANDSCHUHE von Jiri Barta (ČSSR) und an den indischen Dokumentarfilm MANN GEGEN MANN von Shashi Anand, der auch den FIPRESCI-Preis (ex aequo mit LIEBESGESCHENK von Meera Deva, Indien) erhält. Der »Preis der Unterzeichner des Oberhausener Manifests 1962« ging ex aequo an drei Filme der Deutschen Film- und Fernsehakademie Berlin: AMBRA von Helge Heberöe, KAISER, KÖNIG, BETTELMANN von Kirsten Jepsen und FAMILIENGRUFT-EIN LIEBESGEDICHT AN MEINE MUTTER von Maria Lang.
Jean-Paul Belmondo, in frühen Filmen von Godard einer der wichtigsten Schauspieler der nouvelle vague, feiert seinen 50. Geburtstag.
Bette Davis, zwischen 1936 und 1945 beliebtester Star unter den Schauspielerinnen Hollywoods, vor allem in Melodramen, feiert ihren 75. Geburtstag. Sie hat bisher zwei *Oscars* (für DANGEROUS und JEZEBEL) und einen *Life Time Award* erhalten und soll soeben einen Vertrag für sechs Folgen von »Dallas« unterschrieben haben.

Zum 5. Mai findet in *Göttingen* das Filmfest statt. Schwerpunkt des Programms: »Musik und Film«, u. a. mit Murnaus FAUST und der Live-Klavierbegleitung des Amerikaners Keith Jarrett und DAS NEUE BABYLON von Trauberg/Kosinzew in Zusammenarbeit mit dem Göttinger Symphonie-Orchester. Zusätzlich läuft eine Retrospektive mit Arbeiten von Busby Berkely.
Die deutsche Schauspielerin *Camilla Horn* feiert ihren 80. Geburtstag.
Andrzej Wajda ist in Warschau von seinem Posten als Leiter der Gruppe X der Staatlichen Polnischen Filmgesellschaft enthoben worden.
Eine Werkschau mit Arbeiten des italienischen Regisseurs Marco Bellocchio steht im Mittelpunkt der diesjährigen *Grenzlandfilmtage* in Selb. Eröffnet werden die Filmtage mit Murnaus DER LETZTE MANN.

Mai 1983

Die *Freunde der deutschen Kinemathek e. V.* feiern ihr 20jähriges Jubiläum. 1963 begannen sie mit einer Filmveranstaltung in der Akademie der Künste, es liefen Paul Lenis DAS WACHSFIGURENKABINETT und Kurzfilme von Alexander Kluge, Haro Senft und Edgar Reitz. Die »Freunde« betreiben inzwischen einen wichtigen Filmverleih, das Kino Arsenal und organisieren bei der Berlinale das »Internationale Forum des jungen Films«.
Die *Goldene Palme* des Fimfestivals von *Cannes* erhält der japanische Film DIE BALLADE VON NARAYAMA von Shohei Imamura. Der große Spezialpreis (Silberne Palme) geht an Terry Jones' Komödie MONTY PYTHON – DER UNSINN DES LEBENS. Ein neu eingerichteter »Grand Prix für Kreativität« – wohl eine Konzession gegenüber der Filmkunst – geht ex aequo an Tarkowskijs NOSTALGHIA und an Bressons L'ARGENT. Hanna Schygulla wurde für ihre Rolle in DIE GESCHICHTE DER PIERA von Marco Ferreri als beste Darstellerin ausgezeichnet. Als deutsche Beiträge waren in der »Quinzaine des réalisateurs« die Filme EISENHANS (Tankred Dorst), DIE FLAMBIERTE FRAU (Robert Van Ackeren) und GRENZENLOS (Josef Rödl) gelaufen.
Mit einem *Auslieferungsverfahren* müßte der türkische Regisseur *Yilmaz Güney* rechnen, wenn er seiner Einladung zum 4. Festival der Jugend nach Dortmund folgen würde. In einer Presseerklärung der Bundesvereinigung des deutschen Films heißt es dazu: »Wir erklären unsere Solidarität mit unserem türkischen Kollegen Yilmaz Güney, fordern dessen Respektierung als politisch Verfolgter und wenden uns öffentlich gegen die Haltung der Bundesregierung, unseren Kollegen als ›Rädelsführer‹ zu kriminalisieren...«
James Stewart feiert seinen 80. Geburtstag: seit 50 Jahren spielt er im Kino aufrechte, langsam redende Helden. Seine schönste Rolle hatte er in John Fords THE MAN WHO SHOT LIBERTY VALANCE – er selbst aber bevorzugt die Schnulze IT'S A WONDERFUL LIFE und erklärte während seines Berlinale-Aufenthalts 1982 seine volle Sympathie für Präsident Reagan.
Das *Filmbüro Nordrhein-Westfalen* fördert folgende Spielfilmprojekte: NIEDER MIT DEN DEUTSCHEN (Dietrich Schubert), DIE VERGEWISSERUNG (Rene Zey).
Die *Vergabekommission der Filmförderungsanstalt* fördert NOVEMBERMOND von Alexandra von Grote.
Der *Berliner Filmkreditausschuß* fördert die Projekte MOMO (Michael Pfleghar nach Michael Ende) und DER DOPPELGÄNGER von Reinhard Schwabenitzky mit Dieter Hallervorden.
Walter Slezak (80) beging in Long Island Selbstmord. Der gebürtige Wiener ist von Michael Curtiz angeblich in einem Biergarten entdeckt worden. 1930 ging er nach Hollywood und spielte seine bekannteste Rolle wohl als U-Boot-Kommandant Willy in Alfred Hitchcocks LIFEBOAT (1943). Berühmt wurde auch sein Buch »Wann geht der nächste Schwan« über seinen Vater Leo Slezak.

Der Auswahlausschuß für *Filmförderung im Bundesministerium des Innern* beschließt die Förderung folgender Spielfilmprojekte: PARIS, TEXAS (Wim Wenders), NOVEMBERKATZEN (Sigrun Koeppe), DIE VERLIEBTEN (Jeanine Meerapfel), ZONI MEIER (Peter Timm); über den mehrheitlich gefaßten Beschluß, auch Herbert Achternbuschs Projekt WANDERKREBS zu fördern, wird sich wenig später Friedrich Zimmermann, der Bundesminister des Innern, hinwegsetzen – der Film wird nicht gefördert, die Richtlinien geben Zimmermann dazu die Möglichkeit. (Vgl. unsere Dokumentation S. 21 ff.)
Die *deutsch-französische Kommission* der Filmförderungsanstalt beschließt die Förderung folgender Gemeinschaftsproduktionen: EINE LIEBE IN DEUTSCHLAND (Andrzej Wajda), UN AMOUR DE SWANN (Volker Schlöndorff) und FRAGE DES GLÜCKS (Barbet Schroeder).

Juni 1983

In Berlin verleiht der Bundesminister des Innern die diesjährigen *Bundesfilmpreise*. Während seiner Ansprache, in der er neue, »wirtschaftlich« ausgerichtete Richtlinien ankündigt, kommt es zu Protesten, einige maskierte Gespenster erinnern Zimmermann an Achternbusch. Die Preise für Spielfilme erhalten: DER STAND DER DINGE (Wim Wenders), DIE HEARTBREAKERS (Peter F. Bringmann), DIE WEISSE ROSE (Michael Verhoeven), FÜNF LETZTE TAGE (Percy Adlon). Dokumentarfilm: MIT STARREM BLICK AUFS GELD (Helga Reidemeister). Für Einzelleistungen werden ausgezeichnet: Lutz Konermann, Peter Lilienthal, Lena Stolze, Irm Hermann, Nastassja Kinski, Susanne Lothar, Gerhard Olschewski, Martin Schäfer und Robby Müller.
Das Kuratorium der *Berliner Festspiele GmbH* beschließt einstimmig die Verlängerung der Verträge der Berlinale-Leiter Moritz de Hadeln und Ulrich Gregor um weitere drei Jahre.
Der *Berliner Filmkreditausschuß* beschließt die Förderung folgender Projekte: EIGENSINN (Hark Bohm), NOVEMBERMOND (Alexandra Grote), DORIAN GRAY IM SPIEGEL DER BOULEVARDPRESSE (Ulrike Ottinger) und RAUSCHENDES LEBEN (Dieter Köster, Dokumentarfilm).
Eine *Video-Sperre* für FFA-geförderte Filme für sechs Monate ab regulärem Start beschließt einstimmig der Verwaltungsrat der Filmförderungsanstalt.
Ins Land geschmuggelte Video-Kopien westlicher Filme sollen sich, nach einer Meldung in »Variety«, zu einem Hit auf dem Schwarzmarkt in der UdSSR entwickeln.
Die *Vergabekommission der Filmförderungsanstalt* beschließt die Förderung folgender Filmvorhaben: WINTERSCHLAF (Peter Lilienthal), DIE KURVE KRIEGEN (Monica Teuber), DER 36ER (Uschi Madeisky), ZIELSCHEIBEN (Volker Vogeler), WO DIE GRÜNEN AMEISEN TRÄUMEN (Werner Herzog), DER SCHNEEMANN (Ulli Edel), DER WIDERSPENSTIGEN ZÄHMUNG (Horst Hächler), ANDRE SCHAFFT SIE ALLE (Peter Fratzscher), YERMA (Imre Gyöngyössi), FLÜGEL UND FESSELN (Helma Sanders), MOMO (Michael Pfleghar) und PARIS, TEXAS (Wim Wenders).
Nach langen, teils ärgerlichen, teils komischen Vorgeschichten findet in München das erste *Filmfest* unter der Leitung von Eberhard Hauff statt. Berücksichtigt man die kurze Planungszeit, war die Veranstaltung ein voller Erfolg. Tarkowskijs NOSTALGHIA zum Beispiel war wenige Stunden nach Eröffnung des Vorverkaufs bereits ausverkauft. (Vgl. den Text von Eberhard Hauff S. 178 ff.)
Der im Doppelhaushalt des Freistaats Bayern für 1983/84 jeweils vorgesehene Betrag von 6,5 Millionen DM für die *bayerische Filmförderung* ist vom Landtag während der Haushaltsverhandlungen für das laufende Jahr um eine Million Mark erhöht worden.
Die *Berliner Filmförderung*, für die in den letzten Jahren der Senator für Wirtschaft und Verkehr zuständig war, wird wieder dem Senator für Kulturelle Angelegenheiten zugeordnet sein.

Fassbinders QUERELLE erzielte bei seinem Start in New York im Filmkunstkino Waverly am Premierentag einen Hausrekord.
Filmpreise der *Gilde deutscher Filmkunsttheater* gehen in der Kategorie Inland an Werner Herzogs FITZCARRALDO und Percy Adlons CELESTE (2. Preis), in der Kategorie Ausland an François Truffauts DIE FRAU NEBENAN und an DIE STUNDE DES SIEGERS von Hugh Hudson (2. Preis).
Der *Hamburger Senat* beschließt eine Kürzung der Mittel für kulturelle Filmförderung um 600 000 Mark auf 2,3 Millionen Mark. »Wir halten die Kürzung für gefährlich in einer Situation, in der CSU-Innenminister Zimmermann anläßlich der diesjährigen Bundesfilmpreisverleihung in Berlin erklärt hat, daß er die bisher liberale Filmförderung sofort nach seinem Geschmack ändern wird«, heißt es in einer Erklärung des Hamburger Filmbüros.

Juli 1983

Der schwedische Regisseur *Ingmar Bergman* feiert seinen 65. Geburtstag. »Für mich besteht die Lektion, die Bergman uns erteilt, in drei Punkten: Befreiung des Dialogs, radikale Säuberung des Bildes, absoluter Primat des menschlichen Antlitzes.« (François Truffaut)
Die *Film- und Fernsehkritiker der DDR* benannten die ihrer Meinung nach besten Filme, die 1982 in den Kinos der DDR gelaufen sind. An erster Stelle stand Margarethe von Trottas DIE BLEIERNE ZEIT, gefolgt von Gorettas DIE VERWEIGERUNG; an dritter Stelle stand der DEFA-Film DIE BEUNRUHIGUNG von Lothar Warneke.
Alexander Kluges Film DIE MACHT DER GEFÜHLE und Hans W. Geissendörfers Highsmith-Adaption EDITHS TAGEBUCH wurden für den Wettbewerb des Festivals von *Venedig* ausgewählt.
Im Alter von 72 Jahren stirbt der Regisseur und Schauspieler *Erik Ode;* er hat in über 50 Filmen mitgespielt und über 25 selbst inszeniert, die meisten davon in den 50er Jahren.
Nach einer Meldung des »Kölner Stadtanzeigers« stieg die Zahl der Ermittlungsverfahren gegen *Video-Piraterie* zwischen 1980 und 1982 um 600 Prozent.
Offizieller Beitrag der Bundesrepublik im Wettbewerb des *Filmfestivals von Moskau* ist DOKTOR FAUSTUS von Franz Seitz. Ferner nehmen der Kinderfilm MEISTER EDER UND SEIN PUMUCKL (Ulrich König) und der Kurzfilm ALS DIE IGEL GRÖSSER WURDEN (Ursula und Franz Winzentsen) am Festival teil.
Die berühmtesten Filme im Programm der *10. Hamburger Kinotage* sind F FOR FAKE von Orson Welles, LE BEAU MARIAGE von Eric Rohmer und L'AMOUR EN FUITE von François Truffaut. Als deutsche Beiträge laufen LA FERDINANDA von Rebecca Horn und EINE FIRMA FÜR DIE EWIGKEIT von Rolf Gmöhling.
In den Wettbewerb des *Filmfestivals von Locarno* wurden folgende Beiträge aus der Bundesrepublik eingeladen: GRENZENLOS von Josef Rödl, SYSTEM OHNE SCHATTEN von Rudolf Thome und PEPPERMINT FRIEDEN von Marianne Rosenbaum.
Im Alter von 73 Jahren stirbt der Schauspieler *David Niven* in einer Schweizer Klinik. Nach dem Besuch britischer Militärschulen war der gebürtige Schotte u. a. in Cuba und Mexiko als Ausbilder für Revolutionäre tätig, bevor er, nach weiteren Jobs, in Hollywood als Kleindarsteller begann. Bekannt wurde er in Rollen smarter Salonlöwen und sportlicher Offiziere. Für seine Mitwirkung in Delbert Manns SEPARATE TABLES erhielt er 1958 einen Oscar.
Die *Hamburger Filmförderung* unterstützt Herbert Achternbuschs Projekt DER WANDERKREBS. Ferner erhalten Ilona Ribowski-Bruwer für ES KOMMT IMMER WIEDER VOR, Harun

Farocki für Sozial nützliche Produkte, Helmut Herbst für Sieben einfache Phänomene u. a. Mittel aus der Hamburger Filmförderung.

Im Alter von 86 Jahren stirbt der Schauspieler *Raymond Massey,* bekannt durch zahlreiche finstere Ganovenrollen, aber auch als Adam Trask in Kazans Verfilmung von Steinbecks East of Eden.

Fünf von 16 *Davids* gewinnt in Rom Die Nacht von San Lorenzo von Paolo und Vittorio Taviani. Hanna Schygulla wurde mit einem Sonder-David ausgezeichnet.

Nach einer Verleih-Umsatz-Statistik für 1982 ist der *Marktanteil des deutschen Films* auf dem inländischen Markt von 18,7% (1981) auf 11,3% (1982) zurückgegangen. Im gleichen Zeitraum stieg der Marktanteil des amerikanischen Films von 52,9% auf nunmehr 55,4%. Selbst der französische Film hat den deutschen überrundet; sein Marktanteil stieg von 6,7% (1981) auf 11,7% (1982).

Die Goldenen Preise des Wettbewerbs beim *Moskauer Filmfestival* gingen an den sowjetischen Film Vassa von Gleb Panfilow, an Alcino und der Condor von Miguel Littin (in Nicaragua produziert) und an den marokkanischen Beitrag Amok. Franz Seitz bekam für Doktor Faustus einen Silbernen Preis und den Preis des sowjetischen Schriftstellerverbands.

Im Alter von 83 Jahren stirbt in Mexiko der letzte der noch lebenden Olympier der Filmgeschichte, *Luis Buñuel*. Von Fritz Langs Der müde Tod sagte Buñuel, er habe ihm die Augen geöffnet für die poetischen Ausdrucksmittel des Films. Sein Debütfilm Un chien andalou und die folgende Arbeit L'age d'or wurden Klassiker der Avantgarde. Die Wirklichkeit, erklärte Buñuel, habe er durch den Surrealismus mit anderen Augen sehen gelernt; sein Dokumentarfilm Las Hurdes über die Not kastilischer Landarbeiter wurde der Beweis. Nach 14jähriger Pause drehte er dann ab 1946 zahlreiche volksnahe, teils heitere, teils grimmige Filme in Mexiko, der schönste davon war wohl La ilusión viaja en tranvía (Die Illusion fährt mit der Straßenbahn). Seine späten Arbeiten wie Der diskrete Charme der Bourgeoisie, Das Gespenst der Freiheit und Dieses obskure Objekt der Begierde wirkten jeweils wie die Summe eines Lebens und eines großen Werks. Der spanische Jesuit Manuel Alcalá nannte Buñuel einen »Atheist von Gottes Gnaden«.

Festivals/Filmfeste/Filmwochen: Termine und Anschriften

Mannheim:
Internationale Filmwoche: 3.–8. Oktober 1983
Leitung: Fee Vaillant, Hanns Maier
Anschrift: Stadt Mannheim, Filmwochenbüro
Rathaus, E 5, 6800 Mannheim 1
Tel. (06 21) 2 93-27 45

Hof
Internationale Filmtage: 26.–30. Oktober 1983
Leitung: Heinz Badewitz
Anschrift: Hofer Filmtage
Postfach 1146, 8760 Hof
Heinz Badewitz, Lothstr. 28, 8000 München 2
Tel. (0 89) 1 29 74 22

Lübeck
Nordische Filmtage: 3.–6. November 1983
Leitung: Bernd Plagemann, Hans-Gerd Kästner, Hauke Lange-Fuchs
Anschrift: Postfach 1889, 2400 Lübeck 1
Tel. (04 51) 1 22 41 05

Duisburg
Duisburger Filmwoche: 8.–13. November 1983
Leitung: Claus Strobel
Anschrift: Filmforum, Am König-Heinrich-Platz, 4100 Duisburg
Tel. (02 03) 2 83 41 64

Osnabrück
Experimentalfilm-Workshop: 6.–8. Januar 1984
Leitung: Jochen Coldewey, Marianne Lohmann
Anschrift: Rheiner Landstraße 16, 4500 Osnabrück
Tel. (05 41) 4 86 37

Saarbrücken
Max-Ophüls-Preis: 18.–22. Januar 1984
Leitung: Albrecht Stuby
Anschrift: Filmbüro Max-Ophüls-Preis, Berliner Promenade 7, 6600 Saarbrücken
Tel. (06 81) 39 92 97, 30 01/2 12

Würzburg
Wochenende des internationalen Films: 28./29. Januar 1984
Vorstand der Leitung: Berthold Kremmler

Anschrift: Filminitiative Würzburg e.V., Pleichertorstr. 10, 8700 Würzburg
Tel. (09 31) 5 42 85, Berthold Kremmler (09 31) 41 40 98

Berlin
Wettbewerb: 17.−28. Februar 1984
Leitung: Moritz de Hadeln
Anschrift: Berliner Festspiel GmbH, Budapester Str. 48−50, 1000 Berlin 30
Tel. (0 30) 2 63 41
Internationales Forum: 17.−28. Februar 1984
Leitung: Ulrich Gregor
Anschrift: Welserstr. 25, 1000 Berlin 30
Tel. (0 30) 2 13 60 30

Oberhausen
Kurzfilmtage, national: 22.−24. März 1984
Kurzfilmtage, international: 25.−30. März 1984
Leitung: Wolfgang Ruf
Anschrift: Grillostr. 34, 4200 Oberhausen 1
Tel. (02 08) 8 25 26 52

Selb
Internationale Grenzlandfilmtage: 26.−29. April 1984
Leitung: Michael J. Küspert, Ulrich Kaffernik
Anschrift: Postfach 307, 8592 Wunsiedel 1
Tel. (0 92 32) 47 70

Göttingen
Filmfest Göttingen: Ende April/Anfang Mai 1984 (genauer Termin
stand bei Redaktionsschluß noch nicht fest)
Leitung: Doris Apell, Anne Ahrens
Anschrift: Kinothek Göttingen e.V., Postfach 2552, 3400 Göttingen
Tel. Doris Apell (05 51) 5 59 30

München
Münchner Filmfest: 23. Juni − 1. Juli 1984
Leitung: Eberhard Hauff
Anschrift: Internationale Filmwochen GmbH, Türkenstr. 93, 8000 München 40
Tel. (0 89) 39 30 11

Frankfurt/Main
Internationales Kinderfilmfestival: September 1984 (genauer Termin
stand bei Redaktionsschluß noch nicht fest)
Leitung: Walter Schobert
Veranstalter: Kinder- und Jugendfilmzentrum Remscheid
und Kommunales Kino Frankfurt
Anschrift: Kinder- und Jugendfilmzentrum, Küppelstein 34, 5630 Remscheid 1
Tel. (0 21 91) 79 42 33

Frank Arnold
Übersicht: Bundesdeutsche Filme 82/83

Diese Übersicht erfaßt – so vollständig wie möglich – alle zwischen dem 1. 7. 1982 und dem 30. 6. 1983 in der Bundesrepublik Deutschland uraufgeführten Spielfilme, Fernsehfilme mit Kino-Vor- oder Nachauswertung und im Kino aufgeführte Dokumentar- und Experimentalfilme. Aufgenommen wurden alle Filme mit einer Mindestlänge von fünfzig Minuten. Ausschlaggebend für die Neufestsetzung der Mindestlänge (bisher: 60 Min.) war die Tatsache, daß die acht Filme, die in diesem Jahr eine Laufzeit zwischen 50 und 59 Minuten aufwiesen, allesamt einen Verleih haben, also nicht nur auf Festivals gezeigt wurden. Ausschlaggebend für die Aufnahme ist das Datum der *bundesdeutschen öffentlichen* Aufführung. Bisher nur im Ausland gezeigte Filme wurden nicht aufgenommen (so die deutsch-mexikanisch-französische Coproduktion ERENDIRA, die in Cannes lief), ebensowenig Filme, die hierzulande nicht-öffentlich gezeigt wurden (z. B. DIE FRAU MIT DEM ROTEN HUT, der in der Berlinale-Messe lief). Filme, die im Rahmen von Festivals einmalig öffentlich gezeigt wurden, bei denen es sich aber um reine Fernsehproduktionen handelt, weshalb eine Kinoauswertung ausgeschlossen oder zumindest nicht absehbar ist (wie bei Sohrab Shahid Saless' EMPFÄNGER UNBEKANNT, der beim ›Internationalen Forum des Jungen Films‹ gezeigt wurde), wurden nicht aufgenommen. Andererseits werden ältere Produktionen erfaßt, die erst im Berichtszeitraum ihren Kinostart hatten, vorher aber nur im Fernsehen bzw. ohne absehbare Kinoauswertung auf Festivals gezeigt wurden wie Federico Fellinis ORCHESTERPROBE. Filme, die gegen Ende der Berichtszeit des letzten Jahrbuches gestartet wurden und dort fehlten, werden hier nachgetragen. Die beim Münchner Filmfest im Juni 1983 uraufgeführten Filme INGOS INTERVIEW ODER DIE EITELKEIT DES FERNSEHENS (R: Karl Schedereit), JAIPUR JUNCTION (R: W. Werner Schaefer) und NON SENSE ODER DER LETZTE AKT (R: Michael Simbruk), über deren Kinoauswertung bis Redaktionsschluß noch keine Angaben zu ermitteln waren, werden im kommenden Jahrbuch nachgetragen. Bei den Texten wurde soweit wie möglich auf Texte der Filmemacher selber zurückgegriffen.

Abkürzungen:
R: Regisseur; B: Drehbuch; K: Kamera; Sch: Schnitt; M: Musik; T: Ton; A: Ausstattung; D: Darsteller; P: Produktionsfirma; Prod: Produzent; Gl: Gesamtleitung; Hl: Herstellungsleitung; Pl: Produktionsleitung; Red: Redaktion; V: Verleih; L: Länge (B/sec, wenn nicht anders angegeben); UA: Uraufführung; dtEA: deutsche Erstaufführung; KSt: Kinostart; TV: Fernsehausstrahlung.

ALLES UNTER KONTROLLE – NOTIZEN AUF DEM WEG ZUM ÜBERWACHUNGSSTAAT
BRD 1982/83 – R, B: Niels C. Bolbrinker, Barbara Etz, Klaus Dzuck – K: Niels C. Bolbrinker, Klaus Dzuck – Sch: Niels C. Bolbrinker, Gabi Barthels, Barbara Hennings – M: ›Freiwillige Selbstkontrolle‹ (»Moderne Welt«) – T: Ulla Fels, Michael Sombetzki, Manfred Herold – D: Hark Bohm, Traugott Buhre, Uwe Maeffert, Detlef Lehmann, Thomas Wittenburg u. a. – P: Mahufilm, Hamburg, in Zusammenarbeit mit Pro-ject Filmproduktion im Filmverlag der Autoren, München, und mit einem Beitrag der Hamburger Filmförderung – V: Filmverlag der Autoren, München; Zentral-Film-Verleih, Hamburg (nichtgewerblich) – L: 71 Min. (ursprünglich 81 Min.) – 16 mm/Farbe – UA/KSt: 1. 4. 1983.
»Mit dokumentarischem Material und einigen nachgespielten Szenen wird das bisher geheimgehaltene Ausmaß staatlicher Überwachung per Videotechnik gezeigt. Der Film wur-

de unter umfassenden Vorsichtsmaßnahmen zusammen mit dem ehemaligen Videospezialisten des Bundeskriminalamts, Bernd Schmidt, gedreht. Er wirkt selbst mit, ebenso Jutta R., eine Durchschnittsbürgerin unseres Landes, die seit Jahren vom BKA als verdächtige Person präventiv überwacht wird.« (Produktionsmitteilung)
Der ehemalige Präsident des Bundeskriminalamts, Dr. Horst Herold, erwirkte am 25.3.83 beim Landgericht Hamburg eine Einstweilige Verfügung, derzufolge Szenen, in denen die Schauspieler Traugott Buhre und Uwe Maeffert ein Gespräch nachstellen, das Herold mit Sebastian Cobler 1980 für die Zeitschrift »Transatlantik« führte, aus dem Film gekürzt werden mußten.

ALLES VERLASSEN
BRD 1981–83 – R, B, Sch: Falk Lenhard – K: Peter Klumbach – M: Claudio Monteverdi, Robert Schumann, Hugo Wolf – T: Andreas Wölkli, Thomas Werthmann – A: das Team – D: Gabriele Quasebarth, Günter Scholten, Arnhild Eckhardt, Richard Schroetter, Falk Lenhard u. a. – P: Falk Lenhard, Essen, mit Unterstützung der nordrheinwestfälischen Filmförderung – V: Eigenverleih – L: 85 Min. – 16 mm/schwarz-weiß – UA: 13. 5. 1983, Essen – KSt: 28. 5. 1983.
»Von hinter einer geschlossenen Tür fragte eine Stimme: ›Du bist also ganz sicher, mich verlassen zu müssen?‹ – und Agnes, die zentrale Figur des Films, schüttelt zwar verneinend den Kopf – antwortet aber gleichzeitig mit ›Ja‹. Derartig widersprüchlich beginnt ihr planloser Versuch, den Schutzmechanismen ihres Narzismus, ihrem ganzen bisherigen Umfeld zu entfliehen. Was genau sie dabei wirklich sucht, bleibt dabei seltsam vage: Ein ›ganz-Anderes‹, ein Ich-überschreitendes Abenteuer jedenfalls. So trifft sie Hellmuth, einen Ex-Fixer, auf den sie dieses Chaos von Wünschen nach Selbstaufgabe projiziert – ohne sich ihm allerdings mit wirklich vollem Risiko nähern zu können. Und daß Hellmuth diese Halbherzigkeit durchschaut, macht er ihr nachdrücklich deutlich…« (Falk Lenhard)

AM UFER DER DÄMMERUNG
BRD 1981/82 – R: Jochen Richter – B: Michael Juncker, Jochen Richter nach einer Vorlage von Eckhart Schmidt – K: Petrus Schloemp, Rüdiger Meichsner – Sch: Jochen Hessel – M: Michael Landau, ›High Bird‹ – T: Thomas Erhardt – A: Annelie Elsberger, Dieter Bächle – D: Hans Peter Hallwachs, Barbara Rudnik, Christoph Lindert, Georg Marischka, Maximilian Wolters u. a. – P: Jochen Richter Filmproduktion, München, in Zusammenarbeit mit ABC-Video und dem Bayerischen Rundfunk, München – Prod: Jochen Richter – Pl: Hello Imhof – Red: Jacob Hausmann – V: High Bird Filmverleih, München – L: 108 Min. – 35 mm/Farbe – UA: 22. 4. 1983, Heidelberg – KSt: 8. 7. 1983.
»Thomas Bongart, ein Journalist, hat höchstens noch ein Jahr zu leben. Er ist unheilbar an Krebs erkrankt. Lena, eine New-Wave-Sängerin, glaubt ohne ihn nicht mehr leben zu wollen. Sie verspricht mit ihm zu sterben. Tom weist dieses Angebot zurück. Doch je näher er das Ende spürt, desto mehr klammert er sich an die Idee, daß er nicht alleine sterben wird. Je näher sein Ende kommt, desto mehr entfernt sich Lena von ihm. Denn dieses letzte Jahr wird für sie zur Tortur: Tom hat einer Wochenillustrierten zugesagt, sein Sterben zu protokollieren…« (Produktionsmitteilung)

ANGST VOR DER DUNKELHEIT
BRD 1982 – R, B, K, Sch: Bernd Willim – M: Dave Balko – T: Thilo Fischer – Special Effects: Bertold Sack – D: Iris Herbst, Jürgen Jeschke, Margot Apostol, Hans-Joachim Jacobs, Dave Balko u. a. – P: Willim-Film-Production, Berlin – V: Eigenverleih – L: 84 Min. – 16 mm/Farbe – UA: 28. 10. 1982, Internationale Hofer Filmtage – KSt: 17. 12. 1982.
»Wohnungssuche in Berlin ist nach wie vor ein Problem. Da nimmt man gerne die eine

oder andere Verpflichtung in Kauf, um eine Wohnung zu bekommen. So auch in unserem Film, in dem ein junges Paar ohne Bezahlung die Hausverwaltung für einen Altbaublock übernimmt. Die junge Frau, hypersensibel veranlagt und für negative Ausstrahlungen sehr empfänglich, beginnt sich in diesem neuen Domizil nicht wohl zu fühlen. Ihr Mann, ein vorerst noch ruhiger Realist, versucht die Ursache dessen, was sich da so langsam zusammenbraut und seine Frau immer mehr in Panik versetzt, herauszufinden. Das Unheimliche und Unheilvolle muß aus dem Kohlenkeller kommen, in dem er jeden Tag die Warmwasseranlage mit Koks versorgen muß. Eines Tages packt ihn dann das Grauen...« (Bernd Willim)

ANIMA
BRD/Österreich 1980/81 – R, B, Bildgestaltung, Sch: Titus Leber – K: Mike Gast – M: Hector Berlioz, Hans Possega (Einleitungsmusik) – A: Peter Manhart Wittigo – D: Mathieu Carriere, Charo Lopez, Bruno Anthony, Marquis de Frigance, Hans Klein u. a. – P: Clasart Film- und Fernsehproduktion, München/Titus-Film, Wien, in Zusammenarbeit mit dem Zweiten Deutschen Fernsehen, Mainz, und dem ORF, Wien – Pl: Dr. Veit Heiduschka – V: Concorde-Film, München – L: 82 Min. – 35 mm/Farbe – dtEA: 16. 4. 1982, Grenzlandfilmtage, Selb – KSt: 15. 5. 1983 – TV: 27. 12. 1981 (ZDF; gekürzte Fassung, Titel: »Hector Berlioz: Symphonie Fantastique«).
»Anima ist der Ausdruck jenes ewig unerreichbaren Weiblichen, das im Innern des Mannes wirkt und dort seine Vorstellungsbilder von der Frau entstehen läßt. In dem Streben nach diesem Ideal, das ihm abwechselnd als Jungfrau, Hure, Mutter, Heilige, aber auch als Hexe und Femme fatale erscheint, durcheilt ein junger Mann – typischer Vertreter soldatischen Junggesellentums – seelische Landschaften, die ihn von einem romantischen in ein industrialisiertes Bewußtseinsfeld führen...« (Titus Leber)

APPLAUSORDNUNG
BRD 1981 – R, B, Sch: Ilona Ribowski-Bruwer – K: Niels-Christian Bolbrinker – T: Ulla Fels, Detlef Lehmann, Manfred Herold – D: Christian Seeler, Auguste Büttner, Mike Wittig, Wolfgang Borchert u. a. – P: Mahu-Film, Hamburg, mit Unterstützung der Hamburger Filmförderung – Prod: Klaus Dzuck – V: Eigenverleih – L: 59 Min. – 16 mm/Farbe – UA: 10. 11. 1982, Duisburger Filmwoche.
»Die Bühne, die Kulisse, hinter der das Geheimnis bleibt./und der leere Zuschauerraum vor und nach der Vorstellung./Menschengewühl und Leere./Ist es Theater?/Wir wünschen.../Nicht nur einmal leben zu können./Theater wie Hoffnung?/Wie Lüge?/Wie Selbstbetrug?« (Ilona Ribowski-Bruwer)

ARBEIT IM KRIEG
BRD 1982 – R, B, Sch, T: Barbara Kasper, Lothar Schuster – K: Norbert Bunge, Lothar Schuster – Trick: Herbert Schramm – P: Westdeutscher Rundfunk, Köln – Red: Ludwig Metzger – V: z. Z. Eigenverleih Barbara Kasper/Lothar Schuster, Berlin – L: 60 Min. (25 B/sec) – 16 mm/schwarz-weiß – UA: 11. 11. 1982, Duisburger Filmwoche – TV: 14. 7. 1983 (WDR/NDR/HR III).
»Ehemalige Arbeiter und Arbeiterinnen berichten aus unterschiedlicher Sichtweise über ihre Arbeits- und Lebensbedingungen im Rüstungsbetrieb Rheinmetall-Borsig in Berlin... Ein Schwerpunkt des Films: die Erinnerungen an die Widerstandsgruppe ›Mannhart‹, der dreißig Arbeiter der werkseigenen Baukolonne angehörten, die Flugblätter auch in russisch herstellten, in Zusammenarbeit mit russischen Fremdarbeitern.« (Produktionsmitteilung)

DAS AS DER ASSE (L'As des As)
BRD/Frankreich 1982 – R: Gérard Oury – B: Gérard Oury, Daniele Thompson – R (2. Team): Marc Monnet – K: Xaver Schwarzenberger – K (2. Team): Bernd Fiedler – Sch: Albert Jurgenson – M: Vladimir Cosma – T: Alain Sempé – A: Rolf Zehetbauer – D: Jean-Paul Belmondo, Frank Hoffmann, Marie-France Pisier, Rachid Ferrache, Günter Meisner u. a. – P: Rialto-Film, Berlin/Gaumont S.A., Neuilly/Cerito Films, Paris/Soprofilms, Paris – Prod: Horst Wendlandt, Alain Poiré – Hl: Thomas Schühly, Alain Belmondo – V: Tobis-Filmkunst, Berlin – L: 103 Min. – 35 mm/Farbe – UA: 15. 10. 1982, Paris – dtEA/KSt: 21. 1. 1983.
Jean-Paul Belmondo als ehemaliger Jagdflieger, der – jetzt Trainer der französischen Boxerstaffel – bei den Olympischen Spielen in Berlin 1936 die Familie eines jüdischen Jungen rettet und die tumben Nazis (inklusive des Führers und seiner Schwester) aufs Kreuz legt.

AUFDERMAUER – EIN FILM ALS GNADENGESUCH
BRD 1982 – R, B, Sch: Lutz Konermann – K: Toni Sulzbeck – T: Thomas Balkenhol – A: Peter Rump – D: Klaus Abramowsky, Klaus Grünberg, Susann B. Winter, Lutz Konermann, Barbara Bertram u. a. – P: Hochschule für Fernsehen und Film, München/Zweites Deutsches Fernsehen, Mainz – Hl: Ulrich Limmer – Pl: Bernhard Stampfer – Red: Eckhart Stein – V: HFF, München – L: 97 Min. – 35 mm/schwarz-weiß – UA/TV: 5. 5. 1982 (ZDF) – Kino-Erstaufführung: 12. 11. 1982, Duisburger Filmwoche.
»Albert Aufdermauer wurde am 18. April 1951 zu einer lebenslangen Freiheitsstrafe verurteilt. Als 22jähriger hatte er bei einem Raubüberfall auf einen Bauernhof den Bauern so schwer verletzt, daß dieser später starb. Die Tochter des Bauern wurde ebenfalls verletzt... Ich lernte Albert Aufdermauer kennen, zunächst brieflich, dann aber auch persönlich. Meine erste Bekanntschaft mit dem Strafvollzug, schon allein in der Rolle des Besuchers, und noch viel mehr die Begegnung mit einem Menschen, der mit ungebeugter Widerstandskraft trotz zermürbender Jahrzehnte der Einzelhaft auf eine Begnadigung hofft, festigten meinen Entschluß, die mir als Student der Filmhochschule München zur Verfügung stehenden Möglichkeiten zu nutzen, meine Abschlußarbeit zu einem Gnadengesuch für Albert Aufdermauer zu machen.« (Lutz Konermann)

DER AUFTRAG (The Mission/Ferestadeh)
BRD/USA (Iran) 1982 – R, B, Sch: Parviz Sayyad – K: Reza Aria – T: Jousef Shahab – A: Seyed Safavi – D: Parviz Sayyad, Mary Apick, Houshang Touzie u. a. – P: The New Film Group, New York/Aria-Filmproduktion, München – V: Aria-Filmproduktion, München – L: 106 Min. – 35 mm (aufgeblasen von 16 mm)/Farbe – UA: 1. 3. 1983, Internationale Filmfestspiele Berlin – Wettbewerb – KSt: 8. 4. 1983.
»Davoud, das Werkzeug einer radikal islamischen Organisation, wird in die USA geschickt, um einen ehemaligen Diplomaten des Schah-Regimes in Washington zu liquidieren. In New York angekommen, erhält er neue Direktiven. Das Ziel der Operation ist jetzt ein geflüchteter Ex-Oberst des früheren Regimes. Die gestellte Aufgabe erscheint unproblematisch und schnell lösbar, da Davoud, tief in seinem Glauben verankert, vom moralischen Anspruch seines Auftrags überzeugt ist. Das Gesetz des Handelns entgleitet ihm jedoch unerwarteterweise und läßt ihn als Opfer zurück.« (Produktionsmitteilung)

AUS HEITEREM HIMMEL – EIN FILM IN NEUN EPISODEN
BRD 1982 – R, B: Ingrid Oppermann, Anke Oehme, Marie-Susanne Ebert, Barbara Kasper, Ebba Jahn, Angi Welz-Rommel, Claudia Schilinski, Monika Funke-Stern, Renate Sami – Titel-M: Ramona Sweeney – P: Literarisches Colloquium Berlin e.V., Berlin, in Zusammenarbeit mit dem SFB – Hl: Ursula Ludwig – Red: Jürgen Tomm – V: Basis-Film,

Berlin – L: 117 Min. – 16 mm/Farbe und schwarz-weiß – UA: 7. 10. 1982, Mannheimer Filmwoche – KSt: 8. 10. 1982 – TV: 20. 8. 1982 (NDR/WDR/HR III, Ausschnitte).

DIE NACHBARN – R: Ingrid Oppermann – B: Ingrid Oppermann nach einer Erzählung von Marie von Ebner-Eschenbach – Sprecherin: Wanda Bräuniger – K: Sigrid Reichert-Purrath – Sch: Dörte Völz – Elektronische Klänge: ›Unterton‹.

»Der Film ›Die Nachbarn‹ besteht aus einer einzigen Einstellung, einer Fahrt von fast 10 Minuten Länge. Seine Sprache ist nur eine Idee: Die Interferenz zwischen zwei vertonten Bildern – das Bild einer Landschaft und das eines Fernsehers... die Gorlebener Landschaft scheint wie ›vormontiert‹: ihre Aussage ergibt sich, indem durch sie hindurchgefahren wird. Der Film im Monitor dagegen enthält Schnitte; montierte Dokumentaraufnahmen zweier kontrahierender Weltmächte.« (Ingrid Oppermann)

EXERCISES – R, B, A: Anke Oehme – K: Eva Hammel – Sch: Heide Breitel – T: Anke-Rixa Hansen – D: Stefan Breitel, Sebastian Gartlgruber, Peter Kusserow, Till Schulz, Oliver Tramm.

»Die Konsumangebote der Industrie, der Werbung, der Medien, Presse, Fernsehen, Rundfunk usw., diese Vielfalt, Masse an schlagwortartigen Informationen auf mehreren Ebenen, lassen ›das, was wirklich ist‹, nicht mehr einfach erkennen. – Dinge kippen irgendwie, unangemessen in eine ziellose Selbstverständlichkeit... und unsere Kinder haben damit spielend umzugehen – Oder: wie lernen sie den Alltag der ›Erwachsenen‹ zu begreifen?« (Anke Oehme)

ERZÄHLT WIRD – R, B, K: Marie-Susanne Ebert – Video: Christine Domkowski – T: Nana Gravesen – Sch: Ilse Lerch – D: Ingrid Kaehler, Rüdiger Berndt, Dietmar Nieder.

»Der Film erzählt über den Verlust der Welt. Einer Welt, die sich aus der Summe von Dingen, Landschaften, Tieren, Städten ergibt, aus Lebensformen, die vertraut waren, aus Abläufen voller Zwang oder Freiheit – und die so nicht mehr existiert. Die großen Anstrengungen zeigen sich: Sie läßt sich nicht bewahren – nicht in elektronischen Speichern, aber auch nicht in sich immer wiederholenden Erinnerungen. Sie ist verloren.« (Marie-Susanne Ebert)

FRIEDEN – ICH BESTEHE DARAUF – R, B, Sch, T: Barbara Kasper – K: Sigrid Reichert-Purrath.

»Marianne Gose ist 47 Jahre alt, von Beruf Hausfrau und lebt mit ihren vier Töchtern Marion, Frauke, Britta und Tanja in Berlin-Friedenau. Seit 1½ Jahren ist sie engagiert in der Friedensbewegung. Marianne: ›Ich fühle mich bedroht angesichts der enormen Aufrüstung, Stationierung von Atomwaffen. Ich fühle mich bedroht von den Kriegsplanspielen, die schon bestehen – ich habe Angst um die Zukunft meiner Kinder. Das war für mich der Anstoß im letzten Jahr am Friedensmarsch der Kopenhagener Frauen nach Paris teilzunehmen. Es war für mich das erste Mal, daß ich mich für eine Woche von meiner Familie freimachen konnte.‹« (Barbara Kasper)

NEUE HEIMAT – R, B, K: Ebba Jahn – Sprecher: Ortwin Speer – Sch: Heide Breitel – M: ›Dominant u. Anpassungsfähig‹ – T: Margit Eschenbach – A: Britta Sund – D: Eva Gagel.

»Ihre Träume, das Licht, das sich in ihrem Gesicht spiegelt, Lichtschatten, bunte Variationen ihrer Ideen, Schattennächte – darauf wird es nicht mehr ankommen. Auch sie geht hinunter, zur Probe, in die kunsthelle Düsternis, lang, durch die vielen Schalltüren, durch gleißende Lichtschächte, durch eiserne Gitter – bis ins Reich der Sicherheit. ABC-Schutzraum, belüftet über Schutzlufteinrichtung, mit Bundesmitteln bezuschußt – ein Stück Substanzschutz für unser Volk.« (Ebba Jahn)

SCHON WIEDER DUSCHEN – R, B: Angi Welz-Rommel – K: Ebba Jahn – Sch: Susann Lahaye – M: ›Malaria‹, Thomas Schulz – T: Anke-Rixa Hansen – D: Angela Neumann, Charlotte Mathiessen u. a.

»Wer kennt sie nicht, die täglichen Irritationen, die plötzlich hinter den Spiegel der Normalität blicken lassen? Gleich einem Splitter im Auge ver-rücken sie die Wahrnehmung. Eine neue Erkenntnis tut sich auf. Auslöser hier: Die Bademeisterin entpuppt sich als Hygienehyäne. Sie schnappt zu. Ausziehen! Körperkontrolle!... Ein Duschraum verändert sich zum Raum des Todes. Gestern ist Heute, Heute ist Morgen. Die Brauseanlagen in Atombunkern gleichen grauenvoll den Duschen in Auschwitz.« (Angi Welz-Rommel)
PLATZANGST – R, B: Claudia Schilinski – K: Ebba Jahn – Sch: Eva Hammel – T: Anke-Rixa Hansen – A: Angi Welz-Rommel – D: Traudel Haas, Nikolaus Dutsch, Katharina Kirschke.

»Marie, die Protagonistin des Films, ist von der Nachricht, daß ein begrenzter Atomkrieg in Europa für möglich gehalten wird, unmittelbarer berührt als ihr Mann. Empfindsamer als er, geht sie ihrer Beunruhigung auf die Spur... Marie beschäftigt sich mit den nicht mehr vorstellbaren Folgen der ersten Atombombe auf Hiroshima. Diese Schreckensbilder, zusammen mit den politischen Nachrichten, lassen sie eine apokalyptische Zukunftsvision ahnen, die zu einer Krise auch in ihrer Ehe führt.« (Claudia Schilinski)
IM ERNSTFALL NICHT VERFÜGBAR – R, B: Monika Funke-Stern – K: Amadou Seitz – Simme: Aulikki Bannwart – Sch: Susann Lahaye – M: Mauricio Kagel, ›Nachlassverwaltung‹, W. A. Mozart, Laurie Anderson – T: Margit Eschenbach.

»Ein Brief an den Mann an der Front 1941. Historisches Dokument über den Krieg und die Rolle der Frauen: sie haben nicht aktiv teilgenommen, ihn auch nicht verhindert. Das traditionelle Rollenbild: Helferin/Retterin/Bewahrerin/Trösterin... Ein Dokument auch über den Frieden im Krieg. Die Kultur von Frauen in Abwesenheit der Männer. Zuarbeit oder aber auch Ansätze zu Selbständigkeit und Widerstand?« (Monika Funke-Stern)
DIE SCHUTZFOLIE – R, B, K, Sch: Renate Sami – M: Ramona Sweeney – T: Anke-Rixa Hansen – D: Ramona Sweeney, Vincenzo Salatino.

»Ein Mann versucht, durch eine Folie Schutz zu finden – eine Frau singt: ›Stand up and say what you're feeling/the springtime is bound for the fall/love is what you're concealing/and without love there's nothing at all...‹« (Renate Sami)

»Ende 1981 haben wir uns zusammengefunden, um gemeinsam einen Film zu machen. Arbeitstitel: Einsichten/Aussichten. Frauen gegen atomare Aufrüstung... Unsere Zusammenarbeit sollte anders funktionieren als gemäß der obligaten Hackordnung der Filmbranche. Wir sind alle im Verband der Filmarbeiterinnen, kämpfen für die Chancengleichheit der Frauen im Film und für emanzipatorische, feministische, non-sexistische Inhalte. Politisch arbeiten wir seit der Gründung des Verbandes 1979 zusammen; unser Wunsch war es, auch zusammen zu produzieren, und zwar so, daß wir uns gegenseitig fördern und in den verschiedenen Funktionen beim Filmemachen ergänzen und austauschen (z. B. Regie in dem einen, Requisite, Maske, Aufnahmeleitung etc. in einem anderen Film).

BABYSTRICH IM SPERRBEZIRK
BRD 1982 – R, B: Otto Retzer – K: ungenannt – Sch: Claudia Wutz – M: Gerhard Heinz – T: – (kein O-Ton) – P: Otto Retzer Filmproduktion, München – Prod: Karl Spiehs – V: Tivoli, München – L: 92 Min. – 35 mm/Farbe – UA/KSt: 8.4.1983.
»Der erste ehrliche Strich-Report – abschreckend und aufrüttelnd!« (Verleihwerbung)

BANDONION
BRD 1981 – R, T: Klaus Wildenhahn – B: Klaus Wildenhahn, Günter Westerhoff – K: Rainer Komers – Sch: Petra Arciszewski – P: Norddeutscher Rundfunk (Redaktion Weiterbildung I), Hamburg – Red: Rainer Hagen, Horst Königstein – V: Stiftung Deutsche Kinemathek, Berlin (nichtgewerblich) – L: 52 Min. (Teil 1: DEUTSCHE TANGOS; 25 B/sec), 45

Min. (Teil 2: TANGO IM EXIL; 25 B/sec) – 16 mm/Farbe – UA/TV: 8. 9. 1981 (Teil 1), 15. 9. 1981 (Teil 2), NDR 3 – Kino-Erstaufführung: November 1981, Filmwoche Duisburg.
»Fritz Thiemann aus Bottrop und Josef Trumpaitis aus Dortmund, beide ehemalige Bergleute, beide Bandonionspieler. Klaus Gutjahr und Karl Oriwohl aus Berlin, beide examinierte Musiklehrer. Werner Baumgartner und Hans Hader aus Oberfranken, beide Instrumentenbauer. Mauricio Kagel und Juan José Mosalini, beide aus Argentinien, beide im Exil heute; der eine Komponist, der andere professioneller Tangomusiker. Sie alle spielen, demonstrieren und tragen bei zu einer Musikgeschichte, der Geschichte eines Instruments, das heute am Verschwinden ist. Ein Instrument, das in Deutschland entwickelt und gebaut wurde und eine weltweite Verbreitung gefunden hat, heute aber weitgehend durch die Massenfabrikation des Akkordeons verdrängt worden ist. Ein Balginstrument: das Bandonion, für den Export Bandoneon geschrieben. Es gab unzählige Bandonionvereine zwischen den zwei Kriegen, vor allem im Ruhrgebiet und Sachsen. Es war in Deutschland ein wirkliches Volksinstrument, spielte zum Tanz und zu Hochzeiten auf und konnte fast wie eine Orgel klingen. In Südamerika ist es unverzichtbar beim Spielen des Tangos geworden, wurde von den argentinischen Textdichtern oft direkt in ihren Versen angesprochen und beschworen.« (Produktionsmitteilung)

DER BAUER VON BABYLON –
RAINER WERNER FASSBINDER DREHT »QUERELLE«
BRD 1982 – R, B: Dieter Schidor – Kommentar: Wolf Wondratschek – Erzähler: Klaus Löwitsch – künstlerische Mitarbeit: Michael McLernon – K: Carl-Friedrich Koschnick, Rainer Lanuschny – Sch: Rice Renz – M: Peer Raben – T: Gerhard Birkholz – P: Planet Film, München – Prod: Dieter Schidor – V: Arsenal Filmverleih, Tübingen – L: 85 Min. – 16 mm/Farbe – UA: 13. 8. 1982 Internationales Filmfestival Locarno – dtEA: Oktober 1982 Internationale Filmwoche Mannheim – Infoschau – KSt: 1. 4. 1983.
»Schidor beobachtete Fassbinder während der Dreharbeiten zu seinem letzten Film ›Querelle‹. Es ist der Versuch einer Annäherung an Rainer Werner Fassbinder. Interviews mit Jeanne Moreau, Brad Davis und Franco Nero ergänzen das Porträt.« (Produktionsmitteilung)

BELLA DONNA
BRD 1982 – R, B: Peter Keglevic – Dramaturgie: Arno Ziebell – K: Edward Klosinski – Sch: Sigrun Jäger – M: Astor Piazzolla, Brynmor Jones – Choreografie: Daniel Sander – T: Jochen Schwarzat – A: Rainer Schaper – D: Friedrich-Karl Praetorius, Krystyna Janda, Brigitte Horney, Erland Josephson, Ilse Ritter u. a. – P: Joachim von Vietinghoff Filmproduktion, Berlin/Sender Freies Berlin, Berlin, Westdeutscher Rundfunk, Köln – Prod: Joachim von Vietinghoff – Pl: Klaus Keil – Red: Joachim von Mengershausen, Hans Kwiet – V: Tivoli, München – L: 106 Min. – 35 mm/Farbe – UA/KSt: 4.3.1983.
»Wie sich zwei Menschen so intensiv berühren können, wie Fritz und Lena – da steht man wie vor einem Wunder... Melancholie erzeugt in diesem Fall ein ungeheuer positives Gefühl. ›Bella Donna‹ ist auch romantisch, melodramatisch, man könnte auch sagen, eine ›melancholische Opera buffa‹, weil die Figuren immer ganz massiv große Gefühle durchziehen – und dabei sind diese Figuren auch oft sehr komisch.« (Peter Keglevic)

BIER FÜR LAMA KARA
BRD 1980–82 – R, B: Rolf Schübel – Mitarbeit: Harald Reetz – K: Karsten H. Müller – Sch: Rolf Schübel, Harald Reetz – M: Hannes Wader, Dollar Brand – T: Harald Reetz, Henner Reichel – D: Heiko Lessmann, Uli Kandt u. a. – P: Rolf Schübel Filmproduktion, Hamburg, im Auftrag des ZDF, Mainz – Prod: Rolf Schübel – Red: Ingeborg Janiczek – V:

z. Z. Eigenverleih Rolf Schübel – L: 87 Min. (25 B/sec) – 16 mm/Farbe – UA: 14. 10. 1982, Filmfestival Nyon – dtEA: 17. 5. 1983, Braunschweig – TV: 23. 11. 1982 (ZDF).
Dokumentarfilm – »Uli ist Klempner, Heiko ist Stahlbauer. Beide sind jung, haben Familie, leben in Norddeutschland. Beide haben einen besonderen Job angenommen: sie sollen für ein Unternehmen mit deutscher Kapitalmehrheit in Afrika, im Norden von Togo, eine Brauerei bauen. Beide haben Hoffnungen und Ängste, und sie haben auch Bilder im Kopf von dem, was sie erwartet... Mit der Geschichte von Uli und Heiko handelt der Film gleichzeitig von Liebe und Heimweh, von Sex und Treue, von Arbeit und Freizeit, vor allem aber von den Beziehungen zwischen Schwarz und Weiß, vom Begreifenwollen und Nichtverstehenkönnen.« (Produktionsmitteilung)

BLICK ZURÜCK
BRD 1979–81 – R, B, Sch: Bernhard Stampfer – K: Jürgen Bretzinger – M: Balthasar Partlitsch, Neil Young – T: Hans Peter Vogt – P: Hochschule für Fernsehen und Film, München – Pl: Reinhard Stegen – V: HFF, München – L: 61 Min. – 16 mm/Farbe – UA: 9. 11. 1982, Duisburger Filmwoche.
Nach längerer Abwesenheit kehrt der Filmemacher Bernhard Stampfer in seine Heimat auf die Schwäbische Alb zurück und verabredet sich mit seinen alten Freunden an jenem abgelegenen Treffpunkt im Schwarzwald, der ihnen während ihrer Jugend oftmals die Autonomie gesichert hat. Hier reden sie ein Wochenende lang über das, was sie in den letzten Jahren erlebt haben, was sich bei ihnen und anderswo geändert hat, was sie von der Zukunft erwarten.

BOLERO
BRD/Schweiz 1982/83 – R: Rüdiger Nüchtern – B: Rüdiger Nüchtern, Monika Nüchtern – K: Jacques Steyn – Sch: Helga Beyer – M: Jörg Evers – T: Stanislas Litera – A: Dieter Bächle – D: Katja Rupé, Michael König, Maxi Nüchtern, Daniel Nagel, Kurt Raab u. a. – P: MN-Produktion Monika Nüchtern Film, München/Artus-Film, München/Trio-Film, Duisburg/Jörg Marquard, Zürich/Radio Bremen, Bremen – Hl: Monika Nüchtern – Red: Jutta Boehle-Selle – V: Cosmos-Film, München – L: 99 Min. – UA: 22. 6. 1983, Filmfest München – KSt: November 1983.
»Pete hat sich von seiner Rockgruppe getrennt und präsentiert im Studio seine erste Solo-Produktion. Als er seine Produktion nicht los wird, bekommt er zu spüren, daß für Verlierer kein Platz ist. Pete verliert sich in Selbstmitleid, seine Frau Lena beginnt, sich von ihm und ihrem gemeinsamen Sohn zu lösen. Er begreift, daß er nun auch noch Lena verlieren wird. Er komponiert für sie einen Bolero, doch Lena weist ihn ab, was zu einem rasanten Streit führt. Als jedoch Pete im Studio den Bolero gegen den Produzenten durchsetzt, versteht Lena die Zeichen, die Pete gesetzt hat...« (Produktionsmitteilung)

BOLWIESER
BRD 1976/77 – R: Rainer Werner Fassbinder – B: Rainer Werner Fassbinder nach dem Roman von Oskar Maria Graf – K: Michael Ballhaus – Sch: Ila von Hasperg, Juliane Lorenz, Franz Walsch (= Rainer Werner Fassbinder) – M: Peer Raben – T: Reinhard Gloge – D: Kurt Raab, Elisabeth Trissenaar, Bernhard Helfrich, Udo Kier, Volker Spengler u. a. – P: Bavaria Atelier GmbH, München, im Auftrag des ZDF, Mainz – Prod: Herbert Knopp – Pl: Henry Sokal – Red: Willi Segler – V: Filmverlag der Autoren, München – L: 115 Min. – 35 mm (aufgeblasen von 16 mm)/Farbe – UA (Kinofassung): 8. 5. 1983, Internationale Filmfestspiele Cannes – Quinzaine des realisateurs – dtEA/KSt: 10. 6. 1983 – TV: 31. 7. 1977 (Sendelänge: 201 Min.).
»Ich fraß mich also durch den umfangreichen Lebensbericht des Bahnhofvorstehers Bol-

wieser, mit wachsendem Genuß, erkannte bald in dem mir beinahe unbekannten Graf den großen Dichter und war zutiefst berührt von seiner Schilderung. Der langsame Verfall eines Menschen, herbeigeführt durch seine untreue Ehefrau, und die unnachsichtige, schadenfrohe, übeltratschende Dorfgemeinschaft, ging mir nahe, und ich sah Parallelen zu meinem eigenen Leben.« (Kurt Raab)

BRANDMALE
BRD 1981 – R: George Moorse – B: George Moorse, Mathias Wittich – K: Wolfgang Dickmann – Sch: Lutz Carmincke, Gisela Landberg – M: Edgar Froese – T: Wolf-Dieter Spille, Hubert Maier – A: Friedhelm Boehm – D: Anne Bennent, Gila von Weitershausen, Hub Martin, Dieter Schidor, Isolde Barth u. a. – P: Telefilm Saar GmbH, Saarbrücken/Saarländischer Rundfunk, Saarbrücken – Pl: Hans-Günther Müller, Roland Dillschneider – V: Fi-FiGe/AG Kino, Hamburg – L: 90 Min. – 35 mm/Farbe – UA: 1. 7. 1982, Hamburger Kinotage – KSt: 27. 5. 1983.
»Ein Film der 80er Jahre. Beziehungen der 80er Jahre. Angela sagt immer wieder zu Robert ›Ich liebe dich‹. Er sagt es nie zu ihr. Robert sagt immer wieder ›Ich liebe dich‹ zu Bettina. Sie nie zu ihm. Robert ist der neue Typ. Nicht alle werden das wissen wollen. Bettina ist ein neuer Typ Frau. Auch dies werden nicht alle wissen wollen. Männer, die versuchen, mit der neuen Frau auszukommen, aber sich dabei verirren. Männer, die ihre neue Rolle noch nicht gefunden haben.« (George Moorse)

CANALE GRANDE
BRD/Österreich 1980–83 – R, B: Friederike Pezold – K: Elfi Mikesch, Wolfgang Pilgrim, Fritz Ölberg – Sch: Henriette Fischer – T: Margit Eschenbach, Anke-Rixa Hansen, Ebba Jahn – A: Werner Degenfeld, Friederike Pezold – D: Friederike Pezold, Elfi Mikesch, Hildegard Westbeld, Ebba Jahn u. a. – P: Primadonna Filmproduktion, Wien/München – V: Basis-Film, Berlin – L: 95 Min. – 35 mm/Farbe und schwarz-weiß – UA: 19. 2. 1983, Internationales Forum des Jungen Films, Berlin – KSt: 9. 9. 1983.
»›Je prends mes desirs pour la realite car je crois en la realite de mes desirs.‹ Dieser Satz aus dem Pariser Mai ist der Schlüsselsatz für den Film ›Canale Grande‹. In diesem Film zeigt die Hauptfigur, eine Frau, daß es möglich ist, viele Träume, Fantasien und Utopien zu haben, und daß es möglich ist, diese trotz vieler Schwierigkeiten und Widerstände zu realisieren. Sie beweist, daß es möglich ist, daß der Mensch, obwohl er als vorprogrammiertes Produkt in die Welt hinaus- und in ein vorprogrammiertes Programm hineingestoßen wurde, doch sein eigenes Programm machen kann.« (Friederike Pezold)

CATCH YOUR DREAMS
BRD 1982 – R, Idee, A: Moritz Boerner – K: Andreas Schulz – Sch: Moritz Boerner, Malo Wagner – M: ›Kitaro‹, ›Lin‹, ›Amugama‹ – T: – (kein O-Ton) – D: Andrea Jacobsen, Angela Lilleystone, Petra Lunghaard, Nora Müller, Nina Oehlrich u. a. – P: Tantra Film Production, Hamburg – Prod: Moritz Boerner – V: Tantra Film Production, Hamburg – L: 80 Min. – 35 mm/Farbe – UA: Dezember 1982, Zürich – dtEA/KSt: 1. 1. 1983.
Der Film »führt Sexualität auf das zurück, was sie eigentlich sein sollte: eine hohe und reine Form zwischenmenschlicher Kommunikation, die auf fast religiöse Weise zelebriert werden kann, nicht entstellt durch gesellschaftliche Normen, Moralvorstellungen und falsche Prüderie… Er verletzt niemals die Würde der Darsteller, indem er sie zu mechanischen, abstoßenden oder decouvrierenden Handlungen verleitet, sondern er erlaubt ihnen, gefühlvoll, spontan, sensibel und liebevoll ihre Sexualität zu entfalten«. (Moritz Boerner)
Der Film wurde wenige Tage nach der Premiere im Hamburger ›Abaton‹-Kino von einem Staatsanwalt wegen »Pornographieverdacht« beschlagnahmt und darf vorläufig nur unter Vorführbedingungen gezeigt werden, wie sie für pornographische Filme gelten.

CATHERINE
BRD/Spanien 1982 – R, B: Hubert Frank – K: Franz X. Lederle – M: Gerhard Heinz – D: Berta Cabre, Micha Kabteijn, Miguel Avriles, Renate Langer, Guevara Gatica u. a. – P: Atlas Film & TV Produktion GmbH, München/Producciones Balcazar S.A., Barcelona – V: Jugendfilm, Berlin – PL: Carlos Boue – L: 94 Min. – 35 mm/Farbe – dtEA/KSt: 16. 7. 1982. Sexfilm

DANNI
BRD 1982 – R, B: Martin Gies – K: Axel Block – Sch: Jean-Claude Piroue – M: Lothar Meid – T: Peter Kaiser – A: Erhardt Engel – D: Brigitte Karner, Robert Hunger-Bühler, Dominik Graf, Barbara Freier, Heinz Hönig u. a. – P: Astral-Film, München – Prod: Wolfgang Odenthal – V: Filmverlag der Autoren, München – L: 95 Min. – 35 mm/Farbe – UA/KSt: 15. 4. 1983.
»In meinem Film kommt nur geballt in 90 Minuten vor, was im Leben oft Jahre dauert… Man sieht zwei Menschen, die wahnsinnig extrem aufeinander reagieren. Im Grunde finde ich die Danni ziemlich normal – normal im Sinn von ›es kommt dauernd überall vor‹; sie spürt eine große Leere und Unzufriedenheit in sich, und sie kann nicht mit sich alleine umgehen. Sie traut sich nur mehr, das heißt, sie geht strikt auf ihre Ziele zu…« (Martin Gies)

DANTON (L'Affaire Danton/Sprawa Dantona)
BRD/Frankreich/Polen 1982 – R: Andrzej Wajda – B: Jean-Claude Carriere nach dem Bühnenstück von Stanislawa Przybyszewska – Drehbuchmitarbeit: Andrzej Wajda, Agnieszka Holland, Boleslaw Michalek, Jacek Gasiorowski – K: Igor Luther – Sch: Halina Prugar-Ketling – M: Jean Prodromides – T: Jean-Pierre Ruh, Dominique Hennequin, Piotr Zawadzki – A: Allan Starski – D: Gerard Depardieu, Wojciech Pszoniak, Patrice Chereau, Roger Planchon, Jacques Villeret, Angela Winkler u. a. – P: Gaumont S.A., Neuilly/Les Films du Losange, Paris/TF 1 Films Production, Paris/S.F.P.C., Paris/Tele München, München, mit Beteiligung des Ministere de la Culture, Paris, und Film Polski, Warschau – Prod: Margaret Menegoz – Pl: Alain Depardieu – V: Concorde-Film, München – L: 136 Min. – 35 mm/Farbe – UA: Dezember 1982, Paris – dtEA: 28. 2. 1983, Internationale Filmfestspiele Berlin – Sondervorführung – KSt: 28. 4. 1983.
»Mich hat der psychologisch-menschliche Aspekt interessiert, wie selbst die Anführer die Situation, die Macht nicht mehr im Griff haben. Das wirkliche Drama der Französischen Revolution besteht darin, daß beide Seiten – Robespierre und Danton – recht haben… Jede Revolution erlebt ihre gefährlichen kritischen Momente: wenn sie ihre Ziele nicht erreicht, muß sie zu Mitteln greifen, die konträr zu ihrer Idee sind – zu den Ideen, die die Revolution motiviert haben. Darin liegt die Tragödie der Revolution.« (Andrzej Wajda)

DEADLY GAME
BRD 1980–82 – R: Karoly Makk – B: Lothar H. Krischer, Karoly Makk nach einer Idee von Kamil Pixa – Dialogbuch, Dramaturgie: Karsten Peters – Dialogregie: Heinz Freitag – K: Lothar Stickelbrucks; Gernoth Köhler, Josef Toth, Attila Szabo, Ernst W. Kalinke – Sch: Karl Aulitzky – M: Roland Baumgartner – Titelsong gesungen von Joan Orleans – T: Rolf Alt – A: Sybille Hahn, Thomas Schapert – D: Helmut Berger, Mel Ferrer, Barbara Sukowa, Karin Baal, Josef Kroner u. a. – P: Terra Filmkunst GmbH, München/Dieter Geissler Filmproduktion, München/Popular-Film, Stuttgart – Gl: Lothar H. Krischer – Associated Producer: Hans H-Kaden – Hl: Konstantin Thoeren – Pl: Rudolph Hertzog – V: Kora-Film, München – L: 87 Min. – 35 mm/Farbe – UA/KSt: 3. 9. 1982.
»Vor dem Hintergrund einer feudalen Jagdgesellschaft trifft die in jeder Weise verwöhnte Daniela auf Boris, einen Zeugen dunkler Stunden ihrer Vergangenheit. Die alte Leiden-

schaft, die die beiden einmal verband, flammt wieder auf und treibt die Frau in tiefe Gewissenskonflikte. Daniela kann nicht ahnen, daß ihr Mann die Situation dazu benutzt, sich ihrer auf elegante Weise zu entledigen – um so allein Herr über ihr großes Vermögen zu werden. Aus Jägern werden Gejagte und wie immer muß der Falsche dieses Spiel mit dem Leben bezahlen.« (Produktionsmitteilung)

DEAR MR. WONDERFUL
BRD 1981/82 – R: Peter Lilienthal – B: Sam Koperwas, Peter Lilienthal – K: Michael Ballhaus – Sch: Sigrun Jäger – M: Claus Bantzer – Songs: Joe Pesci/Larry Fallon – T: Algis Kaupas – A: Jeffrey Townsend – D: Joe Pesci, Karen Ludwig, Evan Handler, Ivy Ray Browning, Frank Vincent u. a. – P: Von Vietinghoff Filmproduktion, Berlin/Westdeutscher Rundfunk, Köln/Sender Freies Berlin, Berlin – Prod: Joachim von Vietinghoff – Pl: Marc Shelley – Red: Joachim von Mengershausen, Christa Vogel – V: Basis-Film, Berlin – L: 115 Min. – 35 mm/Farbe – UA/KSt: 27. 8. 1982 – TV: 22. 5. 1983 (ARD) – Originalfassung in englischer Sprache.
»Ein kleiner Mann mit glühenden Augen, fähig zu unvergleichlichen Gesten der Freundschaft, Verletzbarkeit, Hoffnung, aber auch Mißtrauen. So begegnete mir Joe Pesci... Schauplatz: eine Bowlingbahn und Bar in der Nähe von New York an einer der endlosen Hauptverkehrsstraßen, die sich durch New Jersey ziehen. An einer Kurve, gekennzeichnet durch eine auf dem Dach befestigte Neonwerbung, steht ›Ruby's Palace‹. Dort singt dessen Besitzer Ruby Dennis jeden Abend vor einem Publikum, das meistens aus Bowlingspielern und Nachbarn besteht. Das ist so, als ob man davon ausgeht, daß man an der Ecke einen Freund findet, der ein bißchen Klatsch berichtet und man den Klatsch etwas vertieft und dem nächsten Nachbarn diese Geschichte dann weitererzählt. Also, die Motive sind eigentlich alltäglich, die Geschichte ist sehr leise.« (Peter Lilienthal)

DER DEPP
BRD 1982 – R, B: Herbert Achternbusch – K: Jörg Schmidt-Reitwein – Sch: Beate Köster – T: Sylvia Tewes, Heike Pillemann – A: Gunter Freyse – D: Herbert Achternbusch, Annamirl Bierbichler, Franz Baumgartner, Gabi Geist, Alois Hitzenbichler u. a. – P: Herbert Achternbusch Filmproduktion, Buchendorf – Prod: Herbert Achternbusch – Pl: Dietmar Schneider – V: Filmwelt, München – L: 86 Min. – 35 mm/schwarz-weiß – UA: 30. 10. 1982, Internationale Hofer Filmtage – KSt: 3. 12. 1982.
»Eine Filmgeschichte namens ›Der Depp‹ ist in Gefahr, ihr Thema intellektuell herauszuputzen. Andererseits besteht die Gefahr, daß sich der Film in bayrischen Blödeleien verbraucht. Eines ist klar: das Thema muß die Gestaltung durchdringen. Das bayerische ›Depp‹ kommt von ›tappen‹, einem Ausdruck der Hilflosigkeit und des Suchens und – im Film – des Findens, des Herausfindens. Wurde der Held im Hofbräuhaus grundlos zusammengeschlagen? Die Protagonisten der Geschichte suchen sich ihre Begründungen und finden immer wieder an veränderten Begründungen Spaß und Notwendigkeit. Aber kann ein eineinhalb Stündchen Film in den Weltwirrwarr Logik bringen? Jedenfalls entspricht jedem schriftlichen Absatz eine filmische Einstellung.« (Herbert Achternbusch)

EIN DICKER HUND
BRD 1982 – R: Franz Marischka – B: Franz Marischka, Florian Burg, Erich Tomek – K: Hanns Matula – Sch: Claudia Wutz – M: Gerhard Heinz, ›Relax‹ – T: Gerhard Spiehs – A: Robert Fabiankovich – D: Tommi Ohrner, Gunther Philipp, Willy Millowitsch, Rainer Basedow, Anja Schüte, Helga Feddersen u. a. – P: Lisa-Film, München – L: 89 Min. – 35 mm/Farbe – UA/KSt: 17. 12. 1982.
»Im ›Dicken Hund‹ geht es um den steinreichen Eduard von Bittermagen, Erfinder des

Magenbitters, und seinen Freund und Hausarzt Professor Pfiff. Bittermagen wettet, daß sein Neffe, der Luftikus Tommi, und Pfiffs Tochter Julia ein Pärchen werden, obwohl sich die beiden nicht gerade mögen.« (Verleihankündigung)Dies rigorose Leben

BRD 1982/83 – R, B: Vadim Glowna – Drehbuchmitarbeit: Christopher Doherty – K: Martin Schäfer – Sch: Helga Borsche – M: Peer Raben – T: Martin Müller – A: Dieter Flimm – Special Effects: Harry Wiessenhaan, Ben De Jong – D: Angela Molina, Jerzy Radziwilowicz, Vera Tschechowa, Viveca Lindfors, Elfriede Kuzmany u. a. – P: Atossa Film, München/Roxy-Film, München/Zweites Deutsches Fernsehen, Mainz – Hl: Peter Wohlgemuth – Pl: Mark Shelley (USA), Udo Heiland (BRD) – V: Concorde-Film, München – L: 99 Min. – 35 mm/Farbe – UA: 22. 2. 1983, Internationale Filmfestspiele Berlin – Wettbewerb – KSt: 4. 3. 1983.

»Die Grundidee zu der Geschichte ist mir eingefallen, oder ist mir sogar passiert, als ich das erste Mal dort war. Ich bin in so einer Art Rausch damals die Strecke L.A. – New Orleans in fünf Tagen gefahren... Und dann passiert es eben auch, daß plötzlich das Benzin ausgeht. Dann fühlt man sich sehr verloren. Etwa drei Meilen entfernt vom Highway lag da fast so etwas wie eine Ortschaft, vier Häuschen... Eines der Häuser war so ein kleiner Drugstore voll mit Lebensmitteln, aber der gehörte zwei alten Leuten... Emigranten... Ich hatte da so eine Idee: wenn die nun Kinder gehabt hätten... So ist also als Hintergrund die Geschichte von Ada und Martha entstanden, die mit ihren Kindern sich irgendwann aufgemacht haben, weil sie es nicht mehr aushalten konnten in Deutschland. Die nach Amerika gingen, diesen Traum vom Westen hatten... Dann die Geschichte der drei Kinder, die zwanzig Jahre später weg wollen, jedes auf seine Art oder mit einem anderen Anspruch ans Leben...« (Vadim Glowna)

Doktor Faustus

BRD 1981/82 – R: Franz Seitz – B: Franz Seitz nach dem gleichnamigen Roman von Thomas Mann – K: Rudolf Blahacek – Sch: Lotte Klimitschek – M: Benjamin Britten, Rolf Wilhelm – T: Isolde Kaiser – A: Rolf Zehetbauer, Götz Weidner, Herbert Strabel – D: Jon Finch, Hanns Zischler, Marie Hélène Breillat, Siemen Rühaak, Marie Lebée, André Heller u. a. – P: Franz Seitz Film, München/Iduna-Film, München/Bayerischer Rundfunk, München – Prod: Franz Seitz – Pl: Georg Föcking, Gottlieb Wegeleben – Red: Kurt Hoffmann – V: United International Pictures, Frankfurt/M. – L: 137 Min. – 35 mm/Farbe – UA: 16. 9. 1982, Hamburg – KSt: 17. 9. 1982.

»Meines Erachtens erfordert ein so fiktiv inspirierter Stoff wie der ›Faustus‹ eine in hohem Grad wahrscheinliche, ja realistische Gestaltung. Abgesehen von Adrian Leverkühns Imaginationen und den Auftritten des Teufels in verschiedenen Metamorphosen, die jeweils dem Bereich der ›siebenten Seite des Würfels‹ zugehören, war für die Darstellung der Geschehnisse äußerste Authentizität geboten, im Zeitgeschichtlichen, im Sprachduktus, in den Dekors, den Kostümen, den Requisiten. Die Phantasie, auf solche Art zur Ordnung gezwungen, hat sich in besonderer Weise zu bewähren: die Gegenüberstellung der Bilder und Sequenzen, des gesprochenen Wortes und der Musik muß ebenso rückzüglich wie auf das Kommende zielend ihre Wirkung tun, um – was phantastische Auswucherungen eher verhindern – Freiraum für die Phantasie des Betrachters zu schaffen, des Zuschauers im Kino.« (Franz Seitz)

Echtzeit (Realtime)

BRD 1981–83 – Ein Film, ohne Drehbuch erzählt von Hellmuth Costard und Jürgen Ebert – K: Hellmuth Costard, Thomas Schwan, Martin Manz, Carolyn Swartz – Filmtrick: Raimund Krumme, Sibylle Hofter, Hellmuth Costard, Jürgen Ebert – Elektronik: Winfried

Wolf – Rasterbild: Hellmuth Costard – Sch: Hellmuth Costard, Jürgen Ebert, Sigrid Halvensleben-Gaul – M: ›Supertramp‹ (»Logical Song«), Irving Berlin (»God bless America«), ›Dead Kennedys‹ (»Holiday in Cambodia«), Johann Sebastian Bach u. a. – T: Kalus Freudigmann, Jürgen Ebert, Jörg Priesner, Egon Bunne – Computerklänge: Ralf Schulze, Rudi Weiss – D: Adolf Hornung, Reiner Weber, Erwin Quednau, Georg Krämer, Ruth Bierich u. a. – P: B-pictures, Berlin/von-Vietinghoff-Filmproduktion GmbH, Berlin/Westdeutscher Rundfunk, Köln – Pl: Michael Lion, Joachim von Vietinghoff – Red: Alexander Wesemann – V: FiFiGe/AG Kino, Hamburg – L: 112 Min. (ursprünglich 116 Min.) – 35 mm/Farbe – UA: 19. 2. 1983, Internationale Filmfestspiele Berlin – Wettbewerb, außer Konkurrenz – KSt: 27. 5. 1983.

»Der Titel des Films ist ein Begriff aus der Computertechnologie. Man spricht von ›Echtzeit‹, wenn der Computer so schnell ist wie das Ereignis, zu dessen Steuerung er eingesetzt wird, d. h. wenn Analyse, Berechnung und Steuerung eines Prozesses praktisch ohne zeitliche Verzögerung ineinandergreifen. Unbemerkt von der Öffentlichkeit haben die Militärs mit ihren Satelliten die Erde vermessen. Das verwendete Raster hat genügend Auflösung, um von jedem gewünschten Ort ein naturnahes, räumliches Bild zu erstellen, in dem man sich, hundertmal besser als in jedem Videospiel, in Echtzeit in jeder beliebigen Richtung bewegen kann... Ohne ersichtlichen Anlaß gerät Georg, ein entlassener wissenschaftlicher Mitarbeiter, in einen irrealen Raum, in ein zeitloses System, aus dem es kein Entrinnen zu geben scheint. Hier trifft er auf Ruth, mit der er vor seiner sonderbaren Transformation befreundet war. Ruth konfrontiert ihn mit ihrem Verdacht, daß sie nur als Simulationen ihrer selbst handelt, daß sie vielleicht bereits durch einen Unfall oder eine Katastrophe vernichtet worden sind. Sie machen sich auf die Suche nach dem übergeordneten System, nach dem erlösenden Moment in Echtzeit.« (Hellmuth Costard/Jürgen Ebert)

Eis am Stiel, 4. Teil – Hasenjagd
BRD/Israel 1982 – R, B: Boaz Davidson – K: Adam Greenberg – Sch: Bruria Davidson – M: Paul Fishman – T: Eli Yarkoni – A: Ariel Roshko – D: Jesse Katzur, Zachi Noy, Jonathan Segal, Sonja Martin, Bea Fiedler u. a. – P: KF Kinofilm, München/Golan-Globus Productions, Tel Aviv – Gl: Amnon Globus, Sam Waynberg – V: Scotia-Film, München – L: 94 Min. – 35 mm/Farbe – dtEA/KSt: 11. 3. 1983.

Militärklamotte

Eisenhans
BRD 1982 – R: Tankred Dorst – B: Tankred Dorst, Ursula Ehler – K: Jürgen Jürges – Sch: Stefan Arnsten – M: Bert Grund – T: Günther Stadelmann – A: Peter Pabst – D: Gerhard Olschewski, Susanne Lothar, Hannelore Hoger, Michael Habeck, Hans Michael Rehberg u. a. – P: Bavaria Filmverleih- und Produktions-GmbH, München/WDR, Köln – Prod: Dr. Helmut Krapp – Hl: Lutz Hengst – Pl: Peter Sterr – Red: Hartwig Schmidt – V: Filmverlag der Autoren, München – L: 110 Min. – 35 mm/schwarz-weiß mit Farbteilen – UA: 23. 2. 1983, Internationales Forum des Jungen Films, Berlin – KSt: 25. 3. 1983.

»Dies soll kein realistischer Film werden. Die Geschichte von der Schwachsinnigen und ihrem Vater, dem Eisenhans, stelle ich mir vor als ein böses deutsches Märchen, wie sie die Brüder Grimm aufgezeichnet haben. Schrille Farben, Höllenaugenblicke, giftige Traumbilder. Die Landschaft und die schwarzen Dörfer, wo sie spielt, sind mir seit meiner Kindheit vertraut, ich habe eine sehr deutliche Erinnerung daran. Dort ist heute die Grenze; sie zerschneidet heute die Berge, die Wälder, die Wiesengründe, die Flüsse. Und an diesem Schnittrand unseres Landes bröckeln die Häuser ab, knicken die Bäume ein, zerfallen die Straßen wie am Ende der Zeit.« (Tankred Dorst)

ENTE ODER TRENTE
BRD 1981/82 – R: Rigo Manikofski – B: Günter Schulz – K: Gunther Damm – Sch: Clarissa Ambach – M: ›Artischock‹, Johannes Schmölling – T: Michael Eiler – A: Edwin Wengoborski – D: Gottfried John, Ute Cremer, Leslie Malton, Ricci Mains, Tobias Hösl u. a. – P: Claus und Haffter Filmproduktion, Berlin/Westdeutscher Rundfunk, Köln – Hl: Petra Haffter – Red: Alexander Wesemann – V: noch offen – L: 92 Min. – 35 mm/Farbe – UA: 27. 3. 1982, Filmfestival San Remo – dtEA: 21. 1. 1983, Wettbewerb Max-Ophüls-Preis, Saarbrücken.
»Nach mehr als zehn Jahren Legion ist Glentz nach Berlin zurückgekehrt. Er versucht, als Warenhausdetektiv wieder ein ›ganz normaler Deutscher‹ zu werden, aber die lange Abwesenheit aus der Heimat hat seinen Blick verstellt und seine Umgangsweisen verrohen lassen. Bei einer Klauaktion erwischt er Katharina, eine linke Buchhändlerin und Sozialarbeiterin, die auf ihre Weise versucht, mit der Umwelt klarzukommen.« (Produktionsmitteilung)

DIE ERBTÖCHTER (Les filles héréditaires)
BRD/Frankreich 1982 – R, B: Viviane Berthommier, Helma Sanders-Brahms, Marie-Christine Questerbert, Ula Stöckl, Danièle Dubroux, Jutta Brückner – Red: Christoph Holch – V: noch offen – L: 180 Min. – 16 mm/Farbe – UA: 7. 10. 1982, Internationale Filmwoche Mannheim. – TV: 19. 1./20. 1. 1983 (ZDF).
»Im März 1979, anläßlich eines Forums für Frauenkino auf dem Festival von Sceaux, das den deutschen Filmen viel Platz einräumte, entdecken wir, daß all die Ideen, die in Europa die Frauen seit den siebziger Jahren bewegt haben, sich bei diesen deutschen Filmemacherinnen wiederfinden in einer ursprünglichen, verwegenen und vielfältigen Produktion… Einige Monate später entschließen wir uns, diese Filmemacherinnen in Berlin zu treffen… Diese Zusammenkünfte, dieser Austausch und auch die Stadt… lassen in uns den Wunsch eines ›Austauschfilms‹ zwischen Frankreich und Deutschland wach werden…« (Viviane Berthommier/Daniele Dubroux/Marie-Christine Questerbert)
Episode 1: FLÜCHTIGE UMARMUNG (Dérapage) – R, B: Marie-Christine Questerbert – K: Jean-Francis Gondre – Sch: Jean Gargonne – T: Philippe Quinsac – D: Emmanuelle Riva, Marie Rivière, Catherine Breillat, Jean Noel Picq u. a., als Gast: Rainer Werner Fassbinder – L: 34 Min. (25 B/sec) – P: 6 Girls Production, Paris, im Auftrag des ZDF, Mainz.
»Zwei Journalistinnen, Aurore und Emilie, fahren während der Filmfestspiele nach Berlin, um dort eine Reportage über Filmregisseurinnen in der Bundesrepublik Deutschland zu machen. Der Film als Fiktion schafft mehrere Konfrontationen: Aurore, zwischen zwei Welten: Paris – ihr Alltag, ihre Tochter, ihre Mutter und alle Konflikte – und Berlin – ferne Stadt, Ort einer vorübergehenden Arbeit, aber auch Ort der Sehnsucht.« (ZDF-Ankündigung)
Episode 2: RÜCKKEHR AUS DEUTSCHLAND (Retour d'Allemagne) – R, B: Viviane Berthommier – K: Bruno Nuytten – Sch: Dominique Auvray – T: Patrick Frederich – D: Camilla de Casablanca, Inge Offermann, Alix di Konopka, Sylvie Ganotier, Marcel Dalio u. a. – P: 6 Girls Production, Paris, im Auftrag des ZDF, Mainz – L: 19 Min (25 B/sec).
»Eine Bahnreise zwischen Berlin und Paris. Suzanne ist ganz gefesselt von den Unterhaltungen und Gesichtern um sie herum. Den Landschaften… Sie ist nach Berlin gefahren, um für einen Film zu recherchieren. – Sie vermischt die Bilder des Films mit der Wirklichkeit im Zug. Diese Wirklichkeit nimmt während der Reise nach und nach die Färbung und Stimmung ihrer eigenen Gedanken an…« (ZDF-Ankündigung)
Episode 3: LÜGENBOTSCHAFT (Message-Mensonge) – R, B: Helma Sanders-Brahms – K: Fritz Poppenberg – Sch: Eva Schlensag – T: Martin Vollasser – D: Elisabeth Stepanek,

Helma Sanders-Brahms – P: Helma Sanders GmbH, Berlin, im Auftrag des ZDF, Mainz – L: 30 Min. (25 B/sec).
»Bilder vom Entstehen eines Films, der nicht entstehen kann. Es geht darum, wie beim Filmen das Gefilmte stirbt, aber auch darum, daß eine ›wirklich erlebte Geschichte‹ nicht wieder wirklich gemacht werden kann, denn der Ort, die Zeit, die Menschen und die Gegenstände haben fortwährend die Tendenz, auseinanderzulaufen. Sie alle noch einmal auf einmal wiederzufinden, ist deshalb unmöglich. Es geht um das Verhältnis einer Frau – der Autorin – zu einer anderen Frau – einer anderen Autorin – und zu einem Mann, der ihr Kameramann war. Die andere Frau war Jüdin und Französin... Nachdenken über die Frage, warum Liebe zwischen Frauen und Männern sich unterscheidet und wie...« (ZDF-Ankündigung)

Episode 4: DEN VÄTERN VERTRAUEN, GEGEN ALLE ERFAHRUNG (Un père peut en cacher un autre) – R, B: Ula Stöckl – K: Martin Gressmann, Mathias von Gunten, Philippe Hochart – Sch: Catherine Brasier – T: Sabine Eckart, Pierre Camus – D: Muriel König, Grischa Huber, Jean-Louis Desnos, Elisabeth Trehard, Michael König u. a. – P: Ula Stöckl Filmproduktion, Berlin, im Auftrag des ZDF, Mainz – L: 34 Min. (25 B/sec).
»Melanie wird Zeugin einer Szene, in der ein Deutscher seiner sehr jungen amerikanischen Schutzbefohlenen die ›amerikanische Kulturlosigkeit und Arroganz‹ vorwirft, als trage sie persönlich die Verantwortung für diesen Zustand. Diese Szene löst in Melanie die Erinnerung an ihre eigene Au-pair-Zeit in Paris aus. Damals erlebte sie den Ausbruch des Algerienkriegs und traf für ihre Person zum erstenmal eine politische Entscheidung: indem sie sich gegen diesen Krieg ausssprach und sich in Kreisen aufhielt, die aktiv gegen diesen Krieg Stellung nahmen. ›Monsieur‹ macht ihr, als ihm ihre Haltung klargeworden war, daraufhin die ›deutsche Schuld‹ zum Vorwurf... Die Erinnerung an Paris, die beiden Männer in ihrer jeweiligen Situation, die den viel jüngeren Frauen sehr bestimmt klarmachen, ›was zu denken sei‹, assoziiert Melanie heute mit Krieg und Zerstörung...« (ZDF-Ankündigung)

Episode 5: SCHWESTER ANNA, SIEHST DU NICHTS HERANKOMMEN? (Sœur Anne ne vois-tu rien venir?) – R, B: Danièle Dubroux – K: Martin Schäfer – Sch: Martine Giordano – T: François de Morand – D: Manuela Gouray, Danièle Dubroux, Cyril Spiga, Rudolf Thome, Eva Ebner u. a. – P: 6 Girls Production, Paris, im Auftrag des ZDF, Mainz – Pl: Stavros Kaplanides – L: 21 Min. (25 B/sec).
»Anne schreibt und Manou spielt... aber nicht so, wie sie möchten oder könnten. Anne hat die Person des Berichtes, den sie schreiben will, wiedergefunden: Johanna, eine Deutsche, die vor 26 Jahren, zu der Zeit, als ihre Eltern sich scheiden ließen, bei ihnen gelebt hat. Sie wohnt in Berlin. Manou ist ständig auf der Suche nach einer Rolle. Während sie darauf wartet, macht sie Striptease im Pigalle, um ihren Lebensunterhalt zu verdienen. Beim deutschen Kino könnte sie mit ihrem ›Vorkriegstyp‹ Glück haben, dessen ist sie sicher. Sie reisen zusammen ab. Aber Berlin ist eine doppelte und geteilte Stadt, wie sie selbst, wie die, die sie treffen...« (ZDF-Ankündigung)

Episode 6: LUFTWURZELN (Les racines en l'air) – R, B: Jutta Brückner – K: Hille Sagel – Sch: Eva Schlensag, Bernd-R. Zöhnel – T: Rolf Müller – D: Franziska Walser – P: Jutta Brückner Filmproduktion, Berlin, im Auftrag des ZDF, Mainz – Prod: Ulrike Herdin – L: 29 Min (25 B/sec).
»Eine Frau wurde von der Bundesrepublik Deutschland aus einem DDR-Gefängnis freigekauft. Als sie bei Herleshausen über die Grenze abgeschoben wurde, hatte sie ein kühnes Programm: ›Ich bin ein Mensch ohne Geschichte, ich muß sehen, daß ich meine Geburt hier einigermaßen gut überstehe.‹ Geschichtslos fängt die Anpassung damit an, daß sie unsere Krankheiten übernimmt. So wird die Erinnerung zum einzig Realen. Nichts Aufregendes: ihr Bett, ihr Schreibtisch, der Blick aus dem Fenster, ›drüben‹. Bewegung.

Immer wieder Bewegung. Sie sitzt in ihrem Zimmer in West-Berlin und rührt sich nicht vom Fleck, und sie begreift nicht, warum sie dort, wo es so viel schwieriger war zu reisen, so viel beweglicher war als hier.« (ZDF-Ankündigung)

ES GING TAG UND NACHT, LIEBES KIND – ZIGEUNER (SINTI) IN AUSCHWITZ
BRD 1981/82 – R: Katrin Seybold, Melanie Spitta – B: Melanie Spitta – K: Alfred Tichawsky, Heiner Stadler – Sch: Alfred Tichawsky – M: ›Duo Z‹, Rudko Kawczynski, Tornado Rosenberg – T: Werner Dobusch – P: Katrin Seybold Filmproduktion, München, mit Förderung der Arbeitsgemeinschaft kirchlicher Entwicklungsdienst der evangelischen Kirche und des Zweiten Deutschen Fernsehens, Mainz – Pl: Monica Aubele – Red: Annegret Even, Eckhart Stein – V: Verleihgenossenschaft der Filmemacher, München – L: 78 Min. – 16 mm/Farbe – UA/TV: 10. 6. 1982 (ZDF) – Kino-Erstaufführung: 16. 10. 1982, Festival International de Cinema, Nyon – dtEA: 12. 11. 1982, Duisburger Filmwoche.

»Das Nomadenvolk der Sinti bewahrt seine eigene Geschichte durch das Weitergeben von Erfahrungen. Erzählungen lassen die Vergangenheit – die eigene wie die ihrer Verfolgung – lebendig. Die Toten gehören zu ihrem Leben. Sinti brauchen keine Statistiken, empirisches Beweismaterial und historische Dokumente, ihr Wissen ist ein anderes. Der Erfahrungszusammenhang entsteht aus dem Leben – hier von den Überlebenden. Wir haben versucht, dies im Film wiederzugeben. Uns war bewußt, daß ein Film über Auschwitz ein Risiko in sich birgt, nämlich mit Bildern und Sprache ein Grauen ausdrücken zu wollen, was eigentlich unausdrückbar ist. Und wir haben immer wieder gehört, daß endlich Schluß sein muß mit Auschwitz... Wir sind nicht dieser Ansicht. Es ist kein Film über Auschwitz geworden, sondern ein Film mit Menschen, die Auschwitz erleiden mußten. Diese Menschen können Auschwitz nie vergessen. Wir haben Achtung vor ihnen und wollen dem, was sie zu sagen haben, zuhören.« (Katrin Seybold)

DER FALKE (Banovic Strahinja)
BRD/Jugoslawien 1981 – R: Vatroslav Mimica – B: Vatroslav Mimica, Alexandar Petkovic nach einer serbischen Sage – K: Alexandar Petkovic – Sch: Ute Albrecht, Vuksan Lukovic – M: Alfi Kabiljo – T: Sanisa Jovanovic-Singer – A: Mile Jeremic – D: Franco Nero, Gert Fröbe, Sanja Veynovic, Dragan Nicolic, Gisela Fackeldey, Petra Peters u. a. – P: Neue Telekontakt, München/Rüdiger von Hirschberg, München/Rudolf-Kalmovicz-Filmproduktion, München/Jadran-Film, Zagreb/Avala-Film, Belgrad – Pl: Rüdiger von Hirschberg, Milan Samec – V: Avis/Apollo, Düsseldorf u. a. – L: 97 Min. – 35 mm/Farbe – UA: 22. 7. 1981, Festival von Pula – dtEA: Dezember 1981, Internationales Filmwochenende Würzburg – KSt: 1. 4. 1982.

»Inhalt dieses Films ist eine der bekanntesten serbischen Sagen. Was für Deutschland Siegfried, der Nibelungenheld, ist dort Strahinja, der tapfere Ritter. Hintergrund ist der Einfall der Türken in Osteuropa in der 2. Hälfte des 14. Jahrhunderts, der mit dem Untergang der dortigen Fürstentümer und der fast völligen Ausrottung ihrer Bevölkerung endete. Im Grenzbereich zwischen den Fronten spielt diese grausame Liebesgeschichte, die bis heute in Erinnerung blieb...« (Produktionsmitteilung)

DIE FATSO-TRILOGIE
BRD 1964–82 – R, B, K, Sch, A: Karlheinz Oplustil, Michael Zabel, Dieter Möller (nur Teil 1) – M: Henry Mancini (»Fallout« from »Peter Gunn«), Elmer Bernstein (»The Man with the golden Arm«) (Teil 1); Villa-Lobos (»Prelude Nr. 1 in e-Moll«) (Teil 2); Bernard Herrmann (»Vertigo«), Astor Piazolla (»20 years ago«), Miklos Rozsa (»Spellbound«) u. a. (Teil 3) – D: Karlheinz Oplustil, Michael Zabel, Dieter Möller; Barbara Holtmann (Teil 2), Heike Jansen (Teil 3) – P: Karlheinz Oplustil, Michael Zabel, Berlin/Frankfurt/M. – V: Gegenlicht Filmverleih, Berlin – L: 81 Min. – Super-8 (Teil 1 und 2 aufgeblasen

von Normal-8)/Farbe und schwarz-weiß – UA: Teil 1: September 1964, Frankfurt/M.; Teil 2: Juni 1981, Nürnberg; Teil 3: 27. 11. 1982, Berlin – UA (Gesamtfilm): 4. 12. 1982, Paris (›Premiere Rencontre Imagine‹) – dtEA: 11. 12. 1982, Berlin. Teil 1: CHEZ FATSO (1964–80) – L: 21 Min. (18 B/sec). – Teil 2: VAU-LES VAMPIRES (1965–81) – L: 20 Min. (18 B/sec). – Teil 3: PHANTOM DER ÄGÄIS (1975–82) – L: 40 Min. (18 B/sec).

»CHEZ FATSO ist die Geschichte der beiden Detektive Silien und Lucky, die sich rein zufällig auf der Cour de Rome treffen, und von Raoul, dem Mörder von Paris. Am Trocadero kommt es zum Showdown. VAU begleitet Silien und Lucky auf der Flucht, ins Exil, auf den Spuren des Bankiers Favraux und im Wettlauf mit Jobber Montezuma. PHANTOM DER ÄGÄIS berichtet in sublimen Rätseln, was aus Lucky und Silien in all den Jahren wurde, führt sie zu den höchsten Gipfeln des Ruhms und der Verzweiflung und zeigt sie im Kampf gegen Bankier Favraux, der zum Griff nach der Weltherrschaft ausholt.« (Karlheinz Oplustil/Michael Zabel)

LA FERDINANDA – SONATE FÜR EINE MEDICI-VILLA
BRD 1980/81 – R, B: Rebecca Horn – K: Jiri Kadanka – Sch: Inge Kuhnert – M: Ingfried Hoffmann – T: Christian Moldt, Norman Engel – A: Ida Gianelli – Objekte: Rebecca Horn – D: Valentina Cortese, Javier Escriba, David Warrilow, Daniele Passani, Hans Peter Hallwachs u. a. – P: Horn & Hertzog La Ferdinanda KG, Berlin/Westdeutscher Rundfunk, Köln – Hl: Felix Hock – Pl: Sarah Blum, Cesare Landriccina – Red: Manfred Graeter – V: FiFiGe/AG Kino, Hamburg – L: 90 Min. – 35 mm/Farbe – UA: August 1981, Baden-Baden – KSt: 12. 8. 1983 – Originalfassung in italienischer Sprache.

»Auf einem Berg in der Toscana, eingebettet in Weinberge und Olivenhaine, liegt ›La Ferdinanda‹, einst Jagdschloß der Medici. Stolz, geheimnisvoll ungebrochen, konnten ihm vierhundert Jahre nichts anhaben. Zur Zeit gehört die Villa Caterina de Dominici, einer römischen Operndiva. Catarina ist eine sehr schöne, alterslose Frau. Im oberen Stockwerk lebt völlig zurückgezogen Dr. Marchetti, ein Vetter der Diva, und beschäftigt sich mit ornithologischen Studien. Im Garten hält er ein Rudel weißer Pfauen. Die Diva wohnt nicht in ›La Ferdinanda‹. Sie besucht ihr Haus jedes Jahr nur für ein paar Tage... Sie wird begleitet von einem jungen russischen Cellisten Mischa Boguslawsky und ihrer Nichte Simona... Weitere Gäste im Hause sind Richard Sutherland, ein dekadenter Kunsthistoriker, und sein junger Freund Larry... Jeder dieser zerbrechlich-sensiblen Figuren werden Dinge gegenübergestellt, die robuster sind als die, die die Räume besetzen, die fühlen und leben, stärker sind als die Menschen, der zitternde Tisch, die verliebte Pfauenmaschine, die Silberschaukeln. Sie machen sich gleichberechtigt neben den Besuchern in den Räumen breit...« (Produktionsmitteilung)

FERN VOM LAND DER AHNEN – DREI DEUTSCHE GESCHICHTEN AUS ARGENTINIEN
BRD 1982 – R, B, T: Ciril Vider – K: Hans-Jörg Reinel – Sch: Alexander Rupp – Titel-M: Astor Piazzolla – P: Ciril Vider Filmproduktion/Zweites Deutsches Fernsehen, Mainz – Red: Eckhart Stein, Annegret Even – V: c/o Igelfilm, Hamburg – L: 79 Min. – 16 mm/Farbe – UA/TV: 19. 8. 1982 (ZDF) – Kino-Erstaufführung: 7. 10. 1982, Internationale Filmwoche Mannheim.

»Drei deutsche Einwanderer in Argentinien – drei von Tausenden, die in der großen Wirtschaftskrise zwischen den Weltkriegen aus Deutschland nach Südamerika auswanderten. Sie erzählen von ihren Hoffnungen auf eine bessere Zukunft. Zu Hause herrschten Inflation und politische Unruhen. Ohne genaue Vorstellung vom Lande versprachen sie sich in Argentinien Wohlstand und Sicherheit. Überall in Argentinien etablierten sich deutsche Gemeinden. Allmählich bildeten sie innerhalb der argentinischen Gesellschaft eine bedeutsame nationale Minderheit mit eigenen deutschsprachigen Schulen, Zeitungen, Kirchen und Vereinen. Ab 1933 übernahm die Auslandsorganisation der NSDAP mehr und mehr die Kontrolle über das gesellschaftliche und politische Leben der deutschen Einwanderer. Viele Deutsche, die teilweise dem Kaiserreich noch nachtrauerten, schlossen sich der neuen Bewegung an.« (Produktionsmitteilung)

FESSELN SPÜRT, WER SICH BEWEGT
BRD 1981/82 – R, B, K, Sch: Thomas Carle – T: Dietmar Klein – P: Deutsche Film- und Fernsehakademie, Berlin – V: Thomas Carle, Frankfurt/M. – L: 67 Min. – 16 mm/schwarzweiß – UA: Mai 1982, Filmfest Mörfelden.
»Thomas Carle und Dietmar Klein lebten im Spätsommer '81 im Hüttendorf, das aus Protest gegen die Startbahn West errichtet wurde. Sie beschreiben die unterschiedlichen Motivationen der Startbahngegner... Während der Dreharbeiten stand plötzlich der Tag der Räumung vor der Tür, und Thomas Carle und Dietmar Klein werden ganz unvermittelt zu Chronisten der Ereignisse. Viele der Aufnahmen entstanden inmitten der Polizeiketten und konnten so authentisch die Gewalteskalation festhalten.« (Duisburger Filmwoche).

EINE FIRMA FÜR DIE EWIGKEIT
BRD 1982 – R, B: Rolf Gmöhling – K: Claus Deubel, Uli Köhler – Sch: Gabriele Herms – M: Claus Deubel, Paul Esslinger – T: Gottlieb Renz – A: Paul Müller – D: Jim Kain, Rudolf Schwarz, Peter Schlesinger, Karl-Heinz Grewe, Siegfried Zimmerschmied u. a. – P: Rolf Gmöhling Filmproduktion, Berlin/November Film GmbH, Berlin – V: z. Z. Eigenverleih – L: 84 Min. – 16 mm/schwarz-weiß (eingefärbt) – UA: 8. 4. 1983, Grenzlandfilmtage, Selb.
»TV-Bundestagswahl-Sondersendung: Keine der Parteien schafft es, die 5%-Hürde zu überspringen... Solche und ähnliche Absonderheiten muß Arno Noppe – gerade nach zehnjähriger Krankheit mit strengster Bettruhe wieder gesund – erfahren. Auf der Suche nach einem Arbeitsplatz wendet sich Arno an das Arbeitsamt. Dort bedrängt man ihn, das ihm zustehende ›Arbeitsscheuengeld‹ zu kassieren und die Arbeitssuche aufzugeben. Arno lehnt jedoch entsetzt ab und beharrt auf seinem Recht auf einen Arbeitsplatz...« (Produktionsmitteilung)

DIE FLAMBIERTE FRAU
BRD 1982/83 – R: Robert Van Ackeren – B: Robert Van Ackeren, Catharina Zwerenz – künstlerische Mitarbeit: Catharina Zwerenz – K: Jürgen Jürges – Sch: Tanja Schmidbauer – M: Peer Raben – T: Ulrike Winnekens – A: Herbert Weinand, Heidrun Brandt – D: Mathieu Carriere, Gudrun Landgrebe, Hanns Zischler, Gabriele LaFari, Matthias Fuchs u. a. – P: Robert Van Ackeren Filmproduktion, Berlin/Dieter Geissler Filmproduktion, München, in Zusammenarbeit mit Pik 7 Film, Hamburg/Berlin – Prod: Robert Van Ackeren – Associated Producer: Dieter Geissler – Pl: Susi Dölfes – V: CineVox, München – L: 106 Min. – 35 mm/Farbe – UA: 16. 5. 1983, Internationale Filmfestspiele Cannes – Quinzaine des realisateurs – dtEA/KSt: 17. 6. 1983.
»Eva ist Studentin. Sie studiert lustlos und will ihr Leben ändern. Die Aussicht auf eine bürgerliche Karriere langweilt sie. Sie bricht aus ihrem etablierten Alltag aus, noch phantasievoll genug, um sich ein anderes Leben vorstellen zu können. Eva wird ›Modell‹. Sie wird es nicht aus einer Notlage heraus, sie verkauft sich freiwillig, um ökonomisch unabhängig zu sein, und, wie sie bald spürt, um die Männer zu beherrschen. Eva spezialisiert sich zur Domina. Ihre Schwierigkeiten beginnen, als sie sich verliebt. Der Film erzählt eine obsessive Liebesgeschichte vor einem Hintergrund, wo ›Liebe‹ nur den Charakter einer Ware hat. ›Die flambierte Frau‹ ist ein Film über heimliche Wünsche, Sehnsüchte, über bürgerliche Neugier und Männerphantasien.« (Robert Van Ackeren)

DIE FLÜGEL DER NACHT
BRD 1982 – R: Hans Noever – B: Hans Noever, Ursula Jeshel – K: Robert Alazraki – Sch: Elke Schmid – M: Antonio Vivaldi, Johann Strauß, Loek Dicker, Heinz Graf, Hans Noever, Joe Haider, Peter Tiefenthaler, Orchester Ari Hakulinen – T: Vladimir Vizner, Ed Parente – A: Martin Dörfler – D: Christine Boisson, Armin Mueller-Stahl, Michael König, Laurens Straub, Reinhardt Firchow – P: DNS-Film, München/Popular Film, Stuttgart/Bayerischer Rundfunk, München – Hl: Elvira Senft – Pl: Harald Kügler – Red: Jakob Hausmann – V: Filmwelt, München – L: 95 Min. – 35 mm/Farbe – UA: 29. 10. 1982, Internationale Hofer Filmtage. – KSt: Herbst 1983.
»Der Film erzählt die Geschichte eines Aufstandes. Er erzählt von Rosa und Elser, die, wenn sie lieben, sich als Person nicht aufgeben. Rosa ist eine sehr komplexe, unvorhersehbare Persönlichkeit, die durch ihren Körper Härte und Zerbrechlichkeit ausdrückt. Sie ist zugleich ›realistisch‹ und vollkommen ›fantastisch‹. Elser hat eine Utopie: ein leerer Kopf mit soviel Platz, daß man darin auch spazierengehen könnte. Elser muß sehr viel mehr Kraft als Rosa aufwenden, so zu sein, wie er sich wünscht zu sein. Er nennt das System, dem er entflohen ist, das ›Phantom der Wirklichkeit‹. Goedel, leitender Angestellter im Department VI des ›Kulturinstituts für soziale Integration‹, will den rebellierenden Elser in seine frühere Funktion zurückholen. Er setzt Rosa und Elser unter Druck und gerät über seine Sympathie zu den beiden in den Konflikt, Beruf und empfindsame Person miteinander zu verbinden.« (Hans Noever)

DAS FLUGJAHR
BRD/Schweiz 1982 – R, B, Sch: Markus Fischer – K: Hansueli Schenkel – M: Heinz Reutlinger, Markus Fischer, Musik des spanischen Bürgerkrieges – T: Hanspeter Fischer – A: Ursula Stähli – D: Rosemarie Fendel, Hans Heinz Moser, Alex Duda, Therese Affolter, Grete Heger u. a. – P: Markus Fischer Filmproduktion, Zürich/Filmkollektiv Zürich AG, Zürich/Stella Film GmbH, München – Pl: Rolf Schmid – V: ohne – L: 92 Min. – 35 mm/Farbe – UA: 8. 8. 1982, Internationales Filmfestival Locarno – dtEA: 7. 10. 1982, Internationale Filmwoche, Mannheim.
»Das ›Flugjahr‹ handelt vom schwierigen Ausbruch eines jungen Mannes aus nur scheinbar noch heilen familiären Bindungen gut mitteleuropäischer Art und versucht dabei, die feineren Zwischentöne einer Familienkrise einzufangen.« (Festival Locarno)

FRONTSTADT
BRD 1981/82 – R, B: Klaus Tuschen – Künstlerische Mitarbeit: Hossein Honarmand – K: Hans Rombach, Hans-Jörg Reinel – Sch: Holger Biege, Hossein Honarmand, Lothar M. Peter – M: ›Rosachrom‹ – T: Hossein Honarmand u. a. – A: Klaus Tuschen, Sabine Sikorski, Grittli Schintlholzer – D: Peter-M. Scheibner, Raimund Buechner, Heinz Krueger, Sybille Kos, Elke Ebbert u. a. – P: Tupro-Weltklang-Cine, Berlin – V: Eigenverleih Klaus Tuschen, Berlin – L: 92 Min. – 16 mm/Farbe – UA/KSt: 7. 1. 1983.
»›Frontstadt‹ gibt fragmentarisch Einblick in den Alltag und das Leben mehrerer Personen im Großstadtdschungel Berlin. Er zeigt das Scheitern ihrer Illusionen und die fortwährende Suche nach der Verwirklichung ihrer Träume.« (Klaus Tuschen)

FRÜHLINGSSINFONIE
BRD 1982/83 – R, B: Peter Schamoni – Drehbuchmitarbeit: Hans A. Neunzig – K: Gerard Vandenberg – Sch: Elfie Tillack – M: Robert Schumann – T: Gerard Rueff – A: Alfred Hirschmeier – D: Nastassja Kinski, Rolf Hoppe, Herbert Grönemeyer, Anja-Christine Preussler, Edda Seipel u. a. – P: Allianz-Filmproduktion, Berlin/Peter Schamoni Film, München/Zweites Deutsches Fernsehen, Mainz – Pl: Horst Hartwig, Lilo Pleimes – V: Warner Columbia, München – L: 103 Min. – 35 mm/Farbe – UA/KSt: 8. 4. 1983.

»Robert Schumann war wahrscheinlich der Komponist, der inneres und äußeres Schicksal am unmittelbarsten in die Sprache der Musik umsetzen konnte. Von seiner ›fis-Moll-Sonate opus 11‹ (Clara zugeeignet) sagte er selbst: ›... ein einziger Herzensschrei nach Dir.‹ Leben und Werk sind bei ihm eine Einheit. Trotzdem war und ist Schumann kein Klassiker, der auf ein hehres Podest gehört. Gerade weil er in seiner Zeit umstritten war, ist er uns heute wegen seines schweren Lebenskampfes lebendiger als früher.« (Peter Schamoni)

FÜNF LETZTE TAGE
BRD 1982 – R, B: Percy Adlon – K: Horst Lermer – Sch: Clara Fabry – M: Franz Schubert (Streichquartett d-Moll »Der Tod und das Mädchen«) – T: Rainer Carben – A: Heidi Lüdi – D: Irm Hermann, Lena Stolze, Will Spindler, Hans Hirschmüller, Philip Arp u. a. – P: pelemele Film GmbH, Egling/Bayerischer Rundfunk, München – Pl: Eleonore Adlon – Red: Heinz Böhmler – V: Filmverlag der Autoren, München – L: 112 Min. – 16 mm/Farbe – UA: September 1982, Internationale Filmfestspiele Venedig – dtEA/KSt: 8. 10. 1982 – TV: 20. 2. 1983 (BR 3).

»Die tagtäglich gegebene Möglichkeit der Anteilnahme und Hilfsbereitschaft, der Zuneigung und Herzlichkeit ist für mich die einzige Hoffnung im Wahnsinn der Machtausübung von damals und heute... Ich habe das Buch aus Dokumenten und Interviews entwickelt. Über Else Gebel erzählten mir ihr Neffe und ihre beste Freundin, die sie 1942/43 jede Woche in der Haft besuchten. Den Ablauf der fünf Tage beschreibt Else Gebel in einem kurzen Bericht. Was Sophie Scholl im Film sagt, wurde wörtlich oder sinngemäß ihren Tagebüchern und Briefen und den Aussagen ihrer Schwester entnommen.« (Percy Adlon)

GEDÄCHTNIS – EIN FILM FÜR CURT BOIS UND BERNHARD MINETTI
BRD 1981/82 – R, B: Bruno Ganz, Otto Sander – K: Wolfgang Knigge, Michael Steinke, Uwe Schrader, Karl Koschnik, Rene Perraudin – Sch: Susann Lahaye, Bruno Ganz – T: Theo Kondring, Slavco Hitrov – P: Common-Film, Berlin/Westdeutscher Rundfunk, Köln – Pl: Helmut Wietz – Red: Martin Wiebel – V: Common-Film, Berlin – L: 77 Min. (25 B/sec) – 16 mm/schwarz-weiß – UA/TV: 7. 6. 1982 (WDR 3) – Kino-Erstaufführung: 13. 10. 1982, Festival International de Cinema, Nyon – dtEA: 8. 11. 1982, Duisburger Filmwoche.

»Warum und wie und wozu haben wir diesen Film gemacht? Groß der Unterschied zwischen den beiden: Bois und Minetti – Souterrain und Belle Etage des deutschen Theaterbetriebs, von uns heute so eingeschätzt. Für sie damals vielleicht nur unterschiedliche Richtungen im Kampf um die Gunst des Publikums. Der eine, ein schlaues, schlankes Kerlchen, von bösem Witz und großer Liebenswürdigkeit, einst Großverdiener, als er sehr jung war, dann weg vom Fenster (die Politik verschont auch Komiker nicht), im Exil... als Statist, dabei ein paar interessante Leute kennengelernt, einer davon brachte ihm Politik bei: Brecht... Der andere, ein Spökenkieker aus dem Norden, für uns eine Art ›Held der Arbeit‹; dem Medium Film, dem er sich da aus Freundschaft stellt, nicht sehr zugetan, ein Kämpfer fürs Weitergehen am Theater, das ihm letztlich alles ist. Seine Theaterbesessenheit... läßt ihn keine Premiere versäumen...« (Bruno Ganz/Otto Sander)

DIE GEDÄCHTNISLÜCKE –
FILM-MINIATUREN ÜBER DEN ALLTÄGLICHEN UMGANG MIT GIFT
BRD 1982/83 – Ein Film von Studierenden der Hochschule für bildende Künste Hamburg (Waldemar Bartens, Lars Becker, Willie Bschor, Gerd Debler, Gabi Hampl, Maria Hemmleb, Jochen Hick, Anita Horz, Karin Kaufmann, Claudia Ketels, Katrin Klamroth, Ulrike Knolle, Hanne Schmidt, Kerstin Schulte, Angela Tiedt, Vali Valenti, Marion Weis) – Kameratechnik und -Beratung: Martin Gressmann – Schnitt-Technik und -Beratung: Ursula Höf – Musikalische Beratung: Theo Janßen, Ernst Bechert – P: Helke Sander Film-

produktion, Berlin, mit Unterstützung der HFBK Hamburg – Hl: Marianne Gassner – Gesamtredaktion: Helke Sander – V: Zentral-Film-Verleih, Hamburg – L: 62 Min. – 16 mm/ Farbe und schwarz-weiß – UA/KSt: 3. 2. 1983
»Die Firma Stoltzenberg in Hamburg. 1928 eine Giftgaskatastrophe auf dem Gelände dieser Firma. Fünfzig Jahre später wieder eine. Es stirbt ein Kind. Heute ist auch dieses Unglück schon fast wieder vergessen.« (Produktionsmitteilung)

DIE GESCHICHTE DER PIERA (Storia di Piera/L'Histoire de Piera)
BRD/Italien/Frankreich 1982 – R: Marco Ferreri – B: Dacia Mariani, Piera Degli Esposti, Marco A. Ferreri – K: Ennio Guarneri – Sch: Ruggero Mastroianni – M: Philippe Sarde – T: George Prat – A: Lorenzo Baraldi – D: Hanna Schygulla, Isabelle Huppert, Marcello Mastroianni, Bettina Grühn, Tanya Lopert u. a. – P: Ascot-Film, Berlin/Faso-Film, Rom/ Sara-Film, Paris – V: Ascot Film GmbH, Düsseldorf u. a./Avis-Film, Düsseldorf – L: 104 Min. – 35 mm/Farbe – UA: 13. 5. 1983, Internationale Filmfestspiele Cannes – dtEA/KSt: 28. 5. 1983.
»Zwei Menschen – Mutter und Tochter. Der italienische Regisseur Marco Ferreri inszenierte ein so packendes wie provokantes Frauenporträt um die streng religiös erzogene Piera, die sich bewußt gegen Zwänge und Repressalien zur Wehr setzt und ihrer hemmungslosen Lebensgier ungezügelten Lauf läßt.« (Verleihankündigung)

DAS GESPENST
BRD 1982 – R, B: Herbert Achternbusch – K: Jörg Schmidt-Reitwein – Sch: Ulrike Joanni – T: Sylvia Tewes – A: Gunter Freyse – D: Herbert Achternbusch, Annamirl Bierbichler, Kurt Raab, Dietmar Schneider, Judit Achternbusch u. a. – P: Herbert Achternbusch Filmproduktion, Buchendorf, Pl: Dietmar Schneider – V: Filmwelt, München – L: 88 Min. – 35 mm/schwarz-weiß – UA: 30. 10. 1982, Internationale Hofer Filmtage – KSt: 25. 3. 1983.
» Ein 42. Herrgott, der 42ste von 41 und von daher schon recht unbedeutend, hält es in seiner Kirche nicht mehr am Kreuz, obwohl er dort in Ruhe hängt. Ihn zieht es statt dessen ins Bett seiner Oberin. Teilt er nun schon das Bett mit ihr, so muß er auch mit für ihren gemeinsamen Lebensunterhalt sorgen. Als Ober seiner Oberin liegt es nahe und scheint das Einfachste, die Gäste der Klosterschänke zu bewirten, und sich damit nützlich zu machen. Verwandeln kann er sich zwar auch, doch davon können die beiden nicht leben. Da müßte man erst weit reisen, um einen zu finden, den es interessiert, daß ein Herrgott sich in eine Schlange verwandeln kann und wieder zurück.« (Herbert Achternbusch)

DAS GEWÖHNLICHE LEBEN DER MENSCHEN AUS A.
BRD 1979–81 – R, B: Günther Hörmann – K: Wolfgang Jung, Günther Hörmann – Sch, T: Barbara Hennings – Montage: Beate Mainka-Jellinghaus – P: Institut für Filmgestaltung, Ulm – V: ohne – L: 108 Min. – 16 mm/Farbe – UA: 11. 11. 1982, Duisburger Filmwoche.
»Bei diesem abendfüllenden Dokumentarfilm geht es um den undramatischen Alltag, um Denkweisen und Lebensformen von Menschen, die 100 km südlich von Stuttgart, hoch oben auf der Schwäbischen Alb, in Albach-Ebingen leben... Es geht um die Geschichte der Stadt, Unglücke, industrielle Produktion in den 30er Jahren, den Bauernkrieg, einen kleinen Zirkus aus dem Osten, Ergebnisse von Landtagswahlen etc.« (Günther Hörmann)

GIB GAS, ICH WILL SPASS
BRD 1982 – R: Wolfgang Büld – B: Wolfgang Büld, Georg Seitz – K: Heinz Hölscher – Sch: Peter Fratzscher – M: Nena (=Nena Kerner), Markus (=Markus Mörl), ›Morgenrot‹, ›Extrabreit‹ – T: Winfried Hübner, Klaus Eckelt – A: Erhard Engel – D: Nena Kerner, Markus Mörl, Enny Gerber, Peter Lengauer, Karl Dall u. a. – P: Solaris Film, München/

Capri Film, München/Balance-Film, München/Neue Constantin Filmproduktions GmbH, München /Solaris Filmproduktion GmbH, Berlin – Prod: Peter Zenk – Co-Prod: Georg Seitz – Pl: Günter Prantl – V: Neue Constantin Film, München – L: 91 Min. – 35 mm/Farbe – UA/KSt: 4. 2. 1983.

»Tina überredet ihren Klassenkameraden Robby, mit ihr abzuhauen. Doch sie treibt ein falsches Spiel. Insgeheim sucht sie Tino, der von einem Rummelplatz zum anderen zieht und für sie den Inbegriff der Männlichkeit verkörpert. Auf seiner Spur stürzt sie sich in Gefahren, aus denen Robby sie immer wieder retten muß. Nachdem er all diese Strapazen hinter sich brachte, sieht Tina ihren Beschützer Robby in einem anderen Licht...« (Verleihankündigung)

DAS GLÜCK BEIM HÄNDEWASCHEN
BRD/Österreich/Schweiz/Italien 1981/82 – R: Werner Masten – B: Joseph Zoderer und Werner Masten nach dem gleichnamigen Roman von Joseph Zoderer – K: Klaus Eichhammer, Wolf-Dieter Fallert – Sch: Michael Breining, Werner Masten – M: Christoph Hellmann – T: Dieter Laske – A: Peter Kaser – D: Mario Baumgarten, Peter Gamper, Anna Pircher, Martin Abram, Inge Pohl u. a. – P: Tura-Film, München/Zweites Deutsches Fernsehen, Mainz/ORF, Wien/SRG, Zürich/RAI (Studio Bozen), Bozen – Prod: Michael Wiedemann – Red: Hans Kutnewsky – V: FiFiGe/AG Kino, Hamburg – L: 125 Min. – 35 mm/ Farbe – UA/TV: 7. 10. 1982 (ZDF) – Kino-Erstaufführung: 20. 1. 1983, Wettbewerb Max-Ophüls-Preis, Saarbrücken – KSt: 24. 6. 1983.

»›Das Glück beim Händewaschen‹ beruht auf dem gleichnamigen Roman des Südtiroler Schriftstellers Joseph Zoderer, der darin seine Jugenderinnerungen verarbeitet hat, in denen ich mich wiedergefunden habe, da ich die Möglichkeit hatte, seine Erlebnisse, in erster Linie das Verlassen der Heimat, nachzuvollziehen und auch zu verarbeiten, als ich 1976, also 38 Jahre später, wenn auch aus ganz anderen Gründen ausgewandert bin und in der Folge denselben Identitätskrisen ausgesetzt war wie der Protagonist des Buchs und des Films.« (Werner Masten)

DAS GOLD DER LIEBE
BRD 1982 – R, B: Eckhart Schmidt – K: Bernd Heinl – Sch: Patricia Rommel – M: ›DAF‹, ›Blümchen Blau‹, ›Wanderlust‹ – T: ohne O-Ton – A: Michael Domant – Spezialeffekte: Colin Arthur – D: Alexandra Curtis, Allegra Curtis, Marie Colbin, André Heller, Regina van Tom u. a. – P: Starfilm, München – Prod: Martin Moszkowicz – Pl: Eric Moss – V: Tivoli, München – L: 86 Min. – 35 mm/Farbe – UA/KSt: 4. 2. 1983.

»Ein Film, der sich ganz konsequent aus der ›Fan‹-Thematik heraus entwickelt hat. Der Titel ›Das Gold der Liebe‹ drückt ideal aus, was ich formulieren möchte. Es ist ein Film der Sehnsüchte, der Träume und der Hoffnungen. Die Geschichte eines Mädchens, das sich ganz hingibt, das wie in Trance den Kriegsschauplatz einer nächtlichen Metropole durchquert, um das zu finden, was sie das Gold der Liebe nennt... Ich glaube, weiter kann man heute in einem Film kaum gehen als ich hier gegangen bin. In jeder Beziehung.« (Eckhart Schmidt)

GRENZENLOS
BRD 1982/83 – R, B: Josef Rödl – K: Frank Brühne – Sch/T: Fritz Baumann – M: Peer Raben – A: Winfried Hennig – D: Therese Affolter, Siegfried Zimmerschied, Antonia Rödl, Richard Wittl, Ursula Strätz u. a. – P: Rübezahl-Film, München/Josef-Rödl-Filmproduktion, München/Pro-ject Filmproduktion im Filmverlag der Autoren, München/Westdeutscher Rundfunk, Köln – Gl: Peter Voiss – Pl: Gudrun Ruzickova – Red: Wolf Dietrich Brücker – V: Filmverlag der Autoren, München – L: 106 Min. – 35 mm/Farbe – UA: 14. 5.

1983, Internationale Filmfestspiele Cannes – Quinzaine des realisateurs – dtEA/KSt: 20. 5. 1983.

»›Grenzenlos‹ ist ein Film jenseits der Städte. Aus einer kleinen Welt. Die Geschichte von jungen Leuten, die sich entscheiden müssen: Bleibe ich hier oder gehe ich weg. Im Dorf sind ihre Grenzen eng gesteckt. Überschreitungen sind schwer, die Sehnsucht nach Freiheit hingegen groß. Zwei Frauen stehen im Mittelpunkt. Hanna träumt von der Stadt, von anderen Männern. Sie geht. Agnes träumt von der Freiheit zu Hause. Sie will nicht das tun, was man von ihr im Dorf erwartet: daß sie Adi, der einen Hof erben wird und eine Frau braucht, heiraten wird. Agnes wird sich nicht fügen, sie wird stärker sein.« (Verleihankündigung)

EIN GUTES LAND
BRD/Indien 1980–82 – R, B: Horatius Haeberle – K: Atze Glanert – Sch: Fred Srp – M: ›Sonoton‹ – T: Gerhard Schiller – A: Holger Scholz – D: Tariq Yunus, Debbie Neon, Dieter Laser, Karl Lieffen, Ivan Desny u. a. – P: Pallas-Film, München, in Zusammenarbeit mit Agarwal, Neu-Delhi/Kalkutta – Prod: Surindara Suri – Hl: Stefan Abendroth – Pl: Werner Rieb – V: Parthenon, München, in Zusammenarbeit mit endfilm, München – L: 90 Min. – 35 mm/Farbe – UA: 28. 10. 1982, Internat. Hofer Filmtage – TV: 23. 6. 1982 (S 3).

»Ein von mitteleuropäischen Existenzproblemen geplagter Schriftsteller aus München soll für einen indischen Filmproduzenten ein Drehbuch zu einem Spielfilm mit mystifiziertem Hintergrund schreiben. In Indien angekommen, verändern sich die Inhalte des Filmes. Anstatt des Mädchens aus Europa, welches ›Auf der Suche nach dem Wunderbaren‹ in Indien ihr spirituelles Angebot im Rahmen eines transzendentalen Supermarktes findet, erfindet er Sanjay, einen jungen Mann aus den Slums von Kalkutta, als sein indisches ›alter ego‹, den er mit einer illegalen Organisation nach Berlin reisen läßt. Dort erfährt er den bundesrepublikanischen Alltag auf einer Großbaustelle...« (Horatius Haeberle)

DIE HEARTBREAKERS
BRD 1982 – R: Peter F. Bringmann – B: Matthias Seelig – K: Helge Weindler – Sch: Annette Dorn – Musikalische Leitung: Lothar Meid – T: Günther Hahn – A: Toni Lüdi – D: Sascha Disselkamp, Mary Ketikidou, Uwe Enkelmann, Mark Eichenseher, Hartmut Isselhorst u. a. – P: Tura-Film, München/Pro-ject-Film im Filmverlag der Autoren, München/ Westdeutscher Rundfunk, Köln – Prod: Michael Wiedemann – Pl: Herbert Rimbach – Dramaturgie: Alexander Wesemann – V: Filmverlag der Autoren, München – L: 115 Min. – 35 mm/Farbe – UA: 21. 1. 1983, Wettbewerb Max-Ophüls-Preis, Saarbrücken – KSt: 21. 1. 1983.

»Recklinghausen 1966. Es ist die Zeit der unzähligen kleinen Beatbands. Sie treffen sich in Kellern, Schuppen und Garagen, üben, bis sie ihre Finger nicht mehr spüren und haben alle den gleichen Traum: Groß herauszukommen... Der Film geht sein Thema nicht historisierend an. Ich habe nicht dokumentarisch die Zeit wieder erstehen lassen. Es geht aber bei der Geschichte schon um Tendenzen der 60er Jahre, den Umbruch, der in dieser Zeit stattfand, und es geht auch um die Musik und was mit ihr in den 60er Jahren passiert ist.« (Peter F. Bringmann)

HEINRICH PENTHESILEA VON KLEIST – TRÄUMEREIEN ÜBER EINE INSZENIERUNG
BRD 1982 – R, B: Hans Neuenfels – K: Thomas Mauch, Hermann Fahr; Frank Banuscher, Rainer Stuhlmacher (schwarz-weiß-Kamera) – Sch: Dörte Völz – M: Heiner Goebbels – T: Detlef Fichtner, Uwe Griem – A: Hans Neuenfels, Anna Vierbrock – D: Elisabeth Trissenaar, Hermann Treusch, Verena Peter, Lieselotte Rau, Nicole Heesters u. a. – P: Regina Ziegler Filmproduktion, Berlin/Zweites Deutsches Fernsehen, Mainz – Hl: Regina Zieg-

ler – PI: Carlo Rola – Red: Siegfried Kienzle – V: CineVox, München – L: 144 Min. – 35 mm/Farbe – UA: 25. 2. 1983, Internationales Forum des Jungen Films, Berlin.

»In dem Film ›Heinrich Penthesilea von Kleist‹ verknüpfen sich drei Ebenen. Zentrum ist Kleists Schauspiel ›Penthesilea‹: Wie aus der Ferne betrachtet Kleist die Beziehung Mann-Frau, wenn er ins mythische Griechenland verlegt, was ihm in Preußen seinerzeit zum Problem wurde und es auch für uns geblieben ist. Die Assoziationen des Regisseurs während der Arbeit bilden die 2. Ebene. Realität und Phantasie vermischen sich zu einer imaginären Biographie Kleists, der 3. Ebene. Am Ende des Films ist Kleist mit seiner Titelfigur ›Penthesilea‹ identisch.« (Hans Neuenfels)

HEINRICH VOGELER – LEBENSBILDER
BRD 1982/83 – R, B, K, Sch: Georg Bühren – Assistenz: Dorothee Busch – M: Benno von Quernheim – T: Herbert Baumann – P: Georg Bühren, Münster, mit Unterstützung der nordrheinwestfälischen Filmförderung – V: z.Z. Eigenverleih – L: 60 Min. – 16 mm/Farbe – UA: 4. 3. 1983 – TV: 16. 7. 1983 (S 3), 18. 9. 1983 (NDR/WDR/HR 3).

»Im Zentrum dieses Films stehen die konkreten Utopien des Worpsweder Malers Heinrich Vogeler (1872–1942) und die Menschen, die an ihrer Verwirklichung mitgearbeitet haben und noch heute davon berichten können: vom Versuch des Jugendstilkünstlers, seinen Barkenhoff in Worpswede zu einem Zentrum der neuen Kultur zu machen, in der Leben und Kunst unlösbar miteinander verknüpft sind (um 1900); von der ›Arbeitsgemeinschaft Barkenhoff‹, einer Agrarkommune, in der Geld und Besitz abgeschafft sind (um 1920); von dem kleinen Ort Fontana Martina im Tessin, wo auch der letzte Versuch, das ›Noch nicht‹ einer idealen Gesellschaft vorwegzunehmen, an der Realität zerbricht (um 1930).« (Georg Bühren)

HELLER WAHN (Folie des Femmes)
BRD/Frankreich 1982 – R, B: Margarethe von Trotta – K: Michael Ballhaus – Sch: Dagmar Hirtz – M: Nicolas Economou – T: Vladimir Vizner – A: Jürgen Henze – D: Hanna Schygulla, Angela Winkler, Peter Striebeck, Christine Fersen, Franz Buchrieser u. a. – P: Bioskop-Film, München/Les Films du Losange, Paris/Westdeutscher Rundfunk, Köln – Prod: Eberhard Junkersdorf, Margaret Menegoz (Frankreich) – Pl: Gerhard von Halem, Regis Wargnier (Frankreich), Ahmed Sami (Ägypten) – Red: Martin Wiebel – V: Filmverlag der Autoren, München – L: 105 Min. – 35 mm/Farbe – UA: 24. 2. 1983, Internationale Filmfestspiele Berlin – Wettbewerb – KSt: 25. 2. 1983.

»Privates Verhalten zwischen den Menschen, zwischen Mann und Frau, zwischen Eltern und Kindern, ist die kleinste Einheit allgemeiner gesellschaftlicher Normen. Wie wir uns da verhalten, reagieren, in welchen Bahnen wir denken, welche Gefühle wir zeigen und welche wir verbergen, kommt nicht von ungefähr. Die Gesellschaft, in der wir leben, infiltriert uns doch tagtäglich mit ihren Zwängen und Mechanismen, die bis zu bewußten und unbewußten Neurosen führen können, die wir dann ebenso bewußt oder unbewußt an unserer nächsten Umgebung auslassen. Wenn ich diese privaten Verhaltensweisen beschreibe..., komme ich, auch ohne politische Thesen zu einem politischen Film... Mehr noch als meine früheren Filme besteht ›Heller Wahn‹ aus Gesten, Blicken, Zwischentönen, die ich nicht in eine knappe Form pressen kann.« (Margarethe von Trotta)

HENRY FORD ODER WAS IST EIN MENSCH WERT?
BRD 1981/82 – R: Johann Feindt, Karl Siebig – B: Johann Feindt – K/Sch: Johann Feindt, Karl Siebig, Eva Hammel – 2. Theaterkamera: Norbert Bunge – M: Andi Brauer – T: Ekkehard Dux – Mitwirkende: Christ Alston, Günther Bergmann, Paul Boatin, Phyllis Hall – Sprecher: Lothar Hinze, Helmut Krauss, Renate Küster – P: Alexandrow & Glauert, Film

& AV Produktion GmbH, Berlin, im Auftrag von Sender Freies Berlin, Berlin/Westdeutscher Rundfunk, Köln – Red: Jens Goldschmidt, Lothar Kompatzki – V: Unidoc, München – L: 70 Min. – 16 mm/Farbe – UA/TV: 2. 1. 1982 (NDR/WDR 3) – Kino-Erstaufführung: 25. 11. 1982, Internationale Dokumentarfilmwoche Leipzig.
»Sommer 1981. Der Motorriese Ford beginnt bei Absatzkrise, Überproduktion und verstärkter internationaler Konkurrenz in weiten Bereichen mit Kurzarbeit und großangelegter Rationalisierung. In dieser Situation versucht der Film auf drei miteinander verzahnten Ebenen in die Geschichte der zwanziger und dreißiger Jahre des Konzerns zurückzugehen, um vergleichende Fragen an die Gegenwart zu stellen. Gewerkschafter von Ford-Köln sehen das Stück ›Henry Ford‹ der Gruppe Theatermanufaktur… Parallel dazu geht der Film zurück in die Erinnerungen ehemaliger Fordarbeiter in Detroit, Mich. … Konfrontiert mit dieser Geschichte reflektieren Betriebsräte von Ford-Köln über ihre jetzigen Probleme und Möglichkeiten, einem multinationalen Konzern gegenüber in Rationalisierungsfragen eine Strategie zu entwickeln.« (Johann Feindt/Karl Siebig)

HERZLICHEN GLÜCKWUNSCH
BRD 1982 – R, B: Wolfgang Quest, Axel Voigt – K: Günter Fehrer – Sch: Inge Kleinknecht-Dehmel – M: Karl-Heinz Wahren – T: Karl Laabs – D: Harald Maack, Jochen Kolenda, Frank Schuster, Rudi Knauss, Siegfried Schmitz u. a. – P: Quest-Voigt-Film, Berlin – Hl: Renée Gundelach – Pl: Christiane Gehner – V: mobil filmverleih, Berlin – L: 88 Min. – 35 mm/Farbe – UA: 27. 10. 1982, Internationale Hofer Filmtage – KSt: 30. 4. 1983.
»Anknüpfend an die Ereignisse der 70er Jahre, als die linke Intelligenz im Arbeiter entdeckte, seinen Alltag erforschte und von seinen Erfahrungen lernen wollte, und die Verbrüderung oft in Enttäuschung und Resignation endete, zeigt der Film diese Erfahrungen in verdichteter Form an den Erlebnissen der drei Studenten und dem jungen Arbeiter. Daß wir damit ein linkes Tabu berühren, wurde uns bei den Vorarbeiten zu unserem Film klar, als wir auf Unverständnis und Ablehnung gerade bei denjenigen stießen, deren kritischer Verstand sonst vor nichts zurückschreckt. Entweder entsprach der junge Arbeiter im Drehbuch wieder nicht ihrem Wunschbild des klassenbewußten Kämpfers oder aber hielten sie eine Satire zu diesem Thema eh für zu gefährlich, da sie ›dem Gegner nützen könne‹.« (Wolfgang Quest/Axel Voigt)

DIE HOFFNUNG STIRBT ZULETZT
BRD 1982 – R, B: Johann Feindt – K: Johann Feindt, Karl Siebig, Aribert Weis – Sch: Klaus Volkenborn – T: Gottlieb Renz – P: Journal-Film Klaus Volkenborn KG, Berlin, im Auftrag des Norddeutschen Rundfunks, Hamburg – Prod: Klaus Volkenborn – V: z.Z. Journal-Film, Berlin – L: 90 Min. – 16 mm/Farbe – UA/TV: 20. 11. 1982 (NDR 3) – Kino-Erstaufführung: 20. 4. 1983, Berlin.
»Juni 1942. Als Vergeltungsmaßnahme für das Attentat auf Reinhard Heydrich wird das tschechische Dorf Lidice dem Erdboden gleichgemacht… In Mannheim lebt der ehemalige SS-Mann Max Rostock, der die Nacht von Lidice erlebte. Seine Erinnerungen verdeutlichen die Vorstellungen und Träume eines Mittäters der faschistischen Besatzermacht. Lidice shall live. Von der Gewerkschaft organisiert, drehte Humphrey Jennings zusammen mit Bergarbeitern und ihren Familien den Film ›The Silent Village‹, der die Geschichte Lidices erzählt, als wäre sie in Wales geschehen. Vierzig Jahre danach, dreimal Lidice – eine Geschichte über das Altwerden mit dem Schmerz, Fragen an die Haltung des einzelnen zu seiner Verantwortung im Ablauf der Geschichte.« (Johann Feindt)

HOLEN WIR UNS DIE ELBE ZURÜCK
BRD 1981/82 – R, B, K, Sch, T: Ralph Michel, Peter Schröder – P: Ralph Michel/Peter

Schröder, Hamburg, mit einem Beitrag der Hamburger Filmförderung – V: if filminitiative e.V., Hamburg – L: 70 Min. – Super-8/Farbe – UA: 14. 5. 1982, Hamburg.
»Im Juni 1981 fuhren auf der Elbe zwei alte Kutter stromab, die mit ihren Transparenten und bunten Fahnen für die Reinhaltung der Elbe warben. An Bord waren Mitglieder der ›Elbe-Kutter – Aktion 81‹, die von Gorleben aus Richtung Cuxhaven fuhren. Während der Fahrt wurden Wasser- und Schlammproben an Bord genommen, wurden in den verschiedenen angelaufenen Häfen Aktionen zur Information der Bevölkerung gestartet. Verschmutzung des Elbwassers und die Auswirkungen vorhandener bzw. geplanter Industrieansiedlung waren das Thema.« (Ralph Michel/Peter Schröder)

Hysterie – Allergie + Fieber mit einem Nachsatz, Luis Trenker gewidmet
BRD 1982 – R, B, Sch: Birger Bustorff – K: Alf Olbrisch – M: ›Störfall‹ – T: Ilona Volkmer-Klesse – Mitarbeit: Angela Rüpke, Martina Siekiera – D: Ute Schäfer, Christian Ebert, Terry Shields – P: Bildstrich, Hamburg, mit einem Beitrag der Hamburger Filmförderung – V: Bildstrich, Hamburg – L: 55 Min. – 16 mm/Farbe und schwarz-weiß – UA: 25. 2. 1983, Internationales Forum des Jungen Films, Berlin.
»Hysterie: eine kurze Einführung in die Entstehung der Welt. Die ersten Menschen. Harry entdeckt Lisa. Eine Zigarette findet keinen Beifall. Sie wird zum Zankapfel und die Asche fällt ins Meer. – Allergie + Fieber: Harry und Lisa werden aus dem Paradies vertrieben und entdecken die Welt. Erste Expeditionen. Erste Versuchung Harrys. – Ein Nachsatz, Luis Trenker gewidmet: Harald ist ein Bohemien, Lisa arbeitet in einer Konditorei, die Harald gelegentlich zum Kaffeetrinken aufsucht. Sie lädt ihn eines Tages zu sich nach Hause ein. Ein Liebestanz bahnt sich an.« (Birger Bustorff)

Im Dickicht der Gefühle
BRD 1982 – R: Erwin Kneihsl – B: Erwin Kneihsl, Angelika Kaps – K: Simon Kleebauer – Sch: Cornelia Balcerowiak – M: Thomas Voburka, ›Holiday Mood Orchestra‹ – T: Erich Kostedde – A: Christoph Hamm – D: Gerd Wameling, Christiane B. Horn, Thomas Voburka, Silvia Göbert, Roswitha Soukop u. a. – P: Eine Kneihsl/Nohal-Produktion der Dieter Geissler Filmproduktion, München – Pl: Reinald Nohal – V: noch offen – L: 88 Min. – 16 mm/Farbe – UA: 21. 2. 1983, Internationales Forum des Jungen Films, Berlin.
»Der Film ›Im Dickicht der Gefühle‹ ist eine Ansammlung von Szenen, welche die Stimmung von Einsamkeit, Langeweile und Sinnlosigkeit darstellen und den Wunsch, diesen Zustand zu überwinden. Mehr oder weniger vital ›wursteln‹ die Personen des Films vor sich hin, monologisieren oder dialogisieren. Das Massaker zwischendurch, die Heirat der Kinder anschließend, wie auch das Ende in der Wohngemeinschaft sind beliebige Lösungen, austauschbar wie alle Handlungen, die dazu führen. Einfach irgend etwas machen und weiteratmen – das ist die Idee des Films.« (Erwin Kneihsl)

Im Dschungel ist der Teufel los
BRD 1982 – R: Harald Reinl – Regie des 2. Teams: Carl Schenkel – B: Manfred Purzer – K: Hans Kühle jr. – Sch: Norbert Herzner – M: Syd Dale, Gerhard Heinz, Bernie Paul – T: John Bergmann – A: Peter Rothe – D: Jim Mitchum, Tommi Ohrner, Jenny Jürgens, René Strickler, Baldwin Dakile u. a. – P: Lisa-Film, München/Rapid-Film, München/Norddeutscher Rundfunk, Hamburg – Prod: Wolf C. Hartwig, Carl Spiehs – Pl: Erich Tomek – V: Tivoli, München – L: 96 Min. – 35 mm/Farbe – UA/KSt: 8. 10. 1982.
»Ein Kino-Überspaß für die ganze Familie.« (Verleihankündigung)

Im Jahr der Schlange
BRD 1981 – R, B, Sch: Heide Breitel – K: Elfi Mikesch, Eva Hammel, Amadou Seitz, Riki Kalbe, Heide Breitel – M: Monika Jaeckel, ›Außerhalb‹ – T: Margit Eschenbach, Anke-

241

Rixa Hansen, Rosemarie Kusserow, Ingrid Schmidt-Harzbach, Sigrid Vagt u. a. – P: Alexandrow & Glauert, Film & AV Produktion, Berlin, im Auftrag des Zweiten Deutschen Fernsehens, Mainz – Pl: Hanna Rogge – Red: Sybille Hubatschek-Rahn – V: Basis-Film, Berlin – L: 97 Min. – 16 mm/Farbe – UA/TV: 11. 3. 1982 (ZDF) – KSt: 29. 10. 1982
»1941: Hitlerdeutschland erklärt der Sowjetunion den Krieg. In diesem Jahr sind wir geboren, Anke-Rixa, Ingrid, Rosemarie, Sigrid und ich. 1981: Wir feiern ein Geburtstagsfest aus Vergangenheit, Gegenwart und Zukunft! 40 Jahre... Geschichten... Zeitgeschichte... Erlebnisse, meine eigenen und die der anderen Frauen, wie ein Puzzle zusammengesetzt, ergeben ein Bild, in dem ich immer auch ein Stück von mir wiederfinde. Kein repräsentativer Querschnitt, sondern unsere subjektiven Erfahrungen. Erfahrungen von Frauen, die heute versuchen, anders zu leben als ihre Mütter.« (Heide Breitel)

IM ZEICHEN DES KREUZES
BRD 1982 – R: Rainer Boldt – B: Hans-Rüdiger Minow, Rainer Boldt – K: Karl Kases – Sch: Elke Boisch – M: Jens-Peter Ostendorf – T: Harry Rausch (später nachsynchronisiert) – A: Winfried Hennig, Marlies von Soden – D: Wiegand Witting, Renate Schröter, Mathias Nitschke, Johanna Rudolph, Antje Hagen u. a. – P: Common Film-Produktion, Berlin, in Zusammenarbeit mit Cikon-Film Produktion, Berlin, im Auftrag des Westdeutschen Rundfunks, Köln, und des Senders Freies Berlin, Berlin – Hl: Helmut Wietz – Pl: Hermann Wolf – Red: Martin Wiebel – V: atlas-Film, Duisburg – L: 103 Min (25 B/sec) – 16 mm/Farbe – UA/KSt: 13. 5. 1983 – TV: 16. 5. 1983 (alle dritten Programme mit Ausnahme des Bayerischen Rundfunks).
»Der Film erzählt die fiktive Geschichte eines Straßenverkehrsunfalls, der 1990 in der Nähe eines niedersächsischen Dorfes eine Katastrophe auslöst, weil radioaktive Strahlung freigesetzt wird – ein Unfall, der nach menschlichem Ermessen unwahrscheinlich, aber denkbar wäre... Fernsehen und Drehbuchautor muß erlaubt sein, die Gefahren unserer wissenschaftlich-technischen Welt an die Wand zu malen, damit das Ungewisse Gestalt annimmt, und aus dem Reich der Alpträume ins Bewußtsein tritt.« (Hans-Rüdiger Minow)

IN DER WEISSEN STADT (Dans la ville blanche)
BRD/Portugal/Schweiz/England 1982/83 – R: Alain Tanner – K: Acacio de Almeida – Sch: Laurent Uhler – M: Jean-Luc Barbier – T: Jean-Paul Mugel – A: Maria José Branco – D: Bruno Ganz, Teresa Madruga, Julia Vonderlinn, José Carvalho, Francisco Baiao u. a. – P: Metro Filme, Lissabon/Filmograph, Genf/Westdeutscher Rundfunk, Köln/Channel Four, London/S. S. G, Genf – Prod: Paulo Branco, Alain Tanner, Antonio Vaz da Silva – ausführende Prod: Paulo Branco, Alain Tanner – V: Prokino, München (OmU) – L: 108 Min. – 35 mm/Farbe – UA: 26. 2. 1983, Internationale Filmfestspiele Berlin – Wettbewerb – KSt: 29. 4. 1983.
»Ende letzten Sommers sagte man mir: mach einen Film in Portugal. Ich hatte einmal die Schiffe gesehen, die die Mündung des Tajo hinauffuhren und sich an ihrem Ankerplatz in der Bewegung der Gezeiten um sich selbst drehten. Das hatte mich beeindruckt und an eine längst vergangene Zeit erinnert. Und an die Geheimnisse der Straßen Alt-Lissabons. Ich träumte vor mich hin und sah dann im Fernsehen einen Film mit Bruno Ganz. Ich entschied, daß er auf einem dieser Schiffe den Tajo hinauffahren sollte. Und zwischen den weißen Flecken meiner Erinnerung ließ ich Rosa erscheinen, die in der Bar eines Hotels nahe dem Hafen arbeitete, und Elisa, die Frau vom Ufer des Rheins. Ich schrieb kein Drehbuch, ich ließ einfach einige Visionen einer fernen und einer anderen, näheren Vergangenheit durchsickern, ein paar Erinnerungen, ein paar Bilder und das, was man so ›starke Gefühle‹ nennt.« (Alain Tanner)

Inflation im Paradies

BRD 1981/82 – R, B: Nikolai Müllerschön, Wolfgang Rühl, Richard L. Wagner, Susanne Blänkner – K: Bernd Heinl – Sch: Traudl Kabbl-Maass – M: Joachim Witt – T: kein O-Ton – A: Jörg Neumann – P: Barbara Moorse Workshop, München/Zweites Deutsches Fernsehen, Mainz – Hl: Barbara Moorse – Pl: Martin Moskowicz – Red: Willi Segler.
1. Episode: Schnelle Nacht – R, B: Nicki Müllerschön – D: Ian Moorse, Anja Schüte, Pietro Guardini, Eleanora Melzer, April de Luca, Jens Peter Mordass.
2. Episode: Luxus – R, B: Richard L. Wagner – D: Alexandra Curtis, Anton Pfeffer, Wolfgang Scherer, Angelika Böck, April de Luca, Jens Peter Mordass, als Gast: Christine Kaufmann.
3. Episode: Testschock Nr. 4 – R: Susanne Blänkner – B: Susanne Blänkner, Richard L. Wagner – D: Alexandra Curtis, Anton Pfeffer, Wolfgang Scherer, Angelika Böck, April de Luca, Jens Peter Mordass, als Gast: Karl-Heinz Böhm.
4. Episode: In einer fremden Stadt – R, B: Wolfgang Rühl – D: Dieter Ruzowski, Daniela Lünch (= Alice Stepanek), April de Luca, Jens Peter Mordass.
V: Kinofilm, München – L: 90 Min. – 35 mm/Farbe – UA/KSt: 6. 5. 1983.

»Eine Episodengeschichte aus vier Episoden, deren verbindender Rahmen das Café Capri, das gemeinsame Stammcafé der Protagonisten ist... Das Prinzip dieses Films ist das Prinzip dieser Generation. Der Film wertet nicht, der Film erklärt nichts, der Film ist ohne Abstand, ohne Nostalgiedistance gemacht, hautnah hinter der Fassade hervor. Nur so erfüllt er seinen Sinn.« (Nikolai Müllerschön)

Inmitten von Deutschland

BRD 1979–82 – R, B, Sch: Christoph Hübner, Gabriele Voss – K: Christoph Hübner – M: Willem Breuker – T, Mitarbeit: Theo Janßen, Werner Ruzicka – P/V: RuhrFilmZentrum, Bochum – L: 110 Min. – 16 mm/Farbe und schwarz-weiß – UA: 5. 10. 1982, Internationale Filmwoche Mannheim.

»Dieser Film ist der letzte aus einem Zyklus von insgesamt fünf Filmen mit dem Gesamttitel ›Prosper/Ebel – Chronik einer Zeche und ihrer Kolonie‹... Der vorliegende Film geht noch einmal einen anderen Weg als die anderen: er zeigt nicht den Lebens- oder Tageslauf einzelner Menschen, er zeigt – wenn man so will – den Lebenslauf eines Ortes. In ihm gibt es keine Interviews, keine Einzelporträts, dafür jede Menge Bilder und nicht weniger: Töne von dem, was sich an einem solchen Ort übers Jahr bewegt – oder stillsteht. Vier einander immer wieder abwechselnde und unterbrechende Reisen: ins Innere eines Ortes, ins Innere der Erde (die Arbeit unter Tage), in die Geschichte (auf den Spuren der Zeche), in die Zukunft (mit den neuen Lehrlingen der Zeche). Eine Montage von Zeiten und Blicken.« (RuhrFilmZentrum)

Die Insel der blutigen Plantage

BRD 1982 – R, B: Kurt Raab – K: Rudolf Blahacek – Sch: Karl Aulitzky – M: Jürgen Marcus – T: Joe Cabrera – A: Ben Otico – D: Udo Kier, Barbara Valentin, Karen Lopez, Hans Zander, Karl Otto Alberty, Kurt Raab u. a. – P: Luxor Film, München/Beteiligungs GmbH, München – Prod: Peter Kern, Paul Simon – Hl: Peter Kern – Pl: Andrea Öchsner – V: Ascot-Film, Düsseldorf u. a. – L: 88 Min. – 35 mm/Farbe – UA/KSt: 28. 1. 1983.

»Otto Globocnik, ein Mann mit finsterer Vergangenheit, hat sich auf einer paradiesischen Insel ein grausames Reich errichtet. Dort hält er sich Südseemädchen als Sklavinnen, die er mit Hilfe seiner Vasallen Kammhuber, Seldte, Pevny und seiner Geliebten Olga unterjocht, foltert, ausbeutet und sexuell von ihnen mißbrauchen läßt. Hartmann aber, der jüngste seiner Getreuen, bekehrt durch seine Liebe zur schönen Cora, wendet sich mehr und mehr von ihm ab...« (Produktionsmitteilung)

JÄGERSCHLACHT

BRD 1981 – R, B: Wigbert Wicker – K: Petrus Schloemp, Wolf Bachmann, Rainer Lanuschny – Sch: Ursula Eplinius – M: Robert Lovas – T: Rainer Wiehr – A: Witzemann – Red: Martin Büttner – D: Bernd Stephan, Heinrich Schweiger, Paul Hoffmann, Günther Ungeheuer, Ulli Maier u. a. – P: Stella Film, München/Werner Rieb Productions Film GmbH, München/Zweites Deutsches Fernsehen, Mainz – Prod: Werner Rieb – V: Twentieth Century Fox of Germany, Frankfurt/M. – L: 94 Min. – 35 mm/Farbe – UA/KSt: 20. 8. 1982.

»Für mich steht ein solcher Heimatfilm weder als Experimentierfeld für neue Formen, Theorien und Weltanschauungen, noch als bequemes Versteck für altväterliche Gemütlichkeit. ›Jägerschlacht‹ ist die Wiedergutmachung für den oberflächlichen Genre-Heimatfilm. Da bediente man sich der Natur als Kitsch-Kulisse und verfälschte die Menschen und ihre Schicksale. Aber Heimatfilm bedeutet mehr. Regisseure wie Hawks, Ford, Zinnemann haben ihren Western als Heimatfilm so ernst genommen, daß sie erzählerisch die anspruchsvollsten Strukturen des klassischen Dramas verwendeten.« (Wigbert Wicker)

JETZT – NACH SO VIELEN JAHREN

BRD 1981 – R, B: Pavel Schnabel, Harald Lüders – Mitarbeit: Andrzej J. Koszyk – K: Pavel Schnabel – Sch: Eva Rushdi – M: Helmut Pöllmann – T: Andrzej J. Koszyk – P: Pavel Schnabel Filmproduktion, Wiesbaden, im Auftrag des Hessischen Rundfunks, Frankfurt/M. – V: Verleihgenossenschaft der Filmemacher, München – L: 60 Min. – 16 mm/Farbe – UA/TV: 23. 4. 1981 (ARD) – Kino-Erstaufführung: 13. 10. 1982, Filmfestival Nyon – dtEA: 4. 11. 1982, Frankfurt/M.

»Das Dorf Rhina liegt in Oberhessen, ein idyllischer Ort mit einer alten Kirche und guterhaltenen Fachwerkhäusern. Das Dorf Rhina wurde einst Klein-Jerusalem genannt, hier war die Hälfte der Einwohner Juden. Wir hofften in Rhina auf die Frage: ›Wie war das damals?‹ eine andere Antwort als das übliche bundesdeutsche ›Wir haben davon nichts gewußt‹ zu bekommen, zu unwahrscheinlich schien uns, daß ein halbes Dorf das Verschwinden der anderen Hälfte übersehen und vergessen könnte. Der Film zeigt heutige Reaktionen auf die Frage nach der Vergangenheit, zeigt unsere Fahrt nach New York, um dort in Amerika bei den überlebenden Juden etwas über die Geschichte des deutschen Dorfs Rhina zu erfahren. Uns geht es nicht um objektive Rekonstruktion einer Dorfgeschichte im Faschismus, der Film ist vielmehr der Versuch eine heutige Stimmung einzufangen. Jetzt, nach so vielen Jahren ... was hat sich geändert?« (Pavel Schnabel/Harald Lüders)

JOSEPHS TOCHTER – BIN 16 STEIGE AUS

BRD/Spanien 1981/82 – R, B: Gustav Ehmck – K: Gerard Vandenberg – Sch: Timothy Gee – M: Roland Baumgartner – T: Sebastian Cabezas – A: Benjamin Fernandez – D: Linda Manz, Walt Davis, Marie-Christine Barrault, Ana Torrent, May Heaterly u. a. – P: Gustav-Ehmck-Film, Gräfelfing/Maran-Film, München/Jezabel S.L., Madrid/Süddeutscher Rundfunk, Stuttgart – Prod: Gustav Ehmck – Hl: Adela Tauler – Red: Werner Sommer – V: Nobis-Filmverleih, Düsseldorf u. a. – L: 90 Min. – 35 mm/Farbe – UA: 19. 6. 1983, Filmfest München – KSt: 28. 10. 1983.

»Joseph ist ein richtiger Mann: groß und kräftig, einer, der die Arbeit nicht scheut und am Feierabend ordentlich hinlangt und dabei die Frau nicht verkommen läßt. Seine Frau Jane ist eine gutaussehende Mittdreißigerin, die sich sehen lassen kann. Sie ist unkompliziert, gepflegt und bisweilen erotisch. Ihre Tochter Linda ist frech, aggressiv, jungenhaft, dabei empfindlich und verletzbar zugleich. Linda beobachtet mit scharfem Blick, wie die Ehe der Eltern auf Josephs Weise unveränderlich dahinbrummt. Er ist der Herr im Haus. Linda spürt das mehr als ihre Mutter. Der Film zeigt 9 Tage, also zwei Wochenenden im Leben dieser wenig glorreichen Drei. Nach dem letzten Sonntag beschließt Linda einfach abzuhauen...« (Produktionsmitteilung)

KAMIKAZE 1989
BRD 1981 – R: Wolf Gremm – B: Robert Katz, Wolf Gremm nach dem Roman »Mord im 31. Stock« von Per Wahlöö – K: Xaver Schwarzenberger – Sch: Thorsten Näter – M: Edgar Froese – T: Gunther Kortwich – A: Horst Furcht – D: Rainer Werner Fassbinder, Günther Kaufmann, Boy Gobert, Arnold Marquis, Richy Müller, Franco Nero u. a. – P: Regina Ziegler Filmproduktion, Berlin/Trio-Film, Duisburg/Oase Film, Essen/Zweites Deutsches Fernsehen, Mainz – Hl: Michael Boehme – Pl: Rüdiger Lange – Red: Willi Segler – V: Filmverlag der Autoren, München – L: 106 Min. – 35 mm/Farbe – UA/KSt: 16. 7. 1982
»Dieser Charakter (des Polizeileutnant Jansen) hat mit Deutschland zu tun, der häßliche Deutsche, wenn man so will. Aber auch der expressionistische deutsche Stummfilm, mit Darstellern wie Heinrich George, hat zur Entwicklung dieser Figur beigetragen. Rainers schauspielerische Möglichkeiten sind sehr breit gefächert, einerseits beherrscht er das ›underplay‹, also das unbewegte Pokerface, das lässige Untertreiben, andererseits hat er die Möglichkeit, seine Obsessionen, seine Depressionen, seine Zweifel, seine ureigensten Erfahrungen auszustellen. Sein Spiel ist also auch sehr expressiv, sehr persönlich.« (Wolf Gremm)

KASSENSTURZ
BRD 1982 – R, B: Rolf Silber – K: Marian Czura – Sch: Raimund Barthelmes – M: Peter Schmitt – T: Kurt Eggmann – A: Ivan Ceporan – D: Christoph Marius Ohrt, Britta Pohland, Tilo Prückner, Kai Fischer, Rainer Groß u. a. – P: Frankfurter Filmwerkstatt, Frankfurt/M./Roxy-Film, München/Hessischer Rundfunk, Frankfurt/M. – Hl: Michael Smeaton – Pl: Daniel Zuta – V: Futura-Filmverleih, München – L: 84 Min. – 35 mm/Farbe – UA: 18. 6. 1983, Filmfest München – KSt: 27. 1. 1984.
»Weil sich Erich Bauermann, ein junger, ambitionierter Bankkaufmann, ausgerechnet in die ausgeflippte Jungschauspielerin Franzi verliebt, lassen Turbulenzen nicht lange auf sich warten. Ob es sich nun um Erichs Eltern, zwei lebenslustige Alt-Rock'n'Roller, um Arbeitskollege ›Fitti‹, der mit Vorliebe Millionärstöchtern nachspürt, oder den Kollegen Marschalek, der jedes, aber auch jedes Preisausschreiben mitmacht, weil er zum Südpol will, handelt, sie alle geraten irgendwie in das Auf und Ab von Erichs Gefühlsleben. Als der ›Höfliche Harri‹, ein seriöser Bankräuber, anläßlich eines Überfalls 10000 DM übersieht, die sich Erich einsteckt, glaubt dieser, die Basis für seinen Ausstieg aus der Bank und seinen Einstieg in die Theatergruppe Franzi's zu haben – ein Irrtum, wie sich herausstellt, denn es ist heute gar nicht mehr so einfach, Geld zu verschenken...« (Produktionsmitteilung)

KATHARINA, DIE NACKTE ZARIN
BRD 1982 – R: Scott Hunt (= Klaus König) – B: Fred Cohen, William Porter – K: Marc Almar, Toni Hoffmann – Sch: Jürgen Wolter – D: Sandra Nova, Frank Williams, Jean Paul Blondeau, Angela Fellini, Nadja Boyer u. a. – P/V: Alois Brummer Filmverleih GmbH, Kelsterbach – L: 97 Min. – 35 mm/Farbe – UA/KSt: 11. 3. 1983.
Sexfilm

KEIN LAND IN SICHT
BRD 1981 – R, B: Ulrich Leinweber – K: Wilfried Kaute – Sch: Dörthe Schäfer-Stahlberg – T: Udo Steinmetz, Steven Kenderdaine – P: Ulrich Leinweber Filmproduktion, Kassel – Prod: Ebba Geisler – V: Basis-Film, Berlin – L: 60 Min. – 16 mm/Farbe – UA: November

1981, Leipziger Internationale Dokumentarfilmwoche (1. Fassung). KSt: Januar 1982 (2. Fassung)

»Dieser Film ist eine Darstellung rechtsextremer Jugendlicher. Er versucht über Interviews Aufschluß zu geben über die Beweggründe dieser Jugendlichen, die über sich erzählen, über ihre Einstellungen und ihren Weg in die neo-faschistische Bewegung... Der Film gibt keine Handlungsanweisung gegen Neo-Faschismus. Es kommt darauf an, die Diskussion zu provozieren auch mit Jugendlichen, die zu extremen Positionen neigen.« (Ulrich Leinweber)

KIEZ

BRD 1982 – R: Walter Bockmayer, Rolf Bührmann – B: Hans Eppendorfer, Walter Bockmayer, Bernd Holzmüller nach dem gleichnamigen Theaterstück von Peter Greiner – K: Thomas Mauch – Sch: Alexander Rupp – M: ›Die Partei‹ – T: Christian Moldt – A: Thomas Schappert – D: Wolf-Dietrich Sprenger, Katja Rupé, Brigitte Janner, Karl-Heinz von Hassel, Rainer Philippi u. a. – P: Entenproduktion GmbH, Berlin/Köln/Neue Filmproduktion GmbH, Berlin – Gl: Rolf Bührmann – Hl: Felix Hock – Pl: Wolfgang Bösken – V: United International Pictures, Frankfurt/M. – L: 106 Min. – 35 mm/Farbe – UA: 26. 1. 1983, Internationales Filmfestival Manila – dtEA/KSt: 22. 4. 1983.

»›Kiez‹ ist die Geschichte von Erfahrungen zwischen Hamburg und Berlin; ist die Kaltnadelradierung von Illusionen, von Visionen und nächtlichen Zusammenbrüchen. Von zwischenmenschlicher Erstarrung, von der Sprachlosigkeit in der Verbitterung und dem dünnwandigen, porösen, wetteranfälligen Stückchen Hoffnung auf der Zunge, ist die Rede.« (Hans Eppendorfer/Walter Bockmayer)

DIE KINDER VOM BULLENHUSER DAMM

BRD 1982/83 – R, B: Karl Siebig – K: Johann Feindt, Karl Siebig, Thomas Schäfer, Wilhelm Rösing – Sch: Klaus Zimmer – M: Andi Brauer – T: Karl Heinz Walloch, Michael Busch – Beratung: Günther Schwarberg – P/V (z.Z.): Alexandrow & Glauert, Film & AV Produktion, Berlin, mit Unterstützung der Hamburger Filmförderung – L: 75 Min. – 16 mm/schwarz-weiß – UA/KSt: 1. 5. 1983.

»Am 20. April 1945 werden in der Hamburger Schule am Bullenhuser Damm zwanzig jüdische Kinder erhängt. Der SS-Arzt Heißmeier hatte zuvor an den Kindern ›medizinische‹ Versuche vorgenommen. Um dieses Verbrechen vor den heranrückenden Engländern zu verbergen, tötete die SS, unter dem Befehl des Obersturmführers Arnold Strippel, die Kinder, zwei Häftlingspfleger, zwei Häftlingsärzte und 24 sowjetische Kriegsgefangene. Gegen einen der Mörder der Kinder, den heute in Frankfurt lebenden Arnold Strippel, ist seit 1979 ein Ermittlungsverfahren der Hamburger Staatsanwaltschaft in Gang, das bisher zu keinerlei Ergebnissen geführt hat. Der Film dokumentiert die Geschichte der Kinder durch Augenzeugen. Er vermittelt Eindrücke in die Nazipropaganda durch ›Die Deutsche Wochenschau‹ und zeigt die Gefahren des Neofaschismus in der Bundesrepublik. Im April 1980, wenige Tage nach einer Gedenkfeier für die Kinder, legen Neonazis eine Bombe in der Schule am Bullenhuser Damm.« (Karl Siebig)

DIE KINDER VON BENPOSTA

BRD 1982/83 – R, B, K, Sch: Kati Hötger, Andreas Tucholski – Kommentar: Jürgen Orthaus – M: Michael Büttgen – T: Adrian Bankewitz – D: José Maria Baget Valenzuela, Sarah Dirk, José Angel Martine Marquina u. a. – P: Talmi-Film, Köln, mit Unterstützung der nordrheinwestfälischen Filmförderung – V: Talmi-Film, Köln – L: 50 Min. – 16 mm/Farbe – UA/KSt: 8. 4. 1983.

»Benposta – die ›Nacion de Muchachos‹ – ist ein Kinderstaat im Norden Spaniens, der vor

26 Jahren von dem katholischen Priester Padre Silva gegründet wurde. In dieser modellhaften Demokratie sollen Kinder selbstbestimmt und selbstverwaltet leben. Der Film erzählt in kurzen Spielszenen und dokumentarischen Aufnahmen die Geschichte von 3 Kindern in Benposta.« (Kulturelle Filmförderung Nordrhein-Westfalen 1980–1982)

Klassenfeind
BRD 1982/83 – R: Peter Stein – B: Peter Stein nach dem Bühnenstück »Class Enemy« von Nigel Williams in der Bearbeitung von Jürgen Kruse und Peter Stein – K: Robby Müller – Sch: Inge Behrens – M: ›Sex Pistols‹ (»Pretty Vacant«) – T: Detlef Fichtner – A: Karl-Ernst Herrmann – D: Greger Hansen, Stefan Reck, Jean-Paul Raths, Udo Samel, Ernst Stötzner, Tayfun Bademsoy u. a. – P: Regina Ziegler Filmproduktion, Berlin/Pro-ject-Film im Filmverlag der Autoren, München/Sender Freies Berlin, Berlin – Hl: Regina Ziegler – Pl: Carlo Rola – Red: Christa Vogel – V: Filmverlag der Autoren – L: 125 Min. – 35 mm/Farbe – UA: 26. 2. 1983, Internationale Filmfestspiele Berlin – Wettbewerb, außer Konkurrenz – KSt: 11. 3. 1983.
»Sechs Schüler zwischen 16 und 18 Jahren warten in einem Klassenzimmer auf ihren neuen Lehrer. Alle Lehrer, die bisher in dieser Klasse unterrichten sollten, haben das Handtuch geworfen. Einer der Schüler hält Wache. Sobald irgendwelche Schritte zu hören sind, verbarrikadieren sie mit Tischen die Tür. Aber es kommt niemand. Sie entschließen sich, während des Wartens selber Lehrer zu spielen. Jeder hält eine ›Stunde‹, und die anderen funken dazwischen. Im Verlauf des ›Unterrichts‹ erzählen die Jungen von sich, ihren Nöten, ihrem Haß, ihrer Angst und ihren Sehnsüchten...« (Produktionsmitteilung)

Der Kleine
BRD 1982 – R: Klaus Lemke – B: Klaus Lemke, Micha Lampert – K: Lothar Stickelbrucks – Sch: Barbara von Weitershausen – M: Lothar Meid – T: Stanislav Litera – D: Arthur Radwan, Micha Lampert, Ingrid Angerer, Isolde Jank, Krjistian Markoc u. a. – P: Sita-Film, München/Artus-Film, München/Popular-Film, Stuttgart – Gl: Hans H. Kaden, Dr. Harald Müller – Hl: Michael Fengler – Pl: Rita Pohlandt – V: B-Film, München – L: 80 Min. – 35 mm/Farbe – UA: 22. 6. 1983, Filmfest München – KSt: 22. 7. 1983.
»Ich bin jetzt an einem Wendepunkt. Mir fiel wieder mein alter Kino-Traum ein: Die Geschichte von einem Hexenkessel, in dem einer drauf geht, und in den ein Naiver hineingerät, der eigentlich als einziger okay ist. Die Story habe ich mit Micha Lampert zusammen geschrieben, der ja auch die Rolle des großen Bruders spielt. Er ist für mich der typische Repräsentant der Großstadt-Generation von 25- bis 30jährigen... Keiner hat da mehr einen genauen Durchblick, obwohl jeder vorgibt, ihn zu haben...« (Klaus Lemke)

Kleine Schritte
BRD 1981–83 – R, B, T: Ingrid Wilczek – K: Wimmer Wilkenloh – Sch: Ingrid Wilczek, Wimmer Wilkenloh – M: Matthias Kaul – D: Rita Kreis, Michael Schulze-Beer, Paul Jonas Kreis – P: Ingrid Wilczek, Hamburg – V: z. Z. Eigenverleih – L: 110 Min. – 16 mm/Farbe – UA: 22. 3. 1983, Hamburg.
»Dieser Dokumentarfilm begleitet Rita während ihrer Schwangerschaft, der Geburt und danach, bis der Alltag eintritt und sie wieder ihren Beruf ausübt. Er ist der Versuch einer Annäherung an Ritas Gedanken und Gefühle, an ihre Konflikte mit Michael, die Auseinandersetzung mit der Umwelt und an all die Veränderungen, die durch das Kind auf sie zukommen. Mein Interesse, diesen Film zu machen war, mich auf diesen langen Prozeß einzulassen (2 Jahre), die Veränderungen zu spüren, zu sehen, ob es möglich ist, Kind, Arbeit und politisches Engagement miteinander zu vereinbaren.« (Ingrid Wilczek)

KLEINE ZEICHEN
BRD 1981/82 – R, B, K, Sch: Gottfried Junker – M: Siegbert Wuttig – D: Ursula Fischer, Werner Junker u. a., als Gast: Eva Mattes – P: Gottfried Junker, Würzburg – V: Filmverlag der Autoren, München – L: 87 Min. – 16 mm/schwarz-weiß – UA: 30. 1. 1983, Internationales Filmwochenende Würzburg – KSt: 3. 6. 1983.
»Junge Leute reisen durchs Gebirge. Sie sprechen kein Wort. Minimale Musik begleitet die Bilder.« (Gottfried Junker)

KONRAD AUS DER KONSERVENBÜCHSE
BRD 1982 – R: Claudia Schröder – B: Silke Bartlick, Mark Braden, Marion Sand, Lonny Olschewski, Birgit Wimmer, Ute Werner-Thilo nach dem Roman »Konrad oder Das Kind aus der Konservenbüchse« von Christine Nöstlinger – K: Fritz Moser – Sch: Inge Kleinknecht, Sabine Jagiella – M: Willy Siebert – T: Detlef Fichtner, Uwe Griem – A: Hanna Blößer – D: Violetta Ferrari, Heinz Schubert, Alexandra Degen, Daniel Thorbecke u. a. – P: Ottokar Runze Filmproduktion, Berlin/Hamburg, mit Unterstützung der Hamburger Filmförderung – Hl: Ottokar Runze – Pl: Michael Beier – V: z. Z. Eigenverleih Claudia Schröder, Hamburg – L: 80 Min. – 35 mm/Farbe – UA: 27. 1. 1983, Internationales Kinder- und Jugendfilmfestival Tomar (Portugal) – dtEA: 23. 4. 1983, Hamburg – KSt: 15. 7. 1983.
»Konrad, ein synthetisch produzierter 7jähriger Junge, wird irrtümlich an eine chaotische Malerin, Frau Bartolotti, geliefert. Ihr Freund, der Apotheker Egon, findet Gefallen an dem ordentlichen, braven Konrad. Konrad hat durch sein Verhalten Schwierigkeiten mit den anderen Kindern. Nur Kitty hält zu ihm und versucht, ihn zu ändern. Die Umerziehung Konrads wird dringend notwendig, als die Kinderfabrik, ihren Irrtum feststellend, Konrad zurückfordert. Denn auch Frau Bartolotti hat sich an Konrad gewöhnt und möchte ihn nicht mehr zurückgeben. So wird Konrad bei Apotheker Egon versteckt, wo Kitty mit einem raffinierten Trainingsprogramm zur Umerziehung beginnt, während die Männer der Fabrik auf der Suche nach ihm sind.« (Claudia Schröder)

KRIEG UND FRIEDEN
BRD 1982/83 – Ein Film von Heinrich Böll, Alexander Kluge, Volker Schlöndorff, Stefan Aust mit einem Beitrag von Axel Engstfeld – K: Werner Lühring, Thomas Mauch (Team Kluge), Igor Luther (Team Schlöndorff), Franz Rath (Team Schlöndorff, Team Aust), Bernd Mosblech (Team Engstfeld) – Sch: Beate Mainka-Jellinghaus, Carola Mai (Team Kluge), Dagmar Hirtz (Team Schlöndorff), Barbara von Weitershausen (Team Aust) – T: Olaf Reinke (Team Kluge), Christian Moldt, Edward Parente, Vladimir Vizner (Team Schlöndorff), Karl-Walter Tietze (Team Kluge, Team Aust), Manfred von Rintelen (Team Engstfeld) – Schlußredaktion: Barbara von Weitershausen, Uwe Lauterkorn – A: Bernd Lepel.
Spielfilmsequenzen: Episode »Gespräche im Weltraum« – R: Volker Schlöndorff – B: Heinrich Böll – D: Jürgen Prochnow, Günter Kaufmann, Manfred Zapatka, Karl-Heinz Merz.
Episode »Atombunker« – R: Volker Schlöndorff – B: Heinrich Böll – D: Heinz Bennent, Edgar Selge.
Episode »Kill your sister« – R: Volker Schlöndorff – B: Heinrich Böll – D: Angela Winkler, Michael Gahr.
Episode »Vom Standpunkt der Infanterie« – R, B: Alexander Kluge – D: Hans-Michael Rehberg, Dieter Traier.
»Demonstration in Bonn« – R: Alexander Kluge – D: Bruno Ganz
P: Pro-ject-Filmproduktion im Filmverlag der Autoren, München/Bioskop-Film, München/Kairos-Film, München/Frankfurt/M. – Prod: Eberhard Junkersdorf, Theo Hinz – Pl:

Gerd von Halem, Daniel Zuta – V: Filmverlag der Autoren, München – L: 120 Min. – 35 mm/Farbe – UA/KSt: 11. 2. 1983.

»›Manöverbilder sind keine Bilder‹ – davon sind wir ausgegangen. Dann stellte sich die Frage, was wollen wir überhaupt zu diesem Thema machen? Wollen wir einen Film über die Friedensbewegung machen? Oder einen über die nukleare Rüstung/Aufrüstung/Wettrüstung? Informationen über diese Themen wollten wir nicht ausklammern, aber ich persönlich war daran wenig interessiert. Diese Themen werden doch ständig im Fernsehen wiedergekaut und können dort aktueller abgehandelt werden, als man es mit einem Kinofilm machen könnte. Daraus zogen wir den Schluß, daß es unsere Aufgabe sein muß, das Projekt auszuweiten und neben persönlichen Wahrnehmungen auch historische Perspektiven einzubeziehen. Der Titel ›Krieg und Frieden‹ – analog Tolstoi – weist darauf hin.« (Volker Schlöndorff)

DER LÄNGERE ATEM – ANTIMILITARISTISCHE OPPOSITION
UND WIEDERAUFRÜSTUNG IN WESTDEUTSCHLAND 1945–1955
BRD 1982/83 – R, Sch: Christoph Boekel, Beate Rose – B, T: Christoph Boekel – K: Klaus Lautenbacher – Sprecher: Biggi Freyer-Olschanowski, Peter Heusch, Harry Täschner – P: Baum-Film, München – V: Unidoc, München – L: 105 Min. 16 mm/schwarz-weiß – UA/KSt: 1. 4. 1983.

»›Der längere Atem« entstand auf der Grundlage des Drehbuchs zu dem Film ›Der lange Atem‹, der in vierjähriger Arbeit an der Hochschule für Fernsehen und Film, München, als Abschlußfilm hergestellt wurde. Die öffentliche Vorführung des Films ›Der lange Atem‹ wurde von der Hochschule als Produzent im Einvernehmen mit dem Bayerischen Kultusministerium verboten. ›Der längere Atem‹ ist inhaltlich identisch mit ›Der lange Atem‹.« (Produktionsmitteilung)

LAND DER BITTERKEIT UND DES STOLZES
BRD 1981/82 – R, B, K, Sch: Nina Gladitz – Mitarbeit, T: Gerhard Dietrich – P: Nina Gladitz Filmproduktion, Kirchzarten/Westdeutscher Rundfunk, Köln – Red: Hans-Jürgen Rühle – V: Barfuß-Film, Freiburg – L: 60 Min. – 16 mm/Farbe – UA/TV: 6. 9. 1982 (WDR 3) – Kino-EA/KSt: 1. 12. 1982, Hannover.

ZEIT DES SCHWEIGENS UND DER DUNKELHEIT
BRD 1981/82 – R, B, K, Sch: Nina Gladitz – Mitarbeit, T: Gerhard Dietrich – P: Nina Gladitz Filmproduktion, Kirchzarten/Westdeutscher Rundfunk, Köln – Red: Hans-Jürgen Rühle – V: Barfuß-Film, Freiburg – L: 60 Min. – 16 mm/Farbe – UA/TV: 6. 9. 1982 (WDR 3) – Kino-Erstaufführung: 8. 10. 1982, Internationale Filmwoche Mannheim – KSt: 1. 12. 1982.

»Ausgangspunkt der beiden Dokumentarfilme über Leni Riefenstahls Film ›Tiefland‹ und über Werner Herzogs ›Fitzcarraldo‹, ist der abendländische Begriff von Kunst und Kultur, der, wie Max Frisch einmal sagte, ›eine Geistesart ist, die das Erhabenste denken und das Niederste nicht verhindern kann, eine Kultur, die sich säuberlich über die Forderungen des Tages erhebt‹. Für den Film ›Tiefland‹ hat sich Leni Riefenstahl 1941 und 1942 Zigeuner aus einem KZ bei Salzburg als Statisten geholt. Nach Abschluß der Dreharbeiten wurden diese Menschen, darunter Babies und Kleinkinder, wieder in das Lager zurückgebracht und kurze Zeit später, bis auf zwei Familien, nach Auschwitz deportiert und dort ermordet. Einige wenige Statisten haben überlebt und erzählen in diesem Film ihre Erfahrungen, die sie als kostenloses Filmfutter bei den Dreharbeiten gemacht haben. Werner Herzog hat für eine einzige Sequenz seines Films, in der ein Schiff über den Berg gezogen wird, zwei Militäreinsätze gegen die aufbegehrenden Indiostatisten, 5 tote Campaindianer und die

Zerstörung einer ganzen Stammesstruktur in Kauf genommen. Der Film ›Land der Bitterkeit und des Stolzes‹ schildert das Leben der Aguaruna und zeigt, wie dieser Stamm 1979 die Dreharbeiten zu ›Fitzcarraldo‹ auf seinem Gebiet erfolgreich verhindert hat.« (Nina Gladitz)

LAND DER RÄUBER UND GENDARMEN
BRD 1981 – R: Leo Hiemer, Klaus Gietinger – B: Klaus Gietinger – K: Marian Czura – Sch: Wolfgang Raabe, Monika Theuner – M: ›Nightwork‹ – T: Kurt Eggmann – A: Fritz Günther – D: Anna Starke, Walter Nuber, Norbert Kerkhey, Anke Günzel, Peter Krammer u. a. – P: Westallgäuer Filmproduktion, Göttingen/Zweites Deutsches Fernsehen, Mainz – Pl: Georg Siemoneit – Red: Hans Kutnewsky – V: Basis-Film, Berlin – L: 96 Min. – 16 mm/Farbe – UA/TV: 8. 4. 1982 (ZDF) – Kino-Erstaufführung/KSt: 9. 10. 1982.

»Der Film ›Land der Räuber und Gendarmen‹ verzichtet weitgehend auf Chronologie und besitzt keine durchgehende Handlung, sondern präsentiert sich als ›Fleckerlteppich‹. Sicher ist er nicht bloße Familiensaga. Die nur knapp skizzierten Szenen der Hauptpersonen werden mit einer Fülle von anderem Material durchsetzt. So findet man neben alten Wochenschauen und Spielfilmausschnitten auch Puppentrickszenen...« (Westallgäuer Filmproduktion)

LEITMOTIV
BRD 1982/83 – R, B: Heiko Schier – K: Richard Claus – Sch: Eva Will – M: Piet Klocke – T: Hans-Peter Kuhn – D: Ulrich Wildgruber, Manuela Brandenstein und Laien – P: Heiko Schier, Berlin/Zweites Deutsches Fernsehen, Mainz – Red: Brigitte Kramer – V: Eigenverleih Heiko Schier (nichtgewerblich) – L: 90 Min. – 16 mm/Farbe – UA: 21. 2. 1983, Internationales Forum des Jungen Films, Berlin – TV: 12. 5. 1983 (ZDF).

»Leitmotive animieren zu Geschichten, provozieren Gefühle – ein unveräußerlicher, privater Besitz. Der Tonarm des Plattenspielers immer wieder auf diese eine, schon zerkratzte Passage... ›Leitmotiv‹ ist ein Episodenfilm, bestehend aus dokumentarischem und inszeniertem Material.« (Heiko Schier)

LEUCHTTURM DES CHAOS
BRD 1981/82 – R, B: Wolf-Eckart Bühler, Manfred Blank – K: Bernd Fiedler – Sch, T: Manfred Blank – D: Sterling Hayden, Wolf-Eckart Bühler, Manfred Blank – P: Wolf-Eckart Bühler, Red Harvest Film, München – V: Eigenverleih Wolf-Eckart Bühler – L: 119 Min. – 16 mm/Farbe – UA: 22. 2. 1983, Internationales Forum des Jungen Films, Berlin – TV: 13. 4. 82 gekürzte Fassung (45').

»Das Film-Porträt des amerikanischen Abenteurers, Schriftstellers und Hollywoodstars Sterling Hayden – und die Dokumentation eines selbstgewählt einsamen und chaotischen Daseins voller Rebellion, Rastlosigkeit und Alkohol an Bord eines Flußschiffes unterhalb der Zitadelle von Besancon in Frankreich.« (Produktionsmitteilung)

EINE LIEBE WIE ANDERE AUCH
BRD 1982 – R, B: Hans Stempel, Martin Ripkens – K: Michael Teutsch – Sch: Alexander Rupp – M: Chet Baker, Friedrich der Große, Georg Friedrich Händel, ›Tantra‹, Giuseppe Verdi, Boris Vian – T: Christian Moldt – D: Klaus Adler, Stuart Wolfe, Christa Maercker, Paul Lotter u. a. – P: Janus Film, Frankfurt/M. – Pl: Rosy Gockel, Helo Gutschwager – V: Arsenal Tübingen – KSt: September 83 – L: 110 Min. – 35 mm (aufgeblasen von 16 mm)/Farbe – UA: 20. 2. 1983, Internationales Forum des Jungen Films, Berlin.

»Wieland, Ende Zwanzig, ist Deutschlehrer an einem Berliner Gymnasium. Wolf, etwa gleichaltrig, ist Buchhändler und träumt davon, ein eigenes Antiquariat zu eröffnen. Sie leben gemeinsam seit drei Jahren in einer weiträumigen Berliner Altbauwohnung, deren

Einrichtung sich nicht von den Behausungen anderer junger Intellektueller unterscheidet. Obwohl sich beide zur alternativen Szene zählen, sind sie doch unübersehbar auf ihren Besitzstand und ihre Karriere bedacht... Unsere Absicht war nicht, eine sogenannte runde Geschichte zu erzählen, sondern Momentaufnahmen aus einer Zweierbeziehung zu zeigen...« (Hans Stempel/Martin Ripkens)

LOVE STINKS – BILDER DES TÄGLICHEN WAHNSINNS
BRD 1982 – R, B, K, Sch, T, D: Birgit und Wilhelm Hein – P: Birgit und Wilhelm Hein, Köln, mit Unterstützung der nordrheinwestfälischen Filmförderung – V: Eigenverleih – L: 82 Min. – 16 mm/Farbe – UA: 29. 10. 1982, Köln.
»Bilder wie nach einem Bombenangriff, von Spekulanten zerstörte Straßenzüge der Bronx, Disco-Lights, in kaltes Neon getauchte menschenleere U-Bahn-Stationen, atmosphärische Saxophonklänge von Lounge Lizards. Graffitti auf Werbeflächen wissen: Love stinks. New York in Bruchstücken, die sich zu einem komplexen Gesamteindruck fügen, ein schnell hintereinandergeschnittenes Puzzle von Straßenschluchten, Sirenen, U-Bahn-Strängen und dem vor der Kamera inszenierten Sex der Filmemacher/Darsteller.« (Kulturelle Filmförderung Nordrhein-Westfalen 1980–1982)

LOVE UNLIMITED
BRD 1981/82 – R, B: Markus Bräutigam – K: Bernd Fiedler – Sch: Angelika Gruber, Markus Bräutigam – T: Titus Lange – A: Susanne Clausen – D: Michael Wittenborn, Monika Baumgartner, Marianne Lindner, Christian Seidel, Pal Glawion u. a. – P: Hochschule für Fernsehen und Film, München – Hl: Ulrich Limmer – Pl: Michael Fitz – V: HFF, München – L: 50 Min. – 16 mm/schwarz-weiß – UA: 29. 10. 1982, Internationale Hofer Filmtage – KSt: 25. 3. 1983.
»Der frischgebackene Rechtsanwalt Max Rosowski tritt in die Kanzlei Stanglmaier ein und erhält sein erstes Mandat. Er soll Frau von Behring, Besitzerin einer prunkvollen Villa auf dem Land, bei der Abänderung ihres Testaments helfen. Aber leider hat am gleichen Tag seine Mutter Geburtstag, und dann gibt es da noch Theresa, eine Tramperin auf der Flucht...« (Markus Bräutigam)

DER MANN AUF DER MAUER
BRD 1982 – R: Reinhard Hauff – B: Peter Schneider – K: Frank Brühne – Sch: Peter Przygodda – M: Irmin Schmidt – T: Lothar Mankewitz – A: Nikos Perakis, Rainer Schaper – D: Marius Müller-Westernhagen, Julie Carmen, Towje Kleiner, Patricia von Miseroni, Karin Baal u. a. – P: Bioskop-Film, München/Paramount Film Production (Deutschland), München/Zweites Deutsches Fernsehen, Mainz – Prod: Eberhard Junkersdorf – Co-Prod: Willi Benninger – Pl: Gudrun Ruzickova, Herbert Kerz – Red: Nicolaus Richter – V: United International Pictures, Frankfurt/M. – L: 101 Min. – 35 mm/Farbe – UA/KSt: 8. 10. 1982.
»Kabe empfindet schmerzlich die politische Situation, in der er lebt, sie zerstört sein Privatleben, und um das zu retten, versucht er, die politische Situation, zumindest erst einmal seine eigene, zu ändern. Kabe fühlt sich eingesperrt, und im Gegensatz zur schweigenden Mehrheit findet er sich nicht damit ab... Kabe ist eine sehr deutsche Figur, ein Idealist, und so gefährlich wie alle Idealisten. Mit Kabe zeigt der Film eine Figur, deren Phantasie keine Grenzen mehr kennt. Es gilt erst einmal, die Mauer in unseren Köpfen zu überwinden.« (Reinhard Hauff)

MARIANNE UND SOPHIE
BRD – 1982/83 – R: Rainer Söhnlein – B: Rainer Söhnlein, Fitzgerald Kusz – K: W. P. Hassenstein, Jochen Richter – Sch: Jutta Hering – M: Bernd Adamkewitz, Edvard Grieg, Johann Sebastian Bach – T: Hans Künzl – A: Helo Gutschwager – D: Marianne Hoppe, Sofie

Keeser, George Meyer-Goll, Rainer Hunold, Friedrich W. Bauschulte u. a. – P: Mutoskop Film, München/Roxy-Film, München/Lisa-Film, München/Zweites Deutsches Fernsehen, Mainz – Pl: Ike Werk – Red: Martin Büttner – V: Jugendfilm, Berlin – L: 91 Min. – 35 mm/Farbe – UA/KSt: 13. 5. 1983.

»Eigentlicher Auslöser war eine kleine Zeitungsmeldung über zwei ältere Damen, die mit einem Wohnmobil eine Weltreise gemacht hatten... Wir wollten versuchen, ein Road-Movie mit einem Volksstück zu kombinieren und, von der Sprache her, das Fränkische mit dem Hochdeutschen... Und nicht zuletzt möchten wir mit diesem Film dem Kino ein paar Zuschauer zurückgewinnen.« (Rainer Söhnlein)

Ein Mensch, der zu Fuss geht, ist verdächtig

BRD 1982/83 – R, B: Regine Heuser, Edith Schmidt, David H. Wittenberg – K: Aribert Weis, Fritz Poppenberg, Pavel Schnabel – Sch: Regine Heuser – M: Victor Jara – T: Regine Heuser, Edith Schmidt, David H. Wittenberg u. a. – P: Edith Schmidt/David H. Wittenberg, Frankfurt/M./ Evangelisches Zentrum für Entwicklungsbezogene Filmarbeit – Prod: Edith Schmidt, David H. Wittenberg – V: Evangelisches Zentrum für Entwicklungsbezogene Filmarbeit (EZEF), Matthias-Film, Stuttgart; Schmidt/Wittenberg, Frankfurt/M. – 99 Min. – 16 mm/Farbe – UA: 18. 5. 1983, Frankfurt /M.

»– der Konflikt ›Bundschuh-Bauern gegen Mercedes‹, ›Mercedes-Teststrecke gegen Landwirtschaft‹ nach fünf Jahren; der Stand des Streites, aber kein Nachbeten der Geschichte des Kampfes. – Autogesellschaft – alles wie bisher? – welchen Sinn hat die Landwirtschaft noch? Nur noch biologisch-dynamisch? – die grüne Revolution und der Hunger in der Dritten Welt – deutsche Autokonzerne entwickeln sich gut in Entwicklungsländern – das deutsche Land, die Dritte Welt – Krieg und Frieden.« (Produktionsmitteilung)

Menschen wie aus Glas

BRD 1982 – R, B: Lienhard Wawrzyn – Mitarbeit, K: Klemens Becker – Sch: Inge Kleinknecht-Dehmel – M: Jürgen Knieper – T: Lienhard Wawrzyn, Klemens Becker – D: Helene H. u. a. – P: Dr. Lienhard Wawrzyn Filmproduktion, Berlin – V: Basis-Film, Berlin – L: 56 Min. – 35 mm (teilweise aufgeblasen von 16 mm)/ schwarz-weiß – UA: 7. 10. 1982, Internationale Mannheimer Filmwoche – KSt: 10. 12. 1982.

Fotofilm – »Der Film erzählt über einen Zeitraum von vier Jahren Geschichten aus dem Alltagsleben einer proletarischen Rentnerin. Das Anliegen des Films ist es dabei nicht, ›über‹ alte Menschen zu berichten, sondern ohne sprachlichen Kommentar die Binnenperspektive eines alten Menschen, das Denken und Fühlen einer alten Frau zu vermitteln, die versucht, ihre Würde und ihre Selbständigkeit zu verteidigen. Dabei helfen ihr ihre auf den Alltag bezogene Intelligenz und ihr Humor.« (Lienhard Wawrzyn)

Milo Barus – Der stärkste Mann der Welt

BRD 1981/82 – R: Henning Stegmüller – B: Henning Stegmüller, Detten D. Schleiermacher – K: Paco Joan – Sch: Susanne Paschen – M: Jiří Sust – T: Günther Hahn – A: Hans Gailling – D: Günter Lamprecht, Horst Raspe, Marie-Agnes Reitgen, Erhard Bimbo Weller, Mizzi Weiland u. a. – P: Tura-Film, München/Hamburger Kino-Kompanie, Hamburg/ Pro-ject Filmproduktion im Filmverlag der Autoren, München/Zweites Deutsches Fernsehen, Mainz – Prod: Michael Wiedemann – Hl: Herbert Rimbach – V: Filmverlag der Autoren, München – L: 117 Min. – 35 mm/Farbe – UA: 20. 1. 1983, Wettbewerb Max-Ophüls-Preis, Saarbrücken – KSt: 29. 4. 1983.

»Ich las 1976 in der SZ einen Artikel, ›Kraftmensch mit losem Mundwerk‹. Darin wurde über Milo Barus, bürgerlich Emil Bahr, berichtet, den ›Max Schmeling der DDR‹. Er war ein bekannter Schausteller, der in den dreißiger Jahren fünfmal den Titel ›Stärkster Mann der Welt‹ errungen hatte. Ich fing an zu recherchieren, was nicht einfach war… Insgesamt bin ich zwei Jahre lang seinem Leben nachgegangen, habe mit sehr vielen Menschen gesprochen, die ihn noch gekannt haben… Er gerät ständig in Konfrontationen, die er nicht provoziert, und er zieht sich instinktiv auf das zurück, was ihm zu leben möglich ist. Diese manchmal fast unpolitisch anmutende Lebenshaltung verteidigt er bis zuletzt. Ich bewundere seine Kraft, sich nicht unterkriegen zu lassen. Er ist ein ›Überlebensmensch‹.« (Henning Stegmüller)

MIT MIR NICHT, DU KNALLKOPF
BRD 1982 – R: May Spils – B: Werner Enke, May Spils, Jochen Wedegärtner – K: Vlada Majic – Sch: Norbert Herzner – M: Kristian Schultze – T: Robi Güver – A: Günther Christ – D: Werner Enke, Beatrice Richter, Michael Gahr, Henry van Lyck, Kurt Weinzierl u. a. – P: Cinenova, München – Gl: Michael Fengler – Pl: Richard Bolz – V: United International Pictures, Frankfurt/M. – L: 83 Min. – 35 mm/Farbe – UA/KSt: 4. 3. 1983.
»Es ist eine Spionage-Komödie; es kommt eine DDR-Agentin nach München-Schwabing und gerät zufällig an Werner Enke und Henry van Lyck, diese Schwabinger Alt-Studenten, die jetzt im Moment etwas pleite herumsitzen. Dem Henry van Lyck ist der Hund abgehauen, der ist durch einen Fluß nach drüben geschwommen, und das hat diese Verwicklungen in Gang gebracht. Es ist ein bißchen eine moderne, lustige Ninotschka-Geschichte.« (May Spils)

MIT STARREM BLICK AUFS GELD
BRD 1982/83 – R: Helga Reidemeister – B: Helga Reidemeister, Holger Petersen, Karl-Heinz Gschwind – Mitarbeit: Klaus Volkenborn – K: Karl-Heinz Gschwind, Johannes Flütsch – Sch: Elly Förster – M: Andi Brauer – T: Margit Eschenbach, Katharina Geinitz – Trick: Johann Feindt – D: Hilde Kulbach, Heinz Hönig u. a. – P: Journal-Film KG, Berlin/Westdeutscher Rundfunk, Köln – Prod: Klaus Volkenborn – Hl: Renée Gundelach – Red: Alexander Wesemann – V: Basis-Film, Berlin – L: 100 Min. – 16 mm/Farbe – UA: 26. 2. 1983, Internationales Forum des Jungen Films, Berlin – KSt: 15. 4. 1983.
»Hilde ist Fotomodell und Mannequin. Hilde ist meine jüngere Schwester. Sie war schon früh für mich Konkurrentin. Hilde war immer schöner, schneller, problemloser und attraktiver als ich… Nach fast 20 Jahren Berufsleben, in dem Hilde lernte, die Haut zu Markte tragen mit Verkaufs-Charme und ihrer eigenen verhaltenen Sinnlichkeit… konnte der Oberflächenglanz der Modenschauen, die geschäftige Hektik das Bild von Hilde nicht verwischen, wurde Hilde für mich immer erkennbarer: Es sind die Spuren des Älterwerdens, die Ängste, rauszufallen aus dem Roulette von Angebot und Nachfrage, abzurutschen ins Abseits – es sind Momente von Einsamkeit und Traurigkeit und Wut, die manchmal aufleuchten in ihrem Gesicht, durch ihre Schönheit hindurch…« (Helga Reidemeister)

MYRIAM – MEINE WILDEN FREUDEN
BRD 1981/82 – R, B: Lester C. Williams – Dialoge: Gerhard Stahl – K: Werner Kurz – Sch: Andreas Katsimitsoulias – M: S. Plessas – A: Mac Panitz – D: Bea Fiedler, Mario Pollak, Herbert Stiny, Eleonora Melzer, Michaela Feicht u. a. – P: Bagheera Film Gerhard Stahl, München – V: Mercator-Filmverleih, Bielefeld – L: 90 Min. – 35 mm/Farbe – UA/KSt: 3. 12. 1982. Sexfilm

NACH WIEN!
BRD 1982 – R, B, M: Friedemann Beyer – K: Ludolph Weyer – 2. Kamera: Christian Englaender – Sch: Micki Joanni – T: Max Müller – A: Tobias Siemsen – D: Friedrich Steinhauer, Axel Witte, Edith Schwägerl, Gaby Pazourek, Marianne Brandt u. a. – P: Ludolph Weyer Film, München/Friedemann Beyer, München/Norddeutscher Rundfunk, Ham-

burg – PI: Gert Melz – Red: Eberhard Scharfenberg – V: endfilm, München – L: 87 Min. – 35 mm/Farbe – UA: 30. 10. 1982, Internationale Hofer Filmtage – KSt: 8. 4. 1983.

»Fritz arbeitet in München erfolglos als Kellner. Eines Tages ergibt sich zufällig die Chance, einen alten Wunsch zu erfüllen: Nach einer flüchtigen Begegnung mit einer unbekannten Schönen bringt er seinen Freund Axel dazu, sich mit ihm auf nach Wien zu machen, der Stadt seiner Träume. Doch schon auf der Fahrt müssen die beiden gegen eine Reihe von Mißgeschicken und Hindernissen ankämpfen, die ihr Ziel in weite Ferne rücken läßt.« (Friedemann Beyer)

NEBELLAND

BRD 1981/82 – R, B: Claudia von Alemann – K: Dieter Vervuurt – Sch: Monique Dartonne – M: Dietrich Stern – T: Josef Dillinger – A: Hanna Blöser, Claudia von Alemann – D: Brigitte Röttgers, Grant Johnson, Eos Schophol, Jean Badin, Matthias Beritz u. a. – P: Alemann Filmproduktion, Frankfurt/M., im Auftrag des Zweiten Deutschen Fernsehens, Mainz – Red: Sibylle Hubatschek-Rahn – V: Alemann Filmproduktion, Frankfurt/M. – L: 94 Min. – 16 mm/Farbe – UA/TV: 2. 9. 1982 (ZDF) – Kinoerstaufführung: 19. 2. 1983, Internationales Forum des Jungen Films, Berlin.

»Beschreibung, Bebilderung auch einer Liebesgeschichte zwischen einer Frau und einem Mann, sie Deutsche, er Amerikaner, Beschreibung einer Leidenschaftsgeschichte. Eine Geschichte, die von den letzten elf Jahren handelt, in die aber auch der Krieg (Vietnam) und der andere (Zweiter Weltkrieg) hineinspielen. – Zwei Personen mit zwei Vergangenheiten, die unterschiedlich und auch wiederum ähnlich sind – sich ergänzen, auseinanderstreben, sich widersprechen, sich entsprechen und ansprechen und anziehen. – Zwei Ansichten, zwei Seiten, zwei ›Beschreibungen‹ oder Seh- und Hörweisen, die im Film gesagt und gezeigt werden.« (Claudia von Alemann)

NIMM DIE NACHT WEG!

BRD 1981/82 – R, B: Detlev F. Neufert – K: Wilfried Kaute – Sch: Catherine Steghens – T: Peter Ruhrberg – D: Jost Bradke, Hartmut op der Beck, Valerie Kohlmetz, Detlev F. Neufert, Andre Groenendijk u. a. – P: Nachtflug Film, Düsseldorf/Neue Düsseldorfer Filmmanufaktur, Düsseldorf, mit Unterstützung der nordrheinwestfälischen Filmförderung – PI: Franz-Willi Meger – V: Nachtflug Film, Düsseldorf – L: 90 Min. – 16 mm/schwarz-weiß – UA: 29. 10. 1982, Internationale Hofer Filmtage.

»Der 16 Jahre alte Joseph Urban, genannt Josch, wird nach dem Tod seiner Mutter Vollwaise. Für einen Test, in dem herausgefunden werden soll, ob Sozialfälle erblich sind, wird ein junger Bursche gesucht. Da Josch die Voraussetzung ›hübsch und asozial‹ erfüllt, bekommt Bernard Classen den Auftrag, an ihm das Testmittel auszuprobieren. Josch ist jedoch inzwischen von der Schule und aus dem Heim abgehauen und macht sich auf die Suche nach einem ›Schina‹ (China), wo – so seine Lehrerin – die hingehören, denen es hier nicht gefällt...« (Detlev F. Neufert)

NUCLEARVISION

BRD 1981/82 – R, B: James Jacobs, Günter Seltmann – Drehbuchmitarbeit: Peter F. Strauss – K, M: James Jacobs – Sch: Barbara Lischeck – M: James Jacobs, ›Chidori No Kai Ensemble‹ – T: Reinhard Gloge – A: Jürgen Strasser – D: Peter Ambach, Jutta Ilzhöfer, Roland Eisenmenger, Hans-Dieter Asner, Werner Eichhorn u. a. – P, V: Robot-Filmproduktion, München – L: 82 Min. – 35 mm/Farbe – UA/KSt: 12. 11. 1982.

»Der Fernsehjournalist Tom Broken erhält den Auftrag, einen TV-Film über richtiges Verhalten betroffener Personen während und nach nuklearen Kampfhandlungen herzustellen. Einen Film, der nie gezeigt werden soll, denn dieser Film ist ausschließlich für den

Ernstfall bestimmt. Für Tom sind die notwendigen Recherchen ein Anlaß, seine eigene Situation ernsthaft zu überdenken. Er gerät dabei in einen Konflikt mit sich selbst, denn die Arbeit an diesem Film macht es ihm fast unmöglich, seinem anerzogenen Pflichterfüllungstrieb nachzukommen. Jedes neue, schreckliche Wissen um die wirklichen Zusammenhänge der nuklearen Rüstung läßt ihn seinen Auftrag unsinniger erscheinen, und Tom erwägt, seine Kenntnisse für einen anderen, die Menschen aufklärenden Film zu nutzen.« (James Jacobs/Günter Seltmann)

ODER WAS SONST NOCH GESCHAH
BRD 1981/82 – R, B, K, Sch: Lilly Grote – M: ›Chinchilla Green‹ – T: Martin Schlüter – D: Irina Hoppe, Peter Schmidt, Bernd Klüsener, Walter Seidler, Klaus Feddermann u. a. – P: Deutsche Film- und Fernsehakademie Berlin – Pl: Joachim Rothe – V: DFFB, Berlin – L: 65 Min. – 16 mm/schwarz-weiß – UA: 21. 6. 1982, Berlin.
»Der Film erzählt alltägliche Momente einer Liebe. Irina und Peter – leben eine kurze Zeit lang im Hotel und denken sich dort Geschichten aus, in die eine geheimnisvolle Unbekannte verwickelt ist – verreisen an die Orte in Norddeutschland und organisieren sich das Geld für den kurzen Urlaub – zurück in Berlin, ziehen sie zusammen und gehen, jeder für sich, eigene Wege.« (Lilly Grote)

ORCHESTERPROBE
(Prova d'Orchestra/Répetition d'orchestre)
BRD/Italien/Frankreich 1978 – R: Federico Fellini – B: Federico Fellini, Brunello Rondi – K: Giuseppe Rotunno – Sch: Ruggero Mastroianni – M: Nino Rota – A: Dante Ferretti – D: Balduin Baas, Clara Colosimo, Giovanni Javarone, Elisabeth Labi, Angelica Hansen u. a. – P: RAI Radiotelevisione Italiana, Rom/Daimo Cinematografica, Rom/Albatros Produktion, München/Gaumont S.A., Neuilly – Gl: Fabio Storelli – Co-Prod: Michael Fengler – Pl: Lamberto Pippia – V: Kinofilm, München – L: 70 Min. – 35 mm/Farbe – UA: Oktober 1978, Rom – dtEA: 1. 3. 1979, Internationale Filmfestspiele, Berlin – Wettbewerb, Sondervorführung – KSt: 3. 6. 1983 – TV: 25. 12. 1979 (NDR/WDR 3)
»Was habe ich zu schildern versucht? Eine Orchesterprobe. Und was ist eine Orchesterprobe anderes als der Versuch einer zusammengewürfelten Gruppe von verschiedenartigen, auseinanderstrebenden, zerstreuten, gesonderten Individuen unter der Leitung eines anderen Individuums, eine Utopie zu verwirklichen, nämlich mit größtmöglicher Perfektion eine Idee, ein Projekt von jemand anderem zu realisieren?« (Federico Fellini)

DAS PACKEIS-SYNDROM
BRD 1982 – R, B, Sch: Peter Krieg – K: Otmar Schmid – M: Collage aus Horrorfilm-Musiken – T: Florian Eiderbenz – D: Peter Krieg, Arno von Blarer, Hans A. Pestalozzi, Achmed von Wartburg u. a. – P: Barfuß-Film, Freiburg/Südwestfunk, Baden-Baden – Pl: Marco Müller – Red: Gustav-Adolf Bähr – V: Barfuß-Film, Freiburg – L: 61 Min. – 16 mm/Farbe – UA/KSt: 12. 7. 1982 – TV: 27. 7. 1982 (ARD, gekürzt auf 43 Min. Sendelänge).
»50 % der Landmassen der Europäischen Gemeinschaft liegen bereits unter ewigem Eis. Spätestens diese Tatsache müßte Anlaß genug sein, über ein Problem nachzudenken, das uns alle betrifft, aber nur von wenigen wirklich ernst genommen wird. Dabei genügte ein Blick auf die Wetterkarte, aus dem Fenster oder meist sogar schon in den nächsten Spiegel: Überall sind die Spuren der beginnenden Vereisung deutlich zu erkennen... Für die Fernsehreihe ›Menschen und Straßen‹ sollte ich eine Reportage über die berühmte Züricher Bahnhofstraße drehen. Ein Routinefall, dachte ich und machte mich gelangweilt auf die Reise nach Z. Doch schon nach dem erstmaligen Überqueren der Bahnhofstraße beschlich mich das eigenartige Gefühl, daß etwas nicht stimmte... Mein Film ist gewidmet dem immer kleiner werdenden Häufchen von Menschen, vor allem jungen Leuten, die sich gegen

das Vordringen dieser fast übermächtig erscheinenden Eismassen zur Wehr setzen...« (Peter Krieg)

DER PFEIFER VON NIKLASHAUSEN – EINE KETZERGESCHICHTE
BRD 1982 – R, B: Alfred Jungraithmayr – Künstlerische Mitarbeit, K: Pio Corradi – Künstlerische Mitarbeit, Sch: Regine Heuser – M, T: Reinhard Berger – P: Alfred Jungraithmayr Filmproduktion, Frankfurt/M./Westdeutscher Rundfunk, Köln – Red: Gerhard Honal – V: Verleihgenossenschaft der Filmemacher, München – L: 70 Min. – 16 mm/ Farbe – UA: 8. 11. 1982, Duisburger Filmwoche.
»Ein Film über Geschichte. Eine Ketzergeschichte. Im Schulunterricht kommt sie nicht vor. Das geschichtliche Ereignis: nach Friedrich Engels ›die erste Bauernverschwörung in Deutschland‹. Die geschichtliche Figur: bürgerlich, nein, ›hörig‹: Hans Behem. Vulgo: Der Pfeifer von Niklashausen. Ein Viehhirt und Dorfmusikant... Unsere Absicht, die Absicht des Films: die Geschichte so zu erzählen, daß sie mit uns etwas zu tun hat – im Blochschen Sinne – nicht nur zurückblicken, sondern uns selber lebendig einzumischen. Realisiert, versucht zu realisieren, mit den Bewohnern von Niklashausen, die ein Theaterstück aufführen wollen über Hans Behem.« (Alfred Jungraithmayr)

PFERD, MEIN PFERD (At)
BRD/Türkei 1981/82 – R: Ali Özgentürk – B: Işil Özgentürk – K: Kenan Ormanlar – Sch: Yilmaz Atadeniz – Sch-Überwachung: Zeki Ökten – M: Okay Temiz – T: Erkan Esenboga – A: Necmettin Çobanoğlu – D: Genco Erkal, Harun Yeşilyurt, Güler Ökten, Ayberk Çölok, Yaman Okay u. a. – P: Asya-Film, Istanbul/Kentel-Film, München/Zweites Deutsches Fernsehen, Mainz – Red: Hans Kutnewsky – V: noch offen – L: 112 Min. – 35 mm/ Farbe – UA: Mai 1982, Internationales Filmfestival Cannes – dtEA: 21. 4. 1983, Internationale Filmfestspiele Berlin – Info-Schau – TV: 21. 4. 1983 (ZDF).
»In einem armseligen Dorf im Osten Anatoliens träumt ein zwölfjähriger Junge häufig von einem weißen Pferd. Der Gutsherr im Ort, der einzige Reiche weit und breit, besitzt nämlich ein weißes Reitpferd. Dieses Pferd wird für den Jungen zum Sinnbild eines Lebens in Wohlstand und Anerkennung...« (Ali Özgentürk)

DER PLATZANWEISER
BRD 1982/83 – R, B: Peter Gehrig – K: Stephen Marks, Michael Gast – Sch: Ursula Götz, Inez Regnier – M: Ernst August Quelle – T: Michael Becker – Interviews mit: Peter Lilienthal, Herbert Achternbusch, Hanna Axmann-Rezzori, Heidi Genée, Haro Senft, Herberet Vesely, Enno Patalas, Hans W. Geissendörfer, Laurens Straub, Marthe Keller, Hans Jürgen Syberberg u. a. – P: Balance-Film, München/Bayerischer Rundfunk, München – Prod: Jürgen Dohme – Red: Axel von Hahn – V: noch offen – L: 75 Min. – 16 mm/Farbe – UA: 18. 6. 1983, Filmfest München.
»Ein bekannter Regisseur ist verschollen. Ein Journalist findet heraus, daß er in Paris als Platzanweiser arbeitet. Der Journalist interviewt Kollegen des verschollenen Regisseurs, um hinter die Motivation für sein Verschwinden zu kommen, und um herauszufinden, ob seine Kollegen ein ähnliches Verhalten bei sich für möglich halten.« (Produktionsmitteilung)

PROJEKT MOORBURG
BRD 1982 – R, B, K, Sch, M, T: Elbe-Filmgruppe (Wolfgang Morell, Bernd Euler, Axel Waldhier, Holger Frey, Barbara Gerth) – P: Elbe-Filmgruppe, Hamburg/Gruppe Umwelt und Medien, Hamburg – V: Zentral Film Verleih, Hamburg – L: 85 Min. – 16 mm/Farbe – UA: 26. 10. 1982, Hamburg.
»Im Gegensatz zu dem vorangegangenen Film ›Beispiel Elbe‹ mit einer Vielzahl an brisan-

ten Themen steht im ›Projekt Moorburg‹ ein altes, natürlich gewachsenes Dorf im Brennpunkt, dessen 1200 Bewohner für einen Giftberg Platz machen sollen. Moorburg liegt an der Elbe. Seit über 600 Jahren gehört es zu Hamburg und lieferte landwirtschaftliche Produkte in die Hansestadt Hamburg. Nach den Plänen des Hamburger Senats soll Moorburg der Hafenerweiterung weichen, wie schon das Nachbardorf Altenwerder.« (Verleihankündigung)

DIE PUPPE

BRD 1982 – R: Detlev Fechtmann – B: Detlev Fechtmann, Ronald Wedekind – K: Ronald Wedekind – Sch: Ingrid Hause – M: Hainer Dutjer – T: Uwe Kersken – A: Werner Burhop, Rudolf Skupin, Michael Berg – D: Sabine von Maydell, Elke Rensing, Ingrid Slowak, Christian Haisch, Sara Fruchtmann u. a. – P: Adena-Film, Achim – Prod: Detlev Fechtmann – V: Freunde der Deutschen Kinemathek, Berlin – L: 93 Min. – 16 mm/Farbe – UA: 20. 1. 1983, Wettbewerb Max-Ophüls-Preis, Saarbrücken.
»Der Film beschreibt die psychologische Situation eines 12jährigen Mädchens aus der Rückschau einer 20jährigen jungen Frau, die auf der Suche nach Nähe und Geborgenheit an den Erwartungshaltungen ihrer Umwelt zu zerbrechen droht.« (Detlev Fechtmann)

QUERELLE – EIN PAKT MIT DEM TEUFEL (Querelle)

BRD/Frankreich 1982 – R: Rainer Werner Fassbinder – B: Rainer Werner Fassbinder, Burkhard Driest nach dem Roman »Querelle de Brest« von Jean Genet – K: Xaver Schwarzenberger – Sch: Franz Walsch (= Rainer Werner Fassbinder), Juliane Lorenz – Künstlerische Mitarbeit: Harry Baer – M: Peer Raben – T: Vladimir Vizner – A: Rolf Zehetbauer – D: Brad Davis, Franco Nero, Jeanne Moreau, Laurent Malet, Hanno Pöschl u. a. – Erzählerstimme: Hilmar Thate – P: Planet-Film, München/Albatros Produktion, München/Gaumont, Neuilly, in Zusammenarbeit mit Sam Waynberg – Prod: Dieter Schidor – Pl: Rüdiger Lange – V: Scotia-Film, München – L: 107 Min. – 35 mm/Farbe, CinemaScope, Dolby-Stereo – UA: 31. 8. 1982, Internationales Filmfestival Venedig – dtEA/KSt: 17. 9. 1982 – Gedreht in englischer Sprache.
»›Querelle de Brest‹ von Jean Genet ist vielleicht der radikalste Roman der Weltliteratur, was die Diskrepanz von objektiver Handlung und subjektiver Phantasie anbetrifft. Das äußerliche Geschehen, abgelöst von der Bilderwelt des Jean Genet, ergibt eine wenig interessante, eher drittklassige Kriminalgeschichte, mit der zu beschäftigen sich kaum lohnte. Was sich aber lohnt, ist die Auseinandersetzung mit der Erzählweise des Jean Genet, die Auseinandersetzung mit einer außergewöhnlichen Phantasie, die eine auf den ersten Blick fremdartige Welt entstehen läßt, eine Welt, in der eigene Gesetze zu gelten scheinen, die einer erstaunlichen Mythologie verpflichtet sind. Es ist überaus aufregend und spannend, erst langsam, dann immer dringender, herauszufinden, wie diese fremde Welt mit ihren eigenen Gesetzen sich zu unserer, freilich auch subjektiv empfundenen Wirklichkeit verhält, dieser Wirklichkeit erstaunliche Wahrheiten abringt, weil sie uns zu Erkenntnissen und Entscheidungen zwingt, die, und ich bin mir des Pathos voll bewußt, so schmerzhaft diese Erkenntnisse im einzelnen auch erscheinen mögen, uns unser Leben näher bringen...« (Rainer Werner Fassbinder)

RANDALE

BRD 1982 – R, B: Manfred Purzer – K: Ernst W. Kalinke – Sch: Inge Taschner – M: Erich Ferstl – T: Isolde Kaiser – A: Peter Rothe – D: Angelica Domröse, Jocelyn Boisseau, Eva Kotthaus, Gerda Gmelin, Herta Worell u. a. – P: CTV 72 Film- und Fernsehproduktion, München/Zweites Deutsches Fernsehen, Mainz – Hl: Horst Hächler – Pl: Johanna Bardili – V: Tivoli, München – L: 101 Min. – 35 mm/Farbe – UA/KSt: 6. 5. 1983

»In der Bundesrepublik leben über 30000 Jugendliche in Erziehungsheimen... Der vorliegende Stoff wurde – bis ins Detail hinein – recherchiert. Was mitunter widersinnig oder unfaßlich erscheint, ist die Spiegelung einer absurden Wirklichkeit, die sich jeder logischen Fragestellung hartnäckig entzieht.« (Manfred Purzer)

RECHERCHEN ÜBER DEN TAG X – ZUM BEISPIEL ALTONA
(ursprünglich ZUM BEISPIEL ALTONA – RECHERCHEN...)
BRD 1982 – R, B: Detlef Langer, in Zusammenarbeit mit Horst Herz, Wolfgang Brod, Heidi Peters – K: Horst Herz – Sch: Heidi Peters – Trick: Björn Faber – M: Klaus Schulze – T: Wolfgang Brod – P: Detlef Langer, Hamburg, mit Unterstützung der Hamburger Filmförderung – V: Zentral-Film-Verleih, Hamburg – L: 53 Min. (ursprünglich 56 Min.) – 16 mm/Farbe – UA: 12. 11. 1982, Duisburger Filmwoche – KSt: 12. 1. 1983.
»Politiker und Militärs bereiten sich mit Planspielen und Übungen auf den Tag X vor, auf den Ausbruch eines Krieges in unserem Lande. Ich will wissen, was uns, die Zivilbevölkerung, im Falle eines Krieges erwartet. Ich frage nach in den Ämtern meiner Stadt, bei denen, die für die Tage des Krieges planen. Stationen: Innenbehörde, Zentraler Katastrophendienststab, Polizei, Wirtschaftsbehörde, Bezirksamt, Feuerwehr...« (Detlef Langer)

RECHT AUF DIE AUGUSTSTRASSE
BRD 1981 – Ein Film der Mieterinitiative Auguststraße, Gelsenkirchen – Organisation: Klaus Helle – P: Mieterinitiative Auguststraße, Gelsenkirchen, mit Unterstützung der nordrheinwestfälischen Filmförderung – V: Mieterinitiative Auguststraße c/o Klaus Helle, Gelsenkirchen-Buer; Ruhrfilmzentrum, Bochum; Unidoc, München (Kurzfassung) – L: 76 Min. (Kurzfassung: 55 Min.) – 16 mm/schwarz-weiß – UA: November 1981, Gelsenkirchen – TV: 6. 5. 1982 (WDR 3; Kurzfassung).
»Der Film dokumentiert den Kampf der Bewohner der Auguststraße in Gelsenkirchen-Erle gegen die Absichten des Bauspekulanten Rudolf Bauer, die Mietwohnungen abzureißen oder zu privatisieren. Fast 1 Jahr lang halten die Bewohner der Auguststraße, die sich zu einer Mieterinitiative zusammengeschlossen haben, das Haus Auguststraße 5 besetzt. Die älteste Besetzerin ist 95 Jahre alt.« (Produktionsmitteilung)

REIFEPRÜFUNG AUF DER SCHULBANK
BRD 1982 – R: Frank Hover – D: Dorle Buchner, Eleanora Melzer, Christine Krenner, Frank Williams, Günther Amann – P: Apollo Filmproduktion GmbH, Frankfurt/M. – Prod: Hans Madsack – V: Apollo-Film, Frankfurt/M./München, Avis-Film, Düsseldorf – L: 85 Min. – 35 mm/Farbe – UA/KSt: 23. 7. 1982.
Sexfilm

DER RIESE
BRD 1982/83 – R, B: Michael Klier – K: Frank Stehling – Sch: Michael Klier, Bettina Niedt – T: Bettina Niedt – P: Michael Klier, Berlin, im Auftrag des Zweiten Deutschen Fernsehens, Mainz – Red: Brigitte Kramer – V: Freunde der Deutschen Kinemathek, Berlin – L: 82 Min (25 B/sec) – 16 mm (umkopiert von Video)/Farbe und schwarz-weiß – UA: 20. 4. 1983, Internationales Forum des Jungen Films, Berlin – TV: 24. 2. 1983 (ZDF).
»Der Film handelt vom Beobachten, von Blicken, die sehen, ohne gesehen zu werden, einer lichtscheuen Kunst des Lichtes und der Sichtbarkeit. Er zeigt Aufnahmen ferngesteuerter Überwachungskameras von Straßen, Flughäfen, Banken, Kaufhäusern und Villen. Versteckte Videokameras beobachten den Verkehr, die eigenen Kinder, die im Garten der Villa spielen, den Überfall eines Maskierten auf die Kassiererin eines Supermarktes. Hin und wieder fangen die Kameras kleine Geschichten ein. Auch die Polizei, das LKA, die Psychiatrie oder Testlabore werfen das Netz der Bilder aus.« (Michael Klier)

Rückkehr der Familie Arzik
BRD 1982/83 – R, K, Sch: Brigitte Krause – B: Brigitte Kause, Michael Sombetzki – M: Peter Robert – T: Michael Sombetzki – D: Seyit Arzik, Mükerrem Arzik, Gül Arzik, Ali Arzik, Marina Arzik u. a. – P: Trigon-Film, Hamburg/Zweites Deutsches Fernsehen, Mainz, mit Unterstützung der Hamburger Filmförderung – Prod: Michael Sombetzki – Red: Eckhart Stein, Anne Even – V: Zentral-Film-Verleih, Hamburg – L: 61 Min. – 16 mm/Farbe – UA: 14. 5. 1983, Hamburg – TV: 2. 6.1983 (ZDF).
»Sommer 1982, die Familie Arzik in einem Augenblick des Umbruchs: ihrer Rückkehr in die Türkei, einer Rückkehr in die Heimat und Fremde zugleich. ... Herbst 1982, Vater Seyit kehrt wieder zurück, allein. Der Traum vom ›großen Geld‹ und alltägliche Verpflichtungen halten ihn immer wieder in Hamburg zurück. Er will noch für einige Zeit hier Geld verdienen. Weihnachten 1982. Wir besuchen die Familie Arzik...« (Brigitte Krause)

Die Rückkehr der weissen Götter – Bartolome de las Casas
BRD/Mexiko/Costa Rica 1982 – R: Eberhard Itzenplitz – B: Peter Stripp – K: Gerard Vandenberg – Sch: Bim Hansen – M: Birger Heymann – T: kein O-Ton – A: Saulo Benavente (Costa Rica), Javier Rodriguez (Mexiko) – D: Gottfried John, Elpidia Carillo, Nicolas Brieger, Jürgen Schmidt, Carmen Bunster u. a. – P: Provobis-Film, Berlin/Arte Difusion S.A., Mexico City/Istmo Film, San José (Costa Rica)/Zweites Deutsches Fernsehen, Mainz – Prod: Bernd Grote – Pl: Jürgen Mohrbutter – Red: Werner Murawski – V: Filmagentur Gerd F. Reetz – L: 108 Min. – 35 mm (aufgeblasen von 16 mm)/Farbe – UA: 22. 6. 1983, Filmfest München.
»In seinem Willen, seiner Energie, seinem Durchsetzungsvermögen, dem Ertragen extremer physischer und psychischer Belastungen, in seinem Fanatismus unterschied sich Las Casas nicht von den bekannten Eroberern und Kolonialisten. Was ihn aber auffällig und ungewöhnlich machte, war die Tatsache, daß er diese Eigenschaften gegen den Strom seiner Zeit einsetzte (er lebte von 1474 bis 1566, war Eroberer, Herrscher und schließlich Bischof). Mit seinen Ideen, die weit seiner Zeit voraus waren, wurde er zum gefürchteten und gehaßten Ankläger der Konquistadoren. Die Bilder aus dem Leben Las Casas werden von der Geschichte einer jungen indianischen Dominikanerin in der Gegenwart begleitet. Sie kommentiert sein Leben und Verhalten, kritisiert es und stellt Vergleiche zur aktuellen Situation an.« (Produktionsmitteilung)

Sackgasse – Raus hier!
BRD 1981 – R, B, Sch, T: Filmgruppe Heidelberg (Gerold Hofmann, Wolfgang Schrader, Marlies Buchelt, Angelika Müller) – K: Gerold Hofmann, Wolfgang Schrader – Lied: Eva Vargas – D: Wolfgang Beuschel, Christina Hänke u. a. – P: Gerold Hofmann, Heidelberg – V: Gegenlicht, Büro Ruhr, Essen – L: 90 Min. (18 B/sec) – Super-8/Farbe – UA: Juni 1981, Heidelberg.
»Der Film zeichnet in groben Zügen die Stufen unserer Zivilisation nach. – Westliche Wirklichkeit: Von der ›Zivilisierung‹ des amerikanischen Kontinents zur US-Landung auf dem Mond, von bundesrepublikanischen Bauwundern in Stadt und Land zum Super-Gau in Biblis. Ein marxistischer Wissenschaftler versucht zu verstehen und zu analysieren, mit Hilfe seiner Intellektualität Widersprüche aufzulösen. Eine Indianerin erzählt von den Werten ihres Volkes und von einem ganz anderen Verhältnis des Menschen zur Natur. Ein Film ohne love story und ohne happy end, entstanden aus dem Bedürfnis nach einer Lebensweise, deren Kulturgüter nicht TV, PS, AKW und Pershing II heißen.« (Filmgruppe Heidelberg)

Eine Saison in Hakkari (Hakkari'de bir mevsim)
BRD/Türkei 1982/83 – R: Erden Kital – B: Onat Kutlar nach dem Roman von Ferit Edgü

– K: Kenan Ormanlar – Sch: Yilmaz Atadeniz – M: Timur Selcuk – T: Cimil Kivanc – D: Genco Erkal, Serif Sezer, Erkan Yücel, Rana Cabbar, Erol Demiröz u. a. – P: Kentel Film, München/Data A.S., Istanbul – V: Kinofilm, München – L: 109 Min. – 35 mm/Farbe – UA: 23. 2. 1983, Internationale Filmfestspiele, Berlin – Wettbewerb.
»Ein junger Lehrer wird in ein Dorf in Hakkari versetzt, eine Provinz in der nordöstlichen Ecke von Anatolien... Alles kommt schlimmer, als es der Lehrer erwartet hatte. Schon sein Weg nach Pirkanis, seinem Schulort, wird zu einer harten Prüfung... alles erscheint ihm wie ein Alptraum: kein Strom, keine Straße, keine Post, kein Arzt, keine Medizin...« (Produktionsmitteilung)

S.A.S. Malko – Im Auftrag des Pentagon (S.A.S. a San Salvador)
BRD/Frankreich 1982/83 – R: Raoul Coutard – B: Gerard de Villiers nach seinem Roman »Terreur a San Salvador« – K: Georges Liron – Sch: Helene Plemiannikov – M: Michel Magne – T: Jean-Philippe le Roux – A: Götz Heymann, Jürgen Rieger, Pierre-Louis Thevenet – D: Miles O'Keefe, Raimund Harmstorf, Anton Diffring, Dagmar Lassander, Alexander Kerst u. a. – P: Elephant Production, Paris/CCC-Filmkunst, Berlin/UGC, Paris/Malko Films, Paris – Prod: Raymond Danon, Artur Brauner – Hl: Peter Hahne, Suzanne Wiesenfeld – V: Ascot-Film, Frankfurt u. a. – L: 85 Min. – 35 mm/Farbe – UA/KSt: 25. 2. 1983.
Agentenfilm

Schnelles Geld
BRD 1981 – R: Raimund Koplin, Renate Stegmüller – B: Raimund Koplin, Renate Stegmüller nach dem gleichnamigen Roman von Frank Göhre – K: Jürgen Jürges – Sch: Thorsten Näter – M: Alfred Harth – T: Gunther Kortwich – A: Albrecht Konrad – D: Karl Ghirardelli, Agnes Dünneisen, Willy Thomczyk, Lore Stefanek, Antje Papist u. a. – P: Raimund Koplin und Renate Stegmüller Filmproduktion, Berlin/München/Westdeutscher Rundfunk, Köln – Pl: Gudrun Ruzickova – Red: Joachim von Mengershausen – V: FiFiGe/ AG Kino, Hamburg – L: 93 Min. – 35 mm/Farbe – UA: 1. 7. 1983, Hamburger Kinotage (unter dem Titel »Der lange Schatten eines Morgens«) – KSt: 13. 5. 1983.
»An einem frühen Morgen fällt jemand aus einem Teppichgeschäft auf die Straße, und als Charly sich umdreht, ist der Mann tot. Der junge Bibliothekar Charly Matuschek aus Bochum hat mit dem Mord nichts zu tun, aber die Studentin Antje scheint von dem Vorfall seltsam bewegt... Der Durchschnittstyp Charly, mit dem Wunsch nach einem aufregenden Leben, unterschätzt seine Gegner. Statt wie Philip Marlowe mit den Typen auf toughe Art zurechtzukommen, wird der Hobbydetektiv von Polizei und Unterwelt gleichermaßen ausgetrickst...« (Raimund Koplin/Renate Stegmüller)

Der Schnüffler
BRD 1982 – R: Ottokar Runze – B: Christian Rateuke, Hartmann Schmige – K: Michael Epp – Sch: Marina Runne – M: Willy Siebert – T: Karl-Heinz Laabs – A: Holger Gross – Actionszenen: Robert Menegoz – D: Dieter Hallervorden, Catherine Alric, Nikolaus Dutsch, Tilo Prückner, Manfred Lehmann u. a. – P: Ufa-Filmproduktion, Berlin/Zweites Deutsches Fernsehen, Mainz – Gl: Werner Mietzner – Pl: Klaus Michael Kühn – V: Neue Constantin Film, München – L: 91 Min. – 35 mm/Farbe – UA/KSt: 18. 2. 1983.
Dieter Hallervorden als Berliner Taxifahrer gerät in die Mühle westlicher und östlicher Geheimdienste.

Schwarzfahrer
BRD 1982 – R: Manfred Stelzer – Co-R: Gerd Möbius – B: Manfred Stelzer, Gert Weiss – K: David Slama – Sch: Peter Przygodda – M: Kevin Coyne – T: Detlev Fichtner – A: Edwin

Wengoborski – D: Rolf Zacher, George Meyer-Goll, Harald Henschel-Franzmann, Iris Berben, Alisa L. Saltzman u. a. – P: Tura-Film, München/Trio-Film, Duisburg/Westdeutscher Rundfunk, Köln/Sender Freies Berlin, Berlin – Gl: Michael Wiedemann – V: Tivoli, München – L: 100 Min. – 35 mm/Farbe – UA: 19. 1. 1983, Wettbewerb Max-Ophüls-Preis, Saarbrücken – KSt: 21. 1. 1983.
»Drei die bis zum Hals im Blues stecken, treffen in Berlin aufeinander, weil sich's nicht vermeiden läßt. Eigentlich können sie sich gar nicht ausstehen, und jeder hat schließlich seinen eigenen Blues. Aber dann kommt die Chance, mit einem Schlag alles klarzumachen. Ein schrecklich grauer Transporter, DDR-Marke ›Barkass‹ kutschiert randvoll mit Geld von Ost- nach Westberlin zur Bank. Mit den ganzen kleinen DM-Scheinen aus Intershops und von den Transitstrafmandaten. Da gilt es – ›jetzt oder nie‹ – diese Sparbüchse zu knakken…« (Verleihankündigung)

SEHNSUCHT NACH DEM ROSAROTEN CHAOS (Salut… J'arrive!)
BRD/ Frankreich 1982 – R, B: Gerard Poteau, Jacques Nahum – K: Marcel Grignon – Sch: Brigitte Godon – M: Christian Pegand – T: Yves Osmu – D: Pierre Jolivet, Christiane Krüger, Michele Grignon, Michel Galabru, Judith Magre u. a. – P: Mars International Productions, Paris/ »Schimmelreiter« Albis Film GmbH, Bad Soden – Prod: Jacques Nahum, Michael Krohne – Pl: Jean Bastia – V: Senator-Film, Frankfurt/M. – L: 91 Min. – 35 mm/Farbe – dtEA/KSt: 6. 8. 1982.
Komödie

DIE SEREFS, DIE KONURALPS UND WIR
BRD 1982 – R: Malte Rauch – K: Karsten H. Müller – Sch: Eva Voosen – M: Fuat Saka – T: Henner Reichel – P: Infoscope-Film, Frankfurt/M., im Auftrag des Westdeutschen Rundfunks, Köln – Prod: Andreas Frowein – Red: Gerd Monheim – V: Unidoc, München; Nova Cultura, Frankfurt/M. – L: 55 Min. – 16 mm/Farbe – UA/TV: 30. 9. 1982 (WDR 3) – Kino-Erstaufführung: 30. 11. 1982, Frankfurt/M.
»Unser engeres Thema war, eine gemisch ausländisch-deutsche Familie zu porträtieren. Wir fanden Rita und Fatih Konuralp in einem Dorf bei Detmold. Sie ist christlich-konservativ erzogen, fand aber über die Probleme in der Familie zur IAF, einer Vereinigung für bi-nationale Familien, zugleich eine der aktivsten Organisationen gegen Rassismus und Ausländerfeindlichkeit. Fatih ist Holzfacharbeiter… Der Ansatz der deutsch-ausländischen Familie erschien uns schon während der Recherchen als zu eng gefaßt. Wir nahmen eine rein türkische Familie hinzu, möglichst eine, die wohl mancher im Sinn hat, wenn er – aufgehetzt durch die Medien und die Neonazis – von den Kanaken spricht. Eine, die schlecht integriert ist und kaum deutsch spricht…« (Produktionsmitteilung)

SIEG IST MÖGLICH
BRD 1981/82 – R: Dirk Gerhard, Eva Schlensag – B: Dirk Gerhard – K: G. Bünte, E. Hamacher, M. Marske – M: Hannes Wader – Hauptzeichner: Rainer Lindlau – P: Verein zur Förderung demokratischer Kulturarbeit, Bielefeld – V: Unidoc, München – L: 60 Min. – 16 mm/Farbe – UA: 18. 4. 1982, Kurzfilmtage Oberhausen.
»›Sieg ist möglich‹ beschreibt am Beispiel der Region Ostwestfalens die Aktivitäten und Ziele der Friedensbewegung in der Bundesrepublik. Bürger, die sich aktiv für den Frieden einsetzen und verschiedene Strömungen innerhalb der Friedensbewegung repräsentieren, schildern die Beweggründe für ihr Engagement.« (Produktionsmitteilung)

DIE SPAZIERGÄNGERIN VON SANS-SOUCI –
EIN LEBEN VOLLER LIEBE (La passante de Sans-Souci)
BRD/Frankreich 1981/82 – R: Jacques Rouffio – B: Jacques Rouffio, Jacques Kirsner nach

dem gleichnamigen Roman von Joseph Kessel – Dialoge: Jacques Kirsner – K: Jean-Bernard Penzer – Sch: Anna Ruiz – M: Georges Delerue – T: William Robert Sivel – A: Hans Jürgen Kiebach, Jean-Jacques Caziot – D: Romy Schneider, Michel Piccoli, Helmut Griem, Dominique Labourier, Gérard Klein, Mathieu Carriere u. a. – P: CCC-Filmkunst, Berlin/Elephant Production, Paris/Films A 2, Paris – Prod: Raymond Danon, Artur Brauner – Hl: Peter Hahne, Jean Kerchner – V: Scotia-Film, München – L: 102 Min. – 35 mm/Farbe – UA: 9. 4. 1983, Paris – dtEA/KSt: 11. 11. 1982.

»Ich hatte das Buch gelesen und wußte, daß ich ›Elsa‹ sein wollte. Die Jahre vergingen, aber ›Elsa‹ hatte mich niemals ganz verlassen... dies war das erste Mal in meiner Karriere, daß ich ein Projekt initiierte. Die beiden (Jacques Rouffio und Jacques Kirsner) haben es verstanden, die Geschichte zu erweitern, sie dabei aber noch emotionaler zu gestalten. Das Wiedererwecken der Vergangenheit zieht eine Tragödie von heute mit sich. Elsa wurde ermordet. Von dem Irrsinn der Nazis. Und Lina wird ebenfalls sterben. Opfer eines anderen Irrsinns. Rouffio und Kirsner verstanden es, begreiflich zu machen, daß nichts wirklich zu Ende ist...« (Romy Schneider)

SHALOM PHARAO

BRD 1979–82 – R u. Gesamtgestaltung: Curt Linda – B: Curt Linda, Günter Tolar – K: Heinz Schulz, Marilena Voicu, Barbara Zittwitz – Trick-Zeichnerteam: Eva Marino, J. Pischinger, J. Plahuta, Klaus Taplick, A. Capsuneanu, Sook Hi Yang – Sch: Barbara Zittwitz – M: Bert Grund – Sprecher: Siegfried Wischnewski, Rosemarie Fendel, Helmut Lohner, Charles Regnier, Klaus Höhne, Kai Fischer, Reinhard Glemnitz, Jürgen Scheller – P: Curt-Linda-Film, München/Zweites Deutsches Fernsehen, Mainz – V: atlas, Duisburg (16 mm) – L: 80 Min. – 35 mm/Farbe – UA: 4. 9. 1982, 87. Deutscher Katholikentag, Düsseldorf.

Zeichentrickfilm. – »›Shalom Pharao‹ beschreibt ein menschlich-weltliches Bild von der biblischen Wirklichkeit (im Sinne von Thomas Mann), dargestellt an der Karriere des Joseph, der vom jüdischen Nomadensohn zum ägyptischen Sonderminister avancierte und während der Hochkonjunktur so klug wirtschaftete, daß er die nachfolgende Rezession voll in den Griff bekam. Ein Versuch, die Joseph-Legende in Beziehung zur Gegenwart zu setzen, hinsichtlich der derzeitigen weltweiten Rezession. Ein Problem, das laut Bibel schon vor nahezu 4000 Jahren ›in den Griff‹ zu bekommen war.« (Produktionsmitteilung)

STADT DER VERLORENEN SEELEN

BRD 1982 – R, B, Sch: Rosa von Praunheim – K: Stefan Köster – M: Holger Münzer – Lieder: Alexander Kraut, Jayne County, Angie Stardust – T: Wolfgang Pilgrim, Marianne Enzensberger, Mike Shephard, Ian Wright – A: Inge Stiborski unter Mithilfe von Frieder Müller, Gisela Klötzer, Heike Weidmann, Irmtraud Simon – D: Jayne County, Angie Stardust, Judith Flex, Gary Miller, Joaquin La Habana u. a. – Hl: Renée Gundelach – Pl: Johannes Surek – Red: Dietmar Schings – Prod: Rosa von Praunheim-Filmproduktion, Berlin/Frankfurt/M./Sender Freies Berlin, Berlin/Hessischer Rundfunk, Frankfurt/M. – V: Basis-Film, Berlin – L: 89 Min. – 16 mm/Farbe – UA:KSt: 27. 2. 1983.

»Mein Film ›Stadt der verlorenen Seelen‹ handelt von einer Gruppe von Amerikanern, die in Berlin leben. Es sind Rocksänger, Tänzer, Akrobaten. Es sind Schwarze, Schwule, Transsexuelle und Juden... Was New York für die 60er Jahre war, scheint Berlin für die 80er zu werden. Über tausend neue Musikbands, verrückte wilde Maler, Nachtclubs rund um die Uhr machen die Stadt attraktiv. Berlin hat Energie und ist das Mekka für alles Neue, Extreme und Ausgeflippte und trotzdem bietet Berlin Schutz für Minderheiten, die in Amerika leicht ein Messer in den Rücken bekommen oder auf die Mafia angewiesen sind... Die Darsteller meines Films sind deshalb so gut, weil sie Leben statt Routine vorführen. Sie erfinden sich ständig neu und machen viele neidisch, die sich anpassen und das zum Prinzip erheben.« (Rosa von Praunheim)

S TAHLWERK JETZT!
BRD 1981 – R, B: Irmgard Frey, Mirco Onken, Bernhardine Schippers – K: Irmgard Frey, Mirco Onken – Sch: Irmgard Frey – M: Maria Farantouri, ›Stahlkocher‹, Fasia Jansen – T: Bernhardine Schippers – P: Frey-Filmproduktion, Dortmund, mit Unterstützung der nordrheinwestfälischen Filmförderung – V: Unidoc, München – L: 60 Min. – 16 mm/ schwarz-weiß – UA: 18. 4. 1982, Internationale Kurzfilmtage Oberhausen – KSt: 4. 5. 1982.
»Stahlkocher kämpfen um ihre Arbeitsplätze – für die eigene Zukunft und die Zukunft ihrer Kinder. In Dortmund sollen Teile der Hoeschwerke AG stillgelegt werden... 8000 Arbeitsplätze sind von Rationalisierung betroffen... 35 Jahre zurück, nach dem 2. Weltkrieg. Ein Zeuge der Zeit erzählt, macht lebendig, wer das Werk hochgebracht hat, und welche Herren es jetzt wieder runterbringen werden... Im Film werden exemplarisch Aktionsformen des Widerstandes dargestellt, ein Stück Geschichte in der Auseinandersetzung zwischen denen, die die Arbeit nehmen und denen, die die Arbeit geben.« (Produktionsmitteilung)

D ER S TAND DER D INGE (The State of Things)
BRD 1981/82 – R: Wim Wenders – B: Wim Wenders, Robert Kramer – K: Henri Alekan, Fred Murphy (USA), Martin Schäfer (Computerbilder) – Sch: Barbara von Weitershausen, Peter Przygodda – M: Jürgen Knieper, »Hollywood, Hollywood« von Allen Goorwitz – T: Maryte Kavaliauskas, Martin Müller – A: Ze Branco – D: Patrick Bauchau, Isabelle Weingarten, Rebecca Pauly, Viva Auder, Samuel Fuller, Allen Goorwitz u. a. – P: Road Movies, Berlin/Wim Wenders Produktion, Berlin/Pro-ject Filmproduktion im Filmverlag der Autoren, München/Zweites Deutsches Fernsehen, Mainz – Produktionsdurchführung: Gray City, Inc., New York/V. O. Filmes, Lissabon – Prod: Chris Sievernich – Hl: Paulo Branco, Pierre Cottrell – Pl: Antonio Goncalo (Portugal), Steve McMillan (Los Angeles) – V: Filmverlag der Autoren, München – L: 121 Min – 35 mm/schwarz-weiß – UA: 4. 9. 1982, Internationale Filmfestspiele Venedig – dtEA: 29. 10. 1982, Internationale Hofer Filmtage – KSt: 29. 10. 1982 – Originalfassung in englischer Sprache.
»›Der Stand der Dinge‹ ist wahrscheinlich der düsterste Film, den ich bislang gemacht habe. Ein ›schwarzer‹ Film, nicht nur optisch..., sondern auch in seiner Stimmung, die wohl zu der Zeit sehr meiner eigenen entsprach. Wo soll ich beginnen? Es fängt mit einer Art Remake eines Science-Fiction-Thrillers aus dem Jahre 1958, von Allan Dwan an, ›The Most Dangerous Man Alive‹, und dann wurde daraus dieser Trip, dieses verrückte Abenteuer zwischen Europa und Amerika, d. h. zwischen Lissabon und Los Angeles, manchmal ein Horrorfilm, manchmal eine Komödie, aber immer den eigenen Gesetzen gehorchend, in unbekanntem Territorium. Ich nenne es ›Das letzte der B-Pictures‹. Es geht um ein Filmteam, das in einem großen Hotel irgendwo an der portugiesischen Küste hängenbleibt. Der Produzent ist auf geheimnisvolle Weise verschwunden, sie haben kein Geld und kein Material mehr und müssen die Dreharbeiten abbrechen. Somit findet der Film, an dem sie arbeiteten, ein plötzliches Ende, aber ein anderer beginnt, der wesentlich mehr mit ihrem Leben zu tun hat, und der – letztendlich – sich als viel tödlicher herausstellt als irgendeine ihrer Fiktionen. ›Der Stand der Dinge‹ handelt vom Filmemachen und vom Leben, daher der Titel.« (Wim Wenders)

S TEIN AUF S TEIN
BRD 1981/82 – R, K, Sch: Volker Schutsch – M: ›Ideal‹ u. a. – T: Andreas Neumann – P:

Volker Schutsch, Berlin – V: Gegenlicht, Büro Ruhr, Essen – L: 80 Min. (18 B/sec) – Super-8/Farbe – UA: August 1982, Berlin – KSt: 10. 9. 1982.
»Der Film begleitet die Besetzergruppe ›Willy Schulz‹ bei dem Versuch, ihr Haus bewohnbar zu machen und das Leben gemeinsam zu organisieren. Die Filmemacher, die selbst Mitglieder der Gruppe sind, erzählen mit Selbstironie über ihre Arbeit und Probleme mit der Umwelt. ›Wir bauen täglich so 30 Barrikaden... ja und vermummt sind wir immer, wir zeigen uns auch untereinander nicht.‹ Gezeigt wird der Zusammenhang zwischen dem Wunsch, anders zu leben und dem Ablauf der Ereignisse in Berlin '81.« (Verleihankünd.)

Der steinerne Fluss
BRD 1982 – R, B, Sch: Thorsten Näter – K: Jacques Steyn – M: Günther Fischer – T: Gunther Kortwich – A: Holger Scholz, Frank Tauchmann – D: Cora Näter, Mark Näter, Peter Roggisch, Gunter Berger, Monika Ogorek u. a. – P: Regina Ziegler Filmproduktion, Berlin/Sender Freies Berlin, Berlin – Hl: Michael Boehme – Pl: Rüdiger Lange – V: Nickelodeon, Berlin – L: 96 Min. – 35 mm/Farbe – UA: 19. 2. 1983, Internationale Filmfestspiele Berlin – KinderFilmFest – KSt: Herbst 1983.
»Anna und Mario, zwei zwölfjährige Kinder, verpassen bei einer Besichtigung der Autobahnbaustelle in Tegel den Anschluß an ihre Schulklassen und verlaufen sich im Wald. Sie entdecken auf einem stillgelegten Bauernhof einen Mann, der dort mit seinen Tieren lebt. Als sich herausstellt, daß die Existenz des Mannes und die der Natur um ihn herum durch den Autobahnbau bedroht wird, beschließen die Kinder, ihm zu helfen. Dieser Versuch endet damit, daß die Kinder verstehen, daß es nichts bringt wegzulaufen, sondern daß man seine eigene Form des Widerstands finden muß, um Zustände zu verändern.« (Produktionsmitteilung)

Süd.Mod.A.P. – N.Se. – Gri. – Tlw. (... Nur die Füsse sind kalt)
BRD 1982 – R, B, K, Sch: Michael Zimmer – T: Michael Arndt – P: Michael-Zimmer-Film, Hamburg, mit Unterstützung der Hamburger Filmförderung – V: Eigenverleih – L: 50 Min. – 16 mm (tw. umkopiert von Video-Halbzoll)/Farbe und schwarz-weiß – UA: 14. 5. 1983, Hamburg.
»Anscheinend unzugänglicher als ferne Länder – war es mein Ziel, einen durchschnittlichen Bordellbetrieb, wie er in der BRD in fast jeder Stadt existiert, als filmisch ›weißen Fleck‹ zu beseitigen. In zwei Nächten entstand eine auf Video gedrehte Selbstdarstellung mit Zuhältern und Prostituierten... Es war Absicht, nicht die individuelle Geschichte einer Prostituierten zu erzählen, sondern die allgemeine, entindividualisierte Geschichte. Es sollten keine persönlichen Bilder entstehen (die einen gesellschaftlichen Anspruch erheben), eher sollen die Bilder selbst gesellschaftlich sein, d. h. allgemein und unpersönlich.« (Michael Zimmer)

Tage im Hotel
BRD 1982 – R, B, Sch: Ulrich Stein – K: Rüdiger Neumann – T: Cäsar Gremmler – D: Rolf Witt, Rebecca Pauly, Maya Maranow, Ferdinand Dux, Heinrich Giskes u. a. – P: Stein & Neumann Filmproduktion, Hamburg, im Auftrag des Zweiten Deutschen Fernsehens, Mainz – Red: Sibylle Hubatschek-Rahn – V: Stein & Neumann Filmproduktion, Hamburg – L: 100 Min. – 16 mm/Farbe – UA: 20. 2. 1983, Internationale Filmfestspiele Berlin – Info-Schau – KSt: 22. 2. 1983 – TV: 10. 3. 1983 (ZDF).
»Ein Film, dessen Konstruktionsprinzip eine Szenenfolge ohne endliches Ziel ist, stattdessen sich selbst entwickelnde Szenen, eine Reihung von Situationen, gebunden an einen Protagonisten und einen begrenzten Zeitraum, eine Folge von Momenten, Menschen, Gedanken und Gefühlen. ›Tage im Hotel‹ ist der Versuch, das serielle Konstruktionsprinzip

meines Films ›Postcards from America‹ auf eine sequenzübergreifende Narration anzuwenden... Der Zuschauer des Films befindet sich also in ähnlicher Lage wie der Hauptprotagonist, der nicht als vorwärtstreibender Keil der Geschichte auftritt, also weder als positiver noch als negativer Held, sondern der eher zuhört und beobachtet, was um ihn herum geschieht...« (Ulrich Stein)

TELL A VISION – PRIVATFERNSEHEN IN ITALIEN
BRD 1982 – R, B: Monika Hielscher, Matthias Heeder – K: Hanno Hart – Sch: Renate Merck – T: Matthias Heeder – P: Rhizomfilm, Hamburg, mit Unterstützung der Hamburger Filmförderung – V: z. Z. c/o Igelfilm, Hamburg – L: 60 Min. – 16 mm/Farbe – UA: 6. 10. 1982, Internationale Filmwoche Mannheim – KSt: 2. 12. 1982.
»Im Film treten auf: Fernsehmacher, Ronald Reagan, der Herausgeber einer Medienzeitschrift, Autofahrer, ein Fernsehapparat, der spricht – der Teufel hat keine Hörnchen, sondern Förmchen. Ein Film, der die private Organisationsform des italienischen Fernsehens nur als eine Variante des umfassenderen Systems begreift, das Erfahrung mit Fernsehen übersetzt. Das elektronische Prinzip überzieht die Struktur menschlicher Wahrnehmung ebenso wie die Trassen der Schnellstraße durch die Wohnviertel geschlagen werden. Der Film sucht die unbewußten Widerstände des Zuschauers, dessen Verhältnis zur Form verkehrsgerecht ist.« (Produktionsmitteilung)

THALIA UNTER TRÜMMERN –
DAS BERLINER THEATER DER NACHKRIEGSZEIT 1945–1951
BRD 1982 – R: Irmgard von zur Mühlen – B: Dieter Hildebrandt – K: Erhard Kühne (Interviews) – Sch: Helga Kruska – Ton: Neithardt Willerding – Sprecher: Erich Schwarz – M: Wolfgang de Gelmini – Interviewpartner: Friedrich Luft, Hans Borgelt, Boleslaw Barlog, Ita Maximowna, Hildegard Knef, Klaus Schwarzkopf – P: Chronos-Film, Berlin – Prod: Bengt von zur Mühlen – V: Chronos-Film, Berlin – L: 84 Min. – 35 mm/schwarz-weiß – UA: 3. 10. 1982, Berlin – KSt: 5. 10. 1983.
»›Thalia unter Trümmern – Das Berliner Theater der Nachkriegszeit‹ ist der Titel eines abendfüllenden Dokumentarfilms, den die Chronos-Filmgesellschaft 1982 produziert hat. Der Film, der die Zeit von 1945 bis 1951 rekonstruiert, fußt auf einer Fülle von Wochenschaumaterialien aus diesen Jahren, in denen das Theater zum Sinnbild des Überlebens wurde, die Kulissen oft die eigenen vier Wände ersetzen mußten und der Titel eines Stücks von Thornton Wilder der Grundstimmung der Berliner entsprach: ›Wir sind noch einmal davongekommen‹. Es war eine kurze Epoche der produktiven Provisorien, in der Rathaussäle, Schulaulen und andere Unterkünfte zum Spielraum wurden, eine Zeit, da ein Theaterbesuch oft den Charakter einer Expedition hatte, es waren aber auch jene Jahre, in denen man noch von *einer* Berliner Theaterlandschaft sprechen konnte. Es war, inmitten der Ruinen, eine knappe Ära der Besessenheit.« (Produktionsmitteilung)

DER TOD DES MARIO RICCI (Le Mort de Mario Ricci)
BRD/Frankreich/Schweiz 1982 – R: Claude Goretta – B: Claude Goretta, Georges Haldas – K: Hans Liechti – Sch: Joële van Effenterre – M: Arie Dzierlatka – T: Daniel Olivier – A: Vanko Hodjis – D: Gian-Maria Volonté, Heinz Bennent, Magali Noël, Michel Robin, Mimsy Farmer u. a. – P: Pegase Films, Genf/Television Suisse Romande, Genf/Swanie Productions, Paris/F. R. 3, Paris/Tele-München, München – Prod: Yves Peyrot, Norbert Saada – V: Concorde, München – L: 100 Min. – 35 mm/Farbe – UA: 8. 5. 1983, Internationale Filmfestspiele Cannes – dtEA: 24. 6. 1983, Filmfest München – KSt: 23. 9. 1983 – Originalfassung in französischer Sprache.
»Der fünfzigjährige, durch einen Autounfall behinderte Journalist Bernard Fontana be-

sucht mit einem jungen Filmemacher einen deutschen Spezialisten für Welternährungsfragen in einem kleinen Dorf in der Welschschweiz. Der Wissenschaftler, der zurückgezogen lebt, hat seit Jahren nichts mehr veröffentlicht. Das Schweigen fasziniert Fontana. Am Abend vor ihrer Ankunft rammt ein Garagist den Motorradfahrer Mario Ricci. Ricci stirbt. Fontana, sensibel und intuitiv, stößt überall auf Zeichen einer Reihe von dramatischen Ereignissen, die schließlich zum Tod von Mario Ricci führen. Zur gleichen Zeit entdeckt er beim Gelehrten eine unerwartet tiefgehende Krise: die Ohnmacht eines beherzten Menschen gegenüber dem nicht auszurottenden Elend in der Welt. Zwei positive Momente in diesem Chaos: Fontana bewahrt einen jungen Menschen vor dem Selbstmord, und der Gelehrte überwindet seine Krise.« (Produktionsmitteilung)

TOLLWUT

BRD 1981 – R: Ilse Hofmann – B: Jürgen Breest nach seinem gleichnamigen Roman – K: Axel Block – Sch: Rolf Basedow – M: Andreas Köbner – T: Michael Loy – A: Rainer Schaper – D: Thomas Tolksdorf, Tilmann Hähle, Claus Eberth, Ingeburg Kanstein, Eberhard Feik, Cornelia Boje u. a. – P: Astral-Film, Berlin/Marten Taege Filmproduktion, Wiesbaden/Zweites Deutsches Fernsehen, Mainz – Prod: Wolfgang Odenthal – Hl: Marten Taege – V: Demos Film, Berlin – L: 102 Min. – 35 mm/Farbe – UA: 13. 9. 1982, Internationales Kinderfilmfestival, Frankfurt/M. – KSt: 24. 9. 1982.

»Olli und Micki, zwei dreizehnjährige Jungen, wohnen nebeneinander in einer Reihenhaussiedlung und sind dick befreundet. Manchmal könnte man auch das Gegenteil annehmen, denn sie streiten sich oft, daß die Fetzen fliegen. Doch der Schein trügt: im Grunde lieben und brauchen sie sich sehr. Der äußere Schein spielt eine große Rolle in der Siedlung, z. B. bei den Eltern von Olli und Micki. Die von Micki sind wohlhabend... die von Olli haben zu krebsen... Die ständigen Streitereien der beiden Jungen führen zu wachsenden Spannungen zwischen den Nachbarsfamilien, was wiederum zurückwirkt auf das Verhältnis der Jungen – eine Kette ohne Ende.« (Produktionsmitteilung)

DER TRAUM VOM ÜBERLEBEN

BRD 1981/82 – R, Sch: Peter Krieg – K: David Slama – M: Heiner Goebbels, Alfred Harth – T: Johannes Surek – P: Barfuß-Film, Freiburg/Zweites Deutsches Fernsehen, Mainz – Red: Eckhart Stein, Annegret Even – V: Verleihgenossenschaft der Filmemacher, München – L: 50 Min. – 16 mm/Farbe – UA/TV: 28. 10. 1982 (ZDF) – Kino-Erstaufführung/ KSt: 21. 10. 1982, Mainz.

»›Der Traum vom Überleben‹ wurde während eines zweitägigen Grundkurses des Bundesverbands für den Selbstschutz (BVS) im November 1981 gedreht. Der Film zeigt nicht einen Querschnitt durch den gesamten Kurs, sondern konzentriert sich, vor allem im Ton, auf die Selbstschutzmaßnahmen im Falle eines Atomkrieges. Die Empfehlungen des BVS hierzu werden kontrastiert mit den Übungen des Kurses (Feuerlöschen, Erste Hilfe, Wiederbelebung, Abtransport von Verletzten etc.). Durch diese Kontrastmontage wird deutlich, wie absurd die Überlebensübungen im Atomkrieg sind. Selbst die Mitarbeiter des BVS wissen, daß es im Atomkrieg keine echte Überlebenschance gibt. Sie gehen deshalb von der Annahme aus, daß ein begrenzter Atomkrieg führbar und auch überlebbar ist...« (Peter Krieg)

TROPIAFRIC – GRÜSSE AUS DER WILDNIS

BRD 1982/83 – R, B, Super-8 Kamera: Karol Schneeweis, Maria Fisahn – K: Jörg Jeshel – Spezialeffekte (Bild): Klaus Wyborny – Tierbeobachtungen: Dieter & Elisabeth Guttmann – Sch: David van Berg – M: Fela Kuti, Kai Schirmer, Gerd Stein, Richard Wagner – T: Barbara Becker – A: Erinna König – D: Winfried Helling, Catherine K. Nganga, Annemone Poland, Rosemary Susan Nabwire, Martin Frank, Klaus Wyborny u. a. – P: Tropiafric Filmproduktion, Hamburg/Westdeutscher Rundfunk, Köln, mit Unterstützung der Hamburger Filmförderung – Pl: Connie Lotz – Red: Alexander Wesemann – V: Kidogo-Filmverleih, Hamburg – L: 88 Min. – 16 mm/Farbe – UA/KSt: 7. 4. 1983.

»Mombasa: Hafenstadt am Indischen Ozean. Herr Helms aus Deutschland tastet sich mit seinem Kassettenrekorder durch ein Hotelgelände zum Strand und ins Hinterland. Er pflanzt sich und seine Geschichte mitten in die tropische Ebene zwischen die Beschäftigungsprogramme der Urlauber und die Überlebensstrategien der Einheimischen. Entdekken, genießen, dokumentieren. Originalaufzeichnungen im kenyanischen Busch. Maria hat sich eine afrikanische Begleiterin engagiert, die ihr Einblick in die Lebens- und Sprachgewohnheiten des Landes gibt... Währenddessen steht Helen Froh im Wildtierpark und lauscht den Stimmen der Natur...« (Produktionsmitteilung)

TSCHERWONEZ

BRD 1981/82 – R: Gabor Altorjay, Janos Marton, Randi Marie Hoffmann – B: Gabor Altorjay – K: Jörg Jeshel – Sch: ungenannt – M: ›The Wirtschaftswunder‹ – T: Thomas Rancka – A: Michael Tonke, Uschi Cyriax, Bolek Gruzinsky – D: Tom Dokoupil, Sheryl Sutton, Peter Halas, Stephen Balint, Eva Buchmüller u. a. – P: Studio 1 Filmproduktion, Hamburg – Prod: Werner Grassmann Pl: Klaus Dzuck – Red: Brigitte Kramer – V: FiFiGe/AG Kino, Hamburg – L: 96 Min. – 35 mm (aufgeblasen von Super-16)/schwarz-weiß und in Farbe – UA: 2. 4. 1982, Hamburg (1. Fassung); 23. 1. 1983, Wettbewerb Max-Ophüls-Preis, Saarbrücken (2. Fassung) – KSt: 8. 4. 1983 – TV: 6. 4. 1982 (ZDF, 1. Fassung).

»Im Hamburger Fernsehturm wird der Fahrstuhlführer ermordet. Zur gleichen Zeit läuft der russische Frachter ›Sovjetskij Sojus‹ in den Hafen ein... Kaum hat er festgemacht, bereiten sich die Matrosen auf den Landgang vor, unter ihnen Dmitrij Bogomas, der zum ersten Mal im Westen ist. Dmitrij will versuchen, seinen Bruder Boris zu finden, der vor vielen Jahren in den Westen nach Hamburg umgesiedelt ist, weil der Vater Deutscher war. Aber seit vier Jahren hört man nichts mehr von Boris. Dmitrij wird ihn suchen. Sein einziges Hilfsmittel sind vier Goldrubel, sogenannte Tscherwoneze. Dmitrij gelingt es mit einem Trick, sich von seiner Gruppe abzusetzen, die darauf in helle Aufregung gerät und ihn sucht. Es dauert nicht lange, da weiß der deutsche Verfassungsschutz, daß ein sowjetischer Matrose in den Westen fliehen will und schaltet sich ein...« (Produktionsmitteilung)

TV-PIRATEN

BRD 1981/82 – R, B: Rüdiger Daniel – K: Werner Kubny – Sch: Christel Maye – M: MEK Bilk – T: Wolfgang Pauli – A: Willi Daniel – D: Angelika Heintz, Gudrun König, Siggi Macha, Paul Hänel, Rüdiger Kuhlbrodt u. a. – P: Dibs-Film, Haan/Düsseldorfer Filmwerkstatt, Düsseldorf, mit Unterstützung der Hamburger und der nordrheinwestfälischen Filmförderung – Pl: Per Schnell – V: endfilm, München – L: 87 Min. – 16 mm/Farbe – UA: 1. 7. 1982, Hamburger Kinotage (unter dem Titel »Sender Freies Bilk«) – KSt: 4. 3. 1983.

»›Sender Freies Bilk‹: der erste Piratensender dieser Republik. Vier Chaoten senden seit ein paar Wochen schwarz in Düsseldorf ein pfiffiges, freches Fernsehprogramm; eine Mischung aus Werbung, Unterhaltung und Information. Da wirbt das Beerdigungsinstitut von nebenan, das Rocktheater spielt eine Satire auf Ronald Reagan, da strippen die Zwillinge aus Bilk, und das Schwulentheater ›Rosa Kitsch‹ persifliert den Penisstolz der Männer. Da geht der Intendant des WDR hoch und bläst Halali, denn Schwarzsenden ist verboten. Die vier Chaoten werden von einem schwarz-rot-goldenen Medienkommando der öffentlichen Anstalten gejagt. Diese Truppe ist neurotisch und kaputt wie ihr Chef. Zum Schluß lassen sie den Knüppel aus dem Sack.« (Verleihankündigung)

ULIISSES
BRD 1980 – 82 – R, B: Werner Nekes – Dialoge: Werner Nekes frei nach »Die Odyssee« von Homer, »Ulysses« von James Joyce und »The Warp« von Neil Oram – K: Bernd Upnmoor – M: Anthony Moore, Helge Schneider – Team: Birger Bustorff, Dore O., Herbert Jeschke, Volker Bertzky, Gisela Schanzenbach, Astrid Nicklaus, Werner Nekes – D: Armin Wölfl, Tabea Bloomenschein, Russel Denton u. a. – P: Werner Nekes Produktion, Mülheim/Ruhr – V: FiFiGe/AG Kino, Hamburg – L: 94 Min. – 35 mm/Farbe – UA: 18. 6. 1982, James-Joyce-Symposium, Dublin – dtEA: 6. 10. 1982, Internationale Filmwoche Mannheim.

»Der Film ist eine homerische Reise durch die Geschichte des Kinos. Sein Thema ist der mythologische Odysseus von Homer, der Ulysses von James Joyce und die synthetische Figur Telemach/Phil von Neil Oram. Werner Nekes faßte diese drei Figuren zusammen und zeigt ihre Geschichte analog zur Geschichte der ›Lichteratur‹, des Schreibens mit Licht = Film. Doch sein Hauptthema ist die visuelle Sprache selbst. Odysseus/Bloom verwandelt sich in Uli, den Fotografen, Penelope/Molly ist sein Modell, Telemach/Stephen wird Phil, der seine ›Telemachia‹ beginnt. Die Verknüpfung ihrer drei Lebensläufe geschieht an einem Tag im September 1980 im Ruhrgebiet, vor den Wahlen in der Bundesrepublik.« (Internationale Filmwoche Mannheim)

DER URSPRUNG DER NACHT (AMAZONAS-KOSMOS)
BRD 1973 – 82, R,B (in Form von Skizzen, Aquarellen und Fotos), K, Sch, M, T: Lothar Baumgarten – Sprecher: Alf Marholm, Christine Scherer – P: Lothar Baumgarten, Düsseldorf, mit Unterstützung der nordrheinwestfälischen Filmförderung – V: z. Z. Eigenverleih – L: 98 Min. – 16 mm/Farbe – UA: 26. 9. 1982, Düsseldorf.

»Die Entwicklungslogik dieser Arbeit ist nicht ›literarisch‹, sondern zunächst rein optisch begründet. Der Film entfaltet sich in Bildern und nicht in narrativer Abfolge. Es liegt ihm also eine auf andere Weise erzählende Handlung zugrunde... Die Thematik von Innen und Außen, Nacht und Tag, Neue Welt – Alte Welt, Mythos und Reise, Natur – Kultur, führt sich auf mehreren Ebenen gleichzeitig vor. Die Etagen der Bilder sind vielfältig wie die Etagen des tropischen Waldes und seiner Mythen, seiner Gerüche und Geräusche, sie vermitteln sich über die Psyche der Dinge...« (Lothar Baumgarten)

UTOPIA
BRD 1982 – R: Sohrab Shahid Saless – B: Sohrab Shahid Saless, Manfred Grunert – K: Ramin R. Molai – Sch: Christel Orthmann, Gudrun Kieckheim – M: Rolf Bauer – T: Wolf-Dietrich Peters – A: Claus-Jürgen Pfeiffer – D: Manfred Zapatka, Imke Barnstedt, Gundula Petrovska, Gabriele Fischer, Johanna Sophia, Birgit Anders u. a. – P: Multimedia, Hamburg/Ullstein TV, Berlin/Zweites Deutsches Fernsehen, Mainz – HI: Renée Gundelach – Red: Willi Segler – V: Basis-Film, Berlin – L: 198 Min. – 35 mm/Farbe – UA: 20. 2. 1983, Internationale Filmfestspiele, Berlin – Wettbewerb – KSt: 20. 5. 1983.

»›Utopia‹ erzählt die Entstehungsgeschichte eines Bordells, in dem fünf Frauen für den Zuhälter Heinz arbeiten: Die beiden Professionellen Renate und Rosi, Susi, die ihr Studium finanzieren will, Monika, die aus einer kleinen Stadt kommt und in der Großstadt ihr Glück sucht, und schließlich Helga, aus dem öden Hausfrauendasein geflohen. Die Motive der Frauen, ihren Körper zu verkaufen, sind unterschiedlich. Doch in keinem Fall ist es soziale Not, die sie in die Arme von Heinz treibt. Es sind Frauen mit einer gemeinsamen Vorstellung vom ›idealen Leben‹, von Reichtum und erfüllten Wünschen... Gezeigt wird der banale, trostlose Alltag von Prostituierten, die zwischen Auflehnung und willenloser Unterwerfung im Bordell ein Zuhause suchen und keinen Weg mehr nach draußen finden...« (Verleihankündigung)

DER VERGESSENE FÜHRER –
AUFSTIEG UND FALL DES MEDIENZAREN ALFRED HUGENBERG
BRD 1981/82 – R, B: Peter Heller – Fachberatung und Mitarbeit: Klaus Wernecke – weitere Mitarbeit: Hanne Appel, Gerhild Bald, Heidrun Holzbach, Kurt Koszyk – K: Klaus Lautenbacher – Sch: Raimund Barthelmes, Franz König, Peter Heller – M: Jan Fryderyk – T: Iqbal Ishani – Sprecher: Marianne Markgraf-Bergmann, Bernd Scholz, Matthias Enzweiler, Ingrid Werner – P: Filmkraft Peter Heller, München/Westdeutscher Rundfunk, Köln – Red: Hans-Georg Ossenbach – V: Verleihgenossenschaft der Filmemacher, München – L: 156 Min. (Teil 1: 60 Min., Teil 2: 96 Min.; Sendelänge Teil 2: 60 Min.) – 16 mm/ Farbe und schwarz-weiß – UA/TV: 25. 7. 1982/ 1. 8. 1982 (WDR/NDR/HR 3) – Kino-Erstaufführung/KSt: 15. 10. 1982.

»Zu dem Thema ›Die Versöhnung von Medien und Politik am Beispiel Alfred Hugenberg, ein Stück deutscher Mediengeschichte und die Geschichte der Konservativen‹ bin ich durch die Arbeiten zum Film ›Die Liebe zum Imperium‹ gekommen. In ›Liebe zum Imperium‹ ging es um einen deutschen Kolonialpionier. In dem Briefwechsel dieses Kolonialpioniers Karl Peters tauchten plötzlich auch Briefe von Alfred Hugenberg auf... Die Ausgangsfrage hierbei war: Wie schaffen sich die Herrschenden eine Loyalität bei den Massen per Medien?... Es gab auch praktisch keinerlei Literatur zum Thema Hugenberg-Konzern in der Bundesrepublik... Wir waren gezwungen, den Hugenberg-Nachlaß selbst zu recherchieren. Das Thema ist gänzlich unaufbereitet, und das hängt wahrscheinlich damit zusammen, daß es hierbei um ein Tabu geht, nämlich um die Rolle der Konservativen und ihr Verhältnis zum Faschismus...« (Peter Heller)

DAS VERGESSENE LAGER –
KONZENTRATIONSLAGER HAMBURG-NEUENGAMME
BRD 1982 – R, B, K, Sch, T: Bernd Jacobs, Thomas Schaefer – M: Reinhardt Hinrichs, Thomas Rieckmann – P: Jacobs & Schaefer Filmproduktion, Marschacht, mit Unterstützung der Hamburger Filmförderung – V: Zentral-Film-Verleih, Hamburg – L: 80 Min. – 16 mm/schwarz-weiß – UA: 5. 11. 1982, Hamburg.

»Das Hamburger Konzentrationslager Neuengamme war eines der größten auf dem Gebiet des damaligen deutschen Reiches und diente in erster Linie als Arbeitslager für namhafte Rüstungsbetriebe. Die Arbeitskräfte holten sich die Nazis aus den von ihnen überfallenen und besetzten Ländern in ganz Europa. Der Film berichtet an Hand von historischen Aufnahmen und Aussagen ehemaliger Häftlinge von den Lebens- und Arbeitsbedingungen im Lager sowie von der Zusammenarbeit von Industrie und Faschismus, geht aber gleichzeitig auf die skandalöse ›Bewältigung‹ dieser Vergangenheit durch Behörden und Senat in Hamburg ein. Als dritte Ebene erscheint im Film die Geschichte vom Umgang mit ehemaligen Verfolgten des Naziregimes in der Bundesrepublik von 1945 bis heute. Es ist die Geschichte einer zweiten Verfolgung.« (Bernd Jacobs, Thomas Schaefer)

VIRGINIA W.
BRD 1981/82 – R: Nicola Avruscio – B: Nicola Avruscio, Catharina Frahm, Marlene Müller – K: Pitt Venherm, Nicola Avruscio, Michael Wiegert, Siegfried Kätsch – Trickkamera: Gunther Richard – Sch: Nicola Avruscio, Catharina Frahm – M: Gerhard Lisken (nach einem Thema von Franz Schubert), Baldassare Galluppi (›Sonate Nr. 5 C-Dur‹) – T: Hans-Georg Assauer, Peter Walhorn – D: Ela Devillers, Marlene Müller, Catharina Frahm, Ana Kätsch, Rolf Behler u. a. – P: Atalante, Bielefeld – Prod: Nicola Avruscia, Catharina Frahm – V: Eigenverleih – L: 65 Min. – 16 mm/schwarz-weiß – UA: 25. 4. 1982, Bielefeld.

»Der Film zeigt in den letzten vierundzwanzig Stunden einer Frau ihre Erinnerungen, Träume und Visionen. Er zeigt, wie sie spazierengeht, wie sie liest, wie sie schreibt, wie sie nachdenkt, wie sie Besuch bekommt. Am Ende geht sie ins Wasser und begeht Selbstmord. Das Geschehen dieser vierundzwanzig Stunden hat der Film zu einem Erlebnisablauf verarbeitet, der in der Chronologie eines Tages Erinnerungen und Gegenwärtiges zusammenkonstruiert und ihn mit dem Selbstmord der Frau enden läßt. Der Film soll nicht lediglich biographisch zentriert Einblick in die Motivationslage und die Entwicklungsbedingungen der Frau geben. Vielmehr ist intendiert, zu einer Impression zu gelangen, die durch den eigenwilligen Einsatz von Musik und gesprochenem Wort vestärkt wird.« (Nicola Avruscio/Catharina Frahm)

VOLLENDET, WAS WIR BEGONNEN
BRD 1981 – R, B, K, Sch, M: Helga Jörgensen, Michaela Treite – P: Hochschule für bildende Künste, Hamburg – V: Zentral-Film-Verleih, Hamburg – L: 62 Min. – 16 mm/Farbe – UA: 6. 3. 1982, Hamburger Frauenwoche.
Animationsfilm – »Was wissen wir eigentlich über die Anfänge der Frauenbewegung? Insbesondere über jene Frauen, die sich damals um die Jahrhundertwende selbst als ›Radikale‹ bezeichneten? In der herrschenden Geschichtsschreibung kommen Frauen als handelnde Personen kaum vor, und der radikale, offensiv vorgehende Teil der bürgerlichen Frauenbewegung wird fast immer verschwiegen.« (Verleihankündigung)

DAS WAGNIS DES ARNOLD JANSSEN
BRD 1982 – R, B: Henri Walter – K: Vladimir Koci, Martin Meyer – Sch: Bim Hansen, Drahomira Cicek – M: Claus Bantzer – T: Frank Schreiner, Horst Zinsmeister – A: Holger Gross – D: Nicolas Lansky, Guido Gagliardi, Manfred Tümmler, Rolf Becker, Günther Tabor u. a. – P: Provobis, Berlin, in Zusammenarbeit mit der Steyler Mission, St. Augustin – Pl. Jürgen Mohrbutter, Roswitha Frankenhauser – Red: Ferdinand Demes – V: Chronos-Film, Berlin – L: 89 Min. – 35 mm/Farbe – UA: 5. 3. 1983, Berlin – KSt: 7. 3. 1983.
»Der Rektor der Ursulinenschule in Kempen/Niederrhein, Pater Arnold Janssen, ist von einer großen Idee besessen: Er will eine Missionsschule gründen, die junge Menschen zu Missionaren ausbildet. Man schreibt das Jahr 1874. In Deutschland kämpft die katholische Kirche gegen die ständigen Eingriffe des Staates. Was Wunder also, wenn Janssens Plan einer Missionsschule zunächst bei seinen Oberen auf viel Skepsis stößt. Doch Janssen vertraut auf Gott. Er weiß, daß der Glaube Berge versetzen kann, und daß Glauben nur durch Wagnisse lebt. Und so gibt er nicht auf. Zäh und unermüdlich kämpft er gegen die kirchliche Bürokratie, gegen alle Hindernisse an. Und was niemand für möglich hielt – Pater Arnold Janssen schafft es: Im September 1875 wird die Missionsschule von Steyl eröffnet.« (Verleihankündigung)

WAIDMANNSHEIL IM SPITZENHÖSCHEN
BRD 1982 – R: Kenneth Howard (= Jürgen Enz) – K: Günter Lemmer – D: Sandra Atia, Eleanora Melzer, Mario Pollack, Günter Amann – P: Isaria/Zupan – V: Kora Filmverleih, München – L: 87 Min. – 35 mm/Farbe – UA/KSt: 6. 5. 1983. Sexfilm

WAS TUN PINA BAUSCH UND IHRE TÄNZER IN WUPPERTAL?
BRD 1982/83 – R, B, T: Klaus Wildenhahn – K: Wolfgang Jost – Sch: Petra Arciszewski – P: Norddeutscher Rundfunk, Hamburg/Westdeutscher Rundfunk, Köln – Red: Rainer Hagen, Christhart Burgmann – V: Stiftung Deutsche Kinemathek, Berlin (nichtgewerblich) – L: 115 Min. – 16 mm/Farbe – UA: 25. 2. 1983, Internationales Forum des Jungen Films, Berlin – TV: 5. 3. 1983 (NDR 3).
»Eine schwermütige Stadt, wenn es regnet. Eine Industriestadt im Bergischen Land. Hier machen Pina Bausch und ihr Ensemble von meist ausländischen Tänzern Avantgardetanz, Tanz auf dem ganzen Fuß und nicht auf der Spitze. Pina Bausch steht als Choreografin in

einer deutschen Tradition, dem Expressionismus. Im April und Mai 1982 fand die Entwicklung des Stückes ›Walzer‹ statt. Klaus Wildenhahn und Wolfgang Jost filmten während der Proben und hatten außerdem ein Auge auf die Umgebung draußen. Beides, Arbeit und Tanz und die Menschen von Wuppertal, haben zunächst nichts miteinander zu tun. Zunächst.« (Produktionsmitteilung)

DIE WEISSE ROSE
BRD 1981/82 – R: Michael Verhoeven – B: Michael Verhoeven, Mario Krebs – K: Axel de Roche – Sch: Barbara Hennings – M: Konstantin Wecker – T: Rainer Wiehr – A: Les Oelvedy – D: Lena Stolze, Wulf Kessler, Oliver Siebert, Ulrich Tukur, Werner Stocker u. a. – P: Sentana Filmproduktion, München/CCC-Filmkunst, Berlin/Hessischer Rundfunk, Frankfurt/M. – Hl: Joschi N. Arpa – Pl: Thomas Wommer – V: Filmverlag der Autoren, München – L: 123 Min. – 35 mm/Farbe – UA: Juli 1982, Festival Karlovy Vary – KSt: 24. 9. 1982.

»Mir hat diese Haltung imponiert, die nicht bestimmt war von Opportunismus und den kleinmütigen Rückversicherungen, sondern klar und anständig eine Haltung, wie sie auch heute kaum jemand fertigbringt... Diese fünf Studenten hatten ein ganz klares und genaues politisches Konzept, das keineswegs naiv war. Und sie hatten eine politisch-moralische Motivation – nicht einen Moment lang die heute so verbreitete Resignation, daß der einzelne schließlich doch nichts ausrichten kann. Ihre enorme Entwicklung kann man an den Texten der verschiedenen Flugblätter ablesen: es hatte weltanschaulich angefangen, wurde dann aber immer konkreter, realistischer...« (Michael Verhoeven)

WIE ANDERE NEGER AUCH –
ERKENNTNISSE EINER AFRIKANISCHEN FORSCHERIN BEI DEN DEUTSCHEN
BRD 1982/83 – R: Peter Heller, Diana Bonnelamme – B: Peter Heller – K: Klaus Lautenbacher, Franz König – Sch: Beate Köster – M: traditionelle afrikanische Musik – T: Otto Wymann – Mitarbeit: Hanne Appel – P: Filmkraft Peter Heller Filmproduktion, München/Westdeutscher Rundfunk, Köln – Red: Gerhard Honal – V: Verleihgenossenschaft der Filmemacher, München – L: 80 Min. – 16 mm/Farbe – UA: 11. 4. 1983, München – TV: 15. 5. 1983 (WDR 3, Kurzfassung von 45 Min.).

»Der Film zeigt einen Ausschnitt aus der völkerkundlichen Arbeit einer Afrikanerin (Diana Bonnelamme) an einer deutschen Universität (Köln). Er betrachtet mit den Augen einer vertrauten Fremden, er will uns ›den Spiegel vorhalten‹. Im Mittelpunkt des Films steht ihre Beobachtung und Schilderung der Entwicklungsumstände zweier ausgewählter Jugendlicher aus unterschiedlichen sozialen Schichten einer europäischen Großstadt der Industriegesellschaft (Düsseldorf). Der 16jährige Matthias wächst in einer wohlsituierten, aufgeschlossenen und gutbürgerlichen protestantischen Familie auf. Über seine Erziehung wachen die Eltern, die Lehrer und insbesondere eine evangelische Gemeinde. Dort schult er sich für sein Leben. Der 20jährige Peter lebt vom Fensterputzen, verbringt seine Freizeit einsam beim Body Building und wohnt bei seiner Mutter, die alleinstehend unter wirtschaftlichen Schwierigkeiten für Peter und seine Geschwister kämpft...« (Produktionsmitteilung)

WIE HÄTTEN SIE'S DENN GERN ?
BRD 1982 – R: Rolf von Sydow – B: Manfred Purzer nach dem Bühnenstück »Bedside Manners« – Bearbeitung: Rolf von Sydow – K: Ernst Wild – Sch: Hans Nikel – M: Klaus Doldinger – T: Heinz Eckelt – A: Peter Rothe – D: Jutta Speidel, Robert Atzorn, Horst Janson, Michaela May, Günther Maria Halmer u. a. – P: Roxy-Film, München/Divina-Film, München/MFG-Film, München/Bayerischer Rundfunk, München – Hl: Luggi

Waldleitner – Pl: Georg Föcking – V: Warner-Columbia, München – L: 90 Min. – 35 mm/ Farbe – UA/KSt: 22. 4. 1983.
»Bei einem Filmautor setzt man voraus, daß er eine rege Phantasie besitzt. Olaf besitzt sie und bringt sie bei seiner neuesten Story auch entsprechend zum Ausdruck.. Phantasie und Wirklichkeit vermischen sich auch in Olafs Gedanken sehr häufig... Als Strohwitwer erlebt Olaf die unmöglichsten Abenteuer: Er verbringt eine Nacht im Kittchen – erstaunlicherweise dieselbe Nacht, die er mit einem verführerischen Callgirl in seinem Ehebett verbracht haben soll...« (Produktionsmitteilung)

WILDE CLIQUE
BRD 1982 – R, B: Hannelore Conradsen, Dieter Köster – K, Sch: Dieter Köster – M: ›Extrabreit‹, Marianne Rosenberg – T: Norbert Weyer – A: Karin Sommer – D: Annette Berndt, Marni Held, Dorothea Moritz, Martin Kukula, Oliver Wilckens u. a. – P, V: Hannelore Conradsen, Berlin – L: 85 Min. – 16 mm/Farbe – UA: 19. 1. 1983, Wettbewerb Max-Ophüls-Preis, Saarbrücken.
»Nadine, Vivienne, Beule und Pellworm bewegen sich in ein Wochenende im Sommer 82 in Berlin. Auf der Suche nach dem Abenteuer gleich um die Ecke treffen sie aufeinander und versuchen miteinander klarzukommen. Das zeigt sich insofern als schwierig, weil jeder seinem eigenen Traum nachlächelt. In der Nacht verliert man sich wieder, und doch wird beim Treffen im nächsten Morgenrot klar: WIR BRAUCHEN UNS.« (Hannelore Conradsen/Dieter Köster)

WIR SIND KURDEN (Em Kürdün)
BRD 1982 – R, B, K, T: Curd Stahn – Sch: Sepp Paratismussen – M: kurdische Volksmusik – P: Sepp Paratismussen, Berlin – V: Eigenverleih Curd Stahn, Berlin – L: 83 Min. – 16 mm/Farbe – UA: Mai 1982, Deutsch-Türkische Woche, München.
Dokumentarfilm – »Die Kurden in der Türkei, Nomaden sowie Seßhafte. Ihre Aufstände, ihr Arbeitsleben, ihre Kultur im Konstrast zur Militärdiktatur heute.« (Produktionsmitteilung)

DER WESTEN LEUCHTET!
BRD 1981/82 – R, B: Niklaus Schilling – K: Wolfgang Dickmann – Sch: Niklaus Schilling, Moune Barius – M: Michael Rüggeberg, ›Patchwork‹, Gianna Nannini (»California«), Carl Maria von Weber (»Konzertstück f-Moll op. 79«) – T: Stanislaus Litera, Robert Wiesmann – A: Ante Josip von Kostelac – D: Armin Mueller-Stahl, Beatrice Kessler, Melanie Tressler, Harry Baer, Gunther Malzacher u. a. – P: Visual-Film, München/Zweites Deutsches Fernsehen, Mainz – Gl: Elke Haltaufderheide – V: Concorde, München – L: 108 Min. – 35 mm/Farbe – UA: August 1982, World Film Festival, Montreal – dt-EA/KSt: 1. 10. 1982.
»Spionagefilme sind sehr häufig auch Melodramen: Die Menschen versuchen eine deutliche Trennung zwischen Sein und Scheinen zu finden. Und letztlich kann ihnen dies nur durch Verzicht auf ihre Gefühle gelingen. Und dazu sind sie aber nicht in der Lage und das wollen sie auch nicht. Beim Spion wiederum ist doch das wesentlichste, die erste Anforderung, keine Gefühle entstehen zu lassen. Aber das gelingt offenbar nicht immer. Und dann wird es interessant... Speziell interessieren mich die deutschen Geheimdienste, denn bei denen soll besonders korrekt und penibel, fast wie auf einem Steueramt, gearbeitet werden. Besonders in der DDR... Harald Liebe – der Agent aus dem ›Osten‹ – muß sich wie in einer Falle fühlen. Angezogen von dieser Frau, bemerkt er zu spät, daß er seinen Auftrag eigentlich schon längst vergessen hat...« (Niklaus Schilling)

WIDERSTAND IN GUADELOUPE (Te Gwadloup se te an nou)
BRD 1981/82 – R, B, K, Sch: Ursula Dieterich, Rolf Müller – M: Gerald Lockel – T: Reinhard Merlitz – P: Deutsche Film- und Fernsehakademie, Berlin – Pl: Hans-Willi Müller – V: DFFB, Berlin – L: 104 Min. – 16 mm/Farbe – UA: 23. 2. 1983, Berlin.
»Guadeloupe ist eine der kleinen Antilleninseln in der Karibik... 1946 wurde die Kolonie Guadeloupe zum französischen Überseedepartement erklärt. Die Gouadeloupaner wurden somit französische Staatsbürger. Die Kolonialisten hatten den Sklaven verboten in ihren eigenen Sprachen zu sprechen, ihre Musik zu spielen und afrikanische Tänze zu tanzen. Später wurden in der Schule die Werte der französischen Zivilisation – natürlich in französisch – gelehrt. Das Kreolische galt (und gilt oft noch heute) als minderwertiger französischer Dialekt... Die Bewegung der Landarbeiter und Bauern wehrt sich gegen die Zerstörung der Landwirtschaft und der Zuckerindustrie. Sie besetzen brachliegendes Land und bauen eigene Produkte an, von denen sie sich ernähren können und die sie Produkte des Widerstands nennen...« (Ursula Dieterich/Rolf Müller)

DER ZAPPLER
BRD 1982 – R: Wolfram Deutschmann – B: Wolfram Deutschmann, Reinhild Paul, frei nach Motiven der gleichnamigen Kindergeschichte von Ernst Klee – K: Wolfgang Dickmann – Sch: Bernd-Rüdiger Zöhnel – M: Rolf Bauer – T: Michael Eiler – A: Reinhild Paul – D: Karsten Kunitz, Nicolaj Niemann, Andreas Peter, Monika Bleibtreu, Kurt Raab u. a. – P: C & H Film, Berlin/Sungen-Grüttgen Filmproduktion, Berlin/Hessischer Rundfunk, Frankfurt/M. – Pl: Klaus Sungen – Red: Bernd Küsters – V: Nickelodeon, Berlin – L: 70 Min. – 35 mm/Farbe – UA: 28. 1. 1983, Luxemburg, Festival des neuen deutschen Films – dtEA: 20. 2. 1982, Internationale Filmspiele Berlin – KinderFilmFest – Kst: 29. 4. 1983.
»Die Hauptfigur des Films ist Stefan: Er ist 12 Jahre alt, spastisch gelähmt und mit seiner Mutter in eine neue Stadt umgezogen. Bei den Kindern in der Nachbarschaft stößt Stefan auf Feindseligkeit und Ablehnung... Es gibt den Begriff des Musterkrüppelchens – lieb, doof und leicht zu verwalten, die meisten Behinderten werden von Kindheit auf so erzogen, immer gefügig und gehorsam. So wird es den Behinderten unmöglich gemacht, mal auszubrechen. Behinderten Kindern soll unser Film auch Mut machen, nicht immer klein beizugeben, sich mal hinzustellen und aufdringlich zu sein. Das ist die einzige Möglichkeit, weiterzukommen.« (Wolfram Deutschmann)

ZEIT DES SCHWEIGENS UND DER DUNKELHEIT
(siehe LAND DER BITTERKEIT UND DES STOLZES)

ZIEMLICH WEIT WEG
BRD 1982 – R, B: Dietrich Schubert – K: Henning Zick – Sch: Hanne Huxoll – M: Bernhard Schmitz – T: Franz-Rudolf Perry – D: Burkhart Klaussner, Christiane Lemm, Wolfgang Krassnitzer, Christina Kaufmann, Barbara Grupe u. a. – P: Filmproduktion Dietrich Schubert, Köln, mit Unterstützung der nordrheinwestfälischen Filmförderung – V: Verleihgenossenschaft der Filmemacher, München – L: 91 Min. – 16 mm/Farbe – UA: 20. 1. 1983, Wettbewerb Max-Ophüls-Preis, Saarbrücken – KSt: Herbst 1983.
»Verschiedene Lebenshaltungen von Leuten heute, die 1968 die Welt verändern wollten... Mosaiksteine, die zu Versatzstücken einer Geschichte werden, der von Lucas und Susi. Mosaiksteinchen, die – obwohl nichts Dramatisches geschieht – dazu beitragen, daß sie sich immer mehr voneinander entfernen. War es die Unruhe, das Suchen, das sie in ihrer Jugend zusammenführte, so trennt es sie heute. Für jeden geht es um etwas, das ihm wichtig ist. Jeder hat das Recht dazu. Was ihnen bleibt, ist Zuneigung. Was sie trennt, das

das Unvermögen, aufeinander eingehen zu wollen. Ihre Wege werden Parallelen aufweisen, aber keine Berührungspunkte mehr haben. Ziemlich weit weg ist das, was sie verband.« (Dietrich Schubert)

DAS ZWEITE GESICHT
BRD 1982 – R, B: Dominik Graf – K: Helge Weindler – Sch: Peter Fratzscher – M: Béla Bartók, Brian Eno/David Byrne, Yellow Magic Orchestra, Glenn Branca, Dominik Graf – T: Jan van der Eerden – A: Winfried Henning – D: Thomas Schücke, Greta Scacchi, Irene Clarin, Brigitte Karner, Franz Buchrieser u. a. – P: Tura-Film, München/Bayerischer Rundfunk, München – Gl: Michael Wiedemann – Hl: Alena Rimbach – V: Tivoli, München – L: 101 Min. – 35 mm/Farbe – UA: 27. 10. 1982, Internationale Hofer Filmtage – KSt: 29. 10. 1982.

»Zeitweise ist die psychische Verfassung eines Menschen vergleichbar mit einem tagtraumartigen Zustand, den man aus der Kindheit kennt: Gegenstände nehmen in dunklen Räumen die Formen an, die ihnen von der Phantasie zugeordnet werden. So wie einige Möbelstücke dann im Finsteren wie eine bedrohlich bizarre Landschaft aussehen, oder wie der Fleck an der Decke zu einem Gesicht wird – so verändert sich in bestimmten seelischen Situationen die gesamte Umwelt eines Menschen zu einer Anhäufung von Bildern und Bewegungen, die Ausdruck seiner Ängste oder Erinnerungen oder Wünsche sind. Mein Film ›Das zweite Gesicht‹ erzählt von einem solchen – man kann sagen – Vorgang der Mystifikation. Er erzählt von dem, was an hoffnungsüberladenen Schönheiten, aber auch an Grauenvollem, an Mörderischem, ausbrechen kann bei der Begegnung zweier Menschen.« (Dominik Graf)

ZWISCHEN DEN BILDERN – ZUR GESCHICHTE DER FILMMONTAGE
1. Teil: MONTAGE IM ERZÄHLKINO – R, B: Heide Breitel, Klaus Feddermann, Hans Helmut Prinzler – K: Jody Saslow, Gregory von Berblinger – Sch: Heide Breitel – Trick: Gerd Vany – T: Dena Schutzer, Steve Marlowe, Hans Martin – Musikbegleitung: Joachim Bärenz – Sprecher: Monika Hansen, Peter Fitz – Interviews mit Dorothy Spencer und Robert L. Wolfe.
Filmausschnitte aus: CRIPPLE CREEK BARROOM (1898), THE GREAT TRAIN ROBBERY (1903), THE LONEDALE OPERATOR (1911), THE BATTLE AT ELDERBUSH GULCH (1913), STAGECOACH (1939), STRAIGHT SHOOTING (1917), A RACE FOR MILLIONS (1906), THE RETURN OF DRAW EGAN (1916), THE VIRGINIAN (1929), MAN OF THE WEST (1958), PAT GARRETT AND BILLY THE KID (1973).
2. Teil: MONTAGE IM DOKUMENTARISCHEN FILM – R, B: Heide Breitel, Hans Helmut Prinzler nach einem Entwurf von Helmut Herbst – K: Carlos Bustamente, Jody Saslow, Wolfgang Knigge – Sch: Heide Breitel – T: Sabine Eckhard, Dena Schutzer – Sprecher: Monika Hansen – Mitarbeit: Wolfgang Mai – Interviews mit Helen van Dongen und Klaus Wildenhahn.
Filmausschnitte aus: ARBEITER BEIM VERLASSEN DER LUMIERE-FABRIK (1895), ANKUNFT EINES ZUGES (1895), AUSFAHRT DER SÄCHSISCHEN CHINAKRIEGER... (1900), HERSTELLUNG VON GRANATZÜNDERN... (1917), WEGE ZU KRAFT UND SCHÖNHEIT (1925), BERLIN. DIE SINFONIE DER GROSSSTADT (1927), FLIEGENDE HÄNDLER (1930), UFA TONWOCHE (1931), TRIUMPH DES WILLENS (1935), DEUTSCHE WAFFENSCHMIEDE (1941), DEUTSCHE WOCHENSCHAU November 1941, SPANISH EARTH (1937), DEUTSCHE WOCHENSCHAU Februar 1945, FEUER AN DER RUHR/ WERKSTATT FÜR EUROPA (1956), EIN ARBEITERCLUB IN SHEFFIELD (1965), IN DER FREMDE (1967).
3. Teil ÜBER DIE TRÄGHEIT DER WAHRNEHMUNG – R, B: Klaus Feddermann, Helmut Herbst – K: Helmut Herbst – Sch: Renate Merck – T: Alf Olbrich. Interviews mit Werner Nekes, Jean-Marie Straub und Danièlle Huillet, Alexander Kluge, Klaus Wyborny.

Filmausschnitte aus: LE GAI SAVOIR (1968), JÜM-JÜM (1967), T-WO-MEN (1972), MIRADOR (1978), HURRICAN (1980), MACHORKA-MUFF (1962), NICHT VERSÖHNT (1965), DIE PATRIOTIN (1979), ELEMENTARE FILMGESCHICHTE (1972–74), POTROURRI AUS ›ÖSTLICH VON KEINEM WESTEN‹ (1979), DAS SZENISCHE OPFER (1980), THE KID (1925; dieser anderthalbminütige Ausschitt muß aus rechtlichen Gründen möglicherweise aus dem Film herausgenommen werden). BRD 1980–82 – P: Stiftung Deutsche Kinemathek, Berlin, im Auftrag des Zweiten Deutschen Fernsehens, Mainz – Pl: Helmut Wietz – Red: Hans Peter Kochenrath – V: Stiftung Deutsche Kinemathek, Berlin – L: 174 Min. (jeder Teil 58 Min. bei 25 B/sec) – 16 mm/Farbe und schwarz-weiß – UA: 26. 6. 1982, Berlin (Teil 1); November 1981, Duisburger Filmwoche (Teil 2); 22. 4. 1982, Internationale Kurzfilmtage Oberhausen (Teil 3) – TV: 12. 9. 1983 (Teil 1); 19. 9. 1983 (Teil 2); 26. 9. 1983 (Teil 3), ZDF.

»Von den Bildern und Tönen, die für einen Film aufgenommen werden, ist später nur ein Teil im fertigen Film verwendet; bei einem Spielfilm vielleicht ein Fünftel oder ein Zehntel, bei einem Dokumentarfilm oft noch weniger. Auswahl, Anordnung, Längenbestimmung der Einstellungen: das ist der Montageprozeß eines Films, ausgeführt in der Regel von der Cutterin (oder dem Cutter) in Zusammenarbeit mit dem Regisseur (oder der Regisseurin) im Schneideraum. Filmmontage ist die Organisation von Bildern und Tönen. Diese Organisation hat eine Geschichte... Der erste Teil handelt von der Montage im Erzählkino. Weil das Erzählkino vor allem amerikanisches Kino ist, handelt dieser Teil von der Montage des Western: Von Konfrontationen, wo Gut und Böse durch Schnitte getrennt werden... Der zweite Teil der Sendung beschäftigt sich mit der Montage im dokumentarischen Film. Vor allem in deutschen Dokumentarfilmen. Da gibt es eine Konfrontation von symphonisch, harmonisch, nach formalen Prinzipien geschnittenen Filmen, mit Filmen, in denen Menschen in den Bildern zu sehen sind, die nicht den Schnitten und dem Rhythmus untergeordnet werden... Im dritten Teil der Sendung reflektieren Filmemacher von heute ihr Verhältnis zur Montage und damit zur Geschichte des Films...« (Hans Helmut Prinzler)

Die Autoren

Henri Alekan (1909) ist einer der großen alten Kameramänner der europäischen Kinos. Die wichtigsten seiner Arbeiten: *Mademoiselle Docteur* (1937, Regie G. W. Pabst); *La Bataille du Rail* (1944, Regie René Clément); *La Belle et la Bête* (1946, Regie Jean Cocteau); *Les Maudits* (1947, Regie René Clément); *Anna Karenina* (1948, Regie Julien Duvivier); *Juliette ou la cléf des songes* (1950, Regie Marcel Carné); *Austerlitz* (1960, Regie Abel Gance); *Der Stand der Dinge* (1982, Regie Wim Wenders). Henri Alekan lebt in Boulogne sur Seine.

Frank Arnold (1954, Bremen). Studium Soziologie und Publizistik. Filmografische und bibliografische Arbeiten für Bücher über Billy Wilder, Michael Balcon, Carlos Saura und Curtis Bernhardt. Mitarbeiter von »Filme«, »FILM-Korrespondenz«, »Zitty« u. a. Lebt in Berlin.

Peter Buchka (1943, Lichtenfels). Studium Germanistik und Philosophie. Dr. phil. Buchveröffentlichungen: »Die Schreibweise des Schweigens« (1974), »Augen kann man nicht kaufen – Wim Wenders und seine Filme« (1983, Hanser). Seit 1973 Redakteur im Feuilleton der »Süddeutschen Zeitung«. Mitarbeit an der Reihe Film im Hanser Verlag (Orson Welles, Robert Bresson). Lebt in München.

Eberhard Hauff (1932, Demmin). Studium Neuere Literatur, Theaterwissenschaft, Soziologie, Zeitungswissenschaft. Begründer und Geschäftsführer des DIFF (Deutsches Institut für Film und Fernsehen). Seit 1963 selbständiger Produzent, Drehbuchautor und Regisseur. Seit April 1983 Geschäftsführer der Internationalen Münchner Filmwochen GmbH und Leiter des Filmfests München. Geschäftsführender Vorstand des Bundesverbands der Fernseh- und Filmregisseure in Deutschland e. V. Lebt in München.

Thomas Honickel (1954, Lahr). Studium Germanistik, Theaterwissenschaft. Magisterarbeit: »Peter Handkes linkshändige Frau: Genese eines Filmstoffs«. Studium an der Hochschule für Fernsehen und Film in München. Filmpublizist und Kurzfilmer. Lebt in München.

Gottfried Junker (1950, Günzburg). Erste juristische Staatsprüfung in Würzburg 1975. Zivildienst. Dreht seit 1975 kontemplative Kurzfilme in Super-8 und 16-mm, u. a. *Markus und wir* (1978), *Hier und nie* (1980), *Am Feuer* (1980), *Spuren* (1983). Erster Langfilm *Kleine Zeichen* (1981/82). Lebt in Berg/Starnberger See.

Gertrud Koch (1949). Studium der Germanistik, Soziologie und Philosophie in Frankfurt/Main. Seit 1969 Filmkritiken in der »Frankfurter Rundschau« u. a. Lehraufträge für Filmtheorie an verschiedenen Universitäten. Aufsätze zu einer feministischen Film- und Kinotheorie und zu anderen filmwissenschaftlichen und ästhetischen Themen. Lebt als freie Publizistin in Frankfurt/Main.

Herbert Lechner (1952, München). Studium der Germanistik, Kunstgeschichte und Geschichte Osteuropas in München und Zürich. Abschluß als Magister Artium zu einem buchkünstlerischen Thema. Seit 1982 Chefredakteur der Fachzeitschrift »GRAPHIK visuelles marketing«. Buchveröffentlichungen: »Geschichte der modernen Typographie«, »Cartoons und Karikatur in der Werbung«. Mitinhaber des Kleinstverlags »Basse und Lechner«.

Christa Maerker (1941, Berlin). Kulturredaktion »Spandauer Volksblatt«. Seit 1966 Mitarbeiterin für Zeitungen, Hörfunk und Fernsehen. Fernsehfilme über John Wayne, James Cagney, Irmgard Keun, Stadtporträt Warschau. Mitarbeit an der »Reihe Film« im Hanser Verlag. Co-Autorin des Films *Die Schweizermacher*. Lebt in Berlin (West).

Anke Martiny (1939, Dortmund). Studium Musikwissenschaft, Germanistik, Soziologie. Dr. phil. (Oratorien von Joseph Haydn). Journalistin. Seit 1972 Mitglied des Bundestags. Lebt in Neufahrn bei München und in Bonn.

Hans Günther Pflaum (1941, München). Studium Germanistik, Zeitungswissenschaft, Theatergeschichte. 1972–76 Redakteur der »FILM-Korrespondenz«. Seither freier Journalist, u. a. »Süddeutsche Zeitung«, versch. Rundfunk- und Fernsehanstalten. Bei Hanser: »Das bißchen Realität, das ich brauche. Wie Filme entstehen« (mit R. W. Fassbinder), »Film in der Bundesrepublik Deutschland« (mit H. H. Prinzler). Seit 1977 Herausgeber »Jahrbuch Film«. Lebt in München.

Maria Ratschewa (1944, Pleven/Bulgarien). Studium der Anglistik in Sofia und der Filmwissenschaft in Warschau. Redakteurin von »Kino« (Warschau) und von »Kino Izkusstwo« (Sofia). Dozentin an der Filmhochschule in Sofia. Buchveröffentlichungen u. a.: »Bulgarische Filmkunst der Gegenwart« (mit Klaus Eder). 1981/82 Redakteurin bei »Westermanns Monatshefte«. Lebt in München und Sofia.

Helmut Schödel (1950, Hof). Studium Anglistik und Germanistik. Journalist. Beiträge u. a. »Süddeutsche Zeitung«, »Theater heute«, versch. Rundfunkanstalten. Mitglied der Theaterjury der Berliner Festspiele. Seit vier Jahren fester Mitarbeiter »DIE ZEIT« (Literatur- und Theaterkritik). Lebt in München.

Gerhard Schoenberner (1931, Neudamm/NM). Studium Germanistik, Theaterwissenschaft, Publizistik und Politische Wissenschaften. Arbeitete als Redakteur, Lektor, Übersetzer. Seit 1960 freier Schriftsteller und Kritiker. 1960 »Der gelbe Stern« (1978 rev.) u. a.; 1968 Fernsehserie »Film im dritten Reich«, Kurzfilme. Langjährige Mitarbeit in Auswahlgremien der Bundesfilmförderung und des Kuratoriums junger deutscher Film, Komiteemitglied des »Internationalen Forums des jungen Films«. Seit 1979 Vorsitzender der »Freunde der deutschen Kinemathek« (mit Ulrich Gregor). Anläßlich des 1. Festivals der Weltkulturen – Horizonte '79 Organisation der ersten umfassenden Retrospektive des schwarzafrikanischen Films. Lebt in Berlin (West).

Peter B. Schumann (1941, Erfurt). Studium der Germanistik, Politologie und Theaterwissenschaft in Freiburg und Berlin. Seit 1966 freischaffender Publizist, Hauptgebiet Lateinamerika. Zahlreiche Fernsehdokumentationen und Rundfunk-Features über lateinamerikanische Kultur, insbesondere Film. Buchveröffentlichungen: »Film und Revolution in Lateinamerika« (1971), »Kino und Kampf in Lateinamerika« (1976), »Kino in Cuba 1959–1979« (1980), »Handbuch des lateinamerikanischen Films« (1982). In Vorbereitung: »Historia del cine latinoamericano« (spanisch und portugiesisch). Lebt in Berlin (West).

Kraft Wetzel (1953, Altmannshofen). Studium Politologie, Philosophie. 1973–74 Herausgeber von »KINO/kritisches für Filmfreunde«, seither »freier« Mitarbeiter zahlreicher Zeitungen. 1977–79 Mitglied im Festival-Komitee der Berlinale. Lebt in Berlin (West).

Wolfgang Würker (1949, Hanau). Studium Physik, Dr. rer. nat. Seit 1980 Kulturredakteur der »Frankfurter Allgemeinen Zeitung«, zuvor freier Mitarbeiter bei versch. Tageszeitungen. Initiator und bis 1982 einer der Leiter des Göttinger Filmfests. Lebt in Frankfurt.

Abbildungen und Anmerkungen

Für Abbildungen in diesem Band bedankt sich der Herausgeber bei der Filmwelt, beim Filmverlag der Autoren, bei Concorde-Film, bei Emile de Antonio, Ilse Buhs, Hans-Jürgen Tast und bei den Autoren Gertrud Koch, Peter B. Schumann, Thomas Honickel, Kraft Wetzel, Eva M. J. Schmidt, Herbert Lechner und Wolfgang Würker.
Der Text von Henri Alekan wurde als Referat beim *Fipresci*-Colloquim in Mailand gehalten und von Nicola Volland ins Deutsche übersetzt. Gerhard Schoenberners Beitrag über Falk Harnack entstand anläßlich der Geburtstagsfeier des Regisseurs als Laudatio. Teile aus Kraft Wetzels Versuch sind in »Kino« und in »Konkret« erschienen.
Redaktionsschluß für den Textteil des Jahrbuchs war am 15. Juli – dieser Hinweis erscheint mir angesichts einiger später geschriebener, aber früher erschienenen filmkritischen Texte als wichtig. Für Unterstützung und Hilfe bedanke ich mich bei Meinhard Hasenbein, Werner Fuchs und Gisela Freudenberg.

Anzeigen

Bavaria Atelier

Das Produktionszentrum für Fernsehen und Film

Ateliers
Großes Freigelände
Dramaturgische und organisatorische Betreuung von Produktionen
Kopierwerk für Film und Video
Großer Ausstattungsfundus
Werkstätten
Synchronisation
Trick
Geschultes Personal
BavariaFilmTour

Bavaria Atelier GmbH
Bavariafilmplatz 7
8022 Geiselgasteig
Telefon 089/6499-1
Telex 523254 bavat d

FISCHER CINEMA

Fischer Film Almanach 1983
Herausgegeben und verfaßt von Walter Schobert, Jürgen Berger und Rüdiger Koschnitzki, Ronny Loewy, Wilhelm Roth
Bd. 3684/DM 19.80
Der Fischer Film Almanach 1983 bietet dem Filmfreund und Kinogänger eine lückenlose Dokumentation aller in der Bundesrepublik erst- bzw. uraufgeführten Filme des vergangenen Jahres.

**Die Unsterblichen des Kinos
Die Stars seit 1960**
Herausgegeben von Adolf Heinzlmeier/Berndt Schulz/Karsten Witte
Bd. 3679/DM 12.80
Die Stars von heute sind nicht mehr vom Mythos umwitterte überlebensgroße Gestalten. Sie erscheinen in ihrer Dimension überschaubarer, menschlicher, fast auf Alltagsformat reduziert und faszinieren das Publikum durch ihre Fähigkeit, Ängste und Sehnsüchte des heutigen Menschen auszudrücken.

**Joe Hyams
Humphrey Bogart und Lauren Bacall**
Mit einem Vorwort von Paul Werner
Bd. 3691/DM 10.80
Der Band schildert das faszinierende Leben zweier Schauspieler, die sich ihren Weg zum Ruhm erkämpfen müssen, aber durch ihre Liebe zueinander ihren Traum vom Glück verwirklichen.

**Groucho Marx
Schule des Lächelns**
Bd. 3667/DM 9.80
„Groucho zeigt auf den 300 Seiten, daß er nicht nur als Clown auf der Bühne, der Leinwand und dem Bildschirm die Menschen zu fesseln weiß, sondern auch mit der Feder ..."
Luzerner Neueste Nachrichten

**Thomas Brandlmeier
Filmkomiker**
Die Errettung des Grotesken
Bd. 3690/DM 9.80
Die Filmkomiker verkörpern moderne soziale Charaktere in einer modernen Welt. Dieses Buch versteht sich als eine Charakterologie der großen Filmkomiker.

Das Kinobuch
von Kurt Pinthus mit Kinostücken von Max Brod, Albert Ehrenstein, Walter Hasenclever, Arnold Höllriegel, Else Lasker-Schüler u. a. Bd. 3688/DM 7.80
Dieses legendäre Buch aus der Frühzeit des Films wird Freunde der Filmkunst und der Literatur gleichermaßen interessieren.

Kino das Sie kaufen können.

atlas video edition

Filme zum Sammeln und Wiedersehen.

atlas video Medien Produktion GmbH & Co. KG,
Ludgeristraße 14 – 16, 4100 Duisburg 1

Über den Stand der Dinge
Wim Wenders und seine Filme

»Peter Buchka schreibt fernab von cineastischer Fachsimpelei mit dem wunderbaren subjektiven Engagement eines, der Kino und Filme liebt. Und er macht damit etwas ganz Ähnliches wie Wenders: Buchka gibt seine eigenen Gedanken, Empfindungen, Erfahrungen preis, die er mit Kino und im besonderen mit Wenders-Kino macht – so wie Wenders Gedanken, Empfindungen, Erfahrungen mit den Dingen, Menschen, Ereignissen seiner Umgebung im Lauf der Zeit macht und sie in Filmen formuliert, in Bildern.« (tz)

Peter Buchka · Augen kann man nicht kaufen · Wim Wenders und seine Filme
139 Seiten · DM 34,–

Athenäum

Genie, Rebell, Schwärmer, Ketzer, Poet – die letzte Begegnung mit einem großen Regisseur und einem außergewöhnlichen Mann

Spannend, souverän gelassen, gelegentlich lakonisch, mit unerhörter Anschaulichkeit schildert Luis Buñuel sein Leben.

Seine Erinnerungen sind weit mehr als ein Dokument der Filmgeschichte, in ihnen spiegeln sich die kulturell bewegtesten Jahre unseres Jahrhunderts.

Buñuel gelingt ein Porträt seines Lebens und seiner Zeit, das über sein Werk mehr verrät als jede filmgeschichtliche Abhandlung.

260 Seiten, Abbildungen, kt. DM 36,–

„Ein seltener Glücksfall: Ein Regisseur weiß sein Publikum durch Erzählungen genauso zu fesseln wie durch die verblüffende Bildsprache seiner Filme." Süddeutsche Zeitung

„Und ein Mensch gewinnt Kontur, der von sich sagt, was er nicht für einen Dollar mache, mache er auch nicht für eine Million." FAZ

Athenäum Verlag · Königstein/Taunus

KIK KIK magazin magazin

Kultur in Kürze

**Das Aktuellste
aus der lokalen
und überregionalen
Kulturszene**

**…führt einen
ausführlichen
Veranstaltungs-
kalender und
das komplette
Fernsehprogramm**

**…berichtet über:
Literatur, Autoren,
Film, Theater, Musik,
Kunst, Reisen, Sport**

Verlagsanschrift:

Verlag Georg Fricker
Marienstraße 14-16
D-7500 Karlsruhe 1
Tel.: 0721/695006

Kontakte in Mannheim:

Reiner Bünte
Tel. (0621) 785800

Dieter Augstein
Tel. (0621) 756213

BAHIA-Filmbücher

Filmbücher mit Niveau und in erstklassiger Ausstattung

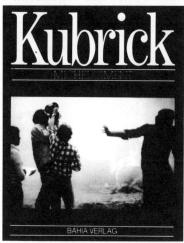

M. Ciment: **KUBRICK,**
240 Seiten, Großformat,
315 Fotos, Filmographie,
Bibliographie

C. Romani: **DIE FILMDIVAS DES DRITTEN REICHES,**
192 Seiten, Großformat,
157 Fotos, Filmographie,
Bibliographie

R. Benayoun: **BUSTER KEATON, Der Augen-Blick des Schweigens,** 208 Seiten, Großformat, 315 Fotos, Filmographie, Bibliographie

M. Bessy: **ORSON WELLES,**
304 Seiten, Großformat,
273 Fotos, Filmographie,
Bibliographie

Luis Buñuel
1900–1983

»Wir leben nicht in der besten aller möglichen Welten. Ich möchte darauf beharren, Filme zu machen, die dem Betrachter darüber hinaus, daß sie ihn unterhalten mögen, die absolute Gewißheit dieser Erkenntnis vermitteln«, sagte Buñuel, der 1983 verstorbene, größte spanische Filmregisseur, über seine filmische Arbeit. Beeinflußt durch eine streng jesuitische Erziehung und das Zusammentreffen mit dem Surrealisten Dalí, zeigen seine ersten Filme anarchistisch-sozialrevolutionären Charakter. Ihnen folgen Werke, in denen sich realistisch-sozialkritische Aspekte durchsetzen. Surreale Anfänge und sozialkritischer Realismus verbinden sich in Buñuels Spätwerk zu Filmen, in denen sich das Bürgertum seinen Widersprüchen gegenübergestellt sieht.
Reihe Film 6. 206 Seiten mit 81 Abb. DM 16,80

30. Westdeutsche Kurzfilmtage Oberhausen

Weg zum Nachbarn

25. - 30. März 1984

Dokumentarfilme, Animationsfilme, Kurzspielfilme und Experimentalfilme aus aller Welt
Retrospektive '30 Jahre Oberhausen - 30 Jahre Kurzfilm'
Kurzfilme für Kinder
Filmothek der Jugend
Sonderprogramm: Filme aus der Dritten Welt
und vieles mehr

16. Informationstage

mit Kurzfilmen aus der Bundesrepublik Deutschland und Berlin (West)

22. - 24. März 1984

Information und Anmeldung:
Westdeutsche Kurzfilmtage
Grillostr. 34, 4200 Oberhausen 1, Tel.: (0208) 8252652

XXVI. NORDISCHE FILMTAGE LÜBECK 1.-4.11.1984

Skandinavische Spielfilme, Kurz- und Dokumentarfilme

Retrospektive

Informationsschau skandinavischer Kinder- und Jugendfilme

Diskussionen

Seminare

Information:
Nordische Filmtage Lübeck,
Postfach 1889, 2400 Lübeck 1,
Telefon (04 51) 12 24105

Fanny und Alexander
Das Buch zum Film

»Ein interessantes Buch, eine Lektüre, die einen in Atem hält, die durch die Farbigkeit der Bilder, die Differenziertheit, mit der menschlicher Machtkampf und tragische Verkettungen geschildert werden, beeindruckt. Wie in seinen Filmen beeindruckt Bergman das Heuchlerische und lenkt die Aufmerksamkeit auf jene, die unterdrückt und von überflüssigen Konventionen in fischbeinerne Korsette gezwungen werden. Die sieben Bilder des Romans sind so plastisch, so anschaulich ausgemalt, daß man sie in faszinierender Eindringlichkeit vor dem inneren Auge vorbeiziehen sieht und sich nicht nur als Randbeobachter fühlt.«
Neue Osnabrücker Zeitung
Die deutsche Fassung des Films kommt am 28. 10. 83 in unsere Kinos.

Ingmar Bergman
Fanny und Alexander
Roman in sieben Bildern
235 Seiten. DM 29,80

R.W. Fassbinder
Entwicklung und Werk

»Mich interessiert das, was ich von meinen Möglichkeiten oder Unmöglichkeiten oder meinen Hoffnungen und Utopien begreife, und was ich bei all diesen Sachen auch bei meiner Umwelt begreife, das interessiert mich. Mich interessiert Solidarität, und mich interessieren die Möglichkeiten, die ich habe, über all das hinwegzukommen, viel mehr als eine Theorie.«
Rainer Werner Fassbinder

Die vorliegende Monographie war das erste Buch, das Fassbinders Entwicklung, die Vielfalt seines Talents umfassend dokumentierte und analysierte. Die erneut überarbeitete 4. Auflage wurde um mehr als 50 Seiten erweitert und auf den letzten Stand gebracht (31.12.1982). Der vorliegende Band behandelt sämtliche Werke.

Reihe Film 2. 340 Seiten mit 120 Abb. DM 26,–

LIES' MAL KINO!

Kino in Buchform. Bücher über Humphrey Bogart, Marlene Dietrich, Greta Garbo, Orson Welles, Mae West und viele andere. Bücher über Chabrol, Chaplin, Fassbinder, Herzog, Pasolini, Truffaut, Visconti, Zeffirelli und viele andere. Bücher über Hollywood, Bücher über Ästhetik, Analyse und Geschichte des Films. Filmlexika. Bücher für ambitionierte Kinogänger und passionierte Profis. Kino zum Nachlesen. Lindemanns Buchhandlung in Stuttgart ist bekannt für eines der umfassendsten Filmbuch-Angebote in Deutschland. Schauen Sie einfach 'rein. Oder fordern Sie den neuen Katalog (gegen DM 2,50 in Briefmarken) an.

**Lindemanns Buchhandlung Nadlerstr. 10
7000 Stuttgart 1
Telefon 0711/23 34 37**

John Cassavetes
Dramaturgie der Gefühle

»..., daß Film und Kunst längst darüber hinausgewachsen sind, sich an Restriktionen zu halten, die besagen, was die Leute wollen. Wie sollen sie das wissen? Ich weiß es doch auch nicht. Das Beste, was wir machen können, ist, was wir auf dem Herzen haben. Wenn wir das nicht tun und zu Sachen gezwungen werden, die die Leute mögen – sie werden sie schließlich nicht mehr mögen.«
John Cassavetes

Cassavetes' Filme behandeln Ängste und Bedürfnisse der Menschen aus der Mittelschicht, ihre Schwierigkeiten zur Kommunikation und die unvermeidliche Zerstörung durch das Leben selbst. Seine inszenatorische Methode hält den emotionalen Ausdruck in seiner höchsten Präsenz fest und entwickelt eine Dramaturgie der Gefühle, die einzigartig ist.

Reihe Film 29. 180 Seiten mit 70 Abb. DM 24,–

filmland presse

Filmland Presse, Inh. H.K.Denicke, Aventinstr. 4, 8000 München 5

Die inzwischen größte Filmbuchhandlung der Welt befindet sich in München: über 14 000 verschiedene Filmbücher, sowie zahllose Filmplakate, -programme und -zeitschriften, auf 300 qm² Ladenfläche.
Im Verlag der Filmland Presse ist in diesen Tagen neu erschienen:

Internationale Filmbibliographie 1982
Damit liegt der dritte Band dieses Jahrbuchs der Filmliteratur vor. Enthalten sind über 1600 Neuerscheinungen des Jahres 1982 zum Thema Film, nach Sachgebieten gegliedert, sowie ein ausführlicher Index. Der gebundene Band kostet bei Vorauszahlung DM 25.00 zzgl. Versandkosten DM 3.50 (Bei Lieferung gegen Rechnung zum Buchhandelspreis von DM 39.00). Band 1 und 2 der Intern. Filmbibliographie sind noch lieferbar.

Das Filmjahr 1982/83
'Das konkurrenzlose Handbuch für jeden Kinofan!' (Stern)
Enthalten sind alle Filme des Jahres (Kino, Fernsehen + Video) als Lexikon, viele Photos und Plakatreproduktionen, sowie umfangreiche Register. Eine unerschöpfliche Fundgrube! Das Filmjahr 1982/83 ist Band 4 der Reihe; die ersten drei Bände (Filmjahr '79, '80/81, '81/82) sind noch erhältlich. Jeder Band kostet DM 39.00 zzgl. Versandkosten DM 3.50. Band 5 der Reihe (Das Filmjahr 1983/84) erscheint im März 1984!

3 Empfehlungen aus unserem Sortiment
The Dark Side of Alfred Hitchcock, von Donald Spoto   Neuerscheinung!
Die abschließende Hitchcock-Biographie: kenntnis- und anekdotenreich zeichnet der Autor von 'The Art of Alfred Hitchcock' liebevoll das Leben des größten Filmregisseurs nach, darunter vieles, was Hitchcock zu Lebzeiten sogar seiner Frau verschwiegen hätte. (600 S., mit Abb., gebd., DM 69.00 zzgl. Versandkosten DM 3.50).
Rating the Movies   Neuerscheinung!
Lexikon der wichtigsten Filme, die im Kino und im Fernsehen laufen oder auf Video erhältlich sind: über 2400 Filmkritiken auf 400 Seiten. (Albumformat, zahlreiche Abb., DM 29.80 zzgl. Versandkosten DM 3.50).
International Film Guide 1983, herausgegeben von Peter Cowie
Exklusiv bei Filmland Presse: das Handbuch der internationalen Filmszene, mit Berichten aus über 56 Ländern über neue Produktionen, Festivals etc. (500 S., zahlr. Adressen, ill., DM 39.80 zzgl. Versandkosten DM 3.50).

Fordern Sie unseren Lagerkatalog an! (DM 5.00 in Briefmarken oder auf Postscheckkto. Mchn 122 88-809) oder besuchen Sie unsere Buchhandlung.
Lieferung nur gegen Vorauszahlung!

Carlos Saura
Regisseur zwischen Anarchismus und Bürgerlichkeit

Der Regisseur Carlos Saura, geboren 1932 in Aragon, setzt sich in seinen rund 15 Spielfilmen mit der Gegenwart und Vergangenheit des spanischen Bürgertums auseinander. Seine allegorisch-surrealistischen Werke enthüllen politische Traumatisierungen aus der Bürgerkriegszeit sowie erotische Verdrängungen und Aggressionen, die von der dominanten Präsenz der Kirche, des Militärs und der Familienclans

unterdrückt wurden. Saura ließ sich von Buñuel, der ihn tief beeinflußt hat, anregen, in Spanien zu produzieren. Trotz der Zensur des Franco-Staates konnte er mit weitgehend gleichbleibendem Team sein subversives Werk kontinuierlich weiterentwickeln. 1981 gewann er für den Film Los, Tempo! auf der Berlinale den Goldenen Bären.

Reihe Film 26. 152 Seiten. Zahlreiche Abb. DM 17,80

Handreichungen für die praktische Filmarbeit

Spielfilmliste

Empfehlenswerte Spiel- und Dokumentarfilme für Kinder, Jugendliche und Erwachsene mit Länderregister, Regisseurregister, Themenregister und Verleiher-Verzeichnis

Empfehlenswerte kurze Filme für Kinder, Jugendliche und Erwachsene mit Länderregister, Regisseurregister, Themenregister und Verleiherverzeichnis

Kurzfilmliste

Blätter für das Filmgespräch
Heft 32 · 1983

Nationalsozialismus
Widerstand, Neonazismus

Jährlich erscheinende Publikationen, jede Veröffentlichung DM 8,— zuzüglich Porto

Institut Jugend Film Fernsehen (JFF)
Postfach 15 11 09, 8000 München 15, Tel. (0 89) 53 91 71

Die Filmografie — ein Wegweiser zu 10.000 Filmen

Zentrale Filmografie
Politische Bildung

Dieses praxisorientierte Katalogwerk dokumentiert im Endstadium alle 16-mm-Kurz- und Langfilme, die dem Bereich der politischen Bildung zuzuordnen sind und in der Bundesrepublik im Verleih oder zum Verkauf zur Verfügung stehen.

Erfaßt werden in einem Zeitraum von mehreren Jahren rund 10.000 Filme, von denen die ersten ca. 800 im jetzt erschienenen ersten Band dargestellt werden. Das Werk besteht aus Katalogbänden und Registerbänden, die jährlich erscheinen.

Zentrale Filmografie — Politische Bildung Herausgegeben vom Institut Jugend Film Fernsehen, München

Jean-Luc Godard und der Film

»Bilder sind für mich das Leben, das Geschriebene ist der Tod.«
JEAN-LUC GODARD
Der umstrittenste wie auch originellste und anspruchsvollste Filmemacher der modernen französischen Szene umreißt in dem vorliegenden Band die Grundlagen einer »wahren« Geschichte des Kinos, die er sich nur als endlosen Film vorstellen kann und erzählt zugleich seine eigene Geschichte als Kinoenthusiast und Filmer.

Einführung in eine wahre Geschichte des Kinos ist ein ganz und gar ungewöhnliches Buch, bestehend aus sehr eigenwilligen verfremdeten Bildern und Jean-Luc Godards unmittelbar gesprochenen, bildhaften, assoziativen Kommentaren beim Wiedersehen seiner Filme. Ein wichtiges Buch im Rahmen der Filmgeschichte.

136 Seiten. 64 Abb. Broschur. DM 34,–